KB083129

자이니치

디아스포라 민족주의와 탈식민 정체성

저자

존 리(John Lie)

UC버클리 사회학과 석좌교수. 한국인 부모에게서 태어나 만 2세까지 한국에 살다, 일본, 하와이, 미국 본토로 이주하면서 한국, 일본, 북미, 유럽 등의 문화와 사회에 대해 전환국가적 관점에서 심도 깊은 고찰을 해오고 있는 세계적으로 몇 안 되는 사회학 이론가이다. *Blue Dreams* (Harvard, 1995), *Han Unbound*(Stanford, 1998), *Multiethnic Japan*(Harvard, 2001), *Modern Peoplehood*(Harvard, 2004), *Zainichi*(Berkeley, 2008), *K-pop*(Berkeley, 2014) 등의 저서 외에도 수많은 논문을 집필하였다. 2018년부터 1년간 일본 게이오대학에서 안식년을 보내고 있다.

감수자

오인규(吳寅圭, Oh, In-gyu)

일본 관서외국어대학 교수. *Mafioso, Big Business, and the Financial Crisis*(Ashgate), *Japanese Management*(Prentice-Hall), *Business Ethics in East Asia*(Routledge) 등의 저서 외에도 다수의 논문을 집필하였다. *Asia Pacific Business Review*(SSCI), *Kritika Kultura*(A&HCI)의 에디터로 활동하고 있고, *Culture and Empathy*라는 새로운 저널을 2018년에 창간하였다. 2013년부터 세계한류학회를 설립하고 서양/일본 주도의 오리엔탈리즘식 한국학을 부정하고, 한국인에 의한 능동적 한류학을 새롭게 제시하고 있다. 현재 세계한류학회 회장을 역임하고 있다.

역자

김혜진(金惠珍, Kim, Hye-jin)

영한·한영 전문 번역가. 이화여대 영문학과를 졸업하고 동 대학원에서 미국희곡 전공으로 석사 과정을 마쳤다. 국내외 영화제 출품작 위주로 영상 번역에, 또한 다양한 분야의 출판 번역에 참여하고 있다. 옮긴 책으로는 『로마제국 쇠망사』 4·5(공역), 『뒤돌아보며』 등이 있다.

자이니치 디아스포라 민족주의와 탈식민 정체성

초판 인쇄 2019년 1월 5일 초판 발행 2019년 1월 10일
지은이 존 리 옮긴이 김혜진 펴낸이 박성모 펴낸곳 소명출판
출판등록 제13-522호 주소 서울시 서초구 서초중앙로6길 15, 1층
전화 02-585-7840 팩스 02-585-7848 전자우편 somyungbooks@daum.net 홈페이지 www.somyong.co.kr

값 17,000원
ISBN 979-11-5905-338-2 03330
ⓒ 소명출판, 2019

Zainichi(Koreans in Japan)
Diasporic Nationalism and Postcolonial Identity

자이니치

디아스포라 민족주의와
탈식민 정체성

존 리 지음 | 김혜진 옮김

JOHN LIE

『다민족 일본*Multiethnic Japan*』(2001)과 『현대인족*Modern Peoplehood*』(2004)
를 출간하고 나는 버클리 캘리포니아대학교 국제·지역학 대학 학
장이 되었다. 학문 교류를 장려하고자 세계를 여행하고 잠깐이지만
행정 쪽으로 갈까 하는 고민을 하기도 했지만, 그러면서도 나는 이
두 책에서 무언가를 빠뜨렸다는 생각에 시달렸다. 그래서 내 비판적
양심을 달래려고 나는 시간을 쥐어짜서 일본에 사는 한민족을 다룬
책을 쓰게 됐다. 이 인구 집단은 내가 속하지는 않았지만 어린 시절
을 도쿄에서 보냈기 때문에 매우 친밀감을 느끼는 집단이다.

이 책 초고는 자이니치 작품을 다룬 문학 비평처럼 읽혔다. 행정
업무를 담당하느라 면담이나 자료 조사를 할 시간이 거의 없었으니
당연한 일이었다. 초고에 활력이 없음을 깨달은 나는 이 원고를 시원
하게 폐기 처리하고 거의 원점에서 연구와 집필을 다시 하기로 했다.
이 작업에 지적으로 몰두하니 행정은 그만두고 학문에 다시 매진하
겠다는 결정을 내리는 데에도 어느 정도 도움이 되었다.

사회학자들, 특히 미국 사회학자들은 자이니치 문제를 쓰려는 내

욕구에 의문을 표했다. 물론 이 인구 집단은 기껏해야 1백만 명을 조금 넘는 정도이고 존재 기간도 1세기 미만이지만, 여러 이유에서 대단히 흥미로운 사례였다. 인종 관계 연구를 가장 많이 하는 미국에는 인종 혹은 민족 불평등이 민족 집단 간 눈에 보이는 존재론적 차이, 즉 흑인이냐 백인이냐에서 비롯된다는 잘못된 인식이 오랜 기간 퍼져 있었다. 그런데 일본 민족과 한민족 간 차이는 눈에 전혀 보이지 않는다. 수많은 일반 대중과 전문가들은 그렇지 않다고 항변하지만 말이다. 게다가 일본 민족과 한민족 내에도 엄청난 차이가 존재한다. 비슷한 외모 말고도 제2차 세계대전 이후 수십 년간 더 눈에 띄는 점이 있다. 바로 두 집단이 언어와 문화 같은 기존 사회학적 변수로 보면 구분 불가능했다는 사실이다. 사회학에서 자이니치 사례는 훨씬 관심이 깊은 사례이다. 일본이 행한 차별 때문에도 그렇지만 그보다는 한국·조선인들이 보여준 고집 때문인데, 3~4세대 자이니치 중에도 귀화를 거부한 사람들이 있다. 그렇다고 해서 지금 이 인구집단이 남북한 중 어느 한 쪽에 깊은 유대를 느끼는 것도 아니다. 한반도 분단과 둘로 나뉜 정치적 충성 역시 자이니치 정체성을 향해 아주 매력적인 질문들을 던진다. 현대 일본 사회에서 가장 성공한 기업가는 물론 가장 흥미로운 문학·영화 작품을 만드는 사람들 중 자이니치가 꽤 있다는 사실을 고려하면, 사실 자이니치 인구에 관심을 두지 않는 편이 더 비뚤어진 태도 같다.

따라서 일본에서도 한국에서도 자이니치 인구 집단이 대체로 무시당했다는 사실은 걱정스럽다. 책 속에서 설명한 여러 이유로 어느 정권에서든 한국 정부는 1990년대까지 디아스포라 한민족을 계속 무시했다. 그러나 한국 경제 성장과 같은 매우 기본적인 일에서도 자이니치 기업가들이 해낸 몫을 무시하기는 어렵다. 그런데도 서점이든 대학이든 한국에서는 한민족 디아스포라 전반, 그리고 특히 자이니치에 관심을 전혀 두지 않는 듯하니 참 통탄할 일이다. 특히 한국 사람은 친척이든 친구든 한 명이라도 디아스포라 상태에 있는 사람을 아는데도(게다가 OECD 국가 중 한국은 해외 이민에 관심 있는 인구 비율이 가장 높은 편인데도) 이런 실정이니 더 당황스럽다.

자이니치들이 보여주는 다양한 삶과 세계관은 사회학자와 사회과학자, 그리고 쉬운 보편화에 의지하려는 성향에도 정면으로 맞선다. 이 문제는 제6장에서 다루면서 사회과학자들이 보여주는 지적 오만에도 이의를 제기한다. 나는 청년 시절에 사회 이론에 확신을 갖게 됐는데, 이 논의는 그러한 확신과는 매우 동떨어져 있다. 이 주제는 『사회 이론이 전하는 위안_The Consolation of Social Theory_』이라고 제목을 붙인 다음 책에서 좀 더 체계를 잡고 논의하고 싶다. 그리고 그 책이 나오기 전에 「한국인 디아스포라_Korean Diaspora_」라는 현대 한국의 해외 이민 문제를 개괄한 글도 완성할 생각이다. 마지막으로 자이니치 문화의 풍성함을 다룬 책도 끝마치고 싶다. 자이니치 인구가 줄어든다고 생각하는 사람들도 있지만, 일본에서 한민족 디아스포라가 보여주는 놀라운 생기와 창조성을 보면 감명을 받지 않을 수 없다.

머리말

인간은 둥지 본능, 즉 정착하고자 하는 갈망도 느끼지만, 그러면서
도 언제나 필요에 따라서든 자기 의사에 따라서든 살던 곳을 떠나기
도 한다. 20세기에는 이러한 두 가지 욕구가 강하게 충돌했다. 각국
정부는 같은 혈통과 지역, 역사, 문화를 신봉하는 민족주의를 조성해
충성심을 키우려 할 때도 많았지만, 한편 군대를 파견하고 반체제 인
사들을 추방하기도 했다. 민족주의는 강력한 정치 이데올로기가 되
거나 심지어 구세 종교가 되기도 했지만, 그래도 사람들은 위험을 피
하거나 이익을 추구하거나 모험을 찾거나 아니면 친척들을 따라 스
스로 자기가 살던 곳을 떠나기도 했다. 한반도에서 민족주의는 국민
대다수가 농민이면서 극심한 동요를 거듭 겪은 시기에 꽃을 피웠다.
그 시기에는 식민 지배라는 위협이 다가오고, 오랜 왕조가 무너지고,
초기 자본주의 산업화 발전으로 격변이 오고, 일본이 가혹하고 폭력
적인 식민 정책을 펼치고, 동족상잔으로 살육과 대혼란이 벌어지고,
그 결과 고국이라 믿던 땅이 분단되고, 뒤이어 도시화와 근대화로 격
동이 일어났다. 평범하지 않은 시대를 산 사람들이 피와 땅, 관습, 전

통에서 비롯된 연대를 진심으로 믿는다는 표현을 한다고 그리 놀랄 일은 아닐 터이다. 변화와 차이라는 현실, 그리고 균형 상태와 보편성이라는 이데올로기는 철저히 상반되지만 어느 정도는 상호 보완한다.

이 책에서는 특정 인구 집단(재일 한국·조선인)에 초점을 두고 인족人族, peoplehood 정체성(자이니치)이 탄생하고 변화한 과정을 설명한다. 이 책은 일본에 사는 소수 한민족을 다루는 통사도 아니고, 체계적 민족 집단 형성학이나 민족 관계학도 아니다.[1] 대신 여기서는 소위 자이니치在日, Zainichi라는 일본 내 탈식민, 디아스포라 정체성에 있는 불안정성과 복합성에 주목하고자 한다. 자이니치를 한자 그대로 번역하면 '일본 거주' 정도일 텐데, 이 말에는 당연히 비영속성이라는 뜻이 들어 있다. 물론 재일 중국인이나 재일 미국인도 있겠지만, 일본인에게나 한국인에게나 자이니치라는 단어는 대개 일제강점기 조선 반도에서 이주해 일본 열도에 정착한 인구 집단과 그 후손을 지칭한다.

민족주의 담론에서는 주로 한국과 일본 사이에 깊은 골이 있고, 각국 인구에는 본질상 동종성이 있다고 주장한다. 이러한 사고방식은 다양한 연결점이나 차이, 변화를 최소화하거나 무시한다. 이에 따르면 일본에는 일본인, 한국에는 한국인만 있을 뿐, 단기 체류자를 제외하면 일본에 한국인도 없고 한국에 일본인도 없다. 존재론으로 말하자면 자이니치는 아무튼 존재하지 말아야 한다. 그러나 현실은 훨씬 복잡하고 혼란스럽고 당혹스럽다. 우선 국적과 명칭이라는 기본 사실만 보자. 일제강점기(1910~1945)에 일본 열도와 조선 반도에 살던 조선인은 전부 일본 황국 신민이었다. 식민지 인종 차별은 있었지만, 그래도 일본법과 공식 담화에서는 조선인을 일본 국민, 천황의 자손이라고 선포했다. 그런데 1952년 샌프란시스코 강화조약으로 일본은 주권을 회복했지만 일본에 남은 조선인들은 시민권을 잃게 됐다. 황국 신민이 하룻밤 사이에 거주 외국인이 된 셈이었다. 일본 시민이던 사람들이 조선인(조센진)이 되었는데, 한국은 없고 한국이라는 옷이 자기 것이라 우기며 전쟁하는 두 정부만 있을 따름이었다.

1953년, 한국전쟁이 끝날 무렵 한반도 정치 분열 때문에 영어로는 그저 '코리안'이라고 하면 될 단어가 일본어로는 매우 복잡해졌다. 단지 냉소적 인종주의가 아니라 파벌 정치 때문에 겉보기에는 아주 간단한 명명 행위도 까다로워졌다. 일본에서는 '코리아'라는 명칭 자체가 여러 갈래로 갈라졌다. 일제강점기에 흔한 명칭이던 '조센朝鮮'은 북한을 지칭하게 됐다(북한은 '기타 조센北朝鮮', 친북한 한민족은 '조센진朝鮮人'이라고 했다). 동시에 '조센'이라는 말은 일제강점기 지배와 전후 반공주의에서 영향을 받아 인종 차별 욕설도 되었다. 1950년대 재일 한민족을 가리키는 말은 '자이니치 조센진在日朝鮮人'이었는데, 이 단어는 해당 인구 집단이 북한(주로 '교와코쿠共和国'라고 했다)에 강하게 충성한다는 뜻도 반영했다. 그러다 시간이 지나면서 대북 충성심이 약해지고, 특히 일본과 대한민국이 1965년 국교 정상화 협정을 맺으면서 분단 한국을 지칭하는 명확한 표현이 필요해졌다. 남한을 지칭하는 말은 주로 '간코쿠韓国', 친남한 한민족을 지칭하는 말은 '간코쿠진韓国人'이었다. 그

러다 보니 1970년대와 1980년대에 일본 내 한민족 전체를 의미하는 규범 명명은 길고도 어색한 '자이니치 간코쿠 조센진在日韓国朝鮮人'이 되었다. 물론 남북한 중 어느 한 쪽에 더 강하게 연결된 사람들은 자이니치 간코쿠진이나 자이니치 조센진이라는 표현을 선호했지만 말이다. 1984년, 일본 공영방송 NHK가 한국어 강좌를 방영하게 됐을 때는 강좌명으로 일본어에서 양국을 의미할 단어들('조센고朝鮮語' 또는 '간코쿠고韓国語')은 피하고 아예 문자 이름(한글)을 채택했다.[2] 1980년대에는 아예 영어 '코리안'을 써서 '자이니치 코리안'이라는 말로 양국 갈등을 불식시키려는 사람도 있었다.[3] 또 한자식으로 '자이니치 간진在日韓人'이라고 하는 사람도 있었다.[4] 일본의 문화·민족 동질성homogeneity 이데올로기 때문에 남북한계 일본인이라는 표현('간코쿠케韓国系, 조센케니혼진朝鮮系日本人', '니혼세키 조센진日本籍朝鮮人, 간코쿠진韓国人, 코리안コリアン')도 사실상 불가능했다.[5] 그러던 1995년에 인기 자이니치 가수 아라이 에이치新井英一는 〈청하로 가는 길清河への道〉에서 자신이 '코리안 재패니즈'라고 표현하기도 했다. 20세기 미국만 보더라도 인종 관련 호칭에서는 유색, 니그로, 흑인, 아프리카계 미국인 등 용인되는 단어가 차례로 바뀌었는데, 이러한 변화는 흔하지만 그래도 사람들은 대부분 혼란스러워 했다.[6] 명명에 나타나는 이러한 다양성과 불안정성은 일본 사회에서 자기 자리를 부인당하고 또 스스로 부인하기도 하면서 한편으로는 끈질기게 인정받고자 싸우는 한 인구 집단이 얼마나 까다로운 문제를 안고 있는지 시사한다.

내가 그릴 자이니치 역사는 비극(일본 식민주의와 인종주의를 비난하는)

과 성공(한국계 소수 민족의 영웅적 투쟁을 칭송하는)이 공존하는 서사가 되지는 않을 터이다. 오히려, 그리고 그 두 가지 현실을 부정하지 않더라도, 내가 보기에 이 역사는 미묘한 차이는 있지만 평범한 역사이다. 또한 어떤 시점에든 일본에 사는 한민족에게 잘 형성되고 널리 확산된 공통 의식이나 종족·민족 정체성ethnonational identity이 존재했다고도, 19세기 말 무렵 조선에 살던 사람들에게 일관성 있고 보편적인 민족 정체성이 존재했다고도 가정하지 않겠다. '한국인'이라는 범주는 한 인구 집단을 지칭하는 말로 사용할 수도 있지만, 한국인이라는 존재가 단일한 인족, 즉 자의식 있는 집단 정체성이라고 가정해서는 안 된다. 어떤 집단을 일관성 있는 단일 조직으로 그리려는 시도가 대개 실패하는 이유는, 여러 격차 중에서도 특히 사회적 지위와 출신 지역, 성별, 세대 격차에 있다. 한 집단에서 최소 공통분모 또는 본질을 찾으려는 본질주의에는 그 추정이 결국 공허할 때가 많다는 오류가 항상 존재한다. 일제강점기에 일본으로 이주한 조선인과 그 후손이라는 하나의 주어 집단을 두고도 명목상 정의를 넘는 유용한 술어를 만들어내기가 어려울 때가 많다. 또 견고하고 영속적으로 보이는 것이 알고 보면 거품이요, 덧없는 것일 때도 있다. 어떤 부분을 읽으면 독자는 자이니치가 모두 한민족에 깊은 소속감을 느꼈으며 간절히 귀국을 원했다는 결론을 내릴지도 모른다. 안타깝지만, 아무리 잘 봐줘도 오늘날 이 두 명제가 옳다고 할 방법은 없다. 시간은 냉혹하게 흘러 한때 열렬한 지지를 받던 이데올로기나 정체성도 가차 없이 파괴하는 법이다. 그래도 어쨌든 이 책은 자이니치 정체성 내부에서 발생한 부침과 균열에 초점을 맞춘다. 그리고 이 인구 집단과 사람들, 그 역사와 문화, 경험, 이해를 묘사하려 한다. 이렇게 자이니치 경험과 정체성에 존재하는 복합성을 탐구하면서 디아스포라, 인구 집단 이동, 정체성, 집단 형성이라는 골치 아픈 주제들을 이해하는 데 도움이 되었으면 하는 바람이다.

과거에 나는 한국과 한국 디아스포라를 다룬 책 세 권(『블루드림스 Blue Dreams – Korean Americans and the Lot Angeles Riots』,[7] 『현대인족Modern Peoplehood – The Political Economy of South Korea』,[8] 『다민족 일본Multiethnic Japan』[9])을 다소 거창하지만 '사회학적 상상력 3부작'이라 칭한 바 있다. 이 책으로 그 3부작은 4부작이 될 터이다. C. 라이트 밀즈Wright Mills가 말한 사회학적 상상력 개념 — 역사와 사회 구조라는 더 큰 맥락에서 개인의 전기를 이해하는 — 은 개인과 정치, 과거와 현재, 구체와 추상을 연결하는 강력한 방법이라고 본다. 이는 인생을 최대한 자유롭고 완전하게 표현할 수 있는 과학의 한 방법이다. 간혹 책을 읽은(혹은 읽지 않은) 사람 중에는 이들 저작이 모두 '나'에 관한 이야기라고 해석할 사람도 있을지 모르는데, 그렇다면 정말 유감스러운 일이다. 개인 관련 일화가 보다 큰 역사나 구조, 또는 이론상 핵심들을 밝혀주기도 하지만, 이들 또한 그러한 일화 없이는 존재하지 못한다. 게다가 그런 해석은 인문 과학과 인간 사고에 존재하는 근본 동기, 즉 우리는 어디에서 왔고, 과연 누구이며, 어디로 가는가를 묻는 필연적 질문을 무시하는 셈이다. '너 자신을 알라'는 델포이 신탁 역시 너무나 인간적인 이러한 욕구를 발화한 표현에 불과하다. 특수주의와 자민족중심주의 등 우리

인지 능력에 한계를 긋는 여러 요소들을 피하고는 싶지만, 그렇다고 해서 이러한 본질적 인간 조건에서 나올 수밖에 없는 질문을 두고 고민하면서 인간 유한성 ― 특정 시간·장소 안에서 맥락화한 ― 을 뛰어넘을 수는 없다.

내 소견을 형성한 곳은 주로 도쿄 도심 지역인데, 1960년대 시부야, 1985년 쓰키시마月島 및 가와사키川崎, 1993년 미타三田 및 히요시日吉에서는 장기 체류를, 2003년에서 2007년까지는 일정치 않게 단기 체류를 여러 번 했다. 물론 자이니치 경험과 상상계에서 오사카가 차지하는 부분이 있고 지역 다양성도 매우 중요하지만, 그래도 이 책은 확실하게 도쿄 중심이다. 그리고 일상에서 나눈 대화나 TV 프로그램 같은 '데이터'는 대부분 언급하지 않고 또 인용하지도 않다 보니, 책이 지나치게 학구적인 느낌을 줄지도 모르겠다. 어쩌면 내 글은 모든 것이 책에 쓰이려고 존재한다는 듯 쓰였을지도 모르지만, 그래도 말라르메Mallarmé와는 반대로 많은 부분은 인생에 맡겨야지 그냥 책에 써넣기만 해서는 안 된다는 주베르Joubert의 식견을 따르려고 애썼다. 어쨌든 인간 삶의 재료, 즉 경험은 확실한 형태도 없고 찰나에 사라지며, 이를 범주화, 개념화하려는 시도를 계속(어쩌면 제대로) 하기는 어려워진다. 경험이 이론에 종속된다는 말은 자명한 이치이지만, 한편으로는 경험이 이를 이론화하려는 모든 시도를 거스르고 밀어낸다는 사실도 잊어서는 안 된다. 실체와 이론은 상호 양립하지 않는 만큼 상호 의존한다. 이것이야말로 완벽한 답이 결코 없는, 인문 과학의 기본 난제 중 하나라고 본다.

이 책에서는 현지어 표현과 참고 문헌을 최소한 사용하려고 했지만 그렇다고 다 없애지는 않았다. 조선 식민 지배는 1905년 일본의 보호국이 되면서 임시로, 1910년 완전 합병이 이루어지면서 확실하게 시작되었다. 이 책에서 말하는 전쟁은 1945년 8월 15일에 일본이 무조건 항복 하면서 끝난 제2차 세계대전, 즉 태평양 전쟁을 의미한다. 따라서 전후 시대 역시 운명을 결정한 1945년 그 날을 기준으로 갈린다.[10] 그런데 일제강점기가 끝난 때는 명확하지만, 전후 시대가 끝난 때를 두고서는 합의가 이루어지지 않았다. 한국전쟁 이후 경제 호황 덕택에 1956년 여름에는 이미 '이제 전후戰後는 끝났다'는 선언이 나오기도 했다. 혹자는 1972년 닉슨 대통령 중국 방문과 1973년 석유 파동 등 1970년대 초반 여러 충격적 사건이 벌어지면서 전후가 끝났다고 본다. 일본 중심으로 보는 사람들에게 그 끝은 쇼와昭和 시대가 끝나면서, 그러니까 1989년 천황이 사망하면서 왔다. 그런가 하면 1989~1992년 냉전 종식과 함께 종결됐다는 사람도 있다. 계속된 분단 상황을 생각하면 한반도에서는 전후 시대도 냉전도 진정하게 끝나지 않았을지 모른다. 그러나 일본에서는 사실상 1989년, 히로히토裕仁 천황이 깊은 상징성과 함께 세상을 떠나고 냉전 종식이 시작된 그 해에 전후 시대가 끝났다. 1955년에서 1985년까지 30년은 특히 냉전이라는 구심성과 일본 보수 정치는 물론, 단일 민족 이데올로기가 한결같이 지배하던 시기였다.

혼란과 논쟁에 휩싸일 위험을 감수하고, 나는 자이니치 이름을 영어로 기록할 때 한국식 한자음을 일본식으로 읽는 방식을 썼다. 아마

헷갈리는 방법처럼 보이겠지만, 이런 방식은 자이니치 존재에 따르는 혼란과 모순을 어느 정도 표현한다. 대표적 자이니치 작가 긴 가쿠에이金鶴泳(김학영)는 자기 한국 이름을 이렇게 일본식으로 읽는 이유를 '나의 내적 진실을 어느 정도 상징'하기 때문이라고 밝혔다.[11] 단, 어떤 사람이 자기 이름을 표기하는 특정 방식이 있거나 일반에게 용인되는 표기에서 지나치게 벗어날 때는 예외로 두었다. 예를 들면 한국 성씨 '김'은 일본 발음으로 읽으면 '기무'가 되겠지만 그대로 김이라고 두었다. 무익한 일일지도 모르지만, 남북한식 이름과 읽는 법을 사용하는 자이니치들이 자신을 어떻게 부르는지 영어권 독자들에게 전달하고 싶어서다. 같은 의도에서 동아시아계 이름은 모두 원래 순서대로, 성을 먼저 표기했다. 이미 유명한 서울이나 도쿄 같은 지명은 대부분 서구식 표기를 따랐다. 그 외 한국어는 매큔-라이샤워 로마자 표기법을, 일본어는 헵번식 로마자 표기법을 따랐다. 참고 도서 목록에 별도로 표기하지 않은 한, 번역은 모두 직접 했다.

이 책에서 인용한 통계는 달리 설명이 없으면 인터넷에서 쉽게 구할 수 있는 일본 정부 통계다. 인구 통계는 일본 법무성(http://www.moj.go.jp), 결혼 관련 데이터는 일본 후생노동성(http://www.mhlw.go.jp)에서 참고했다. 단일 민족 이데올로기 때문에 자이니치 수치 데이터를 보여주는 짜임새 있는 자료는 없다.

지난 20여 년간 나는 때때로 자이니치를 다룬 글을 쓰면서 정말로 많은 빚을(대부분 제대로 감사를 표하지 못했지만 지적으로나 개인적으로) 졌고, 이 책은 그저 내가 하는 감사 인사에 불과하다. 네이선 맥브라이

언과 마크 셀던, 익명의 검토자는 건설적 비판과 훌륭한 제안을 해주어 고맙다. 스티븐스 홀에서 각종 행정 지원을 해준 모니카 앨런, 섀런 라이온스 버틀러, 조운 캐스크에게도 진심으로 감사한다. 마지막으로 캐리스와 샬럿이 사랑하고 함께 해주지 않았더라면 이 책도, 책을 쓴 저자도 훨씬 못한 존재가 되었으리라 확신한다.

차례

침묵

—

작가 피터 캐리[Peter Carey]가 의식적으로 진정한 일본을 찾는 소설에서 맨 마지막에 가부키를 좋아하는 일본 노부인이 아들 뺨에 입을 맞추며 이런 말을 한다. "틀림없이 진정한 일본일 거야······ 혹시 아니라면 그 사실을 깨닫기 전에 어서 나가자."[1] 여기서 소설가의 아들이 일본에 이끌린 이유는 가부키도, 가부키를 사랑하는 여인도 아닌 바로 만화, 아들 세대의 자포니즘이었다. 캐리를 비롯해 만화는 일본 등 여러 나라에서 역사가 길다고 거들먹거리며 말하는 사람이 많은데, 일본 현대 만화는 전후 시대에 등장했다. 이 장르는 가벼운 읽을거리에 그치지 않고, 시라토 산페이[白土三平]가 그린 변증법·유물론적 서사 역사극이나 오토모 가쓰히로[大友克洋]가 그린 디스토피아 과학 판

타지 같은 대작을 만들어냈다. 1960년대에 『소년 매거진^{少年マガジン}』이나 『소년 점프^{少年ジャンプ}』 등 만화 잡지는 엄청난 독자를 끌어들였고 '만화 세대'를 낳았다. 쓰게 요시하루^{つげ義春}가 그린 작품들이나 잡지 『가로^{ガロ}』는 그 예술적 양심이었다.

쓰게 작품 중 「이씨 일가^{李さん一家}」는 1967년 어느 재일 조선인 가정을 다룬다. 서술자는 어느 날 자기가 사는 낡은 건물 2층에 거주하는 한 가족을 발견한다. 성이 '리'(이 성씨는 일본어로는 이렇게 발음하고, 한국어로는 '이'라고 발음하며, 영어로는 대개 Lee라고 쓴다)라고 하는 4인 가족이다. 부모는 무직이고 아이들도 별 일을 하지 않으며, 이씨 가족은 수입이라고는 거의 없이 근근이 산다. 사실 이 짧은 작품에서 별다른 일은 일어나지 않지만 ― 이씨 가족은 능청스러우면서도 수수께끼 같다 ― 그래도 이들은 거기 존재한다. 네 식구 모두 조용하게 멍하니 서술자(혹은 독자)를 빤히 쳐다보며, 필경사 바틀비^{Bartleby}처럼 이해가 안 가게 완고하다. 쓰게의 이 단편은 일본 한민족을 그린 우화로 읽어도 무방하다. 최대한 핵심만 말하자면, 그들은 어느 날 왔고 여전히 거기에 있다. 그들은 '일본에 거주하는' 자이니치이다.

전후 시대 일본 생활에서 조선인은 어디에나 존재하지만 상당수 일본인은 본능에 따르기라도 하듯 그 적법성을, 가끔은 존재 자체를 부정했다. 그러나 이렇게 끈질기게 민족 존재를 억압하고도 결국 다민족 일본이라는 대처하기 어려운 현실에 직면하게 된다.

다민족 일본

아담과 이브든, 일본 창조신 이자나미와 이자나기든, 역사를 기록할 때는 이상하게도 최초의 남녀에서 시작하려는 유혹이 생긴다. 이 창조신 한 쌍에서 현대 동질성 주장을 모두 자연스럽고 정당하게 만드는 순수 혈통 서술이 나온다. 전후 시대 일본 역사 기술은 '쇄국사관鎖国史観'에 따라 동질성 있는 일본 민족 혈통을 묘사했다. 전후 수십 년 역사 기술을 휩쓴 마르크시즘도 결과 면에서는 이러한 민족주의와 본질주의 틀을 한층 고취하는 셈이 됐다. 단일 민족 사관 때문에 황국 신민 가정에서는 조선 혈통과 수세기에 걸친 국가 간 민족 이동이 전부 지워졌다. 그렇지만 이러한 혈통 서사는 전혀 자연스럽지 않다. 차라리 이 가계도를 뒤집어 최초의 조상 한 쌍 대신 기하학적으로 늘어나는 조상들(부모 2명, 조부모 4명, 증조부모 8명 등)을 넣는 편이 낫다. 이러한 계보 관점은 잡종성과 이질성을 분명히 보여주는, 다형성 polymorphous 혈통을 조성하므로 외생 영향과 유입 연구를 촉진한다.[2] 요컨대 비非민족주의가 된다. 일본 역사 초기(죠몬縄文 시대)건, 국가 건설을 하던 주요 시대(율령 국가)건, 한반도에서 건너간 사람들은 심대한 영향을 끼쳤다. 비非일본 민족과 상품, 문화는 일본이 공식적으로 외국에 '쇄국'을 천명한 도쿠가와 막부 시대에도 일본 열도에 유포되었다.[3]

다민족 역사 기술에서는 오늘날 일본 민족의 조상을 현재 일본 국경 너머에서도 찾을 수 있다. 우리가 아는 한, 아프리카에서 현생 인류가 최초로 세계를 가로질러 확산한 시기는 10만 년에서 1만 년 전으로, 지질학상 시간으로 보면 눈 깜짝할 새다.[4] 장기 지속longue durée 관점에서 보면 우리는 모두 아프리카 디아스포라에 속한다.

흔히들 지금 일본에 사는 사람들은 예전부터 일본 민족이라는 자각이 있었다고 짐작하지만, 사실 대중 민족 정체성 확산은 근대성이 올린 독특한 개가였다.[5] 징병부터 학교 교육까지 여러 국가 제도가 민족 정체성이라는 메시지를 전달하고 재생산했으며, 전국 교통 및 통신망 같은 국가 주도 사회 기반 개발로 언론을 구축해 이를 확산했다. 이데올로기 변화도 마찬가지로 중요했다. 어네스트 겔너Ernest Gellner가 내린 영향력 있는 민족주의 정의를 생각해 보라.[6] 겔너는 민족주의란 "정치 정당성이론으로 이에 따르면 민족 경계가 정치 경계와 달라서는 안 되며, (…중략…) 민족 경계가 (…중략…) 권력자들과 나머지 사람들을 분리해서는 안 된다"라고 했다. 전근대 국가 조직에서는 지배자와 피지배자 사이에 존재하는 그러한 결속을 거부했고, 지배자는 신성 또는 혈통으로 인해 피지배자보다 우월한 존재였다. 반면, 근대 국가 조직에서는 이 결속을 분명히 보여준다. 정치 정당성 요구가 더욱 거세어진 때문도 있지만(예를 들면 대규모 징병으로 더 필요해졌다), 민주주의든 독재든 근대 국가 구조는 민족주의를 장려했고 민중의 민족·인종 동형화ethnoracial isomorphism를 주장할 때가 많았다. 근대 일본 같은, 사실상 끊임없이 전쟁을 하고 시민 징병에 의존한 나라에서는 놀랄 일도 아니다. 근대 국가 형성은 국가 기반시설 개발 및 포용 이데올로기와 아울러 민족 정체성 및 애국 민족주의를 독려하고 선전했다.

대중 민족주의는 다민족 일본 형성과 함께 발전했다.[7] 대중 민족 정체성이 부상하던 바로 그때, 근대 민족 국가는 반박할 여지없이 다민족이 되었다. 근본 기제는 식민주의였다. 근대 일본 국가는 홋카이도와 토착 민족인 아이누를 정복했다. 1870년대에는 확장일로에 있는 일본 제국에 류큐, 즉 오키나와가 흡수되었는데, 남쪽 섬나라들로 이루어진 류큐 왕국은 청나라와 도쿠가와 막부 양쪽과 조공국 관계였어도 독립국이었다. 일본은 1895년 대만을 시작으로 조선과 만주공국, 기타 중국 본토 여러 지역, 남부 태평양 섬들을 합병했다. 일본 영토가 4배나 커졌음은 물론 국가 구조도 확실하게 다민족이 되었다. 그저 제국이 생겼기 때문만이 아니라, 말하자면 제국이 본토로 돌아왔기 때문이었다. 엄청난 식민 노동이 유입하면서 일본은 다민족 사회로 탈바꿈했다. 따라서 일본을 지배한 자아 개념은 사실상 단일 민족이 아니었으며, 단일 민족 국가 일본은 오히려 전후 개념이다. 일본 제국은 간혹 단일민족주의를 찬양하기도 했지만, 반복되는 주제는 다민족이었다. 조선인은 일본 열도 안팎에서 황국 신민이었다. 일본은 가족 국가였고, 조선인과 중국인도 천황의 적자天皇の赤子였다.

근대 일본 조선인 집단의 기원

　일본 제국 이데올로기가 시사하듯, 현존하는 가장 오랜 문서에서도 한반도 사람들은 이미 배를 타고 일본 열도로 건너와 일본 역사와 사회를 형성했다.[8] 그러나 이러한 과거 유입과 영향이 현대 자이니치 인구 집단에 직접 영향을 미치지는 않는다. 또한 메이지明治 유신 (1868) 이후 40여 년간 일본에 들어온 유학생이나 상인, 노동자에 중점을 두어서도 안 된다. 1910년 조선 합병 당시 일본 본토에 거주하는 조선인은 수천 명에 불과했다. 다수 조선인이 존재하게 된 직접 원인은 오히려 1920년대에 발생한 노동력 부족이었다. 1920년에서 1930년 사이에 일본 열도 — 당시에는 내지 또는 본토라 했다 — 에 있는 조선인은 10배 이상 증가해 41만 9천 명이 되었다. 1945년, 조선인 수는 약 2백만에 달했다.[9]

　일반 자이니치 역사 기술에서는 일제강점기 일본에 살던 조선인 집단을 조선 남부에서 일본으로 강제 징용당한 가난한 소작농으로 묘사한다. 일본 식민 지배로 토지를 몰수당하고 일본 자본주의에 착취당한 이들은 끊임없는 인종 차별에 직면했고, 1923년 관동 대지진 조선인 대학살 사건도 그 한 사례이다.[10] 다시 말해 일본 제국주의와 자본주의가 어쩌다 보니 인종주의 일본 사회를 견뎌내고 그에 맞서 싸워야 하는 인구 집단을 만들어냈다는 소리다. 긴 가쿠에이가 쓴 대

표적 자이니치 이야기, 『얼어붙은 입凍える口』(1966)에 나오는 주인공[11]이 잘 요약해서 말하듯, "조선 관계 서적이라고 하면 꼭 조선 민족의 비참한 역사와…… 그들이 '지금도' 비참함과 고통 속에서 살아간다는 사실을 다룬다".[12]

전쟁 전 일본에 살던 조선인 대부분은 3개 남부 지역(제주도 포함 경상남북도, 전라남도)출신 농민들이었다. 1932년 오사카 거주 조선인 대상 어느 조사에서는 87%가 농업 노동자였고, 92%가 이 3개 남부 지역 출신이었다.[13] 1936년 인근 효고 현兵庫県에서 실시한 조사에서도 상황은 비슷했다. 92%가 해당 3개 지역 출신, 87%가 농민이었다.[14] 상당수는 교육 수준도 낮고 문맹이었다. 오사카에서는 62%가, 효고 현에서는 34%가 아예 학교 교육을 받은 적이 없었다.[15] 따라서 이들은 육체노동과 허드렛일을 했고 피차별 부락민部落民(부라쿠민)과 함께 도시 노동 시장에서 최하층을 차지했다.[16] 특히 건설 및 광산 노동자 거의 대부분은 조선인이었다. 1930년에는 재일 조선인 절반가량이 건설 노동자였고 이는 일본 건설 노동자 중 35%를 웃돌았다.[17] 1940년대에도 30% 넘는 광부가 조선인이었다.[18] 이들은 대개 일본인보다 훨씬 낮은 임금을 받았다. 예를 들면 1920년대 조선인 건설 노동자는 일본인 건설 노동자 대비 품삯을 70%밖에 받지 못했다.[19] 빈곤과 차별 때문에 이주민들은 조선인 빈민가에 모여들었는데, 이곳은 대개 부락민, 오키나와인 거주 지역에 인접했다.[20] 1900년대 초반에 이미 오사카 이카이노猪飼野에 처음으로 조선인 부락이 생겼다.[21]

일본이 전쟁 준비를 하면서 조선인들은 고통을 겪었고 거기에 휘말려들었다. 전시 노동 부족으로 강제 징용強制連行이 생긴 것이다. '자원병' 모집 명목으로 일본인과 조선인이 한통속이 되어 조선인 공장·광산 근로자들을 징집했다. 1939년에서 1945년 사이에 조선인 70~80만 명이 강제로 일본에서 일하게 됐다.[22] 저 악명 높은 정신대도 애초에는 일본 병사에게 성 노예를 제공하려는 목적보다는 탄약과 섬유 등 각종 공장에서 일할 조선 여성 근로자를 모집하려는 목적이었다. 1944년부터 조선인 11만 명이 일본 군대에 징집됐다.[23] 재일 조선인 상당수는 전쟁 사상자가 되었는데, 히구치는 그 수가 239,320명이라고 한다.[24] 히로시마 원자폭탄 투하 당시에 죽은 조선인 수도 3만 명에 이른다.[25]

조선을 식민지로 삼은 구실이 조선문화 멸시였다면, 실제 식민지화는 이러한 멸시를 공식화했고 빈곤과 부도덕, 수치와 나태 같은 고약한 특성을 갖다 붙였다.[26] 1923년 대지진 이후에는 인종 편견에 인종 공포가 섞였다.[27] 조선인들이 우물에 독을 푼다는 소문은 대량 학살을 촉발했고, 결국 조선인은 물론 오키나와인, 중국인까지 수천 명이 죽음에 이르렀다.[28] 강제 징용과 마찬가지로 대지진과 뒤이은 대학살은 한민족 집단에게 잊히지 않는 기억이자 정체성의 근원이 되었는데, 이는 노예 제도가 아프리카계 미국인에게, 홀로코스트가 유대계 미국인에게 의미하는 바와 같았다.[29] 관동 대지진 학살은 문학적 문신 또는 민족 밈meme과도 같아졌다.[30] 이회성李恢成은 1975년 작품 『추방과 자유追放と自由』에서 이렇게 상술한다. "일본인이 조선인에게 자행한 범죄들 (…중략…) 조선인들이 왜 지진을 두려워하는지

아는가? 또 학살당할까 두렵기 때문이다. (…중략…) 우리는 강제 징용을 당했다."[31]

　조선인은 일본 지배에 묵묵히 복종하지 않았다. 조선인이 저항하거나 조선과 일본이 싸운 예는 반복해서 나타난다. 6장에서 설명하겠지만, 일본 식민주의는 부지불식간에 조선 민족주의를 고취했다. 광산과 건설 분야에 조선인 노동자가 밀집했기 때문에 가끔은 대량 동원도 일어났다.[32] 조선인은 폭력적 선동가를 의미했고, 전쟁 전 자이니치 역사도 저항과 투쟁의 연대기로 서술 가능했다.[33] 일상에서는 집주인과 세입자 간 분쟁이나 문화적 오해, 취업 경쟁 등으로 일본인과 조선인 사이에 수많은 갈등이 터져 나왔다.[34] 도처에서 들린 '불령선인不逞鮮人'(불온한 조선인)이라는 말은, 단순히 조선인은 당연히 방약무인하고 반역을 한다고 일본인이 가정했다는 뜻만이 아니라 조선인이 저항하고 투쟁했다는 뜻도 함축한다.[35] 조선인들은 때로는 일반 범죄를 저질렀고, 때로는 정치 저항을 했다. 일본 당국이 일본 열도 안팎에 있는 조선인을 대상으로 광범위한 감시 체제를 도입한 이유도 단순한 편집증은 아니었다.[36]

　따라서 일반 자이니치 역사 기술에서는 토지 몰수와 착취, 차별, 저항이라는 비극적 전개를 그린다. 일본 식민주의를 정당화해도 도덕적으로 그른 일이지만, 그래도 이런 비극적(아무리 영웅적이어도) 그림은 조선인 유입의 성격을 오도한다. 일제강점기 조선이 농업 위주 국가이고 빈곤했으니, 상당수 조선인이 교육을 받지 못했다 해도 크게 놀랄 일은 아니다. 그러나 극빈자들은 정보와 자원, 멀리 취업하러 가겠다는 의지 면에서 장벽이 있었기 때문에 일본으로 간 조선인 중 가장 소수였고,[37] 오히려 교육을 좀 더 받은 중간층 출신이 대다수였다.[38] 조선인 이주민들은 주로 농민으로 묘사되고 스스로도 그렇게 생각했지만, 일부는 조선에서도 도시 근로자였다.[39] 또 도쿄 거주 조선인 중 10%는 아마 유학을 목적으로 했을 터였다.[40]

핵심은 1940년대에 전쟁 동원으로 강제 징용이 자행되기 전까지는 일본 열도로 향한 조선인 이주도 어느 정도 자발적이었다는 사실이다. 동기는 대개 확실하지 않고 조선 반도에서 일본 열도로 와서 체류한 자이니치 기억은 회상에 의존하며 대개 정당화하는 경향이 있지만, 믿음이 행동을 낳기보다는 행동이 믿음을 낳는다는 실용주의 견해를 활용하면 이 만화경 같은 기억을 정리할 때 도움이 된다. 일반 자이니치 역사 기술은 구속과 강제라는 요소를 과장한다. 소작농 계급을 없앤 경제 변혁을 포함해 일본 제국은 분명 재일 조선인 디아스포라의 가능 조건이 된다. 단, 적어도 1920년대와 1930년대에는 조선 내 생계 기반 파괴라는 관점은 물론, 일본 내 기회 도모라는 관점도 취해야 한다. 자이니치가 꼭 강제 징용 때문에 생기지는 않았다.[41] 정재준鄭在俊은 1920년대 조선 남부 농촌 지역에서 이런 노래 후렴구가 흔히 돌았다고 한다. "일본 도쿄는 / 정말 좋은 곳 / 한 번 가면 / 다시 안 돌아오지."[42] 1909년생인 장정수張錠壽는 1926년, 일본에서 공부를 계속하려고 부모 집에서 '도망쳤다'고 한다.[43] 그러니까 1920년대와 1930년대 상당수 조선인에게 일본은 기회와 약속의 땅이었다.[44] 물론 그렇다고 전쟁 전 일본 정부와 고용주에 죄를 묻지 않는다면 역시 문제가 된다. 실제로 강압은 전시에 심해졌다.[45] 배학포는 자원했을 때조차도 거짓 약속과 끔찍한 환경 때문에 조선인들이 사실상 '노예'가 되었다고 회상한다.[46] 당시 근로 환경은 조선인들이 탈출하거나 저항할 수밖에 없던 끔찍한 실태여서 강제 징용은 강제 동원보다도 감정에 큰 여파를 남겼다.[47] 역사에서 자행된 온갖 부당함은 —사실 역사란 잘못을 기록한 연대기가 아니면 뭐겠는가? —희생자에게는 고통을 복송하고 과장하라고 유혹하고, 가해자와 그 후손에게는 편리하게 기억상실증에 걸리거나 자기 정당화 추론을 펼치라고 꼬드긴다. 그렇지만 정청정鄭淸正은 자신이 '강제 징용' 노동자라고 하면서도[48] 벌레처럼 죽어간 조선인 노동자들의 역경은 물론 그들을 보호한 수많은 이름 없는 일본인들이 잊혔다는 사실도 함께 통탄하는데, 우리도 그 본을 받아야 할 터이다.

1930년 무렵, 조선인들은 일본 주요 도시에서 눈에 띄는 사회 집단을 형성한다. 1920년대 말까지 조선인은 대부분 이 일 저 일 전전하는 남성 이주노동자였지만,[49] 그 후 일부 조선인이 내지에 정착했다.[50] 이러한 경향 변화는 예를 들어 조선인 여성과 아동 수가 증가한 데서도 보인다.[51] 조선인 최대 밀집 지역은 오사카와 그 인근이었다.[52] 1930년대 중반이 되자 조선인 3분의 1 가까이는 일본 태생이었는데, 이 사실은 일본어를 주 언어로 쓰는 조선인 수가 증가하고 이들이 일본 영구 거주를 바라는 이유를 설명한다.[53] 앞서 언급한 1930년대 조사에서 오사카에서는 66%가, 효고 현에서는 60%가 일본에 계속 살겠다는(영주) 의사를 표명했다.[54] 1933년에는 벌써 인종 단체

984개, 회원 약 13만 명이 존재했다.[55] 여러 주요 도시에 안정된 공동체가 존재한다는 이유도 있어서, 전쟁 직후 조선인은 빠르게 조직화하고 동원되었다. 부락(천민촌)이라는 명칭이 시사하듯, 각 인종 공동체는 주류 사회에서 꽤 고립되어 존재했다. 조선인들은 조선 식료품점과 식당부터 무당, 한의사까지 소수 민족 경제를 형성했는데, 그 대부분은 동족끼리, 동족을 대상으로 운영했다.[56] 언어와 음식, 옷(특히 여성)을 보면 조선인은 쉽게 일본인과 구분되었다.[57] 불평등과 차별, 분리 때문에 민족 간 결혼은 금기로 여겨졌지만, 그럼에도 이 금기는 대단히 유혹적이었고 식민 시대 후기 문학에서 주요 주제가 되었다.[58] 1930년대, 전체 조선인 중 민족 간 결혼 비율은 1~2% 정도였지만[59] 그 이후 꾸준히 증가했다. 흥미롭게도 그때까지 조선에서 온 사람들을 구별하던 지역 차이는 이들이 일본에 정착하면서 해소되었다. 조선 남부에서 온 농부든, 제주도에서 온 어부든, 모두 '조선인'이 되었다는 말이다.[60] 그래도 지역 차이는 매우 뿌리 깊었고, 게다가 1930년대 후반에는 계층 차이도 널리 인식되었다.[61] 세대 차이 — 언어 간극 및 그 다름이 내포하는 모든 요소와 함께 — 역시 사라지지 않는 간극이 되었다.

1910년 조선이 공식 합병되면서 조선인들은 일본 황국 신민이 되었지만, 일본 국가는 특히 식민 지배 초기에 '내지(본토)'와 '외지(식민지)'를 엄격하게 구분했고 민족 위계질서를 일본 제국의 구조적 특징으로 삼았다. 학교와 이웃에서 당하는 놀림과 괴롭힘, 교육과 취업에서 당하는 배제와 차별, 조선인은 열등하다는 일본 통념이 조선인 집단의식을 악몽처럼 내리눌렀다.[62] 역설이지만 그러면서도 결과적으로 인족 귀속의식peoplehood identification과 명명이라는 행위 자체 — '조센진'이라는 호칭 — 는 일제강점기부터 전후 시대까지 이어지는 가장 큰 욕설이 됐다.[63] 시인 이정자李正子는 강하게 말한다. "나는 여섯 살 봄에 朝鮮人(외국 것을 나타내는 가타카나로 표기)이라고 놀림 받으면서 처음으로 내 민족과 마주했다. (…중략…) 사춘기는 〈조센진, 조선으로 돌아가〉라는 노래를 들으며 보냈다."[64] 출신 국가 또는 '냄새나는' 음식 때문에 일본인 또래들에게 거부당한 고통스러운 기억은 그래도 '좋은' 일본인 덕택에 보상받기도 한다.[65] 즉 조선인들은 무조건 인종 차별을 하는 사회가 아니라 '차별과 동정'이 섞인 사회를 마주했다.[66] 멸시당하는 자들은 일부에게는 항상 동정을 받았지만(사실 맹렬한 증오는 동정심을 더 자극할 수도 있다), 암흑과 슬픔이 지배하는 왕국에도 인종주의가 없는 영역이 있었다. "건설 노동자 세계에는 차별이 없었다."[67]

정식 통합, 혹은 상의하달식 동화라는 제국주의 이데올로기는 1930년대 이후 심해졌고, 그때부터 일본 정책은 끈질기게 조선문화를 뿌리 뽑고 조선인을 황제의 백성으로 삼으려 했으며(황민화), 내선일체內鮮一體를 달성하려 했다. 1940년, 조선인들은 일본 교육 제도와 창씨개명을 강요당했다.[68] 이는 식민 시대 이후 조선인에게 정신적 외상을 입힌 또 다른 큰 원인인데, 김은국(리처드 김)은 1970년 작 『잃어버린 이름Lost Names』에서 이를 압축해서 보여준다. 일본 지도자들은 일본과 조선의 화합과 단결을 똑똑히 보이겠다고 했다. 노무라 코스케는 1943년에 "반도에 있는 2천 4백만 동지들은 모두 황국 신민이다. 부와 지혜, 아름다움에서 차이는 있을지 몰라도 그들도 천황 폐하의 자식들이다. 우리는 한 가족, 한 몸이 되어야 한다"라고 말했다.[69] 황민화 정책은 일선동조론 — 일본인 중 최소 3분의 1은 '혼혈'이라고 했다[70] — 그리고 일본인과 조선인 신민 간 내선결혼 장려로 정점에 달한다.

동화 정책은 일본 관료들이 바란 만큼 성공을 거두지도 않았고 전후 자이니치 지식인들이 회상한 만큼 실패하지도 않았지만, 황민화가 발휘한 흡인력을 과소평가해서는 안 된다. 부와 권력을 추구하던 조선인들은 자신을 충직한 황국 신민이라고 칭하고 싶은 유혹을 느꼈다. 동화는 빈곤이라는 길에서 근대성으로 가는 탈출로를 깔아주었다.[71] 1925년 일본 보통선거법이 제정된 뒤, 조선인 남성 상당수가 참정권을 얻었고 선출 관료가 되기도 했다.[72] 1940년대는 일본에 속한 일본인이라고 당당하게 천명하는 조선인도 몇몇 있었다. 당대 유명 작가 이광수李光洙 — 1940년 법이 생기기 전에 이미 가야마 미쓰로香山光郎라는 이름으로 개명했다[73] — 는 1941년 내선일체가 10년 안에 완료된다고 하면서 조선인 동포들에게 일본어와 일본 정신을 배우라고 독려했다.[74] 탈식민 시대에 나온 여러 회고에서는 이광수가 일본 지배에 열렬히 굴종했다고 쉽사리 비난하지만, 황민화는 당시 교육받은 조선인 사이에서 당연한 법칙이었다.[75] '이데올로기'라는 용어를 들으면 기만이나 망상이라고 일축하는 사람들도 있지만, 사실 이데올로기는 인간 행동과 신념을 형성하는 사고의 지평에 더 가깝다. 내지에서든 외지에서든, 확실한 물질적 이익과 도덕적 권고가 있는 일본 제국주의 이데올로기를 따르는 조선인 지지자도 많이 생겼다. 일본명 노구치 미노루野口稔인 조선인 작가 장혁주張赫宙(초 가쿠추)는 1938년 이후 황국 군대에 복무하게 된 조선인들이 느낀 '흥분'을 표현했는데, 이 또한 순수한 선전만은 아니었다.[76] 20만 명 넘는 조선인 병사가 일본 제국 대신 싸웠다. 가미카제 조종사로 죽은 사람도 있고, '전쟁 영웅'이라며 야스쿠니 신사에 묻힌 사람도 있었다.[77] 또 해방한 날을 패배한 날이라고 생각한 조선인도 있었다. 종전을 그린 김석범金石範 단편에서는 어린 소녀가 일본 패전을 알고 울음을 터뜨린다.[78] 아버지가 우리는 조선인이니 걱정하지 말라고 하자, 소녀는 이렇게 대답한다. "아빠는 그렇게 말씀하시지만 무슨 말인지 모르겠어요. 우리는 일본인이에요. 혈통은 조선인이지만 일본 국민이 잖아요." 1968년에 일본 인종주의를 비난한 김희로金嬉老도 일본 패전 소식을 들었을 때는 분해서 울었다고 한다.[79] 조선에서 자랐지만 조선말을 모르던 자이니치 시인 김시종金時鐘도 마찬가지로, 열여섯 살 때 일본 패전 소식을 듣고 엄청난 충격을 받아 "일주일, 열흘 동안 제대로 먹지도 못했다."[80] 김시종은 신의 바람(가미카제)이 제국을 구해주기를 기다렸지만 소용없었다.[81] 21세기 초반에 접어들어서는 훨씬 양식화한 기억이 우세하다. 유미리柳美里가 할아버지 인생을 토대로 쓴 2004년 소설에서는 1945년 8월 15일에 모든 조선인이 기쁨과 환희에 차서 소리를 지른다.[82] 그러나 구세대 자이니치 남자들이 일본 군가를 부르는 부조리한 모습을 본 사람이라면 누구든 이러한 역사 수정주의에 회의를 품으리라.

탈脫식민 시대에 나온 다양한 회고와 반박에서 시사하듯, 식민지 피지배자와 식민지 지배자 간 동일시는 그리 드문 일은 아니었다. 니라드 C. 초두리Nirad C. Chaudhuri가 1951년 자서전 권두에 실은 구절을 보자.[83] "인도 대영제국의 / 기억을 기리며 (…중략…) / 우리 안에 있는 / 모든 선하고 살아 있는 것은 / 바로 그 영국의 통치로 / 생겨나고, 형태를 잡고, 생기를 얻었다." 식민지 백성들이 제국에 귀속의식과 향수를 느끼는 일은, 정치적으로 아무리 정당하지 않더라도 그리 드물지 않았다. 탈식민 시대에는 단순히 조선인을 일본 애국자로 보거나 인도인을 영국 충신으로 보기 어려우며, 이들은 그저 거짓 의식이나 잘못된 신념의 사례라고 보아야 할 터이다. 일부 독일 유대인들에서 나타나는 전형적 사례처럼, 동화를 믿고자 한 소수는 그저 심각한 오류가 있고, 속아서 파괴적 자기기만에 빠졌다고 볼 수밖에 없다.[84] 그러나 식민지 근대성은 저항하기 어려운 유혹일 때가 많았다. 바이마르 공화국 시대에는 오히려 게르숌 숄렘Gershom Scholem이 취한 반反동화주의 태도가 소수 현상이었고, 숄렘도 결국 팔레스타인으로 이주했다. 저명한 재일 조선인 중 종전 이전에 일본이 내건 대의명분으로 전향하지 않은 조선 지식인을 찾기란 어렵다. 사는 곳과 상관없이 조선 지식인들이 얼마나 진심으로 황민화 과정에 굴복하고 동의했는지 가늠하기는 쉽지 않지만, 제국 지배하에서 저항은 거의 용납되지 않았고 엄청난 부역과 찬동이 강요되었다. 해방 후 한국에도 반일 정서가 만연했다지만 — 1990년대 중반까지는 일본 대중음악도 금

지였다 — 일제강점기 부역자들이 조직적으로 처벌받은 적은 없다.[85] 탈식민 시대에 무죄 판결을 받을 사람은 과연 몇이나 있을까? 1951년 에드워드 와그너Edward Wagner처럼 이들이 '동화하지 않았다는 사실 (…중략…) 그러니까 본질상 조선인성Koreanness'을 뚜렷하게 드러낸다고 한다면 분명 시대착오이다. 이는 명확히 전후, 탈식민 시대에 생긴 오인misrecognition이다.[86] 일본 내 일상이 완전히 타성에 젖고 황민화 작업까지 거세어지면서 1940년대에는 언어나 이름, 학교 교육, 음식과 옷에서도 한층 동화한 공동체가 생겼다.[87] 일본어로 쓴 조선 문학이 처음 '붐'을 일으킨 때는 1940년 정도였는데, 이는 좀 더 흔히 언급하는 1970년경 자이니치문학 붐보다 한 세대 앞선다.[88] 그런데도 언어 숙련도와 문화 동화에서 전체 수준이 낮았던 이유는 단지 조선에서 꾸준히 새로운 유입이 있었기 때문이었다. 또 1940년대에 동족과 결혼하는 조선 여성은 90%가 훌쩍 넘었지만, 일본 여성과 결혼하는 조선 남성은 3분의 1이 넘어 민족 공동체 안에서도 큰 성 불균형이 존재함을 시사했다.[89] 김사량金史良 단편 「빛 속으로光の中に」(1940)는 인종 혼합이 어느 정도였는지 아주 잘 보여준다.[90] 겉보기에 일본인 교사는 사실 조선인이고, 조선인을 증오하는 학생도 어머니가 조선 사람이다. 그래도 전쟁 전에는 아직 자이니치 정체성에 근접하는 그 무엇도 없었다. 일본에서 태어나 일본어를 하고 일본학교 교육을 받은 조선인 소수집단은 1945년 이전에는 존재하지 않았다. 2세는 1930년대가 지나서야 제법 큰 규모로 태어났기 때문이다. 물론 동화가 겉으로만 되었다는 주장도 가능하다. 언어도 모국어가 아니었

고, 문화는 조선 유교식 교육에 덧입힌 문화였다. 일본 본토에 사는 조선인들은 당연히 한글로 글을 쓸 때가 많았다.[91]

아무리 적극성을 띠고 입었더라도 일본인성Japaneseness이라는 겉옷은 언제든 벗어던질 수 있었다. 김사량처럼 겉보기에 충직한 황국 신민도 1945년 8월 15일 이후에는 충직한 한국 민족주의자로 거듭날 수 있었다. 그렇지만 조선인 야심가들이 일본어로 글을 쓰고 일본인과 결혼까지 하게 된 깊은 욕망도 무시해서는 안 된다. 근대성과 일본인성은 합체할 때가 종종 있었다. 근대가 일본을 통해 한국에 왔다는 사실은 해방 후 한국에서 억눌린 저류底流로 흘렀다. 근대 한국은 일본과 스치면서 언어와 사고 자체가 크게 방향을 틀었다. 깊고 넓게 얽히고설킨 식민 관계를 무시한 채 근대 일본을 본다면 그 또한 판단을 흐리는 일이다. 어쨌든 일제강점기 말기 조선인들은 일본인이 되느냐 아니면 저항하느냐, 결국은 이 둘 중 하나를 택해야 했다. 식민 지배자와 피식민지인의 논리 사이에 중도 해결책이란 없었다. 자이니치라는 용어 자체도 전쟁이 끝나고 나서야 사용됐다.

전후 일본과 동질성 개념

다민족 제국이라는 이데올로기는 일본이 패배하면서 무너졌고,

단일 민족 일본이라는 정반대 이데올로기로 대체됐다. 광대한 제국을 잃은 전후 일본 사회는 과거보다 상당히 민족 다양성이 떨어졌다. 외국에 살던 일본인들은 귀국한 반면, 많은 '외국인'들이 일본 열도를 떠났기 때문이다.

그러나 일반 소수 민족 집단, 특히 조선인 집단은 사라지지 않았다. 1억 일본인이 집단으로 참회하자는 一億総懺悔 말은 명백하게 예전 식민지 인구까지 다 포함했다. 종전 직후 조선인들은 맹렬히 투쟁했고, 암시장 거래에 가담하거나 민족학교를 지키면서(1948년 한신 교육 투쟁이 대표적이다) 언론에 대대적으로 보도될 때도 있었다. 야스모토 스에코安本末子가 쓴 『작은 오빠にあんちゃん』(1958)는 1959년 일본 베스트셀러가 되고 유명 감독 이마무라 쇼헤이今村昌平가 영화화한 소설이다. 이 작품은 열 살짜리 고아 소녀가 쓴 일기 형식으로 전후 일본의 가난과 굶주림을 그린, 천진난만하지만 참혹한 연대기이다. 이 묘한 기록에서 조선인 소녀는 한국전쟁 희생자들을 '불쌍한 외국인'이라고 하고 조선 음식이 이상하다고 하며, 유일한 인종 차별 사건은 로마자로 기록한다.[92] 등장인물 모두 실제 이름으로 소개하지만, 눈에 띄게도 일기를 쓰는 소녀와 형제들만 본명이 아닌 일본 이름, 통명通名으로 등장한다. 그러나 대충만 읽어도 일기 쓰는 소녀가 조선인임은 금방 드러났고, 『작은 오빠』가 일본판 『안네의 일기』로 읽히면서 1950년대와 1960년대 초반에는 조선인을 괴롭히던 문제를 다룬 기사도 많이 쏟아졌다.[93] 『작은 오빠』만이 아니었다. 오시마 나기사大島渚 감독 작품〈교수형絞死刑〉(1968)은 1958년 세상을 떠들썩하게 한 살인 사

건(일명 고마쓰가와小松川 사건)에서 자이니치 청년 이진우李珍宇가 기소, 처형된 실화를 인상 깊게 그렸는데, 이 영화는 단일 민족 일본을 주된 술어로 삼는 일본인론日本人論 담론이 유행하던 바로 그 시기에 등장했다.[94] 1950년대와 1960년대 인기 대중 가수들이 조선인이라는 점 또한 역설이었다.[95]

인종 다양성은 소수 민족 인구가 줄어서가 아니라 훗날 제국주의 환상이라고 이해된 요인들이 집단적 억압을 가해서 사라졌다. 실제로 일본인 대부분은 전쟁 전 시대와는 감정적 유대를 끊었다. 전쟁은 잊혀야 할 악몽이었다. 식민주의 경험은 선사시대 역사처럼 거부당했고, 1945년에 일본이 새로 태어난 모양새였다. 전후 시대 여기저기에 전부 '새로운新'이라는 접두사가 붙은 것도 우연이 아니다. 나중에 영화로도 만든 1959년 인기 TV 드라마 〈나는 조개가 되고 싶다私は貝になりたい〉는 전후 일본 정신에 일어난 이러한 가치 변화, 즉 전쟁과 제국이라는 전쟁 전 세계를 부정하는 전후 경향을 압축해서 보여준다. 위풍당당한 명예와 영광보다 평화로운 일상이 좋은 삶이다. 그러니까 병사보다 조개가 되는 편이 낫다. 한 번에 다 바뀌었다는 말은 아니지만, 패배는 물리적 파괴는 물론이고 정신적 타격과 지적 파산이라는 면에서 대변동을 일으켰다. 그렇지 않다면 일본이 직전까지 짐승이요, 악마라고 매도하던 점령군에 복종하고, 정치·지식·도덕면에서 미국 헤게모니에 복종한 사실을 어떻게 이해하겠는가? 1945년 8월 30일에는 벌써 『일미 회화집日米会話手帳』이 출판되었고, 3개월 만에 4백만 부가 팔렸다.[96] 자국 군대 보유 — 막스 베버Max Weber

등이 말했듯, 국가의 정의 자체에 가까운 — 의 정당성은 수십 년이 흐른 뒤에야 일본 정계에서 폭넓은 토론 대상이 되었다. 한편 일본인 대부분은 아무렇지 않게 전통을 버렸다.

일본 제국주의 사상가들은 일본에 다민족이 있다고 설명하고 이를 옹호했지만, 전후 지식인들은 제국주의는 물론 필연적으로 제국주의와 상관관계가 있는 민족 다양성ethnic heterogeneity까지 비판했다. 황국 신민臣民은 일본 국민国民 아니면 외국인이 되었다. 1950년 일본 국적법은 혈통주의 원칙을 구현하며 귀화법을 한정했다.[97] 전후 일본에서 가장 두드러진 자아상은 민족 다양성이 없는 작은 단일 민족 국가였다. 단일 민족 일본이라는 개념은 민주주의, 평등주의라는 이상과도 잘 맞았다. 일본 지식인들은 단일 민족 국가 일본을 다민족 국가 미국 — 전후 시대 모든 비교에서 돋보이는 대상 — 과 대비했을 뿐만 아니라 문화·민족 동질성에 일본의 특수성이 있다고 보았다. 일본 사회를 논평한 서구, 특히 미국인들 역시 일본을 동질 사회homogenous society로 그렸다. 서구인들 눈에 일본인은 다 비슷해 보였는데, 짐작컨대 이들은 조선인과 일본인을 구분하지 못했으리라.[98]

겉으로는 혁명적인 이 변모에는 엄청난 연속성이 있다. 전쟁 전 황민화 작업과 전후 단일 민족 이데올로기 모두 동질 사회를 전제로 한다. 전쟁 전이든 후든, 공식 담론은 방식은 다를지라도 민족적 타자를 거부했다. 이데올로기적 명분은 아니라도 형식은 여전히 같았다. 이와 마찬가지로 전후 천황 이데올로기 거부와 마르크시즘 수용 역시 이데올로기적 확신과 지적 위계질서에 집착하는 태도를 가렸을 뿐이다. 알퐁스 카르Alphonse Karr는 바뀌는 것일수록 본질은 같다고 했는데, 혁명적 단절이라고 알려진 사례들을 보면 그 말은 과연 옳다.

일본의 동질성이라는 이상은 민족 차원을 넘어 사회 불평등과 지역 다양성까지 흡수했다. 전쟁 직후 만연한 빈곤과 신분 제도 철폐 때문에 수입 불평등이나 계층의식 면에서는 보다 평등한 사회가 되었다. 20세기 전반기 산업화와 도시화, 군사화 덕택에 진행된 급속한 문화 통합은 1950년대와 1960년대에 더욱 박차를 가했다. 도쿄 귀족이나 오사카 상인, 홋카이도 목장 주인이나 규슈 농사꾼이나 다 같은 일본인이 되었다.[99] 남녀별로 다르기는 해도 유니폼을 갖춰 입은 새로운 중산층은 표준화한 생산자와 소비자가 완성하는 포드주의 사회 안에서 핵심이 됐다. 라디오와 TV라는 매체는 물론, 전달하는 메시지 면에서도 확장한 대중 매체는 줄곧 방언 다양성을 줄이고 문화 획일성을 고취했다. 전후 일본 정치체body politic 안에서 이러한 모든 힘이 격렬히 뒤섞이면서 동질성은 일본인성을 규정하는 특성이 되었다. 단카이団塊(베이비부머) 세대는 새롭게 상상해낸 일본인 집단성의 전형이었다. 전쟁 전에는 군대가 일본 남성 사이에 공통 문화를 만들었다면, 베이비붐 세대에는 대중문화, 대중 매체와 함께 학교와 직장이 최소 공통 분모였다. 획일성, 아니, 정확하게 말하자면 여러 가지 획일성이 확산했다. 결정적으로 도쿄는 대중 민족문화의 중심이자 기준이었다. 예를 들면 오사카 같은 곳에서 문화와 민족 차이가 존재한다는 사실을 지워내기는 훨씬 어려웠으리라.

대중 매체에서 자이니치가 사라진 점을 보아도 민족 배제는 명백

했다. 오시마 나기사大島渚 감독 작품 〈잊혀진 황군忘れられた皇軍〉(1963)은 일본 군대에 복무한 조선인 병사를 그린 이야기로, 니혼 TV에서 방영해 비평가들에게 대단한 찬사를 받았다. 초점이 된 부분은 식민주의 과거였던 듯하다. 1960년대에 자이니치 인물이 등장한 영화 중 최고 인기 작품은 〈큐폴라가 있는 마을キューポラのある街〉이었을 텐데, 지금도 이 영화가 여주인공 요시나가 사유리吉永小百合를 전후 가장 탁월한 여배우 반열에 올려놓았다고 좋게 기억하는 사람이 많다. 영화에서 집중 조명하는 두 조선인 자매가 있는데, 이 둘은 결국 북한으로 떠난다.[100] 그리고 상징적으로 제국주의와 다민족이던 과거는 평화롭고 단일 민족인 현재로 이어진다. 두 작품에서 자이니치에게 미래는 없다. 일본에는 인종 청소가, 한국에는 민족 통합이 있기 때문이다. 자이니치 존재 ─〈작은 오빠〉(1959)와 기노시타 준지木下順二가 쓴 첫 TV 대본 〈겨울 하늘에 휘파람이口笛が冬の空に〉(1961) 등 ─는 1950년대 말과 1960년대 초반에 시각 매체에서 잠시 돌풍을 일으켰지만, 드라마 〈도쿄만 풍경東京湾景〉(2004), NHK 드라마 〈해협海峡〉(2007) 등으로 전국 TV에 다시 등장한 때는 반세기도 더 뒤였다.[101]

소설가 가이코 다케시開高健 작품 『일본 서푼짜리 오페라日本三文オペラ』(1959)는 고도 경제 성장 초기 자이니치 집단을 가장 일관성 있게 묘사한다.[102] 가이코는 전쟁 전 무기 공장 폐허 자리에 생긴 빈민가 '아파치 부락アパッチ部落'과 '오사카 토착민 구역'이 어떻게 생겼는지 묘사한다.[103] 이 마을에는 룸펜프롤레타리아와 잡범, 그리고 '호적도, 이름도, 국적도 있는지 없는지 모를 수상한 사람들'투성이다.[104] 이

광경에 '한 번만 쿵쿵거려도 몸의 모든 구멍에서 김치와 막걸리 냄새가 뿜어져 나오는'[105] 남자가 등장해 조선 냄새와 특색이 보이기는 하지만 그래도 이곳은 빈민 이민자들이 사는, 산업화 중인 여느 도시와 다르지 않다. 소설은 드물게도 이 시대 다민족 일본의 단면을 보여주지만 결말에서 마을은 파괴당하고 주민들은 뿔뿔이 흩어진다. 빠른 경제 성장으로 조선인 부락이나 그 공동 주택長屋을 포함한 다민족 빈민가는 불도저에 밀려 완전히 사라졌고, 20여 년 후에는 그 존재를 기억하는 사람도 거의 없을 정도였다. 자이니치 작가 양석일梁石日은 고향 이카이노(오사카)를 담은 1959년 사진들을 보고 40여 년 후에 이렇게 말했다.[106] "나는 그 시절을 똑똑히 기억했지만, 내가 보는 광경이 믿기지 않았다. 자이니치의 삶이 그리도 빈곤했단 말인가?" 1950년대 초 어느 소녀의 삶을 그린 『작은 오빠』에서 배고픔을 묘사한 부분을 보자. 이 소설이 베스트셀러가 된 시점인 1950년대 후반 일본에서 굶주림은 이미 드문 일이었는데, 이는 아마도 책이 인기를 끈 가능 조건이 되었을 터이다. 1960년대 중반에 과거 굶주림이 존재했다는 흔적이라고는 학교 당국에서 음식을 낭비하지 말라고 주는 주의 정도밖에 없었다. 음식을 남기는 사람도 있었지만 새로운 건강 위협, 즉 비만에 노출된 사람도 있었다. 또한 공동 주택은 대개 만화와 영화에서만 눈에 띄었다. 1960년대 말 인기를 끈 만화 〈거인의 별巨人の星〉에는 공동 주택에서 벌어지는 상징적 장면이 있다. 술에 취한 아버지가 아들 뺨을 때리고 밥상을 뒤엎는 장면이다. 이 유명한 장면이 자이니치라는 이 가족의 신분을 은근히 암시한다고 생각한 자이니

치도 많았다. 그러나 1960년대 대중 매체가 조망한 자이니치를 보려면 아주 멀리, 폭넓게 보아야 한다. 경제가 가파르게 성장하는 와중에 다양한 민족 공동체가 맞이한 국면이나 운명을 인식할 정도로 차분한 사람은 거의 없었다.

단카이 세대가 성년이 된 바로 그때, 즉 1960년대 고도 경제 성장이 정점에 달했을 때 조선인들은 일본 대중 의식에서 사라졌다. 『작은 오빠』는 라디오 방송 덕분에 인기를 끌었지만, 소설이 태어난 세계, 그러니까 침체한 광산은 이미 향수를 자극하는 소재였다. 정치학자 가미시마 지로神島二郎는 이렇게 말했다. "전쟁 전 일본에서는 야마토 민족이 잡종 민족이자 혼합 민족이라고 했습니다. (…중략…) 그런데 전후가 되니 이상하게도 진보 지식인을 필두로 일본은 단일 민족이라고 하기 시작했죠. 도대체가 근거 없는 소리입니다."[107] 이 노학자에게는 확실하던 사실이 전후에 성년이 된 대다수에게는 불확실했다. 일본 사회의 기초 지식에서 다민족이라는 사실은 지워 없어졌다. 단일 민족 담론 덕택에 일본 당국은 다양한 소수 민족 집단 요구에 부응해야 한다는 부담을 벗었다.[108] 전후 일본에서 조선인들은 학교에서 괴롭힘을 당하고 주류 사회 직업에서는 배제당하며 자신들을 부인하는 사회에 살았다.

그렇기 때문에 1986년 나카소네 야스히로中曽根康弘 총리는 자신 있게 이렇게 말할 수 있었다. "일본은 단일 민족, 단일 국가, 단일 언어라고 봐도 된다."[109] 이러한 민족 비유에 따르면 민족·문화 동질성은 일본 경제가 꽃을 피우는 데 한몫 했고, 다민족은 미국이 쇠퇴한 이유가 된다. 다민족 또는 다문화 국가에 어떤 미덕 혹은 악덕이 존재하든, 나카소네가 제시한 근본 가정에 의문을 제기하는 목소리는 단 하나도 없었다. 사실 일본에 단일 민족이라는 특징이 있다는 말은 그 나라 안팎에서 아주 당연했다. 다민족 관련 저서에서 윌리엄 H. 맥닐William H. McNeill도 이렇게 말한다. "어떤 문명국가보다도 (…중략…) 일본은 역사를 통틀어 민족과 문화 동질성을 유지했다."[110]

보이지 않는 모습, 침묵이 내는 소리
삶의 방식인 행세(passing)

지배 담론에서 다민족이 제거되었다는 사실은 전체 이야기 중 한 줄기에 불과하다. 소수 민족 집단이 존재했다면 그들은 왜 눈에 보이지 않았는가? 왜 침묵했는가?

불가시성은 피할 수 없는 현실이었고, 눈에서 멀어지면 마음에서도 멀어진다. 소수 민족 집단은 1960년대 이전에는 주거에서 분리되었고, 대부분 일본인과는 다른 직업에 종사했다. 다시 말해 이웃도, 동료도 아니었다는 뜻이다. 분리와 고립 때문에 일반 시민은 무지할 수 있었다. 자이니치 시인 김시종은 오사카 한인 타운인 이카이노를 묘사한 시, 「보이지 않는 마을見えない町」에서 "모두가 알지만 / 지도

에는 없고 / 지도에 없으니 / 일본이 아니며"라고 표현했다.[111]

　그러나 대다수 일본인은 소수 민족 집단이 다수 민족과 떨어져 살고 일하던 1950년대에도 자신이 단일 민족 사회에 산다고 생각하지 않았고, 그런 생각은 소수 민족 집단이 주류 사회에 통합된 1970년대에 들어서야 생겼다. 이때는 일본인이 아닌 민족과 일본 민족을 구분하기 어려워졌기 때문이다. 이는 각 지역 문화(말투·의복 기표를 포함)가 꽤 동질성 있는 일본문화에 녹아들어가던 때 일어난 일이다. 일제강점기 조선인은 종족·민족 차이를 일상에서, 아마도 말투와 음식에서 가장 강하게 드러냈다. 그러나 1970년대에 들어오면서 자이니치 2세를 일본인과 확실하게 구별하기는 어려워졌다. 20세기 초반에는 조선인을 구분하는 아주 쉬운 시험이 있었다지만 ― 조선인들은 일본어 파피푸페포パピプペポ를 정확히 발음하지 못했다고 한다 ― 1970년대에 이러한 발음 시험을 통과하지 못한 한국·조선인은 거의 없었다. 『작은 오빠』에서 야스모토 스에코가 그랬듯, 김치나 김치에 들어가는 마늘, 고춧가루 소비는 오랫동안 조선인성을 나타내는 전형적 특징 취급을 받았다. 그러나 이 또한 주류 일본 음식이 되어 슈퍼마켓에서 쉽게 구하게 되었고, 이제 김치를 사는 사람은 한국·조선인일 수도, 일본인일 수도 있다. 20세기 말에는 가계도를 제외하면 조선인성을 판별할 간단한 시험은 존재하지 않았다.

　종족·민족 구분에서는 대개 식별 가능한 신체·행동 차이를 주된 기표로 간주했다. 표면상 특징이 뚜렷하면 이를 선천성이고 고착된 근본 차이로 보았다. 모습과 소리로 간단하게 타자성otherness이라는 낙인이 찍혔다. 그러나 외양이란 대단히 모호하며 상반된 해석도 가능하다. 내가 일본인들에게 5~6명으로 된 어느 집단에서 부락민이나 한국인을 찾아보라고 했을 때, 이들은 하나같이 통계학적 가능성보다 뒤처지는 결과를 냈다. 신기하게도 동남아시아에서 온 지 얼마 안 된 사람들이나 부모 중 한 명이 일본인이 아닌 사람을 섞었을 때도 그 비율은 나아지지 않았다. 다양한 지역 출신 민족들이 수천 년간 일본 열도에 거주했기 때문에, 일본 민족은 뚜렷한 표현형表現型을 포함한다. 따라서 남아시아 출신인 사람(조상은 중국계일 가능성이 크다)이 실제 일본인이라고 하는 사람보다 더 '일본사람 같다'고 해도 크게 놀랄 일은 아니다. 나는 어느 날 영국인 아내와 낳은 내 딸과 도쿄를 걸어 다니다 어느 일본인 노부부와 담소를 나누게 되었다. 내가 미국에서 자랐다고 하자 부부는 일본을 참 오래 떠나 있었다며 놀라워했는데, 그러면서도 어떤 근거로든 내가 일본인이 아니라고는 전혀 의심하지 않았다. 얼마 뒤, 부부는 내 발음에 미국식 억양이 있다고 했다. 또 딸아이가 영어밖에 못한다는 사실을 알고 찬찬히 뜯어보더니, 부인 쪽에서 내 딸은 미국에 살아서인지 더 미국인 같아 보인다고 했다. 눈으로 보아야 믿는다지만, 또 한편으로는 믿어야 보이기도 하는 법이다.

불가시성은 단순히 다수 민족 집단에게 일본인과 일본인이 아닌 사람을 구분하는 능력이 없다는 뜻만이 아니라, 소수 민족 집단에게 평범한 일본인으로 통하는 능력이 있다는 뜻이기도 하다. 문화 통합이 반드시 강제 아니면 자발이라고 볼 필요는 없다. 당근과 채찍이라는 표현처럼, 통제와 선택은 늘 섞여 있다. 소수 민족 집단은 더 많은 수입이나 특권을 얻고 싶어서, 또는 단순히 어색함을 피하고 싶어서 주류에 녹아들어가려 하며 그 욕구를 과소평가해서는 안 된다. 따라서 불가시성이라는 현실은 어느 정도 위장에서 나온 결과다. 공공연하게 자신이 소수 민족이라고 밝히기 싫은 마음과, 기꺼이 다수 민족 행세를 하려는 마음 말이다. 자이니치 2세들은 거의 다 쉽게, 나무랄 데 없이 일본인성을 연기한다. 1세대 중에도 식민 교육을 마음에 새기고 고집스럽게 일본인으로 산 사람들이 있다. 예를 들면 자이니치 작가 이양지李良枝는 아버지에게 외모나 정서면에서 일본인이 되라는 강요를 받았다고 한다.[112] 간단히 말해 현대 일본 사회에 사는 한국·조선인이나 여타 소수 민족 집단에게는 '행세passing'가 가능했다.

행세란 부인에 굴하지 않고 자신이 욕망하는 지위를 달성하고 손에 넣으려는 자기표현과 자기표상을 뜻한다. 그렇다면 보통은 특권층과 비 특권층, 명망 있는 자와 그렇지 않은 자, 정상 인간과 일탈 인간을 구분하는 경계를 침범한다는 뜻인데, 그러려면 결국 욕망하는 성취 지위를 잘 수행하면서 동시에 혐오하는 귀속 지위를 잘 숨겨야 한다. 예를 들어 20세기 초 미국에서 행세라고 하면 당연히 인종 경계를 넘는다는 의미였다. 찰스 워델 체스넛Charles Waddell Chesnutt 작 『삼나무 숲 뒤쪽 집The House Behind the Cedars』(1900)이나 제임스 웰든 존슨James Weldon Johnson 작 『유색인종이던 사나이의 자서전The Autobiography of an Ex-Coloured Man』(1912), 넬라 라슨Nella Larsen 작 『행세Passing』(1929), 윌리엄 포크너William Faulkner 작 『8월의 빛Light in August』(1932) 등 다양한 20세기 초반 소설은 이를 뛰어나게 표현했다. 시마자키 도손島崎藤村이 쓴 근대 일본 소설 걸작『파계破戒』(1906)는 행세 문제를 다룬 일본어 문학 원전인데, 이 소설은 어느 부락민 출신 교사가 평범한 일본인 행세를 하다가 결국 신분이 발각 나 텍사스로 도피하는 과정을 그린다.[113]

　행세는 사회적 젠더나 세대, 종교나 지역, 섹슈얼리티나 학교 교육, 계급이나 생활양식 등 여타 정체성 방식과도 관계가 있겠으나, 그 사회학에는 좀 포괄적인 데가 있다.[114] 개인 수준에서 행세는 도처에 발각될 위험이 존재하고 거짓 삶을 산다는 윤리 문제가 있기 때문에 불안을 자아낸다.[115] 군나르 뮈르달Gunnar Myrdal은『미국의 딜레마 An American Dilemma』에서 행세에는 개인적 노력 이상이 필요하며 '백인의 기만(…중략…)과 사실을 알지도 모르지만 침묵하는 다른 흑인들의 공모도 있어야 한다'고 주장한다.[116] 은폐 목표는 다양하다. 섹슈얼리티 은폐는 가족 구성원에게 투명하게 보이지 않을 때가 많지만, 출신 민족 은폐는 투명하게 보인다. 게다가 숨긴 정체성이 정치 동원을 당하지 않으면, 지킬 박사와 하이드 씨라는 주제로 치환해도 될 법한 자아 구획화는 훨씬 쉬워진다. 스톤월 항쟁 이전 시대 동성애자들은 다음 세대보다 행세하기가 쉬웠을 것이다.[117] 마찬가지로 자이니치 1세들은 자식이나 손자 세대보다 행세를 그리 큰 심리적 고통으로 느끼지 않았다. 행세가 전복한다 — 범주 구분은 본디 성질이 아니라 사실은 관습이며, 게다가 대개 자의적이다 — 는 규범이 사회 수준에서 여전히 강력한 이유는, 그 규범이 의심 없이 받아들여지기 때문이다.

일본에 사는 2세대 한민족에게, 사실 전쟁 전 열심히 황민화를 당한 수많은 1세대에게도 행세는 기본 선택이었다. 상당수는 일상생활에서 평범한 일본인으로 통했으므로 싫든 좋든 정체를 숨긴 셈이었다. 그러니까 아프리카계 미국인과는 달리, 자이니치는 행세를 하지 않으려면 숨긴 출신 민족을 공개해야 한다. 한민족 이름이나 조상을 밝혀 민족 정체성을 의식적으로 주장해야 한다는 말이다. 대중 가수 와다 아키코和田アキ子는 "나는 자이니치 혈통을 숨기려고 한 적이 없다. 누가 물으면 답했다. 그런데 아무도 묻지 않았다"라고 밝혔다.[118] 그러므로 민족을 밝힌다는 행위는 일본인 행세를 하겠다는 의식적 결정이라기보다 자기 정체성을 주장할 적당한 때를 찾는 일에 가까웠다.[119] 일상에서 민족을 구별하는, 그러니까 한민족 이름과 혈통을 표시하는 서류상 근거는 호적이다. 자이니치는 자기가 밝히지 않더라도 학교 직원이나 고용주 등 호적에 접근 가능한 사람들에게 정체를 폭로당할 수 있었다(그러므로 협박이나 악의적 폭로 가능성도 있었다). 일본인과 마찬가지로 자이니치들도 종종 다른 자이니치를 자기표현(혼자 다니거나 '외톨이 늑대' 같은)이나 얼굴 형태, 골상학, 음성 대역(높다고 하는 사람도 있고 낮다고 하는 사람도 있다), 희미한 냄새 또는 어떤 육감으로 알아볼 수 있다고 주장하지만, 사실 정체를 파악할 믿을만한 근거는 호적, 나아가 국적뿐이다. 서류에 있는 사실을 자기가 요란하게 알리든지 남에게 폭로당하든지, 둘 중 하나다.

발각될지도 모른다는 두려움이 민족 일탈 소문을 퍼뜨리는 일상을 에워싼다. 자이니치 작가 유미리柳美里에게는 귀화한 삼촌이 있었는데, 유미리가 한국 이름을 쓰자 기분 나빠하며 유미리 어머니에게 자기 집에서는 한국 이름을 쓰지 말라고 했다.[120] 오늘날에도 부모가 결혼에 반대하거나 호적에 아버지 이름이 올라가 있지 않으면 한민족 혈통 문제가 불거진다. 국제 혹은 민족 간 결혼을 반대하는 경향이야 세계에서도 아주 흔한 외국인 혐오증이라지만, 호적에 아버지가 없다는 사실이 어째서 문제가 될까? 1985년까지 시행하던 전후 국적법은 가부장주의이고 부계 중심이어서, 일본 남자가 한국 여자와 결혼하면 그 자녀는 아버지 쪽 일본 호적에 등록 가능했다. 그러나 한국 남자가 일본 여자와 결혼하면 — 이런 사례가 훨씬 흔했다 — 자녀는 한국인으로 등록하거나 '사생아'가 되더라도 어머니 쪽 일본 호적에 올려야 했다. 한민족 혈통을 파악할 길은 또 있었다. 물론 추측성이기는 하지만, 가장 흔하게는 일본 이름인 통명을 살펴보는 방법이 있었다. 한국 성씨에는 한자 하나만 추가하여 일본식으로 읽으면 일본 이름으로 변하는 성이 많았다(한국 성씨는 대개 한 글자고, 일본 성씨는 대개 두 글자이므로). 그러니까 한국 성씨 안安은 일본 성씨 '야스모토安本'나 '야스다安田'로 바뀐다.[121] 겐 게쓰玄月 (현월) 단편 「운하運河」[122]나 황민기黃民基 회고록 「오키나와인」[123]에서도 나오지만, 김金이라는 성씨에서 나온 가네다金田나 가네시로金城처럼 흔한 자이니치 성씨를 쓰는 사람은 실제로 '정통' 일본인임이 증명되어도 모두들 자이니치라고 생각했다.

전후 스포츠, 음악 분야에서 인기를 얻은 자이니치가 많던 점도 이러한 관점에서 살펴보자.[124] 스포츠와 연예 분야에 자이니치가 편중

됐다는 사실 자체는 고용차별로 인한 결과지만, 이들은 또 혈통을 숨겼기 때문에 성공했다. 1950년대 후반 일본 대중문화에서 가장 큰 영웅은 한국인 프로 레슬링 선수 리키도잔力道山(역도산)인데, 리키도잔은 교활한 '외국인'(다들 '미국인'으로 이해했다)을 내리꽂아서 상처 입은 일본의 자존심을 회복했다는 평을 들었다. 그렇다고 일본에서 인기를 끌며 일본인 행세를 한 사람이 리키도잔만은 아니다. 오랜 스모계 전통에 따랐는지, 아니면 인기를 잃지 않으려고 했는지, 스모 선수 다마노우미玉の海(후일 최고 지위인 요코즈나橫綱 칭호를 얻었다)도 한국계 혈통을 부정했고, 또 일본 가요 엔카演歌 가수 미야코 하루미都はるみ도 마찬가지였다. 두 사람 다 일본 혈통을 증명하겠다고 건강하게 살아 있는 한국인 아버지가 죽었다고 했다.[125] 아이들이 일본인 행세를 하려면 부모는 죽어야 했다. 예능계에서는 흔한 일이지만, 이들은 일반 자이니치 통명과는 조금도 연결점이 없는 다른 이름을 썼다.

특정 정체성에 찍히는 낙인이 크면 클수록 행세로 얻는 혜택은 크고 발각 위협은 더 크다. 리키도잔은 레슬링계에서 몹시 어려운 일을 해냈지만 그만큼 자기 혈통을 숨기려고 부단히 노력했다고 한다. 리키도잔 집에는 민족을 나타내는 밀실이 있고 그 방에 조선풍 가구를 놓고 한국 노래를 들으며 산다는 소문도 돌았는데, 사실 훨씬 작은 규모지만 상당수 조선인 가정에 그런 방은 흔하게 있었다.[126] 자이니치 유명 야구 선수 하리모토 이사오張本勳(장훈)가 리키도잔에게 민족 정체성을 '인정하라'고 권하자, 리키도잔은 이렇게 말했다고 한다. "내가 일본에 왔을 때 (…중략…) 조선은 일본 식민지였고 벌레 취급을 받았다고. (…중략…) 일본인과 조선인이 동등하다고 믿는 일본인이 몇이나 되겠나? (…중략…) 사람들이 내가 일본인이라고 믿어서 나는 영웅이 됐어. 내가 조선인인 걸 알면 태도가 바뀌겠지."[127] 이런 논리로 리키도잔은 미국에서는 미국 태생 레슬링 선수인 척했다.[128]

행세라는 문제에는 도덕적 문제도 끊이지 않는다. 만일 어떤 한국인이 평생 행세를 하며 살았다고 해도, 대체 누구에게 이를 폭로할 권리가 있다는 말인가? 사기사와 메구무鷺沢萠는 뒤늦게 자신이 한국 혈통임을 알고 이렇게 토로했다. "나는 할머니가 일생을 걸고 지킨 비밀을 폭로하고 말았다."[129] 지금이야 일본에서 한국 혈통이 예전처럼 사회적 저주 취급을 받지 않다 보니 진실은 밝혀야 하고 또 밝혀야 했다고 뒤돌아보면서 말해도 자연스럽고 당연하게 들릴 터이다. 그렇게 밝힐 때마다 동해를 건너 온 혈통이 오점보다는 흥미로운 일이 되는 상황을 낳는 데 눈에 보이지 않게 기여했을 테고, 그랬더라면 관련된 거의 모든 사람에게 훨씬 이로웠으리라. 그렇다고 해서, 그러한 결정이 아무리 부끄럽거나 오히려 더 나쁜 상황으로 이끈 듯 보인다고 해서, 어려운 상황에서 살던 사람들이 그나마 지키려던 자존감을 공격하거나 비난해도 괜찮다는 뜻은 아니다. 거짓에 사기는 맞지만, 거짓말쟁이나 사기꾼에게도 사생활은 있지 않은가? 전통 일본 미학의 전도사로 명성을 얻은 작가 다치하라 마사아키立原正秋는 조선인인 자기 몸을 그야말로 일본인으로 바꾸려 했다. 『일본의 미를 찾아서日本の美を求めて』(1983)라는 대담집 제목에서도 드러나듯, 다

치하라는 일본인 작가들보다 더 일본인다워지려고 했다. 그러나 최근에 나온 전기를 보면 다치하라의 자아는 소설만큼이나 허구였는데, 지금 보면 역력히 대조되는 사례들이 많았다고 한다. 예를 들면 외국 것을 고집스럽게 거부하는 등 일본인 행세를 하려고 노력하기도 했지만 다른 자이니치 작가를 지원하며 '진짜' 자기 혈통을 드러내기도 했다.[130] 다치하라는 살아서나 죽어서나 혈통 문제를 피하지 못했다. 과거 행세하던 사람들이 지키는 구슬픈 침묵이란, 탈脫자이니치 세대에게는 단지 불우한 옛 시절을 생각나게 하는 일에 불과할지도 모른다. 행세꾼은 냉담하게 동포를 무시하고 자기혐오로 괴로워하는 가짜요, 거짓된 사람이라고 힐난하면서 말이다. 억압당한 것들이 보복에 나서면서 고인의 사생활을 위태롭게 함은 물론, 이를 발생시킨 조건 자체도 혼란에 빠뜨린다. 현대 일본 논평가 중에는 행세라는 행위야말로 신뢰하지 못할 특성이며, 따라서 자이니치들이 받은 차별을 정당화한다고 보는 사람도 있다. 예를 들면 야마노 샤린山野車輪은 박종석朴鐘碩이 히타치日立를 상대로 낸 역사적 고용차별 소송을 두고 회사는 '가짜' 이름을 사용한 자를 채용 취소할 권리가 있다고 비판하면서, 그렇게 많은 자이니치들이 공공 생활에서 '진짜' 이름을 사용하지 않으려 한 이유는 멋대로 무시한다.[131]

행세는 사실상 한국전쟁부터 1973년 오일 쇼크에 이르는 고성장 시대 일본에서 전국적 현상이기도 했다. 학교를 졸업한 사람들이 일자리를 찾아 도시로 쏟아져 들어왔는데, 그곳에서 사투리를 없애라는 등 문화 동화를 요구하는 근대 일본의 현실과 마주하게 됐다. 주류 사회에서 행세를 해야 했던 사람은 한국·조선인뿐만이 아니었다. 자이니치 집단은 주로 도시에 살았기 때문에, 한국·조선인은 오히려 농촌에 사는 일본인보다 훨씬 더 새로운 일본에 적합했을지도 모른다. 일상성 혹은 '평범普通'은 당시 유행하던 대중사회 이론과 맞아떨어지는 대중적 이상이었다. 전후 일본 사회에서는 일본인성을 구성하는 하나의 덩어리가 문화 자본이 되었다. 일상 상호작용이나 고용 환경에서 일본인성을 연기하는 능력은 살아가거나 앞서 나갈 전략적 자산이 되었다. 그러므로 재일 한민족에게 민족 은폐란 그저 일본인성이라는 더 큰 감옥이 변형된 모습이었을 뿐이다.

일본인성이라는 보호색을 입으면 견딜 만하고 경쟁력도 있는 생계 수단을 얻을 수 있었다. 침묵하면서 불가시성이라는 축복을 입고 평범함을 향해 나아가는 편이 나았다. 또한 보복주의 민족주의자들과 정부 관료들이 식민 시대 황민화 정책을 다른 방식으로 계속했다는 사실도 알 수 있다. 이들은 민족 순응ethnic conformity을 시행하는 데 한몫 했다. 그러나 단일 민족이 단순히 억압 이데올로기이자 관행이라는 비판 또한 부적절하다. 소수 민족 집단들도 이를 적극 포용하고 장려했기 때문이다. 1955년 부락민 해방 동맹이 결성되면서 동화라는 목표가 공고해졌다. 부락민은 그 정의 자체가 종족 구별이었는데, 동맹은 일차적 정치 행동으로 부락민을 비하하고 욕하는 사람들을 비난했다. 다시 말해 동맹은 종족 정체성을 장려하기보다는 해체하려 했다. 반대로 동맹이 결성한 해부터 여러 조선인 단체는 고집스럽게 일본 열도에 사는 조선인이라는 운명은 보지 않으려 했다. 부락민

선동에서 바란 결과가 완전 동화라면, 조선인 활동에서 원한 최종 목표는 본국 귀환이었다. 정치적 희망은 이렇게 뚜렷하게 달랐지만 두 집단 모두 단일 민족이라는 이데올로기는 지지했다. 다시 말해 부락민은 일본인이고, 조선인은 조선에 돌아가야 할 조선인이며, 원칙상 일본 열도에는 일본 사람만이 살아야 한다는 뜻이었다. 이러한 맥락에서 행세는 임시방편이 되었고 얄궂게도 단일 민족 이데올로기를 재생산했다. 한국인과 중국인 집단은 이러한 점에서 뚜렷하게 대비된다. 양석일은 처음 만나는 사람들이 '양'이라는 '희한한' 성씨를 중국 성씨로 짐작했다고 말한다. 일본 민족 구성을 고려하면 한국 성씨일 가능성이 더 큰데도 말이다.[132] 또 자이니치 집단은 악평과 차별로 고통을 받았지만, 재일 중국인은 대개 그러지 않았다. 물론 식민지 역사가 어느 정도 이러한 뚜렷한 가치 평가를 설명하기도 한다. 노골적으로 말하자면 일본은 조선을 이겨 식민화했지만, 중국을 그렇게 하지는 못했다. 일본이 식민화한 대만인들은 고분고분하고 친일이라는 평가를 받았다. 작게는 중국 디아스포라, 크게는 중국 문명이 널리 인식되고 평가된 점, 또 중국 인구 자체가 적다는 점,[133] 그리고 정치, 사회적으로 조용하다는 점 때문에 중국인들은 외국인이면서도 무시할 만했고 그러므로 용인되었다.

그렇게 불가시성과 침묵은 단일 민족 담론을 자유롭게 했다. 이는 1960년대 일본 민족 구성에서 아무도 의심하지 않는 현실이었고, 1980년대까지 사실상 아무런 이의 제기도 없이 지속되었다. 개인 수준에서는 민족 간 상호작용이 일어났지만, 그것도 거의 모두 민족 내 상호작용이라는 오인을 받았다(적어도 다수 민족 집단에게는 말이다). '외국인外人'이라는 말은 유럽이나 미국계 '백인白人'이라는 뜻이었다. 한국·조선인은 명백히 백인도 아니었고 진짜 외국인도 아니었다.[134] 전후 한국·조선인이나 중국인에게 크게 관심을 쏟은 일본인은 별로 없었다. 전후 일본에서 종족·민족 타자성 인지와 인식을 대표한 집단은 소수 백인이었고, 이들이 꽤 희소하다 보니 단일 민족 세계관이 두드러지게 되었다. 그러면 단일 민족 삼단논법으로 볼 때, 일본에는 일본인밖에 없으니 민족 간 관계도 존재할 리가 없다.

예기치 않은 만남들

일본 거주자 중에는 자신은 일본인이 아니라고 인식하는 사람이 많고, 타인들도 그렇게 인식할 터이다. 그런 사람들이 이웃과 동료 또는 유명인과 상사일지도 모르니, 민족 간 만남과 상호 작용이 일상에서 일어나는 셈이다. 그런데도 이는 대개 일본인 간 상호 작용으로 간주된다. 여기서는 2000년대 초반, 단일 민족 이데올로기가 확실히 쇠퇴 중이던 때 발생한 민족지학 사례 두 개를 제시하고 이러한 오인이 어떻게 일어나는지 설명해 보겠다. 이 두 사례는 단일 민족 이데올로기와 다민족 현실 간의 모순이 어떻게 이 이데올로기를 온전히 보존하며, 그렇기 때문에 얼마나 더 악화시키는가를 시사한다.

늘 그렇듯 시간을 한참 넘기고 끝난 학회 세미나 뒤, 우리 학자 몇 몇은 내용을 다시 토의하며 술이나 한잔 하려고 근처 술집으로 갔다. 나 말고도 일본인 행세를 했지만 한국 혈통인 남자 한 사람, 아내가 한국계 일본 시민(자신이 '한국인'임을 확실히 밝힌 여성)인 남자 한 사람이 있었다. 술이 한 순배 돌자, 어느 일본인 학자는 발표자 학문수준이 뒤떨어졌다고 비판하면서 한국인 비하 표현인 '존チョン'이라는 일본어 단어를 썼다. 그 학자가 연장자라 존중해서 그랬는지, 이상하게도 누구도 끼어들어 이 인종주의 언어를 '정정'하지 않았다. 더욱 기이하게도, 이 '인종주의자'는 자기 이론, 특히 일본 내 민족 포용 문제에 관한 진보 정치 이론을 자랑스러워했다. 나중에 내가 자이니치 학자에게 이 일을 물었더니, 그 사람은 별일 아니라고, 기껏해야 식민 시대의 기억이자 유산이라며(그 '인종주의' 학자는 종전 무렵 초등학교 입학조차 하지 않았는데도) 대수롭지 않게 취급했다. '한국인' 아내를 둔 남자도 그 '인종주의' 학자는 점잖은 사람이라고만 했다. 공식 상호 작용에서는 반드시 예의를 지켜야하기 때문에 부적절한 언어를 내뱉기가 논리적으로 불가능하다. 그런데 이 일은 비공식 대화 — 심지어 '표면建前'이라는 형식성 대신 '본심本音'을 드러냈기 때문에 동료애의 증거 — 로 취급받았고, 인종 차별 의도나 내용이 들어있지 않다고 해석되었다. 자이니치 학자는 이 점을 강조하기 위해 그 '인종주의' 학자가 술집에서 대화를 나눌 때 내게 매우 친절했으며, 대놓고든 은근슬쩍이든 나를 비하하려는 말은 전혀 하지 않았다는 지적까지 했

다. 그렇다면 그 인종주의 표현에는 아무 알맹이도 없이 그저 의례상 기능만 있다는 뜻이 된다. 적어도 재일 한국·조선인을 대상으로 한 인종주의 표현에 민감해야 할 두 사람은 그렇게 받아들였다. 이 문제는 다시 거론되지 않았다. 불쑥 나온 인종주의 표현은 없던 일이 되었고, 평범한 학문적 상호 작용이라는 예의 바른 외피로 수습되었다.

그 다음 사례는 내가 겪은 가장 소란스러운 경험인데, 부락민 해방 동맹 회원들이 부락민을 비하한다는 어느 작가를 비판하는 상황이었다. 이들은 자신들이 보통 일본인과 조금도 다르지 않다는 의견을 고수하며 소수 민족 집단에 속한다는 말을 단호히 부정했다. 내가 외적 차별과 내적 귀속의식을 보면 부락민은 민족 집단이라는 사회학 정의에 잘 맞는다고 주장하자, 그들은 내 주장이 일본 현실에 무지한 궤변에 불과하다며 말을 가로막았다. 이 대화를 몇몇 일본인 사회학자에게 전했더니 이들도 대개 부락민 활동가들과 동의했다. 어느 저명한 사회과학자는 소수 민족으로 분류하면 부락민들을 분노하게 할 것이라는 말도 덧붙였다. 부락민 운동은 부락민 관련 모든 논의를 차단했고, 그리하여 일본에 본래 동질성이 있다고 굳게 믿는 대중에게 부락민을 보이지 않게 만들었다. 부락민 활동가들이 확성기로 내뱉는 큰 소리는 반대하는 목소리를 침묵시켰을 뿐만 아니라, 생각 없이 단일 민족 일본을 주장하는 국가적 목소리에 힘을 싣기도 했다.

이러한 만남들은 현대 일본의 문화 레퍼토리 바깥에서 일어났다. 일본에는 일본인만 있으므로 인종 간 관계가 존재 불가능하다는 삼단논법을 조금 다르게 표현하면, 민족 간 긴장이나 갈등 사례를 보는 적절한 해석 틀이나 개념 체계가 부족하다는 말이 된다. 인종주의 욕설이나 민족 간 긴장은 바쁜 대도시 삶 속에서 사라지고, 동질성이라는 가정을 조금도 위협하지 못한다. 따라서 이들은 다수 인구 집단에게 보이지 않게 되고, 거리낌 없이 말하는 소수는 무시나 입막음을 당한다. 나는 선거 운동 중인 정치인에게 소리를 지르는 동남아시아 남자를 본 적이 있다. 성난 외국인은 영어로 그 정치인이 인종주의자요, 파시스트라고 외쳤다. 그런데 정치인은 미소를 짓고 정중하게 머리를 숙이더니 지지해주어 고맙다고 말했다. "우리 외국인 친구까지 제 입후보를 지지해주다니 정말 기쁩니다!" 소리치던 남자는 지지자라고 오인을 당했을 뿐만 아니라 곧 고국으로 돌아갈 단기 이주 노동자로 분류되었다. 다시 말해 외국인 노동자 인구를 무시하기 어려워지자, 단일 민족 신화를 유지하기 위해 새로운 범주가 탄생한 셈이다. 요컨대 다민족이라는 사실은 보이지도 들리지도 않았다.

민족 간 갈등은 일어난다. 시어도어 베스터Theodore Bestor는 외국인 노동자가 많은 쓰키지 어시장에서 중국인과 일본인 노동자 사이에 벌어지는 싸움을 두고 일본인 관점에서 민족 간 오해와 갈등이 발생 이유를 설명한다.[135] 나도 외국인들이 일본문화 레퍼토리를 이해하지 못했다는 점에 초점을 맞추고 여러 면담을 진행했지만, 이 설명도 그 면담들과 비슷했다. 유명한 '뉴커머newcomer(일본에서는 일제시기에 이주한 사람은 올드커머, 1965년 이후 이주한 사람, 특히 한국인을 뉴커머로 부르기도 한다—옮긴이)'인 오선화呉善花(고젠카)는 일본 인종주의 사례 대부분은 외부인들이 일본식 행동과 문화에 무지하다는 사실을 보여줄 뿐이라고 주장한다.[136] 별로 놀라운 일도 아니지만, 오선화 사례는 일본에 갓 건너온 한국 이민자와 자이니치 집단 사이에 생기는 잦은 갈등을 보여주는 전형이다. 자이니치 집단은 일본문화의 뉘앙스에 관심을 두기보다는 그 부당함을 맹비난하는 데 더 적극적이다. 앞서 베스토가 설명한 글에서 싸움은 곧 잊혔는데, 쓰키지 시장에 많은 외국인 노동자가 존재함을 상기시키는 유일한 사실은 그 싸움뿐이었다.

민족 간 긴장과 갈등이 단순히 인지 또는 문화 공백 때문에 소멸, 해소되지는 않는다. 동질성과 화합을 지향하는 보편 성향 — 이는 학교에서 직장에 이르는 주요 조직과 제도는 물론, 개인 상호 작용에서도 열심히 재생산되었다 — 도 이러한 민족 긴장이나 갈등이 수습되는 큰 문화 배경이 되었다. 사회생활을 움직이는 비공식 사회 통제도 대면 환경에서 갈등을 억눌렀지만,[137] 화합하는 시민의 무관심도 거기에 더해졌다. 즉 도시 상호 작용은 대부분 '남에게 폐를 끼치지 않는다迷惑を掛けない'라는 구호 아래 일어났다. 전후 도쿄에서 시민의 무관심과 비공식 사회 통제는 개인 갈등과 감정 분출을 억눌러 예의와 화합이라는 외양을 유지하는 작용을 한다. 학교에서, 직장에서, 과거에 있던 분쟁 사실은 삭제되었고, 현재에 있는 불화 사례는 부정되었다. 이러한 합의 문화는 고도로 양식화한 해석이며 일본 사회의 과거에도 현재에도 맞지 않는다. 그렇지만 대중 담론과 일상 상호 작용에는 다양성과 불화라는 보편적 표현을 감추는 심리·대인관계·조직상 기제가 존재한다.

확대의 부재, 조직의 부재

그러면 이러한 싸움과 비방, 갈등 같은 개별 사례들은 왜 언론에서 보도할 만한 민족 간 긴장이나 인정으로 번지지 않을까? 일본인들이 복종하도록 세뇌를 받았거나 독재주의 감시하에 살지도 않는데 말이다. 단일 민족 이데올로기가 가장 힘을 발휘하던 1970년대와 1980년대 일본에도 한국·조선인이라고 밝힌 사람들과 이민족 인구가 살았다. 내가 조금이라도 길게 대화를 나눈 사람들은 누구나 아는 한국·조선인이 있다고 회상했다. 일본 프로야구 사상 최다 안타를 기록한 하리모토 이사오는 사귀던 여자 어머니에게 "일본이 전쟁에 졌으니 이 꼴이지, 이겼더라면 너 따위는 내 딸 근처에도 오지 못했을 것"이라는 말을 들었다.[138] 하리모토 스스로도 야구를 하지 않았다면 아마 야쿠자가 되었으리라고 한다. 가혹한 민족 편견은 고등학교 내내 하리모토를 따라다녔고 프로 야구 선수 시절에도 관중들은 늘 인종 비하 욕설을 내뱉었다.[139] 그러나 친구이자 홈런왕이던 오 사다하루王貞治(왕정치)가 중국 혈통을 밝혔듯, 하리모토도 당당하게 조선인이라고 밝혔다. 왜 이들을 비롯한 유명 운동선수와 연예인들은 일본 사회가 다문화 구성이라는 사실을 일본인들에게 일깨우지 못했을까? 고도 경제 성장과 화합이라는 규범이 있는 데다 쉬이 사라지는 사실을 전파해 기록된 현실로 만들 제도가 없다 보니 민족 다양성 승화를 담보했다. 달리 말하면 불복하는 소리를 고취해 지속적 담론과 대중적 인정을 형성할 조직이 거의 없었다.

레닌은 혁명 정당이 없으면 노동자들은 그저 개량주의를 고취하기만 한다고 주장했다.[140] 지식인들은 현재 실태와 미래 가능성을 특정한 그림으로 보여주면서 대중 스스로 노동 계급에 속하는 일원이라고 믿게 한다. 이 이론이 공고해지면 현실은 특정 틀을 벗어나서는 이해 불가능하게 된다. 예를 들면 스탈린 시대 소련에서는 정치 일체감이나 사회 계층 구분의 큰 틀로 계급 범주를 사용했다.[141] 역으로, 계급 분석의 틀이 부재하면 계급에 근거한 사회 현상 표현을 오인할 수도 있다. 예를 들면 미국에서는 민권 운동 이후 민족과 인종이 사회 분석에서 주요 범주가 되었다. 따라서 개인 간 싸움이나 계층 기반 갈등 사례 중 상당수가 논쟁할 여지 없이 민족 간 갈등 사례로 보이게 된다.[142] 달리 말해 일본에서 다양한 민족 범주와 정체성이 확산한다면, 일본인들은 가까운 미래에 내가 말한 첫 번째 일화를 깊이 뿌리박힌 일본 인종주의 표현이라고 재해석해야 할지도 모른다.

이런 현상은 선택 이론이라는 틀로도 생각해 볼 수 있다. 앨버트 O. 허시먼Albert O. Hirschman에 따르면 개인은 조직화한 삶에 이탈exit, 항의voice 또는 충성loyalty이라는 세 가지 반응을 보인다.[143] 소수 민족 존재를 부정하는 사회에 살며 차별 받고 눈에 보이지 않는 소수 집단은 이탈을 선택할지도 모른다. 확실히 재일 한국·조선인 사이에서 이는 흔한 해결책이었다. 아니면 단일 민족 이데올로기, 단일 민족 사회와 함께 사는 법을 배울 수도 있다. 앞서 보았듯, 부락민이나 한국·조선인 활동가들은 단일 민족 일본이라는 지배 이데올로기를 보완하고 강화한 셈이었다. 그렇지만 세 번째 가능성, 즉 항의도 있다. 사회 변화는 여러 개인이 내는 목소리가 집단 표현으로 발화할 때에만 가능해진다. 앞서 민족지학 사례들에서도 시사했듯이 반대를 조직화해서 사회 현실을 보는 지배적 해석에 맞서지 못하면, 개인이 하는 항의는 주변화하고 무시당한다. 각종 사회 운동들이 해석의 틀을 바꾸며, 냉전 시대 미국에 만연한 빈곤이라든가 재일 소수 민족 집단 등 여태껏 도외시한 현실을 인정한다.

레닌이나 허시만에 따르면, 정치 조직이나 사회 운동이 구현하는 여러 담론과 사상은 사회 현실을 구성하고 이해하는 데 매우 중요하다. 전후 일본에는 1980년대까지 단일 민족이라는 지배 이데올로기를 반박할 주요 조직이나 운동이 없었다. 그렇게 척박한 환경 속에서 개인도, 구체 사례도 주변화 상태에 머물렀다. 실제 존재하는 소수 민족 집단조차 사회적 신화를 지속시키며 개인들이 항의와 인정에 에너지를 쓰지 못하게 하니, 결국 체념 섞인 좌절 아니면 과장된 표현을 낳았다. 민족 기반 운동이나 대중 항의 집회가 사실상 부재했고, 그러한 부재는 결국 단일 민족 신념을 재생산했다.

하위 정치의 포섭

민족 부인nonrecognition과 오인은 단일 민족 이데올로기의 힘과 소수 집단들의 상대적 부족 및 전파, 행세의 만연, 민족 귀속의식의 지지 조직 부재뿐만 아니라, 전후 일본 정치에서 아주 중대한 특성을 드러 냈다. 전후 일본 — 경제 성장 황금기와 냉전 정치 공고화 — 을 형성 한 폭넓은 구조적 힘은 1950년대 중반에 확고해졌다. 전후는 냉전이 라는 초국가 정치를 반영하는 전형적 좌우 분열을 낳았다. 국내 정치 와 강대국 갈등 사이에 낀 하위 정치 — 광의에서는 하위 국가subna- tional 집단 문제도 포함한다고 정의한다 — 는 보다 장대한 냉전의 투 쟁들 속에서 승화되었다.

전후 일본 정치를 논할 때는 곧 자유민주당을 논하는 셈이다. 자유 민주당이라고는 해도 자유주의도, 민주주의도, 전통적 의미에서는 정당도 아니었지만 말이다. 자유민주당은 국내 정치는 지배했지만 미국에는 복종했다. 이 정당의 존재 자체가 여성 권리든, 소수 집단 요구든, 하위 국가 정치 문제를 전부 가리고 말았다. 고도 경제 성장 이라는 기본 사실이 조직적 불만 표출을 억누르고 집권당과 정부 권 력을 공고히 했다. 국내 또는 국제 정치라는 연극에서 하위 정치는 거의 무대 전면에 나서지 못했다.

소수 민족 집단의 요구에 가장 공감하는 좌파도 민족주의 정신과 지정학으로 많은 제약을 받았다. 미일 안보조약 개정에 반대하는 대규모 동원으로 시작해 학생 운동과 베트남전 반대 운동 확산으로 끝난 1960년대 일본에서는 진보 정치 감정이 쏟아졌고, 그러면서 북한을 지지하고 한국을 맹비난하는 일반 정서도 생겼다. 1960년대와 70년대에 『세카이世界』 같은 일본 진보 잡지를 보면 한국 군부 독재를 향한 통렬한 비난은 도처에 있지만, 북한을 비판하는 기사를 찾기는 어렵다. 일본에서 한국을 지지하는 기반은 부패한 금권 정치와 미국 정책에 복종한다는 수렁에 빠진 자유민주당이었고, 이 사실은 진보 세력이 한국 정치 체제에 느끼는 혐오감을 더할 따름이었다. 그렇다고 전부 단순한 이데올로기 문제는 아니었다. 적어도 미 중앙정보부 CIA 추정에 따르면 1970년대 초반까지 북한 경제가 한국 경제를 앞섰다는 사실을 잊지 말아야 한다.[144] 또한 북한과 북한 국민을 천사나 악마처럼 보지 않고 '보통' 국가와 사람으로 보려는 선의의 노력이 있었다는 사실도 고려해야 한다.[145] 반면 한국은 1950년대에는 늙고 부패한 독재자 이승만이 지배했고, 1960년대와 1970년대에는 군인 출신 독재자 박정희가 그 뒤를 이었다. 한국 정부 형태는 새로운 일본 정부 형태가 이상으로 그린 그림과는 정반대, 즉 민주주의가 아니라 독재였고, 평화주의가 아니라 군사주의였다.

남북한이나 한국·조선인을 조금이라도 생각한 극소수 일본인이 그나마 뒤늦게 생각한 자이니치 문제도 그저 한반도 문제에 딸린 부속물에 불과했다. 자이니치 집단은 작게는 남북한 분쟁, 크게는 공산주의와 자본주의 세계 간 분쟁에서 볼모가 되었다. 그리고 볼모이므로 희생시키거나 무시하기가 아주 쉬워졌다. 일본 공산당도 북한은 지지했지만 자이니치 집단은 무시했다.[146]

민족 정치 포섭은 모든 시선을 재일 한국·조선인이 겪는 실상에서 돌려놓았다. 전쟁 직후 자이니치는 일본 국내 정치에 크게 관여했지만, 한국전쟁으로 많은 이들이 고국 정치로 눈을 돌렸다. 교육받은 자이니치라면 거의 대부분 정치에 깊이 개입하던 1950년대 중반에서 1970년대 중반 사이에 자이니치 정치는 지정학, 즉 공산주의 북한과 자본주의 남한 간 분쟁과 동의어였다. 그리고 대다수는 북한을 선호했다. 지금, 21세기 초에는 공산주의가 주는 매력은 별로 없어 보이고 김정일도 북한 밖에서는 공포가 아니라 조롱의 대상이다. 그러나 그 아버지 김일성은 친북 성향인 자이니치는 물론이고 교육받은 일본 대중에게도 큰 존경을 받았다. 적어도 1970년대 중반까지 대다수 자이니치는 북한의 우수성과 정통성에 의문을 제기하지 않았다. 1965년 한일 국교 정상화 협정 이후에도 자신이 북한 국적 조선인이라고 주장하는 자이니치가 많았다. 한국 국적이 있으면 해외여행, 일본 내 복지 혜택 등 꽤 큰 이익이 따라왔다는 점을 고려하면 주목할 만한 일이다. 1970년대 초반에야 남한 국적 자이니치 비율이 북한 국적 자이니치 비율보다 커졌다. 다음 장에서도 자세히 설명하겠지만, 친북 조선인들이 믿는 기본 원칙은 귀국 이데올로기였다. 자이니치가 일본 임시 거주민이 아니라는 생각은 이단이나 마찬가지였다. 1950년대와 1960년대 재일 조선인 대다수는 물론 지도자들도 조선 태생에 한국어를 썼으니, 고국을 향한 끌림은 강렬하고도 당연한 일이었다. 그런 이유로 1970년대까지 자이니치 경험을 다룬 책이 거의 없었다 해도 그리 의외는 아니다. 자이니치 학자 윤건차尹健次도 1985년에 일부 문서 자료 모음을 제외하고는 '자이니치 관련 연구가 거의 없다'고 했다.[147] 박경식朴慶植 등이 내놓은 선구적 자이니치 역사 기술[148] 저작들은 일본 식민주의를 비판하고 이를 현대 미 제국주의까지 확대했다는 점에서 냉전의 연장으로도 읽힌다. '강제 징용'에 있는 비자발성은 본국 귀환을 정당화했다.

　우파든 좌파든, 일본인이든 한국·조선인이든, 일본에서는 자이니치 집단이 곧 사라지리라 예상하거나 이들을 아예 무시하는 견해가 널리 퍼졌다. 우파나 좌파나 똑같이 자이니치를 민족주의로 이해했고, 이로 인해 본국 귀환 운동에는 정당성이 생겼다. 다음 장에서는 이 주제를 다루고자 한다.

유배

　종전 즈음에는 이미 재일 조선인 가운데 일본에서 태어나 일본어를 하는 아이들도 다수 있었다. 1945년 이후 신규 이민자 유입이 급격히 줄어들면서 전후 시대 내내 자이니치 2세 비율이 늘었다. 이제 이들은 황제의 적자 취급은 받지 못했지만, 그래도 분명 제국의 자식이었다. 1970년대 초에는 4분의 3이 넘는 자이니치가 일본 태생이었고, 절반이 넘는 자이니치가 일본 시민과 결혼했다. 한민족 대부분은 이제 쉽게 일본인 행세를 할 수 있었고, 일본 이름과 유창한 일어를 활용해서 그렇게 했다. 옷이나 학교 교육, TV 시청 프로그램, 여가 활동 등 생활 면면을 보아도 한민족 혈통은 드러나지 않았다. 동시에 생계도 확연히 나아졌다. 한국전쟁부터 1970년대 초반까지 고도 경제 성장이 일어났고 한민족에게도 그 혜택은 확실히 이어졌다.

그래도 전후 일본에서 조선인이 사는 삶은 여전히 불안정했다. 무엇보다 이들은 1965년 한일 국교 정상화 협약 때까지는 정식 수교도 맺지 않은 국가 출신 외국인이었고, 게다가 국교 정상화 협약도 다수인 북한 국적 조선인을 배제했다. 교육 성취도도 일본인에 비해 현저히 떨어졌다. 공공 부문 일자리는 외국인에게 닫혀 있었고, 대기업은 대부분 조선인을 채용하지 않았다. 주거 차별도 만연했다. 조선인이 흉포하거나 범죄 성향까지 있다고 보면서 명백한 타자로 여기는 일본인도 많았다. 1950년대 실시한 여러 조사를 보면 일본에서 가장 싫어하는 민족 집단은 늘 조선인이었다. 따라서 전후 논평가들은 대부분 비관적 견해를 보인다. 자이니치 학자 박재일朴在一은 자이니치에게 미래란 '한마디로 답하자면 빈곤'이라고 했고,[1] 미국 역사학자 리처드 미첼Richard Mitchell은 '일본인이 조선인을 싫어하는 감정은 여전히 강하며, 한층 커졌을지도 모른다'고 결론지었다.[2] 1950년대와 1960년대는 재일 한국·조선인에게 암흑과 절망 같은 시기였다.

거듭되는 외국인 혐오 표현('조센진은 조선에 돌아가라')은 자이니치에게는 흔한 어린 시절 기억이다. 그나마 친절하고 상냥한 표현들("조선인인데 왜 그렇게 일본어를 잘 해?"라든가 "조선인은 왜 그렇게 일본에 많이 살지?")은 역사적 무지도 드러내지만, 한편으로는 전후 일본인과 한국·조선인을 모두 지배한 민족주의 사고방식(단일 국가, 단일 민족)에 주목하게도 한다. 1970년대까지 재일 한민족 지도자들, 사실 거의 모든 사람이 자이니치 운명에서 도달한 결론 한 가지는 필연적 본국 귀환이었다. 조선인은 일본 임시 거주민이었다. 이런 지배적 사고에 따르면 자이니치는 식민 지배가 끝난 뒤 고국으로 돌아갔어야 했다. 사실 대다수, 4분의 3 정도는 본국으로 돌아갔지만 그러고도 약 60만 명이 일본에 남았다.

가장 주목할 점은 귀국 불가라는 현실이 아니라 귀국 이데올로기이다. 일본이 한민족에게 영주지, 그러니까 죽어 묻힐 곳이나 후손들이 오래오래 잘 살 장소가 될지도 모른다는 생각은 생경하고도 끔찍했다. 일본이라는 영역에서 한민족을 배제한 일본인도 많았지만, 한국·조선인들도 이론상으로는 일본을 거부했다. 일본 및 일본인과 관계 회복을 거부하는 데서, 예를 들면 일본인과 결혼이나 일본 귀화를 반대하는 데서 강한 반일 감정이 드러났다. 내가 '총련総連 이데올로기'라고 하는 이데올로기에서 가장 강하게 드러나는 이러한 사고방식에 따르면 자이니치는 일본에 사는 유배자들이다. "유배자란 어떤 곳에 살면서 다른 곳의 현실을 기억하거나 투영하는 사람을 말한다."[3]

이 장에서는 김석범과 이양지, 이회성 등 유명 재일 작가 3인을 통해 유배라는 문제틀the problematic을 푸는 전혀 다른 해법들을 탐구한다. 특히 이들이 묘사한 실제 귀국에 중점을 두려고 한다. 유배와 디아스포라 정체성에 존재하는 전혀 다른 양상들을 탐구하기에 앞서, 재일 조선인 집단이 밟은 전후 궤적을 먼저 설명해 보겠다.

전후 일본에 남은 조선인 집단

전후 초기에는 대규모 혼란과 대규모 동원이 발생했다.[4] 새로 얻은 독립국 지위에 환호하는 조선인들도 있었다. 소설가 다나베 세이코 田辺聖子가 회상하기로는, 전쟁 전에는 어느 일본인이나 "'조센'은 입 닥쳐!"라고 소리칠 수 있었지만 전후 시대에는 어느 조선인이나 "일본은 졌잖아. 잘난 척 하지 마"라고 대꾸할 만큼 상황이 바뀌었다. 식민 시대가 억압과 착취만을 계속했다는 일반 자이니치 역사 기술이 사실이라면 거의 모든 조선인은 서둘러 한반도로 돌아갔어야 한다. 물론 대다수(100~140만 명)가 일본을 떠나기는 했지만(공식 인구 통계가 없었으므로 이 수치는 추정치이다), 미국과 일본 당국에서 인종 청소 노력을 기울였는데도 약 60만 명은 그대로 남았다.[5] 따라서 '재류在留 조선인' 또는 '자이니치 난민難民' 문제가 생겼다.[6] 에드워드 와그너는 '조선인들은 여전히 주장이 매우 강하고 감정적이며 단결하는 집단'이었다고 표현했는데, 이 말은 미 점령군 사고방식을 드러낸다.[7] 와그너는 또 조선인들이 '상당한 시민 소란'을 일으켜 '재건에 장애물'이 되고 일본 정부와 미 점령군이 실시한 다양한 개혁 작업을 방해한다고 비난했다. 마치 이들이 일본 재건 작업을 망치려고 남았다는 말로도 들린다. 그러나 와그너도 다시 설명했다시피, 이들을 일본에 그냥 남게 한 요인 몇 가지가 있었다.

식민 시대에 인종 차별과 경제적 착취가 있었어도 조선인 중에는 사업가로, 제국 관료로, 심지어 군인으로도 성공한 사람들이 있었고, 또 종전 직후 생긴 경제 기회를 잡은 사람들도 있었다.[8] 따라서 미 점령군 당국이 시행한 귀환 제한 기준 — 지참 가능한 돈은 1천 엔, 짐은 113킬로그램 — 은 귀국을 저해하는 큰 요인이었다.[9] 떠난 자와 남은 자 사이에 인구학상으로 어떤 차이가 있었는지 정확한 기록은 없지만, 일본에 남은 사람 중 제법 특권층 지위를 누린 사람들이 있었음은 의심할 여지가 없다. 물론 출항지까지 갈 기찻삯이 없어서 남은 빈곤한 조선인도 있었다.[10]

대다수 재일 조선인이 후일 북한이 될 정치 체제를 지지했을지는 모르지만, 그들 대부분은 북쪽을 고향으로 생각하지는 않았다. 또 남쪽은 계속 폭동과 격변으로 요동치는 상황이었다. 민족주의 비유에서는 보통 국가를 고향이라고 표현하지만, 현실에 존재하는 고향은 어떤 동질적 민족 공간이 아니라 실제 장소, 건물과 마을, 이웃이 있는 곳이다. 해방 후 조선은 환경이 대개 빈곤하고, 비위생적이고, 전근대 상태에 머물렀고, 일부 귀국자들은 이에 진저리를 치며 다시 일본으로 돌아가기도 했다. 최석의崔碩義도 조선에 6개월 머물다 일본으로 돌아갔다. "살 집도 없고, 일하려 해도 일할 곳도 없었다. (…중략…) 게다가 나는 조선말도 잘 못했다."[11] 자이니치 작가 김석범은 이렇게 회고한다. "1946년경 서울은 물가가 폭등하고, 실업과 거지, 굶주림이 만연하는 도시가 되어 살 수가 없었죠. (…중략…) '계속 있었으면' 죽었을지도 모릅니다."[12] 그러나 1946년에는 약 1만 6천 명,

1949년에는 7천 6백 명이 넘는 조선인이 조선으로 쫓겨났다.[13] 송환 위협은 전후 많은 조선인에게 다모클레스의 칼과 같았다.

사람들이 남는 이유는 금전 손실이나 정치 불안 같은 위험만이 아니었다. 저명 자이니치 역사학자 박경식은 다른 가족이 모두 떠났는데도 일본인 애인과 결혼하고 싶어서 일본에 남았다. 그런데 결혼도 하지 못했고, 형제자매도 30년 넘게 만나지 못했다.[14] 항일 운동가 김현표金顯杓는 서울에 왔다가 혼란한 나라 상황에 놀라고 또 다롄에서 만난 독일인 아내와 함께하려고 일본에 밀입국했다.[15] 정부는 전쟁 전에 민족 간 결혼을 국가 정책으로 장려했다. 1950년대 일부 농촌 지역에서는 전체 '조선인' 가구 중 일본인과 '혼합mixed' 가구가 3분의 2 이상(단, 오사카에서는 이 수치가 5% 미만이었다)이었다.[16]

종족·민족 경계를 넘는 복잡한 개인 관계들이 시사하듯, 경제와 정치만 강조해서는 안 된다. 조선인 대다수, 사실 일본인 대부분도 전쟁 중과 전쟁 후에 온갖 고초를 겪었다. 1951년 도쿄구에서 실시한 조사를 보면, 일자리가 있는 성인 조선인은 41%에 불과하며 그것도 고물 재활용이나 일용직 노동 같은 비정규직이 대부분이었다.[17] 고물 재활용이라야 쓰레기 수거를 좋게 표현한 말이었고, 전후 첫 10년은 상당수 재일 조선인에게 고된 시절이었다.[18] 또 단순한 경제 이득보다 훨씬 결정적인 요인이 있었으니, 빈곤과 차별이 있어도 일본은 그들에게 사실상 고향이었다. 1948년 이후 남은 사람 중 절반 정도는 1930년 이전에 일본으로 왔을 터이다.[19] 위에 언급한 1951년 조사에서는 조선인 63%가 일본 태생이며, 그중 43%는 조선말을 하지 못했

다(반면 일본말을 하지 못하는 사람은 18%였다).[20] 박경식은 1949년에 자기가 다니던 조선 민족학교 교직원 가운데 3분의 1은 조선말을 잘 하지 못했다고 회고한다.[21] 정승박鄭承博 단편 「돼지치기豚舍の番人」에서는 한 늙은 일본 순사가 조선인 주인공에게 이렇게 묻는다. "조선이 독립해 이제 정식 국가가 되었는데 너희는 왜 안 돌아가?" 주인공은 본국이 독립한 거야 잘 안다고 속으로 생각한다. '돌아가려 해도 못 가지. 어릴 때부터 일본에서 자랐다고. 돌아가야 할 고향도 조선말도 다 잊은걸.'[22] 어느 조사에서는 전쟁 직후 재일 조선인 80%가 귀국을 원했다고 하지만,[23] 1930년대 실시한 조사에서는 60% 넘는 조선인이 영주 의사를 밝혔다. 물론 남든 돌아가든, 단순히 의사가 있다고 될 일이 아니라 개인이 연결된 여러 가지 사정이나 기회 인식, 실제 부대 상황 등에 따라 해결할 일이었지만 말이다.

전후 한반도와 일본 열도 간 교통이 심각하게 제한된 탓에도 본국 귀환은 어려웠다. 1905년에서 1945년까지는 수백만 명이 배로 시모노세키와 부산을 오갔지만, 이 항로는 1970년에야 다시 열렸다. 이민은 1960년대까지도 매우 드문 일이어서, 이민법을 다룬 일본 책은 전혀 없었다.[24] 남북한에서 밀입국은 계속 이어졌지만 일본 국경 감시가 삼엄한 탓에 그 또한 한계가 있었다.[25] 따라서 돌아가는 길은, 특히 북한행을 택한 사람들에게는 편도 여행이 될 가능성이 높았다.[26] 한국전쟁이 터지면서 남은 자이니치들이 당장 귀국할 가능성은 사라졌고, 자이니치 집단은 1965년 한일 국교 정상화 협정 때까지 기본 여행의 자유에서 심한 제약을 받았다.

종전 다음 해, 재일 조선인 인구 수는 1930년대 중반과 거의 같은 수준이었다(약 60만). 이 인구는 대부분 — 1960년 무렵 일어난 큰 사건 하나를 제외하면 — 일본에 머물게 된다. 자이니치라는 표현이 등장하기 시작한 때도 종전 직후이다. 그러므로 1945년 9월에서 1946년 8월 사이를 자이니치 역사 원년이라고 해도 크게 그릇된 표현은 아닐 터이다.

배제의 정치

전후 일본 정부가 완고한 태도를 취하고 일제강점기 인종주의가 잔존하면서 조선인들은 살기가 고달파졌다. 일제강점기에 조선인은 일본인이었지만, 전쟁이 끝나자 하나씩 권리를 잃었다. 그렇게 정부는 조선인이 이론상 일본인과 평등해졌다는 전쟁 전 주장이 허위였다는 사실을 증명했다. 일본 당국은 양다리를 걸칠 때가 많았다. 조선인들은 1945년에는 일본인이 아니라는 이유로 참정권을 박탈당했고, 1948년에는 일본 국민이라는 이유로 민족학교를 세우려다 거부당했다. '일본인' 전범으로 체포된 조선인들 — 23명은 처형됐다[27] — 도 있었지만, 더 이상 일본 국민이 아니라며 공무원직에서 해고당한 조선인들도 있었다.[28] 일본이 주권을 회복한 1952년까지 공식 통치 주체이던 미국은 재일 조선인을 '해방 민족'이라고도 분류했다가 '적국민'으로도 분류했다.[29] 미국 정책은 지식도, 이해도, 비전도 부족한 채 대부분 본국 귀환을 추진하거나,[30] 아니면 일본 당국이 내린 결정에 따랐다.[31] 이러한 편파성에는 조선인이 '근본적 "조선인성"'을 벗지 못한다는 편견이 깔려 있었다.[32] 조선인은 패전 그 자체부터 경제 문제까지 일본 사회를 괴롭히던 다양한 문제를 해결할 편리한 희생양인 셈이었다. 미 점령군이 결국 거부하기는 했지만, 일본 당국은 몇 번이나 조선인 전원을 ― 희생양답게 ― 송환하려 했다.[33]

일본 정치체에서 재일 조선인 소외는 1945년 이후 꾸준히 일어났고, 이들이 일본인으로 누리던 권리와 인정도 빼앗았다.[34] 1945년 12월에 이미 재일 조선인 참정권은 박탈되었다.[35] 조선인 암시장 활동 때문에 생긴 반감은 1947년 외국인 등록법이라는 과민반응으로 표출됐고, 재일 조선인들은 외국인 지위로 격하되었다.[36] 1950년 국적법은 부계혈통주의가 일본 시민권의 근간이라고 천명했고, 따라서 일본인 어머니가 낳은 '조선인' 자녀는 일본 국적을 박탈당했다. 또 1952년에 나온 법은 재일 조선인이 계속 거주하게 하는 임시 조치도 규정했지만 한편으로는 외국인 정부 등록과 감시도 규정했다.[37] 1955년, 등록 외국인은 모두 강제 지문날인指紋押捺을 해야 했는데, 1980년대 반대 운동의 중심이 된 이 끔찍한 관행은 이렇게 시작했다.[38] 재일 조선인은 전후 일본 헌법이 비국민에게 부여하던 권리에서도 배제당했다. 이러한 권리를 되찾는 데는 1970년대부터 일어난 법적 도전과 정치 투쟁이 필요했다.

1952년 샌프란시스코 강화조약 체결 즈음 재일 조선인과 일본 당국, 대다수 일본 대중은 자이니치를 당연히 조선인으로 보았다. 정부는 재일 조선인이 귀국을 독려해야 할 외국인이라고 규정했다. 일본인들은 식민지 황민화 사업이 거짓이었음을 시사하는 종족·민족 구분을 기꺼이 받아들였다. '자이니치在日'라는 단어는 조선인 거주의 임시성을 잘 나타냈다.

전후 일본 사회는 재일 조선인을 거주 외국인으로 분리해 불평등 대우를 했고, 그 외에도 재일 조선인이 살기에는 환경이 매우 척박했다. 암시장 등 불법 행위에 조선인들이 연루되면서 조선인은 더욱 더 범죄와 폭력을 연상시키게 됐다. 이승만 라인(1952년 이승만 대통령이 대한민국 수역을 확장한 대통령령)과 고마쓰가와 사건(1958년 18세 조선인 청년 이진우가 일으킨 살인 사건)이 터지면서 1950년대 말에 이(리)라는 성씨는 '악의 대명사'로 통용됐다.[39] 설상가상, 조선인들은 대개 공산주의에 동조했기 때문에 1947년 '적색분자 소탕'이나 그 이후 반공산주의 조치에도 취약해졌다. 간단히 말하면 재일 조선인 정체성은 더러워진 동시에 금기가 되었다. 조선인들은 배제하고 격리해 마땅했다. 식민 시대 인종주의가 노골적 인종 차별로 탈바꿈한 셈이다.

이러한 배제 원칙은 괜찮은 민간 부문 일자리는 물론이고 모든 공공 부문 일자리에서 기본 틀이 되었다. 1945년 이전에 재일 조선인 대다수는 광산과 건설, 공장에서 일했지만, 1945년 이후에는 모든 '일본인' 일자리에서 쫓겨났다. 따라서 재일 조선인들은 비정규 일자리를 찾았고, 그러면서 새로운 민족 경제를 창출했다. 종전 직후에는 밀주 생산부터 고물 재활용에 이르기까지 불법 행위나 주변부 경제 활동에 참여하는 조선인이 많았다. 모리배나 야쿠자가 되는 사람도 있었다. 공식 보호를 받지 못하는 조선인들은 상업 조직을 만들어 스스로 이해를 도모했다.[40]

남은 사람들은 주로 오사카 지역 조선인 거주지로 모여들었지만, 그래도 일본 전역에 골고루 분포했다. 고립 상태인 사람도 많았다. 어느 자이니치 1세 여성은 이렇게 회고한다. "주변에 친척도 가족도 없었어요. 친척이든 누구든, 누구라도 있었으면 그렇게 고생 안 해도 됐을 텐데." 앞서 보았듯 다른 조선인과 유대가 없고 대개 일본인과 결혼한 자이니치들은 지역 공동체에 섞이려고 노력했다.

자이니치 존재는 그렇게 주류 일본 사회와 평행이면서 흡수 상태였다. 일본인들과는 분리되어 살고 일했기 때문에 평행이었고, 일본 생활에 참여할 때는 일본인 행세를 하면서 눈에 띄지 않았기 때문에 흡수 상태였다. 이렇게 눈에 보이지 않는 상태로 침묵한 이유는 어느 정도 이들이 본국 귀환에 기대를 걸었기 때문이다.

총련의 부상

배제하는 정치는 결국 잠재적 인종주의 질문을 던지게 한다. 한국·조선인들은 왜 고국으로 돌아가지 않았는가? 실제 본국 귀환 가능성이 정말 적었다면, 왜 일본에서 동화나 귀화를 도모하지 않았나? 짧게 답하자면 대다수는 돌아갈 생각이었다. 귀국은 거의 운명처럼 그저 시기 문제였고, 형식상 그 시기가 통일이 될 때였을 뿐이다. 이러한 귀국 이데올로기 형성에는 여러 민족 단체가 큰 영향을 끼쳤다.

전후 한민족 단체는 차별에 맞서 싸우고, 동족을 돕고, 정치에 참여하는 일을 맡았다. 종전 후 재일본조선인연맹在日本朝鮮人連盟(통칭 '조련')은 선언문에서 "우리 역사적 사명은 일본 제국주의 잔재와 봉건 세력을 타파하고, 우리 민족의 정치·경제·사회·문화 기본요구를 실현하며, 진정한 민주주의를 기반으로 완전한 독립국을 세우는 데 있다"라고 천명했다.[41] 조련은 '세금'을 징수하고 복지를 시행하고 범죄자를 처벌하는 등, 재일 조선인에게 실질적 정부 기능을 했다.[42] 또 일본 언론이 조선인 암시장 활동을 비판하고 일본 정부가 조선어 학교를 탄압할 때도 주요 방벽 노릇을 했다.[43] 그리고 공산당과 긴밀하게 공조하여 — 종종 그 지시를 따르며 — 친일파와 민족주의 및 기타 비공산당 인사를 지도부에서 몰아냈다.[44]

크게는 냉전, 작게는 한국 분단을 반영하던 조련은 재일 조선인 사이에서 연합 전선을 유지하는 데 실패했다. 조련이 공산주의 성향이다 보니, 1948년에는 우성향 분파인 친남한 단체, 재일본대한민국거류민단在日本大韓民国居留民団(통칭 '민단')이 생겼다. '거류居留' — 식민시대 조선에 살던 일본인에게도 쓰인 말이다 — 는 이 조직이 고국을 지향함을 확실히 강조하는 단어이다. 민단은 조선인들이 곧 본국으로 귀환하리라고 기대했으며, 조련과는 달리 확실하게 남한과 연계하여 줄곧 일본 국내 정치 개입을 피했고, 남한 친미 성향을 따라 크게는 친일 성향이었다.[45] 민단은 이데올로기상 반공주의를 기반으로 일치 단결했기 때문에 파벌주의에 시달렸다.[46] 그리고 대개 남한과 유대가 있는 중산층을 대변한다는 평가를 받았다.[47] 민단은 친남한 성향이었지만 그 감정에 그리 보답을 받지는 못했다. 북한과 달리 남한 정부는 1970년대까지 일본 내 한민족 디아스포라를 고의로 무시했다.[48] 이승만이 품은 격한 반일 감정이 자이니치에게도 뻗친 셈인데,[49] 자이니치는 대개 공산주의라는 의심을 받았다.[50]

　종전 후 10여 년간 민단 외에도 다양한 민족 단체가 태어나고 스러졌지만,[51] 민족 정치는 조련과 그 연맹 단체들이 지배했다. 조련 지도자들이 고국 정치에 크게 관심을 표현하기는 했어도 조련 활동은 1948년 조선인 민족교육 투쟁(한신 투쟁) 등 주로 일본 국내 문제에 집중했다. 어느 자이니치 남성은 "조선인 아이들을 일본학교에 보낼 수는 없었다. 우리는 드디어 해방되었다"라고 했다.[52] 실제로 조련은 일본 사회 속에서 조선인이 있을 자리를 얻고자 싸웠다. 1946년 첫 회의에서 긴 덴카이金天海(김천해)는 '우리 일본을 살기 좋은 곳으로 만들기 위해' 재일 조선인의 정치 권리와 경제 향상을 요구했다.[53] 조련은 조선인 참정권 회복 투쟁도 벌였다.[54] 공산당 주도 하에 간혹 널리 알려진 항의 집회에 참여하기도 했다.[55] 반공주의가 격해지던 1949년, 미 점령군은 조련을 해산했다.

　한국전쟁은 고국도 크게 파괴했지만, 자이니치 집단에는 민족 파벌 간 갈등을 심화하는 영향도 끼쳤다. 다수 자이니치는 북한을 지지했지만, 군대에 자원하는 남한 지지자들도 있었다. 후일 귀국자들도 겪을 일이었지만, 자원병들 — 한국어를 하지 못하는 사람이 많았다 — 은 큰 의심을 샀다. 설상가상, 상당수는 일본으로 돌아오지 못했다.[56] 반면 조선인과 일본인이 모두 속한 공산주의 활동가들은 작게는 무기 보급, 크게는 전쟁을 막으려는 활동을 펼쳤고 이는 스이타吹田사건과 히라카타枚方사건으로도 잘 알 수 있다.[57] 이 두 사건은 일본 재무장이라는 배경에서 다른 여러 시위와 함께 공산당과 그 조선인 민족 조직인 재일조선통일민주전선在日朝鮮統一民主戦線(통칭 '민선')이 영향력을 계속 행사하리라는 신호탄이 된다. 1951년 설립한 민선은 조련에 이어 재일 조선 민족의 권리를 보호하는 동시에, 북한과 국제 공산주의를 지지했다.[58] 한국전쟁으로 남북한을 향하는 충성도 한층 분단됐고, 조선인들은 고국 정치에 관심을 두게 되었다. 1955년, 민선을 이어 재일조선인총연합회在日朝鮮人総連合会(통칭 '총련' 또는 '조총련')가 생겼다. 총련 설립은 조선인 정치 내부에서 큰 변화로 이어지는데, 바로 이 시점부터 가장 우세한 조선인 민족 단체가 북한 정치 체제에 속하게 된다. 1954년에 남일南日 북한 외상은 자이니치 집단이 북한 '시민公民'이라며 열변을 토한 바 있다. 총련 발기 의장으로 2001년 94세로 사망할 때까지 의장으로 연임한 한덕수韓德銖는 1955년 북한 노선 전향을 확인하는 연설을 했다. 이 연설에서 한덕수는 정치와 존재론에서 재일 조선인이 차지하는 위치를 명백히 했다. "한마디로, 재일 조선인 운동은 북조선 관점을 취한다."[59] 즉, 조선인들은 이제부터 일본 공산당이 아니라 북조선 정부를 따르고 북조선 정부를 위해 싸워야 했다.[60] 전후 초기에 공산당이 저지른 '큰 실수'는 조선인을 조선 국민이 아니라 '소수 민족'으로 규정한 데 있었다는 말이다.[61] 총련 회원들은 공산당을 집단 탈퇴해 조선인성을 재확인했다. 재일 조선인 사이에 일본어가 모국어로 널리 퍼졌는데도 총련 문서 상당수는 한글로 쓰였다.[62] 1950년대에는 일본어 사용을 금지하려고도 했다.[63]

1955년 한덕수 연설은 자이니치가 북한 국민으로 일본에 잠시 거주한다는 점을 확실히 했다. 그들은 "'본국 민족'과 주민의 일부"라는 것이었다.[64] 박재일은 남한 토지 개혁이나 통일 등을 거론하며 '자이니치 문제 해결은, 그 해결책이 조선의 문제라고 생각하지 않으면 불가능'하다고 했다.[65] 조선인들은 일본 문제에 간섭할 것이 아니라 귀국을 기다리는 집단으로서 그 최종 결말에 대비해야 했다. 어느 총련 임원이 설명했듯, 이전에는 '실수'를 범했다. "우리는 일본 국내 정치에 간섭했기 때문에 일본인에게 미움을 받았다." 이제부터 조선인들은 '공화국(북한)의 자녀'를 교육하게 될 터였다.[66] 고국을 향한 지지와 귀국 전망으로 총련은 끈질기게 반反동화 태도를 견지했다.[67] 그리하여 총련은 종전 직후 좌파 활동가들이 민족의 권리와 인정을 얻고자 싸우는 데 쓰던 힘을 북한 정권에 가장 시급한 정치 사안으로 돌렸다.

본국 지향성이 총련 이데올로기를 형성한 근간이었지만, 그래도 총련은 일본에서 살며 일하는 조선인에게 꼭 필요한 사회 기반 지원을 해주었다. 총련은 특정인 숭배 집단이라기보다는 상호 향상을 도모하는 문화였다. 조직을 떠받친 두 기둥은 금융과 교육이었다. 일본

은행이 조선인에게 대출을 잘 해주지 않던 시기에 총련 금융 기관인 조은朝銀은 꼭 필요한 부분을 채워주었다. 민족 교육은 그보다도 훨씬 중요했다. 총련 학교들은 다가올 귀국에 대비하고자 했고 따라서 조선어와 역사 교육에 힘썼다. 민족 교육은 곧 공산주의 교육이어서, 자본주의에 있는 오류나 미국·일본 제국주의가 저지른 악행을 똑똑히 가르쳤음은 두말할 필요도 없다.[68] 총련 교과 과정은 자이니치 역사를 역사 자체가 아니라 '김일성 장군 혁명 활동' 중 하나로 가르쳤다.[69] 부모가 얼마나 귀국을 기대하고 공산주의에 헌신했든 상관없이, 총련 학교는 인종 차별 가능성이 있는 일본학교를 벗어나 한숨 돌릴 여유를 주었고 동시에 종족·민족 자긍심도 주입했다. 총련은 공산주의를 자처한 단체이면서 신기하게도 소시민 성향이라 할 만한 성향도 보였다. 조은 대출은 소기업(향후에는 대기업)을 독려했지만, 민족학교는 제법 잘 사는 학생들을 받았다. 가난한 자이니치 부모들은 그 학비를 감당하지 못해 아이들을 무료인 일본 공립학교에 보냈다. 마찬가지로, 이데올로기와 단체만 보면 공산주의자인 자이니치 자본가들이 많았다는 사실 또한 역설이다.[70] 어쨌든 총련은 자이니치들에게 지방 정부이자 중앙 정부였다.

1950년대 말, 총련은 재일 조선인에게 완전에 가까운 지배력을 행사했다. 재일 조선인 대다수(90% 이상)가 남쪽 출신이기는 했지만, 1948년 남북 분단 이후 대다수는 이데올로기상으로 북한에 일체감을 표시했다. 1950년대 자이니치 이야기는 거의 모두 재일 북한인'자이니치 조센진' 이야기이다.[71] 김일성 체제는 영웅적 항일 식민 투쟁에서 후광을 얻어 공산주의 유토피아를 약속했다. 총련은 북한에서 정통성을 얻었고 북한 정권은 총련을 지배하려 했다. 결국 총련을 비난하면 김일성과 자이니치 공동체 전체를 비난하는 셈이었다.[72] 제명은 파문, 사회적 죽음과 같은 경험이었다.[73]

지금도 자금이나 이데올로기로 북한 정권을 지지하는 완고한 총련 회원들은 남아 있다. 그러나 북한 정통성이나 북한을 향한 열정이 가장 군건하던 시기는 1950년대와 1960년대였는데, 이러한 경향은 제2차 세계대전 전후에 공산당이 조선인들에게 보낸 지지와도 무관하지 않았다. 또한 조선인 공산주의자들은 일본 식민주의에 저항했다는 흠잡을 데 없는 평판을 얻었고, 자유와 평등, 연대는 호소력이 있었으며, 북한 경제는 눈에 띄게 성공을 거두었다. 보다 크게는 국제 공산주의가 전후 자이니치 세계를 형성했다는 사실도 있다. 장명수張明秀는 총련이 '나의 전부'였다고 하고,[74] 어느 자이니치 노인은 '공산주의는 우리 세대의 청춘이었다'는 표현도 한다.[75] 자이니치 지식 문화는 마르크스와 엥겔스, 레닌, 스탈린, 김일성 저작 모음집이 지배했다. 선구적 자이니치 잡지 『마당まだん』 편집자는 스탈린이 쓴 「변증법적 유물론과 사적 유물론」을 읽은 일이 인생에서 '가장 감동적인 경험'이었다고 한다.[76] 자이니치 작가 양석일은 고교 시절 대부분을 마르크스-레닌주의 공부에 할애했고,[77] 『자본론』은 약 23년을 들여 읽었다. 김일성은 존경과 찬미를 받았다. 어느 총련 간부는 누가 김일성 혁명 회고록을 백 번 읽었다는 말도 들었다는데, 실제로 그런 사람도 있었다.[78] 북한은 지상 낙원이라고들 했는데, 이는 사실이라기보

다 약속을 표현하는 발언이었다. 체스와프 미워시Czeslaw Milosz가 말한 공산주의 정신의 사회 심리학이 시사하듯,[79] 김일성이 주장한 주체사 상과 변증법적 유물론은 기도서와 제의뿐만 아니라 어느 정도 일관 성 있는 역사와 사회학까지 제시했다. 자본주의에서 늘 노래하던 제 약을 벗어나는 자유가 아니라, 이상적 미래로 향하는 자유를 제시했 다는 말이다. 일본 제국주의도 어떤 의의를 약속했지만 크게 실패하 고 말았다. 미국은 해방은 가져다주었지만 그 방향을 한반도 통일로 도, 자이니치 집단 보호로도 틀지는 못했다. 실망한 다수 자이니치에 게 1950년대와 1960년대에 엄청난 선전을 곁들인 북한은 희망의 불 빛이었다.

총련을 지탱하는 요인에는 일본 제국주의에 맞서 싸웠다는 역사 유산과 지상 천국이라는 미래 운명만큼이나 중요한 부분이 있었는 데, 바로 일본 인종주의에 맞서는 방벽이요, 민족 자긍심 구현이라는 위상이었다. 금융 및 교육에서 중요한 기능을 하던 사실에서도 명확 히 드러나지만, 총련은 역사와 목적론은 물론 공동체와 복지도 제공 했다. 핵심 간부단 주위에는 추종자와 동반자들이 맴돌았고, 상당수 는 자기 삶과 공동체를 인도하는 대의명분을 열심히 믿었다. 비비언 고닉Vivian Gornick이 묘사한 미국 공산주의자들처럼 총련 활동과 추종 자들에게도 '내적인 빛, 영혼을 미어지게 하는 어떤 빛의 내면성'이 있었다.[80] 우리는 잠시 밝게 타던 그 불길을 잊어서도, 그 꿈이 악몽임 이 밝혀지고 남은 쓰디쓴 재를 보고 그저 머리만 내저어서도 안 된다. 한 총련 회원은 이렇게 말했다. "자녀들에게 조상의 언어를 가르쳤다고 자랑할 소수 민족 집단이 세상에 몇이나 되나? 일본계 미국인 3세들은 조상의 언어로 연극을 할 수 있나? 재일 조선인 3세들은 할 수 있다." 민단 회원들은 언어 재생산이나 민족 교육에서 손을 뗀 지 오래였지만, 총련계 학교들은 계속해서 조선어와 북한·총련식 민족·공산주의를 가르쳤다. 더구나 총련은 특히 농촌 자이니치에게 중요한 정보와 지원을 제공하는 전도사였다. 요컨대 총련은 북한 '재외 국민海外公民' 단체로 탄생하고 번성했다.[81] 총련 이데올로기는 본국 귀환에 기반을 두었고, 또 귀국을 약속했다.

귀국 이데올로기, 통일을 향한 꿈

총련 이데올로기는 북한식 공산·민족주의를 따랐으며, 자이니치 본국 귀환을 약속했지만 그 본국은 대다수 재일 조선인의 출신지인 남한이 아니었다. 총련은 남한을 빈곤한 독재 정권에 미 제국주의 정부가 움직이는 꼭두각시라고 묘사했다. 미국이 남한에 대규모 원조를 하고는 있었지만, 그 목적은 역설적으로 '군사·정치·경제적으로 "남한"을 노예화'하기 위해서라는 설명이었다.[82] 1950년대 나온 몇 안 되는 자이니치 연구에서 박재일은 남한은 자이니치 조국이 아니라 그저 '무덤 터'에 불과하다고 주장했다.[83] 돌아가도 사실상 이민자

와 같아서 남한 정부가 지원을 해주어야 할 텐데, 기다려도 소용이 없다고 말이다. "그들 앞에는 혼란과 실업, 굶주림만 기다릴 터이다."[84] 그런데 신기하게도 이러한 분노는 미국의 하인 취급을 받던 일본 정부로만 향했을 뿐, 일본 사회 전체로는 향하지 않았다.[85]

총련 지도부가 이렇게 남한 귀국을 말렸다면 왜 북한 귀국을 장려하지는 않았을까? 미국과 일본, 남한이 간섭했다고 비판하는 사람도 있다.[86] 북한 문제에서는 미 제국주의자들이 어김없이 원인 취급을 당했고, 오늘날까지도 욕을 먹는 대상이다. 한편, 당면한 귀국에 대비해야 한다고 주장한 사람들도 있었다.[87] 북한을 위한 투쟁은 사실상 통일을 위한 투쟁이었고, 재일 조선인들은 조선이라는 국가를 재건하고 강화하는 데 기여해야 했다. 그 시절 자이니치 사이에서는 '미래를 사랑하라'는 구호가 많이 쓰였다.[88] 총련 간부들은 그 말로 본국 귀환 희망과 통일을 향한 염원을 통합했다. 지금이나 당시나 자이니치라면 거의 모두 통일을 지지했지만, 귀국에 관해서 같은 수준으로 합의와 열의가 있었다고 하면 그릇된 설명이다. 결국 상당수 자이니치는 이런저런 이유로 일본에 남았으니 말이다.

그러나 1950년대 말이 되자 김일성이 북한 건국 10주년을 기념해 '귀국 후 새 삶'을 약속하면서 대대적 귀국 사업이 진행됐다.[89] 북한 정부는 노동 부족을 메우면서 조선 민족을 대표하는 유일한 정통국가라는 주장을 강화하려 했고, 일본 정부는 인종 청소를 완수하고 싶었다.[90] 국제 적십자는 물론 좌우 양 진영 일본 정치인들에게도 도움을 얻은 이 귀국 사업은 그 시대를 풍미한 민족주의 정신과도 잘 맞왔다. 종족·민족 동종성에 도달하려는 인구 집단 이주였던 셈이다. 이 사업에는 주로 민단과 남한 정부 — 귀국 사업 중지를 목표로 테러 행위를 후원하기도 했다[91] — 만 이따금 반발했을 뿐, 놀라우리만치 만장일치 합의가 있었다[92]

귀국 사업은 재일 자이니치의 비참한 존재에 북한을 대비점으로 삼아 차별이라는 문제틀에 대응했고, 일본에서 자이니치 미래는 보잘것없다는 인상을 주었다[93] 선전 작업은 지상 낙원이라는 비유를 남발했는데, 이 지상 낙원에서는 냉장고마다 소고기, 돼지고기가 그득하고 젊은이들은 김일성대학이나 모스크바 국립대학에서 공부할 수 있었다[94] 황민기는 자기 초등학교 친구가 '매일 햄을 공짜로 먹고 큰 집에 살 수 있다니까' 귀국을 애타게 바랐다고 한다[95] 또 시인 후지시마 우다이藤島宇大는 일본인 중에도 빈곤한 삶에서 탈출하려고 자이니치 가족 행세를 한 사람들이 있다고 주장했다[96] 당시 1950년대 일본인들이 누린 번영을 막 맛본 조선인들은 일본 경제 성장에서 오히려 사회적 좌절감을 느꼈다. 생계 곤란만으로도 새로운 삶 — 그것이 어떤 삶이든 — 이라는 전망은 조선인들에게 유혹이 됐다. 1960년대 초반 어느 자이니치 남성은 "빈약하고 초라한 내 삶을 더는 유지할 수가 없다. 그래서 나는 귀국을 결정했다"라고 기록했다[97] 데라오고로寺尾五郎가 쓴 1959년 북한 여행기도 널리 읽혔다[98] 데라오는 어느 자이니치 귀국자가 이렇게 열변을 토했다고 썼다. "일본에 살던 시절을 생각하면 '북에서' 내가 사는 '부유한' 삶이 미안할 정도도."[99] 또 다른 책에서는 북한은 8만 자이니치가 '조금도 불편 없이 살' 나라 또는 '희망의 별'이라고도 했다.[100] 이와모토 노부유키岩本信行 의원은 "일본에서 고되고 비참한 삶을 사는 조선인에게는 '북한 송환'이 말 그대로 지옥에서 천국으로 돌아가는 셈이다"라고 했다.[101]

귀국 사업은 총련 지도부가 북한과 새로운 동맹을 맺고 작게는 공산당, 크게는 일본을 거부한다는 사실을 재확인하기도 했다.[102] 총련 활동가들은 자이니치들을 조직해 귀국 사업에 참여시켰다. 어느 활동가는 북한에 최대한 많은 자이니치를 보내서 자기 능력을 증명하려고도 했다.[103] 어쨌든 귀국은 이상주의에 빠진 자이니치 청년층에 특히 호소력이 있었다. 양석일에 따르면 "당시 재일 조선인 청년은 다들 귀국을 생각했다고 본다. 길에서 우연히 친구를 만나면 어쨌든 귀국 이야기를 하게 되었고, 꽤 흥분하면서 공화국(북한)에서 만나자며 서로 악수하고 헤어졌다."[104]

1960년에서 1961년까지 2년에 걸쳐 자이니치 약 7만 명이 북한으로 갔지만, 그 수는 1962년 3천 5백 명으로 급감했고 그 뒤 꾸준히 감소했다.[105] 귀국 사업은 1984년에 공식 종료됐지만 사실상 1960년대 초반에 이미 끝난 상태였으며, 북한으로 간 인원은 총 93,340명이고 그 중에는 배우자와 부양가족인 일본인 6,731명, 중국인 4명도 있었다.[106]

귀국 노력은 왜 그렇게 빠르게 바닥을 드러냈을까? 일본 정부 개입을 지적하는 총련 지지자들도 있지만,[107] 총련 지도자들도 추종자들도 1960년대 초반부터 확실히 열의가 식었다. 총련이 임박한 한일 국교 정상화 협정에 반대하고자 자이니치 활동가들을 일본에 남게 했기 때문이다.[108] 물론 일본에 남겠다고 선택한 조선인도 많았다.[109] 이제껏 강조했지만, 문화 동화는 1930년대 말부터 이미 확연했고 1960년대에는 벌써 일본에 깊이 뿌리를 내린 조선인들이 많았다.

또 총련 간부 출신 김상권金相権이 주장하듯,[110] 북한으로 간 자이니치가 겪은 고초는 낙원이라던 약속과는 정반대여서 귀국 흐름을 막았다.[111] 1962년에 벌써 자이니치판 '실패한 신'이 나타났고, 이에 북으로 간 자이니치를 가난한 독재 정권에 갇힌 정치범으로 묘사하고 북한 체제를 히틀러 치하 독일에 비유하기도 했다.[112] 북한 계급 체계에서 자이니치는 말 그대로 2등 시민이었다(물론 지주 출신이나 기독교인 등 국가의 적인 3등 시민만큼 심한 대우를 받지는 않았지만 말이다). 이들은 북한 정권에서 의심하는 눈초리를 받았고, 남한 또는 일본 첩자라는 고발도 쉽게 당했다.[113] 북한과 일본 사이에 있는 경제·문화·언어 차이 때문에 충성스러운 공산주의자들조차 곤란을 겪었다.

1970년대 후반, 자이니치들이 귀국 친지를 방문할 수 있게 되면서 낙원이라는 북한 주장은 일반인에게도 의심을 샀다. 이 실패 때문에 1980년대에는 총련 지지자들조차 대놓고 북한을 부정하게 된다.[114] 보다 직접적으로 귀국 사업은 총련계 조선인들이 귀국할 전망을 어둡게 했다. 그리고 1965년 한일 국교 정상화 협정 이후에는 남한이 (어쨌거나 재일 조선인 거의 대부분에게는 진짜 조상이 살던 땅이었으니) 귀국 목적지가 되었다. 그런데 아래 나올 몇몇 유배 서사에서도 보겠지만, 1965년 협정 후 한국을 찾은 민단 회원들마저 고국을 낯설게 느끼고 현실에서 차이를 마주하다 보니 어중간하던 일본 체류 결심도 굳어졌다. 당시 이미 확연했고 향후 10여 년간 지속될 고도 경제 성장 역시 일본에 사는 자이니치의 운명을 확정지을 따름이었다. 이제는 일본 생활이라는 쇠 우리가 황금 우리로 바뀌어 있었다. 여전히 우리는 우리였지만, 그래도 번쩍이는 우리였다.

실현 전망은 희박했지만 귀국 이데올로기는 1960년대 초반 이후에도 한참 살아남았다. 과거 식민지 동화 정책이 한 거짓 약속과 현재 벌어지는 차별이라는 잔인한 현실 때문에 미래에 일어날 귀국은 재일 한민족에게 여전히 가장 좋은 희망이었다. 적어도 이데올로기 측면에서 실제 동화 정도는 미미했다. 신숙옥辛淑玉의 할아버지는 조선에서 태어났지만 일본어밖에 할 줄 몰랐고, 집에는 일장기와 일본도를 장식하고 아내와 아이들에게도 기모노를 입으라고 하던 사람이었는데도 귀국을 결심했다.[115] 동화냐 귀국이냐, 단 두 가지 선택밖에 없었기 때문에 자이니치 귀속의식, 그리고 재일 한민족이 좋은 미래를 살 전망은 아예 배제되었다. 박경식은 이렇게 설명한다. "'종전' 전에는 '황민화' 과정과 일본 제국주의 차별에 속해서 '민족 주체성'을 못 느꼈기 때문에 자긍심을 느낄 수가 없었다."[116] 그러니까 일본인이 되려고 하고 그렇게 해서 일본인으로 인정을 받든가, 아니면 조선인으로 남아 멸시를 받든가 둘 중 하나였다는 말이다. 자이니치라는 개념은 배제당한 중간과 같았다. 일본에 남기로 한 조선인이 60만 명을 넘었는데도 혼성hybrid 정체성은 모순까지는 아니어도 이해하기 어려운 개념이었다. 여기서 귀국 지연을 정당화하는 요인은 통일 전망이었다. 1980년대 후반에도 저명한 자이니치 지식인 윤건차는 자이니치가 통일 한국과 같다고 했고,[117] 야마다 테루미山田輝美는 "자이니치 문제는 한반도 통일이라는 관점 없이는 이야기할 수 없다. (…중략…) 자이니치 문제를 푸는 주된 해결책은 한반도 통일이다"[118]라고 했다.[119] 총련은 지금까지도 재일 한민족이 일본 사회에 정착했다는 '공생共生' 개념을 받아들이지 않는다.[120] 재일의 재在에 새겨진 임시 거주라는 개념과, 결국 귀국하리라는 기대는 여전히 깊은 공감을 자아낸다. 1990년대 말 나온 어느 책은 식민화 역사와 차별 실태, 그리고 조국 의식이라는 면에서 재일 한민족을 정의한다.[121] 북한 민족·공산주의 체제처럼, 조국 의식이라는 방어 요소도 짧은 20세기를 살아남았다. 1970년대까지는 왜 한국·조선인이 일본에 있느냐고 물으면, 통일이 될 때까지는 갈 곳이 없다는 답이 정해져 있었다. 어느 의미에서 그들은 동시대 사무엘 베케트 작품처럼 어떤 메시지가 오기를 기다리는 셈이었다. 자이니치는 영원히 유배된 자들이었다.

유배의 디아스포라 담론

이제부터는 유배를 다룬 세 가지 서사에 초점을 맞추고자 한다. 1980년대와 1990년대에 나온 이야기들이지만, 총련 이데올로기가 몰락했어도 귀국이라는 꿈은 살아남았다. 오랜 열망을 이루고 맞이한 귀국 현실은 고국과 유배의 성격을 바꾼다.

김석범이 그린 유토피아

김석범 대작『화산도火山島』(1983~1997)는 제주도가 무대이고,『고국행故国行』(1990)은 작가가 이 남쪽 섬을 여행한 기록이다. 7권짜리 대하소설『화산도』는 수많은 반란 세력과 친공산주의 성향 시민이 죽음을 당한 1948년 4·3항쟁을 그린다. 작가는 오사카에서 태어났지만, 제주도는 김석범 소설에서 중요한 장소일 뿐만 아니라 그가 고국이라 부르는 곳이다.

김석범은 40년간 한국을 방문하려고 여러 번 시도했지만 그러지 못했다. 한국전쟁으로 극명하게 나타난 정치 혼란 때문에 뜻은 좌절되었다(혼란과 빈곤도 일본 체류 결정에 영향을 미쳤지만 말이다). 여행 계획은 한국 정부가 비자 승인을 거부하거나 다른 불운한 사건이 생기는 바람에도 몇 번이나 틀어졌다. 한국 방문 기회를 작가 스스로 퇴짜 놓은 적도 있었다. "일본에 거주하면서 40여 년간 귀국하지 못한 까닭은 한마디로 남북 분단이라는 정치적 이유였다."[122] 1981년에『계간 삼천리季刊三千里』에서 일하는 동료 편집자들이 한국을 방문했다.『삼천리』는 총련을 나와 비판적 자세를 띠게 된 회원 출신들이 창간한 잡지였는데, 김석범도 어리석은 위계질서에 반대한다며 1968년에 총련을 탈퇴한 바 있다. 그런데 김석범은 1980년 광주 민주화운동에서 민간인 대량학살을 저지른 한국 군사 독재 정권에 반대한다는 이유로 당시 동료 편집자들과 동행하지 않겠다고 했다. 그리고 잡지 편집 위원회에서도 사퇴했다. 다시 말해 그는 남북한 체제에도, 일본에 있는 남북한 단체에도, 그리고 1960년대 말 함께 총련을 떠난 가장 가까운 동료들에게도 반대했다.[123]

이러한 독립적 위치에 있는 김석범은 북한이든, 남한이든, 총련이든, 민단이든 기성 정체성에는 충성을 바칠 수가 없었다. 게다가 일본어로 글을 쓰고 『계간 삼천리』와도 관계를 끊다 보니 주로 일본 독자와 일본 잡지를 대상으로 글을 써야 했다. 『화산도』는 우파 성향인 대형 일본 출판사 문예춘추^{文藝春秋}에서 발간했다.

고국에서 오래 떨어져 있었기에 — 어쨌거나 출생지도 오사카이고 — 김석범이 한국과 맺은 관계는 거의 추억과 상상 속에만 존재했다. 작가가 한국과 맺었다고 언급하는 관계 중 실재하는 관계는 단 두 가지이다. 우선 제주도에 다녀 온 친구에게 받은 돌이 하나 있는데, 작가는 그 돌에서 '가끔 희미한 바다 냄새를 맡는'다고 한다. 둘째, 1984년에 좌파 성향 주요 일간지 『아사히 신문^{朝日新聞}』에서 작가가 쓰는 실제 '화산도'를 보여주려고 경비행기를 전세 내어 제주도 인근 상공을 비행한 적이 있다. 전 세계 모든 유배자가 그러하듯, 김석범도 고국 관련 기억을 되살리려 애썼다. 일본에서 나고 자란 그가 한 고국 경험은 온전한 형태를 갖춘 기억을 구성할 소재로는 다소 빈약해 보일지 모르지만, 상상계가 빈약한 현실 세계를 당당히 지배할 때가 얼마나 많은지도 기억해야 한다. 이러한 의미에서 앙드레 아시망 André Aciman도 자신이 '나세르 대통령의 반유대주의 이집트에 갇혀 내가 본 적도, 속하지도 않은 프랑스로 돌아가기를 갈망하던 유대인 소년'이었다고 묘사한 바 있다.[124] 문학 비평가 남부진^{南富鎮}은 김석범 서사와는 반대로, 그러면서 보다 평범하게 친구 아버지인 한국인이 일본에 첫 방문한 이야기를 썼다. 일본이 어떠냐는 질문에 그 아버지는 계속 "그리운 기분이 든다, 그리운 기분"이라고 했다. 무엇이 그렇게 그립냐고 묻자 "나 어릴 적하고 아주 똑같은 풍경이거든. 뭔가 '고향'에 돌아온 기분이야"라고 답했다.[125] 귀국 관련 글쓰기nostography와 고향에 돌아가고 싶은 강박 관념nostomania은 유배자는 물론 나이든 사람에게서도 흔히 보이는 증상이다.

김석범은 1988년에 한 여행이 '40년을 2시간(비행기로 도쿄에서 서울까지 걸리는 시간)에 묻으려는' 시도였다고 한다.[126] 그런데 그렇게 고대한 여행은 김이 빠진다. 작가는 서울도 제주도도 잘 알아보지 못한다. "과거 모습을 찾으며 걷는데 (…중략…) 제주도는 완전히 변해 있었다. (…중략…) 과거 모습은 사실상 없었다."[127] 예를 들어 학살 현장은 관광지가 되어 있었다. 작가에게 남은 기억은 별 도움이 되지 않고, 사실 알아본 몇 안 되는 광경도 여행 전에 본 사진 몇 장 덕분이다. 자신을 좋아하는 사람들을 뺀 다른 남한 사람들, 그러니까 배짱을 부리는 택시 운전사나 불친절한 종업원, 오만한 지하철 역무원 등을 만나니 어안이 벙벙하다—아니, 사실 충격이다.[128] 작가는 자기 일상이 근본적으로 일본에 맞춰 움직이고 공감함을 인정하지 않으려 한다. 한국 생활에서 그가 느끼는 불협화음은 40년 일본 생활을 정확히 보여주는 척도이다. 삶의 경험이 어쩔 수 없이 일본식이다 보니 작가가 남한을 거의 알아보지 못했다고 놀랄 일도 아니다. 제주도에 가장 길게 머무른 기간이 열세 살 때 반년인데, 거의 반세기 뒤에 도대체 무엇이 똑같은 느낌으로 다가오겠는가?[129]

김석범은 이렇게 결론 내린다. "통일 조선이 (…중략…) 내 조국이다."[130] 조선이 일본 식민지였으니 이런 식으로 기억해낸 과거에는 문제가 있고, 따라서 귀국 열망은 과거가 아니라 미래를 향할 수밖에 없다. 한국이 자기 출생지가 아님을 인정한 작가는 결국 자기 조국은 스스로 민족의식과 반일사상으로 만든 곳, 의식 속에서 건설한 곳임을 인정한다.[131] 작가에게 조국이란 통일 한국을 바라는 열망을 투영하면서 실질적 고향은 거부하는 것과 같다.

김석범은 유토피아를 그려 실제 존재하는 남북한 민족국가나 자이니치 단체들을 모두 거부한다. 한국인(일본에 유배당했지만)이라는 정체성은 당당하게 확인하지만, 작가는 사실 일본인으로 살면서 일본 대중을 상대로 글을 쓴다. 일본 지식 지배층에 완전히 의존하면서 (여행 경비도 출판사에서 다 대고 경호원까지 보냈다) 일본을 맹렬히 비판한다. 1960년대에 대표작을 어느 자이니치 단체에서 발간하는 한글 잡지에 9회 연재하다가 아예 한글판 집필을 포기했을 때도 이러한 경향이 보인다.[132] 김석범은 자신이 '적敵의 요소가 있는 언어'[133]로 써야 했다는 윤리 지침을 설명으로 내놓았다.

김석범은 스스로 디아스포라 지위를 부인해서 유배 상태를 유지한다. 소설에서는 거의 기억도 하지 못하는 한국의 과거에 집중하며, 자신이 상상하는 통일 조선 공동체는 확실하지 않은 미래에 존재하고, 한편으로 현실에서 실제 공동체는 일본 독자층이다. 상상 속 고향을 열망하는 이 유배자는 본인이 비판하는 실제 거주국에 계속 신세를 진다. 위험이나 절망은 없는, 개인적이고 편안한 유배이다. "체념은 여행자의 특권이다. 바다로든 하늘로든 후퇴하는 것이 해결책이 되고, 행동해야 한다는 압박감이 사라진 사람이라면 누구나 누릴 수 있는 사치다."[134] 무엇보다, 김석범이 디아스포라 상태인 자기 신분에서 시선을 돌림으로써 자이니치 삶에 존재하는 실제 문제를 다 지웠다는 점이 최악이다.[135] 그러나 작가는 21세기 들어서도 디아스포라라는 표현을 사용하고, 디아스포라 문학이 '지배자 쪽에 선 일본문학'[136]과는 반대로 억압받는 자들의 문학이라고 규정한다. 물론 자기 작품이 일본문학에 속한다고는 보지 않는다.

이양지와 메울 수 없는 간극

『고국행』 말미에서 김석범은 다른 자이니치 작가 이양지李良枝와 만났다고 언급한다. 야외 포장마차에서 한 하던 중이었는데, 서울에서 전통춤을 공부하던 이양지가 자신과 일본어로 대화하니 마음이 놓인다고 해서 놀랐다고 한다.[137] 김석범은 이양지가 야마나시 현(후지산이 보이는 곳이다)을 고향으로 본다면서, 자신은 오사카에서 태어났어도 제주도를 고향으로 여긴다고 한다. 그리고 이러한 차이가 아마 세대차라고 추측한다. 이양지 사후에 김석범은 이러한 제멋대로인 추측과 갈망 섞인 예측을 『땅의 그림자地の陰』에서 한층 확장한다.[138] 이양지는 실제로 일본 태생이고, 아버지가 일본식으로 키우려고 하

는 바람에 아홉 살 때 귀화했고, 그 전에 이미 야마나시는 자기 고향이 아니라고 쓴 적도 있는데 말이다.[139]

이양지가 표현한 이런 안도감은 중편 「유희由熙」에서 핵심 갈등이다. 이야기는 S대에서 공부하던 재일교포 유희가 한국을 떠나 일본으로 가는 날 시작한다. 이 중편은 1988년 문학잡지 『군조群像』에 처음 실렸고 다음 해 고단사講談社에서 출판했다. 소설이 엄청난 인기를 얻자 역풍도 불었다. 예를 들면 노먼 필드Norman Field는 '반동적'이라거나 '불쾌하다'[140]면서 예리하지만 기를 죽이는 평을 내놓았다.[141]

작은 출판사에서 일하는 이름 없는 화자는 유희를 공항에서 배웅하지 못해 마음이 안 좋다. 소설은 화자가 회상하는 유희 이야기, 그리고 조용한 옛 서울 동네에서 유희와 함께 살던 화자와 화자의 숙모가 나누는 대화로 이루어진다. 유희가 고향 — 이야기 내내 '우리나라'라는 한국어가 계속 나온다 — 에 돌아온 동기는 이야기 말미에 나오는데, 바로 '아버지에 맞서 우리나라를 지키려는' 열망이었다고 한다.[142] 일본에서 사기 치는 재일 동포들과 불미스러운 일에 계속 휘말린 아버지는, 유희가 어릴 때부터 언제나 한국과 한국인에게 혐오감을 표현했다. 소설보다 앞선 수필에서 이양지는 자신의 아버지도 "내가 더 일본인다워지기를 바랐"[143]다고 한다. 일본인 틈에서 자란 작가는 아버지에게 들은 한탄을 빼면 한국을 거의 몰랐고, 차별도 경험하지 않았다. "과거 '재일 한국인이 차별 받았다'는 이야기를 듣고 놀랐지만, 내가 직접 차별을 받거나 괴롭힘을 당한 적은 없다."[144] 유희는 작가 이광수와 이상李箱을 다 좋아하는데, 화자는 이런 문학 취향이 당황스럽다. 물론 이 두 작가는 여러 면에서 크게 다르지만, 일본에서 깊은 영향을 받았고 또 일본에 관심이 있었다는 점에서는 놀라우리만치 같다. 유희가 한국 유학을 결심한 이유는 대금 소리에 끌렸기 때문이다.

화자는 언어 관점에서도 유희를 묘사한다. 이야기 속에서 유희는 한국어를 잘 못하고 일본어에 계속 애착을 느낀다. 명문대에서 언어학을 공부하는데도 초보자 같은 실수를 하고, 일본어가 모국어이다 보니 한글 단어를 정확하게 발음하지 못한다.[145] 화자는 유희가 한국어를 자기 것으로 만들지 못하는 데 놀라면서도 짜증이 난다. 유희가 언어를 습득하는 방식은 전형적 일본식 언어 학습법, 외우고 반복하기이다. 한국어 사전도 처음부터 끝까지 읽는다(유희는 '고문'이라는 단어에 밑줄을 그어둔다).[146] 당연히 말하기 능력보다 글쓰기 능력이 훨씬 뛰어나다. 유희는 TV도 보지 않으려 하고 외출도 거의 하지 않는다. 화자와 유희가 함께한 첫 나들이는 유희가 북적거리는 도시에서 사람들과 섞이자 속이 좋지 않다고 해서 엉망진창이 된다.

유희가 한국어를 습득하지 못하는 이면에는 일본어를 향한 애착이 있다. 화자는 유희 방에 일본어 책이 열 상자도 넘게 있음을 알고는 기분이 나빠지고, 유희가 처음 그 집에 왔을 때나 밤늦게 방에 혼자 있을 때 일본어로 말하는 소리를 들었다고 한다. 무엇보다 눈에 띄는 사건은, 유희가 화자에게 남긴 기념품 — 448쪽짜리 글이 들어 있는 갈색 봉투 — 이 화자가 읽을 줄 모르는 일본어로 쓰인 것이다. 언어 장벽은 한국에서 한국 사람이 되려고 한 자이니치에게 넘지 못

할 장벽이 될 때가 많았다.[147]

화자와 유희를 갈라놓는 요인은 언어만이 아니다. 화자는 유희가 파악하기 어렵다고 느끼고, 디아스포라 상태이면서 겉만 한국인인 유희의 위치에 양가감정을 느낀다. 이 중편은 1970년대와 1980년대 한국인들이 자이니치를 생각하던 두 가지 흔한 전형, 즉 북한과 관련이 있을지도 모르고, 경박한 성향이 있다는 전형을 표현한다. 화자의 숙모가 자기 딸(지금은 미국 시민인)을 대신해 유희(재일 동포)에게 애정을 표현할 때는 디아스포라 한민족을 향해 화자가 느끼는 부러움도 감지할 수 있다. 숙모는 화자와 유희를 추억하고 나서 미국에 있는 딸에게 전화를 걸기도 한다.

화자는 유희가 재외 한인 특례 조항 덕택에 한국 최고 명문인 S대에 입학했다는 사실도 화가 난다. 한국을 좋지 않게 표현하는 말을 들어도 기분이 나쁘다. 유희는 한국인들이 외국인을 이용하며, 남의 발을 밟아도 사과하지 않고, 학생들도 식당에서 침을 뱉는 등 행동이 무례하다고 비판한다. 한국어에 수동태 표현이 거의 없다는 사실이야말로 서울에서 경험하는 거친 행동과 공격성을 전형적으로 드러내는 사례라고 한다. 그러자 화자는 "재일 동포는 일본인이야. 아니, 일본인 이상으로 한국을 무시하고 한국인을 기분 나쁘게 생각하지"[148]라고 대꾸한다. 한국을 방문하거나 한국에 거주하는 자이니치는 대개 정반대 상황을 경험한다. 일반 한국인들에게 무시당하고 불쾌한 취급을 당한다는 말이다. 1980년대 중반 막 시작한 한국 프로야구에서 뛰던 자이니치 선수들은 '반쪽발이'라는 비하 표현을 자주

제2장_ 유배

들었다.[149] 그러나 화자는 한국을 대하는 유희의 태도가 오만하다고 확신하며 이렇게 말한다. "너는 한국을 몰라."[150]

화자가 하는 말은 옳다. 유희가 경험한 한국은 글에 의존하고 수동적이다. 유희는 바위가 많은 산 풍경을 좋아하지만 등산은 거부한다. 한국 대금 소리에 심취하지만 대금 수업은 거절한다. 유희가 찾는 '우리나라'는 김석범이 찾는 '조국'처럼 이상적이다. 처음부터 끝까지 이해심을 보이는 화자의 숙모는 유희가 '아마 이상만 품고, 한국을 전혀 모른 채 왔을 것'이라고 한다.[151] 숙모는 어느 정도는 학연 때문에 죽은 남편과 유희를 아주 비슷하게 놓고 본다. 그렇지만 남편은 사업상 일본에 계속 가면서도 식민주의 일본을 증오해서 일본어를 완전히 정복하지도, 일본 TV를 보지도 못했다. 이양지 작『시간(時)』(1985)에서도 주인공은 비슷한 감정을 느낀다. "내가 쓰는 말은 늘 타인의 말을 인용한다."[152] 어쩔 도리 없는 일본 억양과 그 때문에 한국어를 완벽하게 못 하는 모습도 이양지 소설에 반복해서 등장한다.[153]

유희에게 이상 속 한국과 현실 속 서울 사이에 존재하는 거리와 차이를 메우기란 불가능하다. 유희는 시험을 치르다 완전히 얼어버린 순간을 설명하며 '우리나라'라는 한글 네 글자를 쓸 수 없었다고 한다. "세종대왕은 믿지만, 이 한국에서 쓰는 한글은 싫어서 못 견디겠다."[154] 그리고 다른 학생들이 '우리나라'를 쓰는 모습을 보면서 위선이라고 느낀다. 동시대 서울에서 들리는 한국어는 참을 수 없이 흉해서 '최루탄' 소리처럼 들린다.[155] 마찬가지로『시간』에서도 주인공은 불만을 토로한다. "사람들이 나누는 한국말은 엄청난 소음이다. 부드럽고, 습하고, 조용한 일본 공기가 그립다.”[156] 서울은 불결하고 공해도 심하다.[157] 『시간』에서 주인공은 계속 몸을 씻고 ─ 아마도 '더러운' 서울 환경을 씻어내고자 ─ 또 화장을 한다.[158] 서울의 먼지가 씻겨 나가야 하듯이, 보호하는 가면 없이는 서울을 똑바로 마주볼 수 없기 때문이다.

유희는 화자와 숙모가 사는 동네가 조용하다고 좋아한다. 이들이 하는 한국말은 듣기 싫지 않다. 다른 모든 면에서 현대 한국을 혐오하는 유희가 느끼는 유일한 유대감은 대금 음악 테이프와 글로 쓴 텍스트에 있다. 유희가 좋아하는 두 사람 ─ 화자와 숙모 ─ 도 소외된 사람들이다. 화자는 유희가 왔을 때 우울증에 빠지기 직전이었고 (유희와 다르지 않게) 직장에서는 글을 다룬다. 과부인 숙모는 현대 서울을 대표하는 강남 아파트로 이사 가기를 거부한다. 유희가 불완전한 한국어로 표현하는, 고향의 이상과 현실 사이에 존재하는 간극은 한국에 느끼는 깊은 양가감정을 드러내는 한 사례에 불과하다. 어쨌든 유희는 일본인 친구나 이웃이 아니라 자기 아버지가 한국을 경멸했고, 원래는 아버지가 품은 이러한 분노에 맞서 한국을 구하려는 뜻을 품었다. 화자는 어느 날 밤 유희가 취해서, 한글로 “나는 사기꾼이다. 나는 거짓말쟁이다”라고 쓴 글을 보게 된다.[159] 그리고 곧바로 “나는 사랑할 수 없다” ─ 자기가 만난 실제 우리나라를 사랑하지 못한다 ─ 라고도 쓰는데, 그러면서도 한국 대금 소리, 이상적 우리나라의 소리는 사랑한다고 한다.[160] 현대 한국이라는 현실과 우리나라라는 고요한 이상 사이에서 유희가 감지하는 차이는 한나 아렌트Hannah

Arendt가 구별하는 '추방자pariah'와 '벼락부자parvenu' 유대인을 생각나게 한다.[161] "이것은 벼락출세한 자가 되기 싫고, 차라리 '의식적 추방자 conscious pariah' 신분을 택한 소수 유대인에게 있는 전통이었다. 일반적으로 자랑스러워하는 유대인 특성 — '유대인의 마음', 인간애, 유머, 사심 없는 지성 — 은 모두 추방자에게 있는 특성이다. 반면 단점 — 눈치 없음, 정치적 어리석음, 열등감 콤플렉스, 악착같은 돈 모으기 — 은 모두 벼락부자에게 있는 특성이다."

　소설은 화자가 일본어나 한국어 모두에 존재하는 '아'라는 말을 내뱉고는 다른 어떤 말도 하지 못한 상태에서 끝난다. 이 소리에 있는 모호함 — 일본어인지 한국어인지 알 수 없다 — 은 일본과 한국이라는 양립 불가능한 세계를 의미한다. 이양지가 그린 유희가 한국을 혐오한다고 평가하기 쉽듯이, 김석범이 한국을 사랑한다고 칭찬하기도 쉽다. 그러나 둘 사이에는 강한 유사성이 있다. 둘 다 — 나중에 이회성 작품의 화자에서도 살펴보겠지만 — 한국인들이 보이는 무례한 행동에는 기분이 상한다. 외관만 보면 도쿄나 서울이나 별다르지 않을 텐데도, 둘은 복잡한 길과 사람 많은 공공장소에 당황한다. 두 사람이 상상한 한국은 과거에 뿌리를 둔다. 김석범에게는 상상으로 재건한 제주도이고, 유희에게는 세종대왕이 있는 신화 속 과거이다. 무엇보다 둘 다 일본으로 돌아간다. 김석범은 자신이 일본으로 돌아가도 아무 문제없다는 듯, 당연한 일로 취급한다. 역설적으로 오히려 더 확실히 일본에 속한(한국에서 시간도 더 많이 보낸) 유희가 일본 귀국을 문제로, 패배의 표시로 본다. 그러나 유희는 일본 동포들이 겪은 문제를 전혀 경험하지 않았다.

그러므로 김석범에게나 유희에게나 일본은 명확한 고향이다. 도시 군중 사이를 헤치며 나아가는 능력이나 풍경에 느끼는 친밀함, 주위 환경부터 언어에 이르기까지 두 사람의 삶이 묻힌 나라이다. 한국(김석범에게는 고국, 유희에게는 우리나라) 생활은 불가능하지는 않지만 받아들이기 어렵다. 따라서 둘 모두 이상을 만들고 김석범은 통일 조선이라는 미래 유토피아를, 유희는 세종대왕과 대금이라는 먼 과거를 그린다. 이상화한 고국과 낯선 현실 사이에 갇힌 두 사람은 헤어나지 못할 괴로움을 느끼면서도 일본에서 아늑한 편안함을 느낀다.

산 자와 죽은 자 사이

이회성 소설 『죽은 자와 산자의 시장死者と生者の市』(1996) 역시 귀국 서사이다. 소설로 가장한 이 작품은 자이니치 작가 문석이 한국으로 간 여정을 그린다. 앞선 두 작품과 달리 여기서 주인공은 이상화한 과거나 상상한 미래로 돌아가려고 하는 대신, 기존 국가 분단을 초월하는 전세계 한민족 디아스포라 속에 자리를 잡겠다고 결심한다. 이회성이 보인 시각은 원래 김석범이나 마르크스주의와 민족주의에 크게 공감한 다른 자이니치 지식인들과 다르지 않았지만, 이 작품은 작가의 그런 시각이 크게 변했다는 신호탄이다. 과거 5권짜리 대하소설 『이루지 못할 꿈見果てぬ夢』(1975~1979)에서 작가는 통일 투쟁을 기록

하고 자이니치 운명과 한국 통일이 동일하다고 확실히 강조했다.

이 작품은 23년 만에 한국으로 돌아가는 60대 자이니치 작가 이야기를 다룬다. 김석범처럼 문석(이회성과 거의 동일 인물)도 총련을 나왔고, 한국을 조국의 남쪽 땅으로 보며, 한국 입국 비자를 여러 차례 거부당했다. 문석은 한국에 오게 돼 마냥 행복하지만(서울 김포공항에서 세관을 통과한 뒤 바닥에 입을 맞추고 싶은 충동이 든다), 한국에서 겪는 일상에 당황한다. '미지의 세계'[162]가 두렵고 길에서 자기에게 부딪히는 사람들이 정말 무례하다고 거듭 말한다. 김석범과 유희처럼, 문석 역시 서울은 속도와 질감이 일본과 완전히 다르다는 사실을 깨닫는다. 한국에서 그가 느끼는 불편함은 유희처럼 한국어를 완전히 잘하지 못하기 때문에도 생긴다.

문석의 서사는 자신에게 중요한 사람들과 장소들을 거듭 찾아가는 이야기, 그리고 한국 정치와 디아스포라 정치에 중점을 둔 과거 고찰로 구성된다. 문석은 민주화 항쟁 사망자들에게 참배를 하려고 유명 반체제 시인 등 여러 사람과 차를 타고 광주로 내려가는데, 그러면서 독일 한인, 특히 북한 체제에 동조하는 한국인들을 만난 일을 회상한다. 또 어느 일화에서는 귀국 사업을 함께한 대학 동창을 만난다. "'북'으로 귀국하는 꿈이 악몽이 되어버렸다니, 슬퍼질 지경이었다."[163] 문석은 총련이 내뱉던 강력한 미사여구와 총련 추종자들이 그 말을 재생산한 방식을 되짚어본다.[164] 그리고 어떻게 '소프랜드ソープランド'(매매춘이 이루어지는 공중목욕탕) 주인이 총련에 계속 충성을 바치며 돈을 버는 족족 북한 정권에 갖다 바치는지 도대체 모를 일이라고 생각한다.

　문석은 한국과 한국인들에게도 거리감을 느낀다. 한국에 와서 기쁘지만, 계속 짜증도 난다. 제대로 인세를 지급하지 않은 출판사 담당자에게 화가 나고, 그 담당자가 자신을 동포가 아니라 '외국인' 취급했다는 생각이 든다. 통일을 지지하지만 ─ "나쁜 건 남북 분단이다."[165] ─ 통일을 했든 안 했든, 조국과 느끼는 일체감은 조금도 온전하지 않다.

　문석은 오히려 한민족 디아스포라의 운명에 관심이 있다. "한민족이 기대할 바는 (…중략…) 분단 민족국가의 이익과 비용에 근거한 관계 개선이 아니라, 범민족 유대이다."[166] 그리고 자이니치로서 디아스포라 정체성을 주장하면서 지금도, 앞으로도 자이니치라는 사실에 '감사'와 '환희'까지 느낀다고 한다.[167] 이러한 디아스포라와 범민족 비전에는 인종 구별도 없다. 앞에서 문석은 "전신이 빨갛게 타는 듯한 사람의 피, 아이누 피, 러시아인 피가 뒤섞여 만났다"[168]라고 했다. 그는 사할린과 중앙아메리카 등 각지에 있는 한민족 사람들을 만나고 이러한 깨달음을 얻었다. 가는 곳마다 그들은 다른 민족과 결혼한 상태였다.[169] 그러니 통일을 했든 안 했든, 한국이라는 상상의 고향에 돌아가기란 문석에게 쉬운 일이 아니다. 디아스포라로 전 세계에 뿔뿔이 흩어진 이들이 한반도에서 도로 합쳐질 수는 없다.

　오히려 "산 자가 죽은 자에게 예를 갖추어야 한다"[170]라는 사실이 문석에게 동기가 된다. 이런 생각에서 문석은 조선인 혁명가 김산金山을 추모하는데, 헬렌 포스터 스노우Helen Foster Snow는 김산에게 깊이 감명을 받아 『아리랑Song of Ariran』이라는 전기까지 집필(혹은 공동 집필)했다.[171] "저는 젊은 시절 『아리랑』을 성경처럼 읽었습니다."[172] 문석은 당시 코네티컷 주州에서 양로원에 살던 스노우 여사를 기리기 위해 한국인들이 정부를 상대로 로비를 해야 한다고 주장한다.[173]

말하자면 문석은 죽은 자를 칭송하면서 그 정신을 이어받고자 할 뿐 아니라, 디아스포라 한민족으로 살고자 한다. 그러면서 독일에 사는 한인들은 독일인처럼 행동하고, 프랑스에 사는 한인들은 프랑스인처럼 행동한다는 어느 재독 한인의 말을 인용한다. 문석은 남북한 어디에도 속하지 않은 자이니치로 일본에 살겠다고 결심하는데, 이 결심은 일본과 한국 양국에 기억을 일깨우는 상징, '양심의 명분'이 되겠다는 신념에 근거한다.[174] 스스로 한민족 디아스포라 속에 자리를 잡으면서 문석은 신화 같은 과거나 유토피아 같은 미래를 미화하지 않게 된다.

유배에서 디아스포라로

유배자들은 고향 또는 이전 상황으로 돌아간다는 단순한 해결책을 소망한다. 아담과 이브가 에덴동산에서 쫓겨났든, 오비디우스가 로마에서 추방당했든, 서구 문학에는 유배라는 주제, 그리고 당연히 돌아가고자 하는 바람이 가득하다. 추방과 배척은 쫓겨난 자의 삶을 완전히 뒤집는 잔인하고 드문 — 신체적 죽음보다 더 심한, 영적·사회적 죽음으로 여기기도 하는 — 처벌이다. 유배의 비애는 『오디세이*Odysseus*』에서 『아이네이아스*Aeneas*』까지, 단테에서 푸시킨과 브로드스키까지, 당나라 시대 애가에서 현대 아프리카 지식인들의 한탄까지 다양한 문화와 시기에 걸쳐 울려 퍼진다. 유배라는 현상이, 낭만주의적 한탄이라는 충동이 없었다면 세계 문학이 어떻게 되었을지 궁금할 정도다. 단절이라는 경험 없이 문학에서 황홀감이 가능할까? 무엇보다 유배 조건은 혼란스럽게도 본디 주관적이다. 예를 들면 프루스트가 그린 마르셀(마르셀 프루스트 작 『잃어버린 시간을 찾아서*À la Recherche du Temps Perdu*』의 주인공이자 화자—옮긴이)에게 추방이란 밤에 어머니와 헤어지는 일에 불과하다.

유배 조건은 탈출과 구원이라는 정치 우화에서 가장 강력한 울림을 낸다. 모세에서 크롬웰과 마틴 루터 킹 주니어까지, 개인이 당하는 유배와 집단이 하는 탈출은 묵시록 같은 희망을 키우며 약속의 땅을 가리킨다.[175] 다음 해에는 예루살렘이나 시온 산으로, '고향*Heimat*'이나 유토피아로 간다면서 말이다. 실낙원, 압제와 해방, 복낙원 같은 오래된 유배 서사 구조는 이집트에 있는 유대인 이야기든 일본에 있는 한국인 이야기든 모두 추방으로 시작하며, 온갖 고난을 겪으며 황무지에서 헤매는 이야기를 그리고, 고국으로 가는 집단 귀환, 즉 구제와 구원을 그리면서 끝난(또는 끝나리라고 약속한)다.

탈전통 사회에서는 빠른 변화 속도 때문에 모든 사람, 심지어 공간

이동을 경험하지 않는 사람마저 유배자로 만들 정도로 폭넓은 이탈감sense of displacement이 생긴다. 늘 듣는 이야기지만, 과거란 외국이다. 향수와 우울감은 변화무쌍한 현대성을 나타내는 징후이다. 마르틴 하이데거Martin Heidegger는 인간이 타락한 본성과 유배당한 조건을 일깨우며 세상으로 내던져졌다고 한다.[176] 고향이 없고 '섬뜩하게 낯선unheimlich' 상태는 본질적 인간 조건이면서 현대적 불안이 생기는 근원이다. 인간은 '방랑하는 인간homo viator' — 영원히 여행하는 — 이라는 새로 찾은 본성을 받아들이기보다는, 부정적 기존 해석을 수용하고 뿌리를 찾으려 한다. 과거를 다시 찾으려는, 아니 적어도 과거와 이어지려는 열망, 소중한 유아기 기억이나 단순한 향수병을 고치려는 열망은 인문 과학에서 아주 강력한 동기가 된다. 헤겔에서 프루스트에 이르기까지, 지나간 일을 기억하는 행위는 현세에서 의미를 찾는 행위이다. 현대인들은 이러한 면에서 모두 유배자다. 유배란 현대성에 고유한 조건이다.

시간 이탈temporal displacement에서 고향(기억되고 물화된 과거)을 찾는 행위는 유배(실제로 살며 계속 변하는 현재)라는 조건과 떼려야 뗄 수 없다. 잃어버린 낙원 — 그밖에 무슨 낙원이 있겠는가? — 은 낙원을 되찾겠다는 열망을 불러일으킨다. 그 징후를 보이는 최초 근대 소설이라 할 만한 작품은 『로빈슨 크루소Robinson Crusoe』일 텐데, 섬에 유배당한 주인공은 고향으로 돌아가려 애쓴다. 지나갈 임시 거주지로 취급하는 곳이 사실은 계속 살 곳이라는 사실은 신경 쓰지 않는다. 유배자에게 머문다는 행위는 '평생 지속되더라도' 반드시 '일시적'이어야 한다.[177] 김석범도 이렇게 썼다. "내가 지금까지 '자이니치'로서 삶을 이어오리라고는 상상도 하지 못했다."[178] 그러나 시간이 흐른다는 사실 자체 때문에 귀환은 불가능해진다. 시간 여행자나 역사가, 유배자나 이민자 모두 마찬가지다. 존 버거John Berger는 이렇게 말한다. "모든 이민자는 사실 마음속으로는 귀환이 불가능하다는 사실을 안다. 물리적으로 돌아갈 능력이 있어도, 이민으로 자신이 아주 깊숙이 변화를 겪었기 때문에 진정으로 돌아가지는 못한다. 이와 마찬가지로 마을이 세계의 중심이던 역사 속 상황으로 돌아가기도 불가능하다."[179] 기억에서 불러낸 과거로 돌아가기가 불가능하다고 해서 끝없이 과거를 찾거나 통렬히 현재를 비판하는 행위가 멈춰지지도 않는다. 사실 바로 그런 불가능성 혹은 상실 때문에 원상태인 과거를 회복하고 지키려는 열망이 더욱 강렬해질 수도 있다.

그러나 나는 유배와 관련해서는 훨씬 평범한 사회·공간적 의미에 관심이 있다. 이런 점에서 어디에나 존재하는 현대성 이데올로기는 곧 '현대인족現代人族', 즉 누구나 특정 민족과 종족, 인종에 속하고, 정체성은 기본이며 아주 먼 옛날부터 존재했다는 사상이다.[180] 현대적 발화에서 고향은 더 이상 실제 장소가 아니라 상상한 공간이다. 조선 시대에는 자신이 조선인이라는 사실을 자각한 사람이 거의 없었지만, 20세기에는 한국이라는 다소 모호한 개념도 거의 보편이 되었다. 민족주의와 민족국가 시대에는 자기 국경을 벗어난 모든 추방 또는 이탈이 유배 사례가 된다. 민족주의 이데올로기에 따르면 모든 이주민은 이방인이요, 유배자이다. 따라서 고국, 즉 자신이 진정으로 속하고 진정으로 '존재'할 수 있는 유일한 장소로 돌아가려는 끊임없는 열망은 현대인족을 구성하는 요소다.

　모더니즘 글쓰기에는 자연스럽게 우울감과 향수가 급속도로 퍼졌다. 지식인들은 아마 불만을 표현하는 능력이 뛰어나서 고향으로 돌아가자는 주장과 요구를 가장 목청껏 말했을 것이다. 유배 공간은 그 자체가 유배 조건, 유배 관련 사고와 글쓰기가 있는 담론의 공간이 된다. 그러나 지식인이 당연하게 생각하는 특권은 이들을 유배 조건에 묶어둔다. 유배자는 대개 자기가 있는 사회에서 상호 이해가 불가능한 상태로 살며, 인종주의까지는 아니어도 깔보는 발언 때문에 수치심을 느낀다. 그렇다고 해서 상황이 지옥 같은 정도는 아니다. 롭 닉슨Rob Nixon이 V. S. 나이폴V. S. Naipaul을 두고 썼듯이, "여기서 모순을 놓치면 안 된다. 안정적이고 존경받고 영국 대도시 고급문화에 흡수된 나이폴은 고향이 없다고 주장하지만, 나이폴이 모든 면에서 의존하면서도 수사학상 자유로이 거부할 수 있는 그 사회에서 실제로 부인을 당한 사람들은 합법적 구성원이 되려고 싸운다".[181] 이러한 모순은 물론 유배 문학에도 영향을 준다. 유배당한 작가는 예술적 힘을 잃었다고 한탄할지 모르지만, 예술 작품은 유배가 해로운 영향을 미친다는 말이 거짓임을 증명한다. 개럿 D. 윌리엄스는 이렇게 말한다. "오비디우스는 항상 자기 재능을 확실하게 통제하는데도, 이러한 재능이 유배로 망가질 지경에 이르렀다는 잘못된 평가를 받기도 한다."[182] 사실 새로운 사람과 장소는 신선한 통찰력과 영감을 낳기도 한다. 그러나 나는 모순보다 자기기만에 관심이 있다.

유배당한 지식인이 느끼는 고뇌는 단순히 자기기만의 표현일지도 모른다. 세계를 집으로 삼는 작가가 유배는 당했지만 높은 지위에서 나오는 혜택은 다 누리면서도 이탈 상태를 한탄하며 자기가 거주하는 나라를 비판하기 때문이다. 오비디우스에게나 단테에게나, 로마나 피렌체는 글자 그대로 삶 자체였다. 이들이 유배 상태에서 위대한 작품을 써냈다지만, 그렇다고 해도 어느 정도 자발적이고 사실 국외 거주자라고 해야 할 현대 유배자들과 이들이 표현한 비애감을 같게 볼 수는 없다. 겉보기에 모순인 두 상황—유배자가 돌아가고자 하는 끝없는 열망과 거주하는 나라에 갇힌 상태—은 사실상 신화 같은 과거나 유토피아 같은 미래를 그리는 유배자에게 핵심 조건이다. 원상 복귀나 시간 여행이 불가능하다 보니 기억에서 불러낸 고향이나 환상적 미래를 이상화하고, 지금 여기를 비난하려는 유혹이 생긴다. 자기가 사는 나라에 귀화했으면서 탈출하겠다는 열망에 빠져 사치를 부리는 사람이라면, 그러니까 현대를 상징하는 여행자라면, 더욱 눈에 띄게 그러하다.

이러한 점들은 탈식민 지식인에게서 특히 심하게 보인다. 식민주의는 단순하고 위계질서가 있는 이분법, 사회적 이해는 물론 도덕적 판단을 구성하는 이분법적 세계로 기억된다. 서로 다른 방식으로 부역했다는 의심과 비판—대체 누가 식민주의의 힘에서 도망칠 수 있었을까?—은 식민지 백성 모두에게 적용되지만, 어쨌든 탈식민 시대에는 식민 세력과 식민 문화·역사란 부인하고 공격할 대상이다. "탈식민 시인들은 대개 식민 시대 이전의 과거를 회복하려는 열망이 식민 지배로 복구 불가능하게 망가진 조국을 찾는 고통스러운 행위와 동일하다고 이해했다."[183]

김석범은 자이니치 지식인으로 후원이나 독자나 거의 모든 면에서 일본에 기대면서 살았지만, 그래도 자기 철학 근간에는 항일 사상이 있다고 말할 수 있었다. 유희가 그리는 고국도 먼 과거에 투영되기는 했지만 역시 신화적이다. 유희도 김석범처럼 현대 한국에서 진짜 일상을 따라가지 못한다. 그렇다고 김석범처럼 일본을 비판하지도 못하면서 한편으로는 한국어 글과 대금으로, 또 한편으로는 일본어 책으로 도피한다. 둘 다 기존 집단이나 장소에 생활 근거를 두지 못한다. 이 논리에서는 유배와 돌아가려는 열망, 그리고 귀환 불가능성이 한가지다. 고국과 거주하는 나라 사이에 확실한 선을 그으면서 국가 경계와 범주는 물화한다. 그뿐만이 아니다. 비유하자면, 지식인 유배(국외 거주)는 외국 땅에 떠내려와 고생하거나 죽는 (자발적) 이민자와 (비자발적) 망명자로 구성된 일반 대중 세계보다 위에 존재한다. 자이니치 지식인들이 사는 세계는 1940년대에 강제 징용을 당한 동포나, 완고한 일본 정부가 1970년대에 받아들인 소수 망명자나, 1980년대에 육체노동을 찾아 동남아에서 일본에 온 외국인 근로자들이 사는 세계와는 다르다. 뿌리가 뽑혀 세계를 집으로 삼는 유랑민들은 유배에서 나오는 비애감을 뿜어내고, 따라서 시골 무지렁이들이나 이민자, 망명자들은 없는 취급을 한다. 조지프 브로드스키Joseph Brodsky도 경고했지만, 허드렛일을 하는 노동자와 망명자들이 처한 상황을 보면 "유배당한 작가가 역경을 겪는다고 천연덕스레 말하기는 어려워진다".[184] 유배자는 거의 항상 개인으로 보지만 망명자들은 거의 항상 집단으로 본다는 사실도 대비되는 두 운명을 상징한다. 상술하자면, 20세기에는 지역 간 이주가 엄청난 수준이었고 또 수백만 망명자로 인해 '고향 없음이 대단히 새로운 형태'를 취했다.[185] 유배를 경험하는 서민 대중에게 귀국과 고향이라는 예언적 선언은 쓸데없는 야단법석에 불과하다.

1950년대 말, 1960년대 초에 북한으로 갔든(귀국 사업) 아니면 1960년대 말(1965년 한일 국교 정상화 협정 이후) 한국으로 갔든, 자이니치 귀국자들은 하나같이 이상으로 그리던 고국과 디아스포라 존재 사이에 머나먼 거리가 있음을 깨달았다. 본국인들에게 열등감을 느끼는 자이니치가 많다는 케케묵은 생각도 있는데, 이 생각은 고향이라고 믿는 곳을 향해 디아스포라 한민족이 느끼는 일방적 사랑을 어느 정도는 정확히 잡아낸다. 한국에서 활동하던 어느 재일 동포 야구 선수도 말했지만, "일본에서는 조선이라고 차별받았는데, 한국에 오니 반쪽발이라고 비웃는다. 양쪽 다 '집에 가!'라고 한다. 어디로 가란 말인가? 우리나라는 바다 밑에 있나?"[186] 자이니치 지지자들이 얼마나 중요한지 김대중이 언급하지 않았다는 일갈에서도 암시하듯,[187] 본국 정치를 움직이는 주역들도 자이니치의 주변적 신분을 놓치지 않았다. 이는 자이니치가 한국어 능력 등에서 얼마나 불완전한 한국인인지를 시사하기도 한다.

고국이 거부 — 대개 반쪽발이라며 — 하면 '완벽한 한국인'이 되려는 욕구가 더 커질 수도 있겠지만, 그런 일은 거의 불가능하며 그렇기 때문에 뚜렷한 자이니치 귀속의식을 키운다.[188] 언어나 생계 면에서 자이니치가 사는 세상은 고국의 세상과 전혀 달랐다. 1950년대 초반에 한국전쟁에 자원한 600명 넘는 자이니치들은 한국어를 제대로 하지 못했고, 한국인들도 이들이 일본 군인이라고 생각했다.[189] 게다가 미군이 요구를 묵살하자 자원병들은 일본 전통 방식인 할복切腹을 하겠다고 위협했다.[190] 정신은 애국 한국인이었을지 몰라도 언어나 문화는 일본인이었다. 언어가 민족혼이라는 19세기 정의는 낭만적 묘사처럼 보이지만, 이를 뒤집으면 극히 현실적인 말이 된다. 공통 언어 없이 어떤 곳을 고향이라고 하기는 어렵다.

전쟁이 끝나고 반세대 만에 남북 간 틈은 더욱 벌어졌다. 김향도자金香都子는 1967년 한국을 방문한 초창기 자이니치였다. "일본에서 태어나 일본학교에서 교육을 받고 일본말밖에 못하는 나에게 한국은 외국이었다."[191] 프로 야구 선수 가네무라 요시아키金村義明(김의명)는 1981년 처음 한국에 간 뒤 자신에게 '고국'이 없다는 사실을 깨달았다. 동포들과 의사소통도 안 됐고 '"자이니치"임을 똑똑히 자각했다.'[192] 한국어는 — 일본어가 모국어라면 문법은 제법 쉽게 배우지만 발음은 매우 어려워서 — 잘해야 포부였고, 못하면 불우한 유년기를 되살리는 기억일 뿐이었다. 유미리 처녀소설『돌에서 헤엄치는 물고기石に泳ぐ魚』(2002)에서 주인공은 한국어를 부모님이 싸우던 언어, 아버지가 '빗자루로 때리면서' 아리랑 노래를 억지로 외우게 한 언어로 기억한다.[193] 유미리는 나쁜 기억 때문에 한국어를 들을 때마다 귀를 막았다고 한다.[194] 겐 게쓰 소설『말 많은 개おしゃべりな犬』(2003)에서 자

이니치 주인공은 일본인 여자 친구에게 부탁을 받아 서울을 찾지만, 너무나 고통스러워서 닷새밖에 머물지 못한다.[195]

시간이 지날수록 염원도 깊어질지 모르지만, 그만큼 고국과 디아스포라 사이에 있는 간극 또한 깊어진다는 사실은 피할 수 없다. 분명 자이니치에게 통일은 오지 않았다. 김수선金水善은 시 「아리랑 고개アリラン峠」에서 "반세기 / 아이들은 어른이 되고 / 노인들은 죽고 / 학생들은 늙어도 / 나는 아직 아리랑 고개로 못 가네"라고 노래한다.[196] 돌아간 사람들 대부분은 낯선 땅, 낯선 사람과 만났다. 1960년대와 1970년대에 한국을 방문한 자이니치 2세들은 '우리말'을 해 보라고 소리 높여 말하는 출입국 관리의 요구에 부응하지 못할 때가 많았고, 그렇게 하지 못하면 욕을 먹어야 했다. 고향이 따뜻하고 포근한 곳을 의미한다면 북한도 남한도 그런 꿈 속 난롯가를 주지는 못했다. 한국인들이 디아스포라 상태인 동포들을 냉담하게 대하고, 간혹 속이기도 한다는 주제는 1960년대부터 자이니치들이 쓴 글에 되풀이해서 나타났다. 이기승李起昇 소설 『제로한ゼロハン』(1985) 주인공도 한국을 찾지만, 늘 그렇듯 짜증과 혼란, 표면상 동포가 보이는 어쩔 수 없는 타자성 때문에 이 방문도 엉망이 된다. 일본에서 도망친 주인공은 한국 음식을 먹지 못하고 다시 일본으로 도망친다. 그나마 좀 친해진 남자 — 일본에서 자란 사람인 것도 우연의 일치는 아니다 — 도 알고 보니 습관적 거짓말쟁이다. 앞서 언급한 유미리 소설에 나오는 어느 한국인은 주인공이 쓴 희곡을 번역해주더니 직접 한국어로 쓴 작품인 척하라고 말한다. 재일 동포 극작가가 한국어로 글을

쓴다고 하면 호소력 있으리라는 이 마케팅 전략에 주인공은 격분해서 불쑥 떠나고 만다.

　귀국이 성공할 수 없다는 사실은 자이니치가 일본 생활에 완전히 몰입했음을 확실히 보여준다. 무엇보다 일본어가 중요하다. 전후 대표 자이니치 작가인 김달수金達壽는 1952년『현해탄玄海灘』연재를 시작하면서 일본 독자를 위해 일본어로 글을 쓰기로 했다.[197] 김달수가 일본 소설가인 시가 나오야志賀直哉를 존경했다면, 시가를 '소설의 신'으로 보던 당시 일본문학계까지 존경했다고 해도 무방할 터이다.[198] 주목할 만한 전후 자이니치 작가 중 한글로 작품을 쓴 사람은 없다. 폭넓은 문학 배경 — 독서와 토론 — 도 한글이 아니라 일본어였다. 일본 지식계에는 세계주의 측면이 있어서 자존심 있는 독서가는 비非일본 작가 작품도 충분히 읽을 수 있었고, 자이니치 작가들은 열심히 그 작품들을 읽었다. 양석일[199]은 젊어서 이시카와 다쿠보쿠石川啄木, 니시와키 준자부로西脇順三郎, 보들레르, 랭보가 쓴 시에 빠졌다고 하는데, 전후 시인 지망생이라면 거의 그러했다. 예를 들어 긴 가쿠에이 소설『얼어붙은 입凍える口』(1966)을 보면 굳이 도스토예프스키를 언급하지 않아도『죄와 벌Crime and Punishment』주인공인 라스콜리니코프가 생각나는데, 이는『죄와 벌』이 자이니치 작가에게나 일본인 작가에게나 당연한 문학적 시금석이었기 때문이다. 긴 가쿠에이가 쓴 대표 자이니치 소설에서 시가 나오야나 나쓰메 소세키夏目漱石 등 주요 일본문학가들이 준 영향을 찾기는 쉽겠지만, 남북한 문학이 남긴 흔적을 찾기는 매우 어려울 터이다. 이진우가 어릴 때 — 다음 장에 설명할 1958년 고마쓰가와 사건으로 악명을 떨치기 전에 — 저지른 범죄는 바로 도스토예프스키를 포함한 세계문학전집 53권을 훔친 일이었다. 이회성[200]은 도스토예프스키 전집을 도둑맞은 적이 있다고 한다. 귀화 자이니치인 야마무라 마사아키山村政明는 도스토예프스키 작품 따라잡기가 '인생에서 유일한 목표'라고 했다.[201] 이진우도 야마무라도 모두 기독교에서 구원을 찾았는데, 이 또한 그리 놀랄 일은 아니다. 이러한 추상의 호소력, 보편적 휴머니즘까지도 일본문화가 자이니치 삶에 미친 강한 파급 효과를 보여준다.

많은 자이니치들도 깨달았지만, 디아스포라 민족이 형성한 연대는 이상화와 실망이라는 변증법을 푸는 또 다른 해결책이 되었다. 앞에서 보았듯이 이회성은 이 길을 택했다. 물론 나중에는 그런 중립성을 철회하고 한국 시민권을 얻었지만 말이다.[202] 민족국가가 헤게모니를 잡는 시대에는 어떤 민족국가에든 속해야 하지만, 민족국가가 점차 세력을 잃으면 유배 또는 디아스포라 정체성이라는 대안이 등장한다. 어떤 민족국가에 속하는 대신에 새로이 분산된 인족 의식이 생긴다. 김종미キムチョンミ는 이렇게 말한다. "'국가'는 고향이 아니다. '고향'은 국가가 아니다."[203] 교 노부코姜信子는 심지어 고향이라는 개념을 버린다.[204] 초국가 디아스포라에 터를 잡으면 불가능한 귀국과 이상화한 고향 사이에 있는 모순적 위치를 피할 수 있을지도 모른다.

디아스포라 상태를 인정하면 탈국가 정체성 근거가 생긴다. 국가에서 탈국가로, 즉 유배에서 디아스포라로 이동하면, 고국 이상화와 거주 국가 폄하는 물론이고 유배와 공모라는 변증법도 초월된다. 동시에 디아스포라 관점은 고정된 국가 경계와 범주에 도전하고 이들을 흔들어 놓는다. 유배에서 디아스포라로 이동하면 더 이상 국경선 안에서 '우리'와 '그들'로 갈리지 않으면서도 그 흩어짐 속에 고국의 자리를 잡을 수 있다. 유배자는 기쁘게 '자기 집에서 편하지 않은'[205] 도덕적 상태에 도달할지도 모른다. 성 빅토르의 휴도 12세기 초에 이미 같은 이야기를 했다.[206] "고향이 좋은 곳이라고 생각하는 사람은 아직 미숙한 초심자다. 모든 땅이 자기가 태어난 곳인 사람은 이미 강한 자이다. 그러나 온 세상이 외국 땅인 사람은 완벽하다. 미숙한 자는 자기 사랑을 세상에서 단 한 곳에 고정했고, 강한 자는 자기 사랑을 모든 곳에 베풀었으며, 완벽한 자는 자기 사랑을 없앴다."

21세기 초에도 우리는 줄곧 인간 비극을 낳는 요란한 민족주의 감정을 경험한다. 하나의 민족국가 안에서 민족 이질성이 발생할 여지를 거의 주지 않는 현대인족 이데올로기에서는, 디아스포라 민족들 사이에 존재하는 귀환 열망이 여러 면에서 핵심이다. 부유한 민족국가에서 계층 정치가 힘을 잃자 내부인과 외부인, 혹은 속한 자와 속하지 않은 자 사이에서 또 다른 정치가 전면으로 떠올랐다. 이민 관련 투쟁과 민족 정체성 재주장, 그리고 소속과 관련된 다양한 갈등은 그러한 내부와 외부의 정치, 소속과 배제의 정치를 보여주는 사례들이다. 이런 맥락에서 디아스포라 민족들, 특히 과거 식민본국에 사는 탈식민 민족들의 정체성은 갈림길에 선다. 이들은 고국으로 돌아가든지, 아니면 스스로 유배 상태를 풀고 디아스포라 민족으로서 자기자리를 얻어내야 한다. 자이니치 유배 서사 역시 그런 면에서는 더 큰 현상을 보여주는 구체 사례이며, 유배와 정체성이라는 문제틀을 푸는 확실한 해결책은 21세기에 다른 디아스포라 민족은 물론 자이니치에게도 매우 큰 의의가 있다.

간지 奸智

—

오카 유리코岡百合子는 부유한 집안 출신으로 제국주의와 군국주의 교육을 받고 자랐다. 종전 때 15세이던 오카는 명문 오차노미즈대학お茶の水大学에 다니다 공산주의자가 되었는데, 이러한 일은 당시 전쟁의 환상이 깨진 반동으로 꽤 흔했다. 오카는 혁명 정치에 참여하던 중에 고사명高史明을 만난다. "그 사람이 조선인임을 알고도 그리 놀라지 않았다. 당시 공산당에는 조선인 동지가 많았다. 세포조직 동지 가운데는 조선인 동지와 사귀는 사람도 있었다."[1] 오카는 공산당이 띠던 국제 성향 덕분에 자신에게 편견이 없었다고 한다. 사실 처음에 고사명은 '서로 다른 세계에 산다'면서 주저했다.[2] 국적도 다를 뿐더러, 자신은 공장 노동자이고 오카는 부르주아 '아가씨'였기 때문이다. 모든 면에서 당원 생활을 통제하려던 공산당은 결국 이 관

계를 인정했지만, 오카 쪽 부모님은 맹렬히 반대했다. 그러나 고사명은 소설가 노마 히로시野間宏라는 저명한 지인을 동원해 부모를 설득했다. 두 시간 동안 이야기를 나눈 뒤 부모는 마침내 동의했고, 두 사람은 1955년 봄에 결혼했다. 결혼식에서 신랑 국적을 언급하는 사람은 없었다. 공산당이 과거를 논하지 않기 때문이기도 했지만, 오카는 고사명이 '조선인도 아니고, 물론 일본인도 아니고, "아무것도 아닌" 자신'이기에 국적은 '그리 중요하지 않다'고 믿었다.[3] 고사명은 (1950년대 일반 조선인들과는 달리) 귀화를 원하지 않았지만 조선으로 돌아갈 생각도 없었다. 귀화와 포기라는 선택을 마주했을 때는(1955년 이후 조선인은 총련과 공산당 중 택일해야 했다) 자신이 조선의 해방과 이어져 있다고 느꼈고, 그래서 공산당과 직장을 모두 떠나면서 삶을 끝내다시피 했다. 하지만 오카는 교사직을 유지하려면 일본 국적이 필요했기 때문에 시민권을 유지했다. 남편이 자란 시모노세키에 갔을 때 오카는 시댁 식구들과 이웃들이 보여준 호의에 감명을 받는다.[4] "분명 일본인이라는 사실이 마음에 들지 않았을 텐데도, 이 사람들에게는 그 사실을 넘어서는 인간의 선의, 평등한 감각 같은 것이 있었다." 고사명은 독서 — 톨스토이와 투르게네프, 체홉, 모파상 등 — 와 글쓰기로 돌아선다. 부부는 아들을 일본인으로 길렀지만, 그 아들은 이런 '혼혈' 위치에 혼란을 느꼈는지 자살하고 말았다. 오카가 쓴 회고록은 자연스레 자신과 남편, 일본과 한국 사이에 놓인 교착 상태와 자식이 맞이한 비극 위주로 구성된다. "아무리 노력해도 그 틈은 도저히 극복이 안 된다고 계속 고민했다. 그런데 그 틈은 자신이 만들지 않았을까."[5]

이 회고록은 1993년에 출판됐지만 초점은 자이니치가 부인 당하던 1950년대와 1960년대 암흑기에 맞추고 있다. 종족·민족 출신을 운명이라고 하고, 틈을 극복할 수 없다는 등 비관주의 결론도 들어 있지만, 사실 긍정적 순간도 매우 많이 나온다. 사랑은 승리하고, 시댁 식구들은 따뜻하고, 남편 고사명은 작가로 성공을 거둔다. 오카와 고사명이 산 삶은 후일 자이니치와 일본인 사이에서 일어난 상호 인정과 화해를 한발 앞서 보여준다.

이 장에서는 자이니치 정체성을 보여주는 초기 단계 또는 예고, 즉 민족 인정의 간지奸智를 살펴보겠다. 고국 지향성과 귀속의식은 1970년대까지도 이어졌다. 이 시기에는 탈식민 소수 민족 같은 전쟁 전 현실을 전후에 말살하는 작업이 가장 큰 효과를 거두기도 했지만, 동시에 분명 한계에 도달하기도 했다. 자이니치 귀속의식을 알리는 여러 전조는 갓 발생한 초기 단계였지만, 그래도 전후 균일성과 동질성 아래 어렴풋이 남아 있는 흔적을 뚫고 비어져 나왔다.

1965년 한일 국교정상화 협정과 그 영향

미국이 베트남 개입을 강화하는 상황에서 맺은 1965년 한일 국교

정상화 협정은 일제강점이 남긴 유산을 서툴게 해결했다. 북한을 배제한 평화에는 정당성이 없어 보였고 따라서 친북 자이니치는 물론 진보 성향 일본 대중 사이에 정치 동원이 일어나게 됐다.[6]

1965년 협정에서 어떤 결과가 나왔든, 이 협정은 지정학이 최우선임을 확실히 드러냈다. 당연히 양대 민족 단체에서는 고국 지향성이 훨씬 강해졌고, 두 단체 간 갈등은 한국전쟁과 냉전을 다른 방식으로 이어갔다.[7] 장기 관점에서 이 협정은 자이니치 집단에 중요한 전환점이 될 터였고, 재일 조선인이 한국 시민권을 얻는 동기가 되었다. 한국 시민권이 있으면 일본에서 제법 안정된 기반을 얻고, 해외여행을 할 (그리고 일본으로 돌아올) 상당한 자유도 생기고, 일본 의료·복지 혜택도 받게 되었다. 이 협정은 또한 재일 조선인들에게 통일은 전혀 가까이 있지 않으며 따라서 일본에 더 오래, 어쩌면 영구히 거주할 가능성이 있다고 알리는 신호였다. 이러한 자각은 자이니치 단체에는 해가 되었다.

총련 회원 수는 돌이키지 못할 정도로 감소했다. 한국이 주는 정식 비자와 일본 정부가 주는 사회적 혜택은 결국 총련과 북한에 느끼는 여하한 감정이나 이데올로기 신봉을 대체했다. 총련과 자이니치를 갈라서게 한 요인은 또 있었다. 앞서 언급했지만, 기대하던 낙원은 실제 가보니 가난한 독재 정권에 불과했다. 북한 체제는 국제 공산주의 운동과 마찬가지로 관료주의로 강경해졌고 심한 권위주의였다. 북한 위성 조직이다 보니 총련 역시 1960년대 중반 이후 북한을 따라 독재로 변했다. 한덕수가 1972년에 한 연설은 총련에서 쓰는 혁명 수사법을 전형적으로 보여준다.[8] "위대한 지도자 김일성 주석은 민족의 태양이며 재외 조선인의 아버지이시다. 주석님은 스스로 창조하신 영원한 주체사상을 기반으로 조선 혁명을 승리로 이끄셨으며, 전 세계 혁명에 기여하셨을 뿐만 아니라 재외 조선인 운동의 고유한 철학과 이론을 발전시키셨다." 혁명 용어와 장광설은 조직 전체에 전파되고 재생산되었다. 그러면서 점차 불신을 자발적으로 유예하던 태도가 허풍을 의심하는 태도로 바뀌었다. 한덕수가 내세운 민족주의 공산주의는 어설픈 권력과 위계질서 신봉을 가린 가면에 불과했고, 한덕수는 정적과 반대파를 가차 없이 숙청했다. 숙청 주변에는 침묵이 맴돈 반면, 혁명 수사법은 도처에서, 분명 전후 척박한 일본 환경에서 힘을 얻어 시끄럽고 과장되게 들렸다. 예를 들면 이 수사법은 강제 추방 예정자를 수용하는 오무라 이민자 수용소大村収容所를 '아우슈비츠'라고 했다.[9] 강제 추방 결정이 아무리 부당하고 수용소 환경이 아무리 열악해도, 이렇게 과장된 비교를 보면 책을 읽던 사람은 혁명 활동을 하고 싶어지기보다는 오히려 책을 던지고 TV 앞에 앉고 싶어졌다. 전후 일본이라는 제법 평등하고 역동성 있는 민주 사회에서 어리석은 총련 위계질서는 한층 구식으로 보였다. 시간이 지나니 주체사상 교리나 관료주의에 입각한 중앙집권주의도 총련 회원들의 구미에 맞지 않게 되었다. 경쟁 상대가 없는 상황에서 주체사상에 숨길 수 없는 관심을 유지할 수는 있어도, 대중오락과 물질적 풍요, 지적 자유가 유혹하는 상황에서 그러기는 쉽지 않다.

북한 — 과 국제 공산주의 전반 — 이 차츰 쇠퇴하다 보니 결국 총련도 내리막길을 걸을 수밖에 없었다. 총련 탈퇴자라면 누구든 단절이라는 경험, 즉 북한의 빈곤과 부패, 독재를 깨우쳐준 새로운 게슈탈트가 있었다. 어느 총련 간부는 북한에서 동창을 만났는데 친구가 변한 모습에도 충격을 받았지만, 애완동물용인 줄 알았던 음식이 사실은 친구 가족이 먹을 음식이었다는 사실에도 충격을 받았다고 한다. 총련 지도부에 혐오감을 표시하는 사람들도 있었다. 어느 총련 회원은 한덕수에게 사치 성향이 있다고 맹비난하면서 가래를 확 뱉었다.[10] 크론슈타트 운동 때도 스탈린 대숙청이나 흐루시초프 비밀 연설 때도 러시아 혁명을 의심한 사람이 있었듯이, 총련에도 이단 세력은 존재했다. 1955년 한덕수 연설에 반대한 사람들이나 1950년대 말 총련이 정치를 문학 위에 둔 데 반대한 사람들, 귀국 사업에 실망한 사람들 등 이단 세력을 총련은 싹부터 잘라냈다. 2003년에도 북한 정권이 일본 여성 12명을 납치했다고 인정하면서 일부 회원이 충격을 받고 탈퇴했는데, 그중에는 총련 조직과 총련 이상에 평생을 바친 사람도 있었다. 신이 실패했다고 해도, 폭발하면서든 칭얼거리면서든 비극적 퇴장을 한 개인 경험은 사라지지 않는다. 여기서 이그나치오 실로네Ignazio Silone가 한 말이 생각난다.[11] "진실은 이랬다. 내가 공산당을 탈퇴한 날은 매우 슬픈 날이었다. 깊은 애도를 하는 날, 마치 잃어버린 내 청춘을 애도하는 날 같았다."

총련 조선인들은 다른 나라 공산주의자들보다 훨씬 오래 신념을 지켰다. 처음에는 북한이 총련 자금을 댔지만 — 일본 외무성 보고에 따르면 1957년에서 1969년까지 북한이 준 돈은 총 83억 엔에 달한

다[12] — 1970년대에는 총련에서 하는 재정·기술 기부가 북한을 지탱하는 상황이었다. 1970년대 중반부터 총련 회원들은 북한 정권에 합작 투자로 수백만 엔을 투자하고 현금과 현물을 기부했다.[13] 실제 수치는 훨씬 낮을 듯하지만 1990년대에는 재일 동포들이 매년 북한에 준 돈이 600억 엔에 달한다는 추산도 있었다.[14] 실제 금액이 얼마였든 북한 정권이 자이니치 기부금에 의존했다는 사실은 논쟁할 여지가 없다.[15] 모순되게도, 북한 체제가 비난한 바로 그 자본가와 상인들이야말로 1970년대 중반 북한 국가 공산주의를 지지한 기둥이었다.[16] 양석일은 소설 『피와 뼈血と骨』(1998)에서 포악한 자기 아버지를 각색해 죽어가면서 수단 방법 가리지 않고 모은 전 재산을 북한에 기부하는 가장으로 그린다.

그러나 공산주의가 만든 거품은 결국 일본에서 지속 불가능했다. 앞 장에서도 말했지만, 실제 북한과 만나니 이상화한 낙원과 지옥 같은 현실 사이에 간극이 드러났다. 대다수 총련 회원들이 자랑스러워하는 언어 지침 때문에 총련 고유 방언인 총련어總連語, 즉 총련식 조선어도 생겼다.[17] 그리하여 총련 조선인들과 남북 한인들은 반세기 넘는 분단으로 언어 격차가 생겨 공통어에서도 분단을 겪었다. 보다 크게는 1980년대 이후 북한에 느끼던 열정이 사그라졌다.[18] 광범위한 총련 전국 조직망과 2대 제도 기반인 민족 은행, 민족학교는 군건했지만, 1990년대 중반에 조은 지점들이 파산하고 북한이 1970년대 자행한 일본인 납치 사건이 2003년에 폭로되면서 총련은 돌이킬 수 없이 내리막길을 걷는 듯했다.[19] 비난이 거세어지는 가운데 화려한 말로 애매하게 하는 혁명 수사법은 짜증이 날 정도로 엉뚱하고 무책임하게 들렸다.

그런데 1965년 국교정상화 협정이 자이니치 삶에서 북한 몰락을 예고하는 신호탄이 됐다면, 민단은 왜 그 덕을 보지 못했을까? 민단 회원은 이데올로기 전향이 아니라 실질적 필요 때문에 증가했기 때문이다. 민단은 자이니치 집단 내에서 도덕적 상상력을 지배한 적이 한 번도 없고, 그저 빛나는 여권 발급 기관으로 기능했을 뿐이다. 예를 들면 프로 야구선수 하리모토는 한국 비자를 기대하는 재일 조선인에게 회비를 받는 관행에 반대해서 민단 가입을 거부했다.[20] 정부 기관에 충성심과 사랑을 느끼게 하기란 어려운 법이다.

무엇보다 자이니치들은 일본 사회는 물론 남한에도 있는 불미스러운 면 때문에 민단을 쉽게 받아들이지 않고 총련 탈퇴를 주저했다. 한국이 민주주의에서 세밀한 부분은 과감하게 무시하던 1960년대와 1970년대에 남한 정권에 애정을 느끼려면 골수 반공주의자 정도는 되어야 했다. 1971년 4월에는 서울에서 유학하던 서승徐勝·서준식徐俊植 형제가 북한 간첩으로 체포당해 1970년대에서 1980년대까지 옥살이를 했다. 두 형제는 한국 독재 정권에 맞선 용감한 저항이자[21] 민족주의와 통일을 향한 강한 의지를 의미하게 되었다.[22] 이들은 원래 '한국인'으로 살려고 하던 자이니치 2세였다.[23] 서씨 형제는 재외 한인을 포섭하려던 정부 사업에 속했지만 자이니치들은 국가와 일반 대중에게 의심을 받았다.[24] 박정희 유신 체제에서 국가보안법은 원형에 가까운 전체주의 사회를 만들어냈고, 이곳에서는 상식적 질문 — 담배 한 갑 가격 등 — 에 대답하지 못하면 북한 간첩이라는 의심을 받았다. 물론 독재자라고 항상 틀리지만은 않았으니, 1974년에 박정희 암살을 시도한 사람은 실제로 자이니치였다.

1970년대 한국과 자이니치 사이에 존재한 정치·이데올로기 간극은 깊고도 넓었다. 민주주의 일본에서 살다 보니 민단 회원들조차 남한 정부가 자행한 인권 유린을 받아들이지 못했다. 1973년, 한국 중앙정보부는 도쿄에 있는 한 호텔에서 1971년 대선 후보였던 김대중을 납치했다. 이 극악무도한 범죄는 일본에서 엄청난 항의와 분노를 일으켰다. 일부 민단 회원이 김대중 구명 운동을 하자, 중앙정보부는 해당 회원들의 한국 친척들에게 손을 뻗쳤다.[25] 박정희 정권은 비자 발급 권한을 철회하여 민단에 제재를 가했다. 주요 자금원을 빼앗긴 민단은 한국 정부에 의존하며 박정희 독재 정권을 따르는 꼭두각시가 되었다.[26] 군부 독재 정권은 디아스포라 불만을 그렇게 키웠다. 교육받은 일본 대중은 물론 상당수 자이니치도 한국과 민단을 비난하게 된다.

서씨 형제 재판과 김대중 납치 사건은 1960년대와 1970년대 자이니치에게 고국 정치가 가장 우위였음을 시사한다. 본질적 자이니치 문제를 다룬 대형 시위나 동원은 없었다. 김대중 구명 운동에 앞장선 정재준[27]도 '한국 민주화와 고국 통일'에 헌신하겠다고 재확인하며 회고록을 맺는다. 이 회고록은 21세기에 나왔지만, 정재준은 1917년생으로 활동 대부분을 전후 시대에 했다. 오랜 일본 생활에서 사업도 승승장구했지만 한반도 정치에서 눈을 돌리지는 못했다.

무엇보다 1960년대 지정학 투쟁으로 자이니치 대다수는 통일이 멀리 있다고 확신하게 되었는데, 이는 결국 자이니치가 일본에서 영원히 살 운명임을 암시했다.[28] 점점 사그라지는 통일이라는 꿈에는 실재하는 두 고국에서 겪은 쓰디쓴 현실도 따라왔다. 계속 강조했다시피, 남북한 양국에 돌아간 사람들은 종종 의심을 샀다. 반면 일본에 남은 동포들은 분단된 남북한 체제에 순종하고 충성을 바쳤지만, 두 체제 모두 정치적으로 의심했다. 1980년대에는 민단과 총련 활동가 출신 중에서도 일본 한민족 단체를 대표하는 이 두 조직이 무능하고 무의미하다고 인정하는 사람이 여럿 나왔다. 어느 민단 탈퇴 회원은 이렇게 통탄했다. "민단과 총련이 무엇을 했나? 둘 다 지도부 이기주의를 보여주었을 뿐, 자이니치를 위해서는 어떤 일도 하지 않았다." 즉시 귀국이라는 전망이 사라지자 총련과 민단이라는 임시 피난처는 딱하고 허름해 보였다.

국교정상화 협정은 총련 이데올로기와 귀국 이데올로기가 끝났다는 전조가 되었고, 따라서 자이니치들은 이제 자기 운명이 분단 조국을 넘어 일본과 밀접하게 뒤얽히리라는 사실을 좀 더 순순히 인정하게 되었다. 자이니치 정체성의 가능 조건은 남북 분단을 넘어서야 했으며 임박한 귀국이라는 이데올로기도 포기해야 했다. 이카이노에 살던 한 할머니는 이렇게 말했다. "이카이노에서 남북을 통일해야 해요!"[29] 투옥당한 두 형과는 달리 계속 일본에 머무른 서경식[30]에게 자이니치는 '분단되지 않은 민족'이었다. 혹은 형 서승이 결론 내렸듯이[31] "우리에게 민족은 국가보다 위에 있다. 두 국가보다 하나의 민족이 더 중요하다." 이제는 자이니치가 주변이 아니라 핵심이었다. 자이니치 정체성, 그러니까 일본에 사는 한민족이라는 정원을 가꿀 가능성이 어렴풋이 나타났다.

배제와 포용

한국전쟁 종전과 석유 파동 사이(1953~1973)는 냉전 심화 시기였을 뿐만 아니라 일본 고도 경제 성장 시기였다. 1964년 도쿄 올림픽이 상징하듯이 일본은 엄청난 발전과 대중 민주주의를 일궈냈다. 처음에는 머뭇거리며 위태위태하게였지만, 어쨌든 자이니치도 일본 사회 내부의 큰 흐름에, 아래까지 침투한 경제적 이익과 널리 퍼진 인권 사상에 휘말려 들었다.

고도 경제 성장, 그리고 거의 필연적 상관관계에 있는 기회 확대만큼 효과가 좋은 기분 전환 약물도 없다. 전쟁 중 물자 부족과 종전 직후 시대를 경험한 사람들에게는 특히 그러하다. 한국전쟁이 낳은 일본경제 호황에 편승한 조선인들은 여러 산업, 특히 서비스 부문에서 성공을 거뒀다. 1950년대 초반에 나온 어느 경찰 보고서에 따르면 조선인 70%는 카바레나 댄스홀, 파친코 가게, 식당 등 서비스 및 성산업付属営業 부문에 종사했다.[32] 성 관련 산업 비중은 점점 줄었지만, 자이니치 직업은 서비스 부문과 가족 경영 소기업에 집중되었다. 1980 년대 시마네 현에서 실시한 조사에서 자이니치 전체 고용 중 절반은 식당과 파친코, 재활용 관련이었다.[33] 비슷한 시기에 가나가와 현에서 실시한 조사에서도 거의 비슷한 그림이 나온다. 일반 은행에서 대출을 받기 어려웠던 조선인들은 대개 저축이나 계, 민족 은행에 의존했다.[34] 가나가와 현 조사에 따르면, 70% 가까운 일자리도 가족 소유 사업체나 동포 관계망을 통해 얻었다.[35]

전후 자이니치 집단은 새로운 민족 경제를 창출했다. 전쟁 전 조선인 사업 대상이 주로 조선인 동포였다면, 전후에는 주로 일본 고객이었다. 자이니치라고 하면 우선 야키니쿠焼き肉, 파친코 가게와 결부되었다. 야키니쿠는 전후에 생겨 1960년대에 인기를 얻은 자이니치식 불고기집이다. '야키니쿠 식당'이라는 새로운 용어는 기존 북한(조선)과 남한(한국) 식당 사이에서 정치적 타협안이 되었다.[36] 1990년대 일본 야키니쿠 식당 2만 개 중 90%가 자이니치 소유였다.[37] 일본 음식 문화에서 야키니쿠가 얼마나 중심에 있는지는 영화 〈불고기プルコギ〉(2006)에 잘 나온다.[38] 1990년대에는 재일 한민족이 파친코 가게 1만 8천 곳 중 약 70~80%를 소유했는데, 그 매출은 일본 자동차 산업 대비 2배였고, 1994년에는 한국 국민 총생산GNP보다도 많았다.[39] 한창우韓昌祐는 명망 있는 호세이대학교法政大学를 졸업했지만 적당한 일자리를 구하지 못하자 창업했고, 파친코 '왕'으로 군림했다.[40] 1세대 사업가들은 자식들이 그런 사업을 물려받지 않기를 바랐지만 대학 교육을 마친 자이니치 2세들은 그래도 후계자가 되었는데, 여기에는 주류 고용에서 차별이 여전하다는 이유도 있었다.[41] 야키니쿠 식당과 파친코 가게 소유가 민족을 나타내기는 했지만, 1998년 유미리 소설 『골드 러시ゴールドラッシュ』에 등장하는 파친코 백만장자 가족 사례에서도 알 수 있듯 귀속의식은 확실하지 않았다.

자영업과 서비스, 엔터테인먼트 부문에서 자이니치가 거둔 성공은 유수한 직종과 직업에서 제도상 배제당해서 생긴, 의도치 않은 결과였다. 전후에 고용차별은 피할 수 없는 현실이었다. 1972년까지 공공 부문 일자리는 전부 일본인 차지였다.[42] 1971년 실시한 어느 조사에서는 고용주 42%가 한국·조선인은 채용하지 않겠다고 잘라 말했고, 또 38%는 채용하면 '문제'가 된다고 했는데 결국 이는 고용차별을 순화한 표현이었다.[43] 1976년에도 사쿠라 은행(당시 고베은행)은 "우리는 조선인을 (…중략…) 고용할 의사가 없다"라고 했고, 아사히 글래스는 "조선인을 고용하면 직장 내 조화가 깨진다"라고 했다.[44] 1969년 부락민 차별 금지법이 나오고 1970~1974년 박종석이 히타치를 상대로 벌인 차별 소송(나중에 설명한다)에서 이기면서 소수 민족과 외국인을 상대로 한 노골적 고용차별 시대는 끝이 났다. 박종석이 승소하면서 자이니치들도 이제 유명 기업에는 취업이 안 된다거나 일본 법정에서는 승소할 수 없다는 굳은 믿음을 버리게 된다.[45] 당시 남자아이들은 야구, 여자아이들은 노래를 제외하면 재일 한민족은 재활용이든 야키니쿠 식당이든 자영업을 할 운명이라는 선입견이 널리 퍼져 있었다. 주류 산업과 기업들은 1980년대와 1990년대까지도 배제 관행을 이어갔다.[46] 이런 이유로 야심 있는 자이니치 청년들은 의학 등 전문·기술 분야에서 자영업을 하고자 했다.[47] 고용차별 때문에 재일 한민족은 주로 창업을 하게 됐고, 대부분은 크지 않은 사업체였지만 일부는 롯데나 소프트뱅크처럼 엄청난 성공을 거두기도 했다.

자이니치는 고용차별 외에도 중앙·지방 정부에서 배제 관행에 부닥쳤다. 전후 일본 헌법은 기본 인권을 보장하지만, 복지 국가 일본은 제도로 외국인을 무시했다. 귀화하지 않은 한국·조선인들은 납세자로 동등한 대우를 받지 못하고 육아 지원부터 노령 연금까지 사회 보장 제도에 접근하지 못했다.[48] 1950년대와 1960년대에 민족 단체와 관계망이 중요했던 이유는 자이니치 집단에게 안전망이나 공공 서비스가 거의 완벽하게 부재해서다. 1965년 협정 덕택에 한국 시민은 일본 국가 의료 보험에 가입하게 되었다.[49] 그러나 1980년대까지 자이니치는 노동과 세금으로 기여하면서도 의료 및 복지, 연금, 기타 사회보장 혜택에서 장벽에 부닥쳤다. 1979년, 일본 정부가 세계 인권선언(1948)과 유엔 난민협약(1951) 및 난민의정서(1967)를 준수하게 되면서 상황은 나아졌고, 이로써 1982년에는 정부 서비스가 비국적자에게도 확대되었다.[50]

정부 관료주의는 민족 이질성에 적법성이 없다는 사상을 퍼뜨렸다. 외국인 등록증을 받기 위한 지문날인은 자이니치 청년 대부분에게 매우 속상한 감정적 경험이었다. 1980년대 중반 지문날인 반대 운동이 일어났을 때, 1950년대와 1960년대 출생 자이니치 중에는 지문날인이 수치스럽고 기가 꺾이는 경험이었다고 말하는 사람이 많았다. 지문날인은 범죄자 취급이나 다름없었다. 거의 모든 면에서 자신이 일본인이라고 생각하던 어느 자이니치 2세 청년은 거주 등록을 하면서 자신이 '어차피 외국인'임을 깨달았다.[51]

학교 교육 역시 타자성을 강하게 가르쳤다. 1970년대 중반 자이니치 아이들은 '어쩔 도리 없는 차별이라는 벽을 처음 피부로 느끼는 때는 고등학교 진학시기'라고 했다.[52] 민족학교 졸업생들은 일본 공립 고등학교 전학이나 일본 전문대·대학 지원 자격이 안 될 때가 많았다. 일본에서는 1990년대 중반에 들어서야 조선인 민족학교 차별에 소송으로 맞섰다.[53] 자이니치 아이들은 대개 일본 이름인 통명을 썼고 일본인 행세를 했다. 그러나 행세하려는 노력 자체가 오히려 차이와 차별받는 상황을 부각했다. 어쨌거나 일본학교에 입학하면 아이들은 자신이 일본인이 아니며 조선인성Koreanness을 숨겨야 한다는 사실을 재차 깨닫게 되었다. 학교 급식 역시 수치와 놀림, 자기혐오로 점철된 자이니치 학창 시절 기억에 자주 등장하는 주제다.[54] 마찬가지로 일본어를 하지 못하는 나이 많은 친척이나 그밖에도 조선인성 또는 비非일본인성을 나타내는 증거를 들킬까 두려워 집에 친구 초대를 꺼리던 자이니치 아이들도 있었다. 1969년 중학교 학생이던 박경자는 이렇게 썼다. "내가 조선인이라서 정말 싫다. (…중략…) 가끔 내가 왜 조선인으로 태어났을까 생각한다. (…중략…) 조선인인 걸 들킬까 두렵다. (…중략…) 조선인이라고 알려지고 싶지 않다."[55] 어떤 때는 괴롭히는 학교 친구들이 말 그대로 조선인성을 두드려 패기도 했는데, 전후 자이니치 학생을 상대로 하는 신체 폭력은 매우 흔했다.[56]

외국인 혹은 한국·조선인이라는 사실 때문에 주거를 거부당할 때도 많았다.[57] 1979년까지 외국인은 공공 주택에 살 수 없었고,[58] 1989년 법원이 주거 차별 소송에서 손을 들어주고 나서야 국적 기반 차별을 금지하는 강력한 선례가 생겼다.[59] 나중에 자세히 설명하겠지만, 민족 간 결혼 반대나 민족 간 결혼에서 태어난 자녀 차별도 도처에 있었다. 이상하게도, 그러나 아마 예측 가능하게도 유명 자이니치 프로 골퍼들이 있는데도 컨트리클럽 대부분은 한국·조선인을 배제했다.[60]

요약하면, 종전 후 사반세기 동안 일본 생활은 한민족을 제도상으로 배제했다. 교육과 취업, 주택, 결혼 등 인생 과정에서 중요한 고비마다 차별이 나타났다. 정부 정책은 '아파르트헤이트'나 '짐 크로법'에 가까웠지만 — 힉스는 '기본적으로 아파르트헤이트'라고 한다[61] — 일본은 한민족을 지배하거나 분리하는 제도를 확립하기보다는 이들을 외부인으로 배제하는 데 집중했다. 무엇보다 고도 경제 성장 시기에는 배제가 잠정적 포용에 기댔다는 점이 중요하다. 돌이킬 수 없는 타자성 속에서 자이니치 집단이 신화를 유지하기는 어려웠다. 1950년대에 도쿄에 사는 제주도 출신 조선인을 상대로 실시한 조사에는 거주지 집중도 보이지만 상당한 동화 흔적도 보인다.[62] 전후에 정부와 고용주가 노골적 배제를 실시했을 때도 이에 대항하는 여러 힘이 한민족을 일본 사회에 통합시켰다. 박재일은 1950년대 중반에 이미 동화가 자이니치 삶에서 중요한 사실이요, 주된 경향이라고 지적했다.[63] 널리 퍼진 만화부터 폭발적 인기를 끈 TV에 이르기까지 대중 매체들은 한민족을 배제하지 않았다. 또한 일본 대중문화가 침투하면서 한국 전통과 문화를 물들였다. 1974년 오사카 거주 한민족을 대상으로 한 연구에서는 5분의 1만이 집에서 한국어를 주로 사용하는 반면, 4분의 1은 전혀 사용하지 않는다고 했다.[64] 1959년 가이코가 『일본 서푼짜리 오페라』에서 이미 예견했듯, 조선인 마을은 1960년대에 서서히 사라졌다.[65] 양석일은 종전 직후 조선인 마을은 '조용한' 일본인 구역과 대조적으로 '시끄러웠다'고 했지만[66] 1970년대에는 그러한 구별도 사라졌다. 민족 간 결혼도 꾸준히 증가해서, 1950년대 말 이미 한민족 남성 25%는 일본 여성과, 한민족 여성 11~14%는 일본 남성과 결혼했다.[67]

　자이니치 인구를 구별하면서 동시에 동화로 이끈 핵심 제도는 교육이었다. 일제강점 말기 정책에서는 강제 동화가 특징이었다. 종전 직후 정부가 민족 교육을 억압하려던 시도 또한 이러한 태도가 확장된 셈이었다. 그러나 자이니치들이 1948년 오사카와 고베에서 민족학교를 지키려고 싸우면서(한신투쟁) 문부성은 일본 내 조선인 민족학교를 승인했고, 이는 곧 자이니치 귀국 이데올로기로 이어진다. 자이니치 2세 김경해金慶海는 '"인스턴트" 방식으로라도 교육을 받지 않으면 귀국해도 "반쪽발이"로 쓸모가 없을 것'이라고 썼다.[68] 자격 있는 교사도, 교과서도 부족했지만 그러한 부족을 민족 자긍심으로 극복하고자 했다.[69] 총련계 학교들은 통일이 가장 중요하다는 등 북한 이데올로기를 주입했다.[70] 어떤 단점이 있었든, 총련계 학교들은 종족·민족 자긍심을 고양하고 한글과 역사, 문화를 심었다. 그러나 평범한 일본 사회에서 민족학교는 종종 소년 범죄를 의미했다. 김한일 金漢一이 조선인 학교에 다니던 1970년대에 싸움은 '필수'였다.[71]

북한의 사회주의 이상과 권위주의적이고 정체한 현실 간 분리 상태는 1970년대와 1980년대 내내 총련 의식에서 더 커질 뿐이었다. 충성은 계속됐지만 총련계 학교에서는 고국 지향성과 일본 영주 가능성이 갈등을 빚었다. 일본인을 좋아하고 일본인이 되는 일은 배신이나 마찬가지였지만 서서히 스며드는 일본 사회의 영향에 저항하기란 불가능했다.[72] 총련 학교 졸업생들은 일본 제도권에 입학하고 취업하려 했다. 이에 대응해 총련 학교들은 1993년에 교과 과정을 대폭 개정, 실용성과 일본 지향성을 더 늘렸다. 귀국 이데올로기가 일본 지향 문화에 굴복한 셈이다.

조선인 민족학교가 존재했지만 1970년대 자이니치 아동 대다수는 일본 공립학교에 진학했다. 인종주의 사건이나 인종 차별 취급은 있었지만 한민족 아이들은 일본인처럼 행동하고 일본인이 되는 법을 배웠다. 일본 문부성은 고집스럽게 단일 문화, 단일 민족인 표준 교과 과정을 장려했다. 다문화 교육 — 무엇보다 다문화 감수성 — 부재는 1960년대와 1970년대에 매우 두드러졌다. 1989년 자이니치 부모들을 대상으로 한 조사 결과에서 자녀가 배웠으면 하는 주요 주제 두 가지는 자이니치 역사와 인종 차별이었는데, 둘 다 일본 교과 과정에서도 총련 학교에서도 무시되었다.[73] 자이니치 학생들은 교과 과정 문제와 사회 문제에 맞닥뜨렸지만, 대다수 부모는 일본 현실에 묵묵히 따랐다. 오사카 지역에서 1979년 실시한 조사에서는 부모 중 30%만이 한글 학습에 가치가 있다고 했고, 1% 조금 넘는 정도만이 자녀 귀국을 희망했다.[74] 5분의 4에 달하는 부모는 일본에 사니 자녀에게도 일본학교가 더 낫다고 답했다.[75]

자이니치 부모는 고등 교육 기회 — 한일 양국에 만연한 문화적 우선순위 — 를 거부당한 적이 많아서 자녀가 신분 상승하는 가장 좋은 길이 교육이라고 강조했다. 1980년 어느 조사에서는 60세 넘는 한국·조선인 중 40% 이상이 학교에 다니지 않았는데(동일한 기준 일본인 집단에서 이 비율은 1% 미만이다), 그 수치는 20대와 30대에서도 거의 비슷했다.[76] 문자 해득과 교육을 받으려는 열정은 자이니치에게만 있는 특징이 아니라 일본식 문화 관행이자 신념이기도 했다.[77] 차별 반대의 일환이던 문자 해득 운동[78]이나 거의 누구나 걸린 학위병, 혹은 그저 독서와 교양Bildung 쌓기에서 느끼는 단순한 기쁨은 전부 일본을 휩쓸던 민주주의 교육을 원하는 열망을 표현했다(옛 조선식 교육은 완전히 엘리트주의였다). 그렇다면 의도나 결과 면에서 일본학교는 자이니치 아이들이 일본 사회에 문화 통합하는 데 기여한 셈이다.

문화 통합은 자이니치를 보는 일반 편견을 바로잡으려는 진지한 노력이라고는 전혀 없이 일어났다. 행세(1장에서 논의한)는 단일 민족 일본 사회를 헤쳐 나갈 일종의 보호색으로 자이니치 자아를 보여주는 규범적 방법이었다. 1970년대 말 어느 조사에 따르면 한국 이름을 사용하는 학생은 14%에 불과했다.[79] 가나가와 현에서 1980년대에 실시한 조사에서 그 수치는 12%로 더 낮았다.[80] 일본 이름은 자이니치 청소년들을 편견과 차별에서 보호하려고 사용했지만 사실상 보편이 되었고, 그런 보편성은 단일 민족 일본이라는 대중 인식(과 따라서 한국 이름이 정상이 아니라는 느낌)에 일조했다. 이상하게도 일본 당국은 한민족 아동과 근로자들에게는 일본 이름을 쓰라고 촉구하면서도 중국 학생이나 근로자들에게는 그러지 않았다.[81] 이러한 관행은 사회에서는 기능을 했지만 심리에서는 역기능을 했다. 자이니치 청소년들에게 정통성 포기와 문화 배신에 버금가는 치욕스러운 파급 효과를 냈기 때문이다. 통명 사용은 1940년대 일본 황제 칙령으로 조선 이름을 빼앗긴(창씨개명) 기억을 되살려 일깨우기도 했다. 따라서 외부인이라면 단순히 불편 또는 합리적 수용으로 볼 만한 일도 민족의식이 있는 자이니치는 민족 배반이라고 생각했다.[82] 역설적이게도 이러한 수치심 혹은 죄책감은 태어나서 줄곧 통명을 쓴 사람들 사이에서 훨씬 뚜렷하게 나타날 때가 많았다. 자이니치 1세에게 일본 이름은 써도, 버려도 되는 가면이었고 '진짜'와 '가짜'는 뚜렷하게 구분됐다. 그러나 2세에게는 진짜와 가짜를 구분할 경험상 근거가 없었다. 원래부터 일본 이름을 쓰며 자랐고 한국 이름보다 통명을 더 자주 사용했기 때문이다. 즉 '외국' 이름처럼 들리기까지 하는 '진짜' 이름보다 '가짜' 이름이 훨씬 '진짜'였다는 말이다. 어느 자이니치 3세 여성은 공공 업무에 사용하는 자기 한국 이름이 참을 수 없어 귀화를 결심했다. 집에서도, 학교에서도, 직장에서도 일본 이름을 사용하다 보니 자기 '진짜' 이름을 거의 인정하지 못했다는 말이다. "너무 부자연스럽잖아요." 이러한 혼란스러운 정체성 문제를 겪지 않은 부모들은 대부분 자식들이 일본 이름을 쓰도록 했다.[83]

그러나 한국 이름을 쓰는 사람들도 자기 이름 한자를 일본식으로 읽어야 할지, 한국식으로 읽어야 할지 애매했다. 자이니치 작가 긴 가쿠에이는 한국 이름 한자를 의식적으로 일본식으로 읽었다. 그러나 사람은 시간이 지나 태도를 바꾸기도 한다. 예를 들면 이회성은 원래 자기 이름을 리 가이세이라는 일본식으로 읽다가, 나중에는 한국식으로 읽어 달라고 했다. 그러나 문제는 그리 쉽게 끝나지 않는다. '李'는 한국에서는 '이'라고 발음하는 매우 흔한 한자(일본) 성씨다. 그런데 이 한자는 북한에서는 중국식으로 '리', 남한에서는 통상 '이'라고 쓴다. 소설가 유미리는 자기 이름을 한국식으로 읽는다고 하지만, 더 정확하게 표기하려면 장음 '유(Yū)'가 아니라 단음 '유(Yu)'라고 써야 한다.[84] 이름은 자이니치 정체성 형성에서 가장 두드러진 문제에 속했다. 드니즈 라일리Denise Riley는 '이름은 문신과 국가 기록 사이 어느 중간 지점을 떠돈다'[85]고 설명한다. 자이니치 청소년에게 이름은 고정되지도 단일하지도 않았지만, 그래도 계속해서 무겁게 짓누르는 존재였다. 이정화李静和가 '중얼거림つぶやき'을 다룬 글에서 썼듯, 자연스레 '명명하는 모든 것을 거부'하려는 유혹이 가장 컸다.[86] 사기사와 메구무 단편 「안경 너머로 본 하늘眼鏡越しの空」(2001)에서 주인공 나란은 '이상한' 자기 한국 이름이 불만이지만, 나중에 가장 친한 친구가 둔감하게 인종주의 발언을 하자 괜히 일본 이름을 썼다고 후회한다. 어느 학교 친구는 '진짜 이름'을 쓰는 선배에게 왜 그렇게 '이상한 이름'을 쓰느냐고 물었는데, 이 선배는 그저 사실대로 자신은 한국인이라고 대답한다. "있는 그대로 말한 그 단순한 사실이 순간 나

란의 혼을 꿰뚫었다."[87] 한국인이 한국 이름을 쓸 수도 있다는 이러한 단순함을 단일 민족 일본에 사는 자이니치 집단은 오랫동안 자각하지 못했다.

부인

자이니치는 무조건 일본인에게 의심과 외국인 혐오를 불러일으켰지만, 1970년대에 외모나 행동, 문화만 보아서는 일본인과 자이니치를 구별할 수 없었다. 풍요 사회라는 현실에서 빈곤한 자이니치라는 망령이 점차 사라지면서 족보만 없다면 민족 구별 시험도 소용없을 지경이었다. 이제 남북한 어디로든 실제 귀국 계획을 품는 자이니치는 거의 없었다. 1970년대 말 한민족 부모를 대상으로 실시한 조사에서 자녀가 남북한에 살았으면 좋겠다는 사람은 2% 미만이었고, 35%는 아이들이 '다른 일본인과 똑같이 살면' 좋겠다고 했다.[88] 자이니치 논평가들조차도 가까운 미래에 귀국하지 않으면 자이니치 집단이 일본 사회에 통합되리라고 믿었는데, 이 또한 그리 놀랄 일은 아니다.[89]

1장에서도 밝혔지만, 행세는 기본 조건이었다. 일본인 행세를 하지 않으려면 한국 이름을 사용하거나 한민족 혈통임을 밝히는 등 애써 노력해야 했다. 그러나 외국인 혐오증은 물론 고도 경제 성장 시기에 특히 두드러진, 다름을 싫어하는 보편 성향 때문에도 '커밍아웃'은 어려운 일이었다. 그렇다면 행세는 자연스럽고 편한 일이었겠지만, 동시에 부럽지도 않고 발전 가능성도 없는 일이었다. 행세는 거짓된 삶을 산다는 의미였는데, 민족 자긍심과 개인 존엄성 때문에 진짜가 아닌 행세하는 삶을 살기는 어려웠다. 또 한민족 혈통을 밝히면 개인이나 취업 관계도 위험에 처할 수 있었다. 도처에 존재하는 폭로 위협 때문에 겉보기에는 합리적인 해결책도 쓸모없어졌다.

비적법성 ─ 부인 혹은 인정의 결핍 ─ 은 전후 일본 사회에서 차별을 보여주는 수치나 구조 이상으로 자이니치 의식을 괴롭혔다. 여기서 인정recognition이란 정체성 재확인re-identification이 아니라 특성이 다양한 복합체이다. 사랑, 권리, 존중 등 인간에게 수용과 인정이라는 느낌을 주는 복합체 말이다. 전쟁 전 조선인들은 열등한 취급을 받았을지언정, 일본 사회에서 한 단계 아래여도 적법한 위치를 차지한 친밀한 집단이었다. 그런데 전후 식민지 위계질서 잔재는 점차 사라졌지만 조선인들은 단일 민족 일본 안에서 적법한 자리를 잃고 말았다. 다시 말해 인정을 받을 때는 열등한 취급을 받았지만, 이제 아예 인정조차 받지 못하는 일이 훨씬 흔했다. 물론 '착한' 일본인도 존재했고 개인 경험은 다양하겠으나, 어쨌든 식민지 위계질서와 탈식민 잔재 때문에 자이니치는 혐오와 참정권 박탈, 비하 대상이 되었다. 그런데도 이러한 현상은 인정되지 않았다. 요컨대 멸시와 부인의 대상이 되었다는 말이다. 사회학자 T. H. 마셜이 '사회적 시민권social citizenship'

이라고 한, '사회 유산을 온전히 공유하고 그 사회 보편 기준에 따라 문명화된 삶을 살 권리'가 자이니치에게는 없었다.[90] 일본에서 조선인은 환영받지 못했다. 애초에 존재해서는 안 됐고, 공식 담론에는 존재하지 않았다. 다시 말해 그들의 삶은 타고나기를 비극적으로 타고났다. 그러니 자연스럽게도 현대 한국에서는 거의 들리지 않는 '신세타령'도 자이니치 음악 장르 중 여전히 인기를 끄는 장르였다.

부인을 가장 상징적으로 보여주는 표현을 보면, 자이니치 집단 명칭 자체에 이중 의미가 생기면서 그대로 인종주의 별칭이 되었다. 1919년생 김달수나 1947년생 이정자나 모두 처음 차별받은 기억은 '조센진'이라는 놀림이었다.[91] 김달수는 1930년에 일본에서 처음 외출한 날 사방에서 '조센진'이라는 말을 들었다.[92] 환영은 없고 부인만 있었다. 후지와라 데이藤原てい는 종전 후 가족이 고생하며 일본에 돌아온 경험을 회고록에서 그렸는데, 이 1949년 베스트셀러에도 그런 당황스러운 상황이 나온다. "사람들은 우리를 '니혼진'이라고 불렀다. 당연히 일본인이니까 아무도 그런다고 화를 내지는 않았다. 그런데 조선인들은 '조센진'이라고 부르면 매우 화를 냈다."[93] 식민지 지배자에게 당황스러운 일이 식민지 피지배자에게는 아주 명백했다. '조센'은 바람직하지 않은 특성과 특징을 의미했다. 더럽고, 냄새나고, 게으르고, 멍청하다는 일상적 인종주의 비하였다.[94] 게다가 이 단어는 원래 '조센'이 아니라 '조선'이다. 조선말이 모국어라면 이상하게 들리는, 식민지 점령을 나타내는 기표인 이 단어는 오직 일본인만 사용할 터였다. 또 이 말은 지배와 차별 의지를 구현하는 발화 수반

행위였다. 겉보기에 악의가 없어도 이 명칭은 일본 지배의 역사와 사회학을 상징하고 표현한다.

일본인은 우월하고 조선인은 열등하다는, 식민 시대에 생긴 이 생각은 전후에도 이어졌다. 조선인은 당연히 가난하다고(더럽고 냄새난다는 등 연관된 특성도 덧붙여서) 인식했고, 동시에 범죄, 사기와도 결부되었다. 그러니까 이들은 억누르고 배제해야 했다. 어른 세계가 권력과 부라는 게임에 조선인이 동참하지 못하게 막았다면, 어린이 세계는 신체·상징적 폭력을 자주 표출했다. 앞서 보았지만 놀림과 괴롭힘은 학교 쉬는 시간에 늘 일어나는 일이었다. 배제에 불관용이 적나라하게 표현되어도 학교 당국은 종종 시선을 돌렸다. 어느 열두 살 자이니치 학생은 학교 친구들에게 '더럽다', '멍청하다', 그리고 '죽어라'라는 말을 듣고 자살했다. 그런데도 학교 당국은 괴롭힘이나 차별이 존재한다는 사실을 부인했다.[95] 이러한 냉정한 무시는 인종 차별을 나타내는 표현일 때도 있었지만, 동시에 모든 학생은 평등하고 비슷하다고 보는 포드주의 교육을 향한 의지이기도 했다.

자기혐오, 조선 것에 관한 혐오, 자신과 집단을 향한 혐오에서 오는 죄의식은 자이니치 정신세계를 뒤흔들었고, 그 세계는 풀리지 않는 정체성 문제를 끊임없이 고민할 운명이었다. 앞서 열두 살 소년이 택했듯, 자살은 흔한 해결책이었다. 자이니치 회고록 중 자살을 생각했다는 글, 부인당한 암흑기가 없는 글은 매우 드물다. 자이니치들이 충격적으로 연달아 자살하면서 사람들은 낙담했다. 고사명은 아버지가 자살을 시도했고, 이미 설명했지만 아들은 자살했다.[96] 긴 가쿠에이와 사기사와 메구무도 자살했다. 유미리는 자살이 '삶을 활성화'할 수도 있다고 주장하면서 몇 번이나 자살을 시도했다.[97]

자이니치 3세인 송부자宋富子는 1941년 나라 현 부락민 마을에서 태어났다. 자라면서 조선인이라고 어찌나 잔인하게 놀림을 당했는지, 송부자는 '어머니를 미워하게 되고' 이렇게 말했다고 한다. "나를 죽여요. 왜 나를 조선인으로 낳았어요? (…중략…) 난 죽고 싶어요."[98] 학교에 다니면서도 송부자는 계속 자살을 생각했다. 스무 살에 결혼했을 때는 이미 직장도 22번이나 바꿨는데, 조선인 혈통이 들통 나서 그만둬야 할 때가 많았기 때문이었다.[99] 그런데 진짜 비극은 조선인 혈통이나 민족이 자이니치 아이들에게 별 의미가 없다는 데 있었다. 아라이 도요키치新井豊吉는 「대구로大邱へ」에서 자이니치로 산 삶을 이렇게 설명한다. "고등학생 때 단편을 쓰기 시작했지 / 그렇지만 아직 한글은 읽지 못해 / 처음 외국인 등록증을 받았을 때 / 첩보 영화 같아서 남에게 보여줄 수 없다고 생각했어 (…중략…) / 투표하고 싶었지만 / 참정권이 없었지 / 박씨 성은 익숙해지지 않아 공공 기관에서만 썼어 (…중략…)"[100] 거부와 낙담, 인종 차별은 물론 문화 동화도 전후 성년이 된 자이니치 청년들을 괴롭혔다.

감상주의에서는 흔히 지배나 차별이 영혼을 좀먹는다고 한다. 그 말이 사실이라면 전후 수많은 일본인들은 사회악의 화신이었던 셈이다. 어쨌든 부인 구조에 자이니치 정신세계를 좀먹는 효과가 있었음은 확실하다. 자이니치문학에서는 폭력을 쓰는 아버지가 끊임없이 나타나는 주제다.[101] 이미 언급한 양석일 소설 『피와 뼈』—2003

년에 사이 요이치崔洋一(최양일) 감독이 영화로 만들어 상도 받았다 —는 아들이 기억하는 아버지, 알코올 중독에 폭력을 휘두르고 아내를 때리며 첩을 둔 아버지를 그린 고통스러운 기록이다.[102] 양석일은 이렇게 말한다. "아버지를 떠올릴 때마다 도대체 무슨 생각을 하며 인생을 살았는지 모르겠다. 아버지는 한 번도 가족을 사랑한 적이 없다. 특히 여자를 깔보고, 폭력을 휘둘러 자기 존재를 표현하려고 했다."[103] 이렇게 자기도 정신적 외상을 입었지만 남에게도 정신적 외상을 주는 아버지 상을 이해할 때는 식민 지배에서 비롯된 가난과 인종 차별도 중요하지만, 전쟁 전 재일 조선인들이 갈등과 범죄, 가부장제와 폭력이라는 민족 내부 문제에서 상처를 입었다는 사실 또한 확실하다. 자이니치 1세인 박선희는 이렇게 설명한다. "우리 아버지들은 대부분 육체노동자였다. 아마 일본 사회에서 차별을 겪고 자기 삶이나 가난한 생활수준에 좌절했기 때문에 집에 와서 가족에게 화를 풀었던 모양이다. 그래서 술에 취해 집에 돌아와 아내와 아이들을 때리는 조선인 남자가 많았다. 내 마음 속에는 이런 이미지만 박혀 있다."[104] 민족의 정신적 외상이 남긴 강력한 흔적과 폭력을 행사하는 아버지 상은 1990년대에 들어서야 겨우 흐릿해졌다.

부인으로 인한 혼란은 무력하고 술에 취한 가부장에게만 영향을 미치지는 않았다. 열등감 콤플렉스는 아주 흔해서 조선인들은 혈통을 부정 — 송부자처럼 부모를 증오 — 하게 됐고, 마지못해 일본 정체성을 받아들였다. 만연한 빈곤과 민족 고립, 전통 가부장제가 불안하게 뒤섞인 가운데, 전쟁 전 조선인 거주 지역이 나오는 기억에는 알코올 중독, 가정 폭력 등 여러 사회적 장애 사례들이 넘쳐났다.[105] 현대 자이니치문학도 마찬가지여서, 성적 폭력과 가족 해체, 도박 중독, 약물 중독, 소외와 아노미, 살인과 상해, 부친 살해, 남색, 근친상간 등이 가득하다.[106] 우울증부터 자살까지 정신 이상 사례들이 자이니치의 삶을 괴롭혔다. 피해망상에 사로잡힌 자이니치도 있었다. 자신이 계속 경찰 감시를 받고 "나카소네 총리가 '여러 사람과' 내 항문 사진을 찍으려고 논의 중이며 (…중략…) 내 항문에 독을 주입해서 자백을 받으려고 한다"라고 확신한 남자도 있었다.[107] 자이니치 대표 작가 긴 가쿠에이와 자이니치 대표 지식인 강상중은 모두 말 더듬 증상으로 고생했는데, 이 또한 우연은 아닐 터이다. 긴 가쿠에이 소설 『얼어붙은 입』에서 상당한 성적 의미가 함축된 말 더듬증은 고국 분단보다도 시급히 극복해야 할 짐이다. 자살 이야기, 그리고 앞서 본 자살 행위들은 자이니치 소설과 자서전 어디에나 나온다. 자이니치 정신 이상이나 자기 파괴 원인으로 부인을 지목한다면 속수무책인 환원주의가 되겠지만 ― 심리 문제에서 개인 생리적, 정신 내적 근원을 무시하면 안 된다 ― 그래도 부인이 가혹하다 보니 자이니치 자신에게는 그러한 환원도 타당하고 의미가 있었다.

부인의 내면화는 행세라는 현상에도 내포된다. 사기사와 메구무 단편 「진짜 여름ほんとの夏」에서 주인공은 이렇게 말한다. "나는 한국인임을 숨길 생각이 없었다. 적어도 의식적으로 숨기려고 하지는 않았다."[108] 그러나 자동차 사고가 나자마자 주인공은 우선 여자 친구에게 차에서 내리라는 반응을 보였다. 경찰 조사를 하면 통명 사용과

자이니치
디아스포라 민족주의와 탈식민 정체성

John Lie | 150

국적이 뻔히 드러날 테니 말이다. 가네시로 가즈키金城一紀 소설『고G O』(2000)에서 주인공 스기하라는 혈통을 숨길 생각이 전혀 없다면서도 여자 친구에게 민족 정체성을 밝히기는 주저했고, 또 사실을 밝혔을 때 여자 친구는 자기 아버지가 한국인은 '피가 더러운' 종족이라고 했다고 털어놓는다.[109] 다른 소설에 등장하는 어느 인물은 또 이렇게 말한다. "영화관의 어둠 속에서 우리는 재일 조선인도, 재일 한국인도, 일본인도, 미국인도 아닌 다른 인간이 될 수 있다."[110] 하지만 밝은 대낮에 밖으로 나오면 무슨 일이 벌어질까? 스기하라는 큰소리를 치지만, 결국 국경도 부인도 사라지게 하지는 못한다.[111] 거의 완벽하게 일본인이 된 수많은 자이니치는 자기도 모르게 이러한 일본의 한민족 부인을 구체화하는 셈이다.

너는 어느 편이냐?

자이니치 집단은 이제 귀국은 실행 불가능하고, 일본인화는 개연성이 없으며, 그렇다고 다른 사람이 되기도 불가능하다는 현실에 직면했다. 자이니치는 — 1926년생인 '2세대' 자이니치 작가 오림준吳林俊에 따르면[112] — '"반쪽발이" 상태에서 벗어나 한국인이 되려고' 고군분투할 운명이다. 마찬가지로 이회성도 자이니치에게는 피상적 동화, 반#일본인 혹은 반#한국인이라는 자각, 그리고 한민족성을 달성하려는 노력이 본질적 순환이라고 인정했다.[113] 오림준이나 이회성은 비록 남북한이 아니라 일본에서지만 한민족성을 촉구했기 때문에, 혼성 정체성 ― 한국·조선인이면서 일본인이기도 한 ― 은 진지하게 고려할 가치가 없었다. 자이니치가 직면한 선택은 동화나 귀국이 아니라 일본인화 아니면 한민족화였다. 이것이냐 저것이냐이지, 둘 다, 그 사이 또는 그 너머라고 결정할 문제가 아니었다.

소수는 귀화라는 길을 선택했다. 1952년에 귀화한 한민족은 233명에 불과했고, 1960년대에도 매년 몇 천 명이 전부였다. 여기서 일본 정부의 외국인 혐오 정책을 탓하고 싶어질 수도 있다. 1952년에서 1985년까지 일본 정부는 일본 사회에 하나의 인종, 하나의 민족, 하나의 국가라는 단일 민족 비전을 투영했다. 대개 시민권과 인종, 민족, 국적은 융합되어 있었고, 자명한 일본인성은 단일 민족 이데올로기를 강조했다.[114] 일본 혈통 ― 순수 혈통이면 더 좋다 ― 을 주장할 수 있는 사람만이 시민권을 얻을 자격이 있었다.[115] 또 이민귀화국은 종종 문화 이해가 없고 관료주의로 완고했기 때문에 자의적이고 권위주의적으로 보였다. 물론 진저리와 부아가 난다는 비난은 어느 정부 관료주의에나 적용 가능한 표현이지만 말이다.[116] 그렇다고 해도 불쾌한 일본 정책과 관행에만 집중해서는 안 된다. 한민족 대부분은 문화 동화 이후에도 다음 단계로 넘어가기를 주저했다. 1974년 오사카 한국·조선인 중 4분의 3은 귀화를 확실히 반대했다.[117]자이니치 저항감은 본능적 반일 감정은 물론이고 사이in-between 정체성을 불가

능하게 하는 민족주의 태도를 표현했다. 시민권 문제가 민족 귀속의
식 문제에서 떨어져 나오면 한국계 미국인이나 한국계 캐나다인 같
은 범주는 가능하며 개연성도 있다. 그런데 단일 민족 일본과 한국을
주장한 본질주의 태도 때문에 혼성 정체성은 일축되었다. 이것이냐
저것이냐를 묻는 세계는 이솝 우화 — 전후 일본에서 대단한 인기였
다 — 에도 등장하는데, 이 이야기는 1960년대 일본에서 학창시절을
보낸 내 기억에도 깊이 남아 있다. 땅에도 하늘에도 속하지 않는 박
쥐는 양쪽에서 추방당한다. 외로운 박쥐가 처한 무서운 운명은 자이
니치를 포함한 모든 사람이 처한 상황을 나타내는 도덕 우화였다.
'혼혈' 작가 이이오 겐시飯尾憲士가 표현한 대로, 박쥐의 눈은 "어둠 속
에서 희망을 찾는다. 냉혹하고 차갑게 쏘아보는 눈길은 외롭고 비애
감에 둘러싸여 있다".[118] 눈에 보이는 어둠은 부인을 경험한 사람들
에게는 무익한 시적 환상에 불과하다. 인정이 가능하려면 반드시 일
본인 아니면 한국・조선인이 되어야 했다. 김경득金敬得은 대학 4년
을 햄릿처럼 '조선인이 되느냐 일본인이 되느냐' 고민하며 보냈다고
한다.[119] 너는 일본인이냐, 한국・조선인이냐? 너는 어느 편이냐? 그
것이 문제였다.

귀화는 일제강점기와 역사적 기억 때문에 민족 배반이라는 표현,
반역 행위가 되었다. 1980년대 중반까지도 윤건차는 이렇게 말한
다.[120] "본질적으로 '귀화'는 '자이니치'의 역사적 존재와 주체성, 인
간 존엄성을 무시한 과거 황민화 정책과 동일 선상에 있다."[121] 1990
년대까지도 귀화하려면 반드시 일본식으로 들리는 이름(공인 한자를

기본으로 삼는)을 수용해야 했는데, 이는 일본식이 아닌 모든 이름을 법으로 금지한 1940년(창씨개명) 칙령을 되풀이한 셈이었다. 또한 일본식 가구 등록 관행(호적)에도 따라야 했는데, 이는 조선 지주들의 가계 기록 관행(족보)을 대신했다. 조상을 공경하는 유교 — 조선 — 가치관으로 보면, 귀화는 가계도를 뿌리째 뽑는다는 의미였다. 적어도 일반 자이니치 역사 기술에 따르면 자이니치 인구 내에서 지주 집단 수는 그리 많지도 않았지만, 족보가 엘리트 지주 계급의 영역에 속한다고 해도 상관없었다.

좀 더 평범하게 말하자면, 일본은 여전히 일제강점기에 저지른 잔학 행위 — 또는 계속되는 학대와 불의 — 를 한 번도 속죄한 적 없는 이데올로기상 적국이었고, 따라서 비난을 면하지 못했다. 식민 지배는 죄송하다는 말을 할 필요가 없는 일인 모양이다. 일본은 사방에서 '죄송합니다'라는 말이 들리는 사회인데도, 일본 정부는 이제껏 역사적 과오나 현재의 실수를 두고는 꽤나 고집스럽게 공식 사과를 거부했으니 말이다.[122] 따라서 귀화는 자이니치 경험과 민족을 거부한다는 의미였다. 배학포는 자기 삶을 돌아보면서 전쟁 전 '노예 같은 상황'에서 시작해 60년간 차별에 맞서 싸웠다고 한다. 그에게 귀화는 자기 삶을 부정한다는 의미였다.[123] 1997년 이회성 단편 「왔다갔다行きつ戻りつ」에서 주인공은 국적 변경을 '그림 밟기踏み絵(후미에)'에 비유한다. 그림 밟기란 기독교가 금지되었던 16세기 일본에서 기독교 신자 여부를 가려내기 위해 예수 초상화를 밟도록 하던 치욕스러운 절차를 말한다.[124] 정인鄭仁이 쓴 시 「귀화帰化」에서는 어머니가 이렇게

울부짖는다. "우리는 이름을 잃고 / 나라를 팔아버렸다."[125]

민족 배신에 따르는 예상 비용은 종종 편을 바꾸는 기대 편익보다 훨씬 컸다. 귀화는 부인이 끝난다는 보장을 해주지 못했다. 명백히 일본 시민이면서도 계속 차별을 받은 부락민처럼, 일본 시민권을 얻었다고 해서 만연하는 조선인 차별을 막는 난공불락 요새가 반드시 생기지도 않았다. 정부 승인이 있다 해도 귀화는 그저 행세를 할 또 다른 형식이 될 뿐이었다. 그런데도 겉치레에 불과한 관료주의 덧칠로 흠을 가릴 수 있었을까? 귀화 자이니치는 진정한 일본인이 되기는커녕 여전히 거부당한 자기 혈통이 들통날까봐 두려워하기도 했다. 동시에 그런 '전향자'는 자이니치 공동체 지원을 잃을 수도 있었다.[126] 귀화는 이렇게 자이니치라는 정의 자체를 위협했다. 자이니치가 되는 유일한 적법한 방법은 남북한 국적 유지뿐이었다. 이 말은 사실이었다. 자이니치 인구 수 자체가 인구조사에 달려 있는데, 인구조사에는 외국인 범주밖에 없으니 말이다. 일본 정부도 사회과학자들도 민족 다양성 데이터를 체계적으로 수집하지 않으니 — 단일 민족 이데올로기에 따르면 그럴 필요가 없지 않은가? — 일본 국적자와 남북한 국적자만 존재할 따름이다. 일본 시민이 되려면 당연히 일본 민족이 되어야 했다. 대다수 한민족은 일본 정부 관료와 인구 학자들이 펼친 이러한 논리를 공유했다. 어느 자이니치 2세 언론인은 1980년대 중반에 자신이 귀화를 거부하는 이유는 '재일 조선인으로서 지켜야 할 마지막 그 무엇을 잃는 셈이라서'라고 설명했다.[127] 1998년에도 김경부金京富는 냉정하게 말한다. "일본 국내에서 재일 조선인이란 말할

필요도 없이 일본 국적이 없는 외국인이다."[128] 국적은 한민족성에서 가장 '고집하는 것拘リ', 마지막 보루였다. 귀화란 이데올로기에서 한민족성의 혼을 적국의 혼과 바꾼다는 의미였다.

자이니치 영역에서는 귀화도 불가능했지만, 민족 간 결혼도 의심스럽게 보았다. 족외혼에 저항하기는 일본인이나 한국·조선인이나 마찬가지였다. 전후 첫 10년에 나온 주요 자이니치 소설 『현해탄玄海灘』(1954)에서 김달수는 이데올로기상 '반半'일본인인 주인공 서경태와 일본 여인 오오이 기미코 사이에서 벌어지는 로맨스를 그린다.[129] 그런데 서경태가 혈통을 밝히자 오오이는 "조선인은 이제 일본인 아닌가요?"라고 반문한다. 국가를 향한 충성심이 끓어오른 서경태는 '일본' 직장과 여자 친구를 다 떠나게 된다. 이는 적어도 이데올로기에서 민족 간 관계를 나타내는 특징이 되었다. 식민 시대와 종전 직후 10여 년간 가혹한 인종 차별을 겪은 자이니치 1세대는 일본인을 신뢰하지도, 일본에서 조선의 피와 문화를 흐리지도 못했다. 소설은 작가가 실제 일본인 여자와 했던 연애와 결별을 기반으로 한다. 김달수는 전쟁 후 일본으로 돌아가 옛 애인을 만나 결혼하기로 했다. "조선은 독립했다. 나는 이제 일본에 침략 당한 민족이 아니라 해방된 조선인이었다."[130] 그러나 헤어진 동안 애인이 미국 군인과 사귄 사실을 알고는 그 여성이 조선 민족 투쟁을 억압하는 데 가담한 남자를 사랑했다는 사실을 용서하지 못한다.[131] 얼마나 정확한 이야기인지는 모르겠지만, 어쨌든 이 이야기는 당시 종족·민족 간 경계를 넘어 개인 관계까지 괴롭히던 정치와 이데올로기 이면을 잘 보여준다. 윤건차는 세월이 흐르면서 민족 갈등이 더 심해지고 '견디기 어려운 슬픔'을 낳는다면서 이 주제를 얼버무린다.[132] 그러니까 본질은 바뀔 수 없고, 시간이 지나며 본색을 드러낼 뿐이다. 민족 간 결혼이 매우 흔해진 뒤에도 이를 대하는 반감은 오랫동안 이어졌다. 1982년에 일본인 소설가 오다 마코토小田実와 자이니치 화가 현순혜玄順恵가 결혼했을 때도 언론이 어찌나 떠들썩했는지 마치 '스캔들' 같았다.[133]

민족 간 결혼은 물론 정의 내리기에 따라 다른 문제다. 고영의高英毅는 자신은 북한 국적이고 아내는 남한 국적이면 그 결혼은 국제결혼이 되며 딸은 '혼혈half'이 되느냐고 반문한다.[134] 리 세이자쿠李青若는 부모님이 재일 한국인 1세 아버지(총련 계열)와 자이니치 2세 어머니(민단 계열)이므로 실제로는 '국제결혼'이라고 한다.[135] 자이니치와 귀화자 결혼에 반대하는 한국·조선인도 있었다.[136]

이데올로기적 반대는 있었지만 전후에도 전쟁 전 경향은 이어졌다. 1974년 조사를 보면 오사카 한민족 응답자 중 61%가 민족 간 결혼에 반대했는데,[137] 이 시기에는 이미 자이니치 절반 이상이 일본 국적자들과 결혼했다.[138] 물론 일본 국적자 중에는 귀화한 한민족이나 일본 외 다른 민족도 있었다. 그런데 여기서 민족 간 결혼이란 정의상 중매결혼이라는 일본·한국식 가부장 풍습을 위배한다는 사실은 짚고 넘어가야겠다. 일본에서는 1970년대 들어서야 연애결혼이 중매결혼 비율을 넘어섰다. 전쟁 전 위세를 떨치던 가부장제가 쇠퇴하고 개인주의가 커지면서 민족 간 결혼도 늘어났는데, 그 덕에 자이니치가 일본—남북한이라는 이분법을 넘어 정체성을 확립할 사회적

기반도 생겼다. 자이니치 시인 정장丁章은 「일본인과 사랑을 하고서야日本人と恋をして」라는 시에서 이렇게 노래한다. "일본인과 사랑을 하고서야 / 자신이 얼마나 일본인이 아닌지 / 그리고 조선인도 아닌지 / 처음으로 알게 된 '자이니치(이 단어는 외국 것임을 의미할 때 쓰는 가타카나로 쓰였다)'"[139] 급속한 민족 간 결혼 증가율은 그 어떤 척도보다도 한민족이 일본에 영주하고 일본 사회에 통합되리라는 징후를 잘 보여주었다.

민족 간 결혼에서 태어난 아이들 — 일본에서는 주로 '하프half'라고 부르는 혼혈아 — 은 한민족과 일본인 양쪽 상상계에서 좋은 대접을 받지 못했다. 부계혈통주의인 일본 국적법이 1985년까지 유효했기 때문에, 일본인 어머니와 한국인 아버지 사이에서 태어난 아이는 대개 어머니 쪽 호적에만 등록했다. 이 사생아私生児 지위는 민족 혼성이 개념상 변칙이라는 사실을 법으로 요약해서 보여준 셈이었다. 따라서 유일하게 기댈 곳은 이 편이든 저 편이든 선택하는 길 뿐이었다. 귀국 사업에서 일본 여성 1천 8백 명 가량이 조선인 남편을 따라갔는데, 여기에는 '이민족' 부부로 살면서 발생할 여러 문제와 '혼혈'인 아이들이 겪을 불투명한 앞날을 피하려는 목적도 얼마간 있었다.[140] 1960년 (귀국 사업을 그린 일본 영화 중 가장 유명한) 영화 〈바다를 건넌 우정海を渡る友情〉에 나오는 '혼혈' 자녀는 북한에서 '순수한 조선인'이 되고자 '순수한 일본인'이 되려는 노력을 포기하기로 한다.[141] 1992년 후쿠자와 가이深沢夏衣의 소설 『밤의 아이夜の子供』에서는 한 인물이 자이니치를 네 등급으로 나누는데, 최하위는 귀화자이지만 "혼혈은 어

디에도 속하지 않는다. (…중략…) 혼혈은 투명인간이다".[142] 사기사
와 메구무는 자신이 한국 혈통임을 나중에 알고, 이를 밝힌 뒤 한국
으로 유학까지 떠난다. 사기사와는 스스로 4분의 1 한국인이라고 생
각한다. "나는 4분의 1이다. 나는 4분의 1의 조국을 향해 자연스레 관
심과 사랑을 느끼며 '한국에' 왔다."[143] 또 자기 출신이 '설명하기 매우
어렵다'고 했을 때, 택시 운전사에게 이런 답을 듣는다. "별로 안 어려
운데, '교포(디아스포라 한민족)'잖아요."[144] 그러나 다른 교포들과 함께
있을 때 사기사와는 자신이 자이니치도 교포도 아니라는 느낌을 받
는다.

　귀화 혹은 혼혈 한민족은 이중으로 배제를 당해야 했고, 이 배제당
한 중간은 자기 소멸이 일어나는 공간이 되기도 했다. 1970년, 와세
다대학 학생이던 야마무라 마사아키가 분신자살을 했다. 야마무라
는 다음과 같이 썼다.[145] "나는 이런 나라에 태어나고 싶지 않았다. 아
무리 가난해도 조국 조선에 살고 싶었다. (…중략…) 아홉 살만 아니
었어도 귀화를 거부했을 텐데 (…중략…) 어중간한 반‡일본인으로
사니 조선인으로 살기를 열망했다. (…중략…) '조선인 학교 친구
들에게' 나는 조국을 버린 배신자다. 나는 일본인이 아니다. 이제 조
선인도 아니다. (…중략…) 대체 내가 편히 쉴 땅은 어디일까?" 앞서
언급한 작가 고사명 ― 오카 유리코와 결혼한 ― 은 1974년에 『산다
는 것의 의미生きることの意味』라는 책을 펴냈는데, 이 책은 '아들에게 보
내는 메시지'였다.[146] 그 열두 살짜리가 자살한 이유 중에는 민족 정체
성에서 느낀 혼란도 있었다. 부인이 넘쳐나던 암흑기에는 끈적거리

는 우울함이 자이니치 아닌 자이니치들을 둘러쌌다.

단일 민족 이데올로기는 일본인과 한민족 양편에 영향을 미쳤다. 자이니치들은 민족 간 결혼에 반대하고 귀화에 저항하고자 순혈이라는 단어를 자주 썼다. 실제로 민족 본질 — '피'로 이어지는 — 에 관한 믿음에는 순수성 추구가 따라왔다. 그러나 두 집단을 나누는 경계선도 부득불 불순물을 남기며, 그런 불순물은 일제강점기 민족 간 결혼부터도 적잖이 생겼다. 박재일은 종전 직후 민족 간 결혼으로 재일 '준準조선인'이 7만에서 8만 명은 생겼다고 추산했는데, 이 숫자는 총 자이니치 인구 중 10%가 넘었다.[147] 이런 순수성 추구가 얼마나 정신을 좀먹는 결과를 낳는지는 진정한 민족 본질을 갖춘, 감소 일로를 걷는 집단 안에서 가장 확연히 드러난다. 총련과 민단 회원 사이에서 같은 민족끼리 하는 결혼은 이러한 맥락에서 문제가 있었다.

이회성 소설 『추방과 자유』(1975)는 본질주의에 있는 이러한 덫을 잘 보여준다. 귀화한 주인공 도키오는 일본 여성과 결혼했다. 도키오는 계속 귀화를 후회하고 다른 민족과 결혼한 결과물, 그러니까 '혼혈' 아들에게 양가감정을 느낀다. 그리고 조선 국적을 다시 찾고 정관 수술을 받을 생각을 한다. 왜 귀화했느냐는 질문에도 '일본의 죄를 고발하려고'라고 대답하고 싶지만, 사실은 동생 취업 때문에 했을 뿐이다. "동생에게 도움만 된다면, 에스키모라도 기꺼이 되었으리라."[148] 도키오는 일본인 아내가 조선인에게 편견이 없다는 사실도 믿지 못하고, 사랑을 표현 ("당신을 사랑해, 도키오 당신이 조선인이어서도, 일본인이어도 아니야")[149] 해도 그것이 아내의 '이상理想'에서 나온 산물이

라고 한다. 완전히 동화되었으면서도 도키오는 여전히 본질주의라는 우리에 갇혀 자신이 지하로 추방당했다고 믿는다. 그리고 민족을 되찾고 지상의 인간地上の人間으로 살아서 이 '터널 맨' 상태인 '추방'을 끝내고자 한다.[150] 앞 장에서도 살펴보았지만, 한국인과 일본인이라는 이러한 이분법은 이회성이 후기 소설에서 추구한 디아스포라 정체성을 불가능하게 만든다.

자이니치와 일본인은 사이에 존재하는 상징적 벽을 더욱 공고히 했다. 김달수나 김석범 등 전후 자이니치 작가들은 일본어를 사용해 열렬한 민족주의, 반일 감정을 부추겼다. 이에 공감한 어느 일본인 평론가는 "'재일 조선인 작가'들이 쓴 일본어 작품은 (…중략…) '일본문학'이 아니다. 이러한 의미에서 김석범이나 고사명, 이회성이 쓴 소설이나 관련 비평이 일본문학 코너에 있다니, 배려가 정말 없는 일이다"[151]라고 했다. 21세기 초에는 이들 작품이 '외국 문학'으로 분류되는 일도 많았다. 도대체 왜 이런 식의 배제 혹은 본질주의가 자이니치 작가를 일본문학 영역에 포함하는 것보다 더 배려 있는 행동이라고 생각했는지가 의문이다. 게다가 자기 이름을 일본식으로 읽어 달라고 명확하게 의사를 표현한 사람들 이름까지 계속 한국식으로 읽었고, 그러다 보니 '긴 가쿠에이'도 '김학영'이 되었다.[152] 무엇보다 여기서는 민족 본질주의 비평, 좀 더 단순하게 말하면 자이니치 정체성이 한민족과 일본인 사이 혹은 그 너머에 있을지도 모른다는 가능성은 찾기 어려워 보인다.

인정의 간지奸智

1940년대에 이미 재일 조선인 중 3분의 1은 조선말을 유창하게 하지 못했다. 이때 벌써 2세대가 생겼기 때문에 1945년 이후에도 일부 조선인은 일본에 남았다. 따라서 당연하게도 종전 직후 자이니치 정치는 민족 교육에서 근로 조건 등 국내, 일본 문제에 초점을 맞출 때가 많았다. 그러나 1950년대 중반, 냉전과 지정학이 최우선이 되면서 자이니치는 일본에서 고국으로 초점을 바꾸었다. 일본 사회에서 제도상 배제와 부인을 당한 자이니치 인구는 귀국을 도모했다. 앞 장에서도 말했지만 유배 상태인 정체성 때문에 자이니치 경험은 이미 1960년대부터, 그리고 1980년대에는 아주 확실하게 오인을 받았다. 1950년대 말 박재일은 남북한으로 돌아가는 자이니치 귀국자들이 이민자로서 가게 되리라 예견한 바 있는데, 실제 경험은 고국과 디아스포라 사이에 존재하는 틈을 확인했다. 현실에서 귀국 경험을 맞이하는 전형적 반응은 소외였다. 동시에, 앞서 보았듯 총련과 민단은 자이니치에게 영향력을 잃는 상황이었다. 부인과 본질주의는 상호 끌림과 경계 침범이라는 불가피한 현실을 마주했고, 이는 민족 간 결혼과 '혼혈'로 명백하게 드러났다. 자이니치 정체성은 한국·조선인이 되느냐 일본인이 되느냐 하는 이분법에서 벗어났다는 사실을, 일본 생활에서 뚜렷한 범주이자 실행 가능한 정체성으로 귀국과 동화를 넘어서는 세 번째 길을 보여주었다.

초기 자이니치 귀속의식은 자이니치문학에서도 엿보인다. 예를 들면 자이니치 2세 작가인 이회성은 전쟁 전 일본에 살던 자기 어머니를 그린 단편소설 「다듬이질 하는 여인砧を打つ女」으로 1971년 권위 있는 아쿠타가와상芥川賞을 수상했다. 1970년경 자이니치문학이 일으킨 '붐'은 다음 장에서 설명할, 내가 자이니치 이데올로기라고 하는 경향을 잘 드러낸다. 자이니치 경험에 제법 독자성이 있기는 했지만, 그래도 김달수의 『현해탄』이든, 김석범의 『화산도』든, 이회성의 『이루지 못할 꿈』이든, 전후 자이니치문학에서 주요 무대는 한반도였다. 아쿠타가와상을 받은 이회성 단편이 확실한 자이니치문학의 기본으로 읽히기는 하지만[153] 이보다 훨씬 앞선 작품이 있었으니, 바로 긴 가쿠에이의 『얼어붙은 입』(1966)이다. 이 작품은 자이니치 작가가 오롯이 일본에서 일어나는 자이니치의 삶을 그린 작품이다. 작품 속 중요한 한 구절에서 고분자화학과 박사 과정생인 주인공은 대학 연구실로 출퇴근하는 길이 한국 관련 책을 읽는 시간이라고 한다. "나는 조선인이면서도 아직 조선어를 이해하지 못한다." 주인공은 그러면서 자신이 일본에서 태어나고 자랐기 때문에 조선인 정체성을 '회복'할 수 없고, 자기 안에 잠들어 있는 조선인 의식을 '각성' 또는 '획득'해야 한다고 말한다.[154] 동시에 "내가 아무리 일본인 같은 얼굴을 하고 일본인 같은 느낌으로 살아가도 결코 일본인이 아니라는 사실을 나는 공부해서 깨닫는다."[155] 일본인도 조선인도 아닌 주인공이 민족 자아를 일깨우려는 노력은 기껏해야 '이상'이지 '진짜 감정'

은 아니다.[156] 진짜 감정은 이것이냐 저것이냐 하는 문제에서 둘 다 아니라는 답을 향해 나아간다.

1960년대에는 긴 가쿠에이 단편 같은 선구적 목소리와 견해, 사건이 많이 등장했다. 비록 부정적이기는 했지만 가장 세상을 놀라게 하고 미래를 예고한 사건은 아마도 1968년 발생한 김희로金嬉老 혹은 스마타쿄寸又峡 사건으로 알려진 범죄일 터이다. 김희로(긴 기로)는 야쿠자 두 명을 총으로 쏘아 죽이고 18여 명을 나흘 가까이 인질로 붙잡았다. '동기'를 밝힐 기회를 주자 김희로는 전국 방송에 대고 인종 차별 이야기를 꺼냈다. 일본이 자행하는 부인을 고발하며 김희로가 낸 이 목소리는 이전에 — 아마 이후까지도 — 나온 어떠한 자이니치 목소리보다 많은 사람에게 닿았다. 김희로는 학교 아이들에게 계속해서 '더럽다', '야만인이다'라는 놀림을 받다가 초등학교를 중퇴했는데, 선생님에게 폭행도 당했다고 한다.[157] 밑바닥 일자리를 전전하고 상습적으로 범죄를 저지르며 불안정한 삶을 살았지만, 감옥에서 김희로는 그리스 철학에서 경제학에 이르기까지 열심히 책을 읽었다.[158] 야쿠자에게 끊임없이 빚 독촉을 받던 김희로는 수금업자는 물론이고 대놓고 인종 차별 발언을 하던 경찰관까지 죽이기로 결심한다. 적어도 나중에 회상하면서 김희로는 "민족 문제를 호소하고 싶었다. (…중략…) 이것이 내 운명이었다"라고 열변을 토한다.[159] 놀랍게도 김희로는 전국 TV 방송에서 경찰 본부장에게 인종 차별 발언 관련 사과를 얻어내는 데 성공한다. 후일 김희로 어머니는 재판에서 이렇게 증언했다. "난 누군가는 그것에 관해 뭐든 해야 된다고 생각했습니다. 그런데 어쩌다 보니 우리 희로가 했지요."[160] '그것'이란 우리가 부인이라고 하는 것, 멸시와 차별을 향해 쌓인 분노라는 뜻이다. 당시 어느 자이니치 남성은 김희로가 한 행동을 두고 이렇게 말했다. "자신을 죽여서 해방시키는 외에는 달리 방법이 없는 지경에 몰렸다."[161]

긴 가쿠에이가 1969년에 쓴 단편 「시선의 벽まなざしの壁」에서 자이니치 주인공은 일본인 애인에게 차이고 교수에게 이민을 가든지 귀국을 하라는 말을 듣고 국적 차이라는 벽에 부닥친다. 그리고 '시선'이 얼마나 깊숙이 침투했는지 깨닫게 된다. 김희로 사건에서 "그 시선은 일본 전역에서 갑자기 나타났고, 그렇게까지 한 곳, 한 사람에게 집중된 적이 없었다."[162] 그는 계속해서 질문을 던진다. "긴 기로(김희로)는 무엇을 쏘려 했을까? 분명 그 시선이리라. 그렇다면 긴 기로는 일본인뿐만 아니라 그 시선을 내면에 받아들인 나 같은 조선인에게도 총을 겨눈 셈이다."[163] 주인공은 김희로가 한 행동이 '정당한 저항'이라고 결론 내리고 편리하게 '그 시선을 두려워하며 겁을 먹고 도망치는' 자신과 비교한다.[164] 김희로가 '그 시선' 자체를 쏘려 했다고 믿는 사람은 김희로의 어머니나 긴 가쿠에이의 주인공만이 아니었다. 김희로 변호인단은 일본 제국주의 만행은 물론 대중 매체와 경찰, 그러니까 일본 사회 전체에 남은 제국주의 잔재를 강조했다. "이 사건은 일본 국가·사회가 조선을 대상으로 저지른 범죄 때문에 생긴 '민족 문제'이다."[165] 김희로 사건으로 언론도 오랫동안 무시당한 자이니치 문제를 부득불 집중 조명했다. 자이니치 중에는 김희로가 겪은 역경에 깊이 공감하는 사람도 많았다.[166] 그러나 민단도 총련도

이 사건을 수치로 여겼고, 이는 민족 현실과 조직 이데올로기 사이에 존재하는 간극을 드러냈다.[167]

사실 김희로 사건을 알리는 조짐도 있었다. 바로 고마쓰가와 사건이다. 1958년, 18세 청년 이진우가 여성 두 명을 강간, 살인했다는 죄목으로 기소되었고 4년 후 처형당했다. 이진우가 정말로 유죄였는지는 확실하지 않지만, 자이니치판 비거 토머스(리처드 라이트Richard Wright 소설 『미국의 아들Native Son』 주인공. 우발적으로 상류층 백인 여성을 살해하고 백인 경찰과 자경단에게 쫓기는 흑인 청년으로, 소설에서 쫓기는 동안 가난과 피부색, 백인 세계와의 관계를 통찰한다—옮긴이)가 되었음은 확실하다. 관동 대학살 35주년에 체포된 이진우는 조선인에게 범죄 성향이 있다는 굳은 편견에 사로잡힌 경찰과 사법부, 대중 매체를 마주했다. 김희로처럼 이진우도 가난하게 자랐고 공동체에서 지원을 받지 못한 채 차별을 겪었다. 재일 조선인들은 대부분 이진우가 죄를 저지른 이유가 민족 교육을 제대로 받지 못한 탓이라고 했다.[168] 김희로 사건 때와 마찬가지로 주요 민족 단체들은 이 수치스러운 조선 청년과 거리를 두었다. 이진우와 서신을 주고받던 박수남朴壽南은 연락을 계속한다는 이유로 1962년 총련에서 제명되었다.[169] 이진우는 세계문학 작품을 훔치던 독학가였고, 자신이 카뮈의 주인공 뫼르소처럼 동기 없는 살인자라고 했다. 이에 어느 일본인 불문학자는 이진우를 '일본의 주네Genet (밑바닥 인생을 전전하다 프랑스 실존주의 작가가 된 장 주네를 말한다—옮긴이)'라고 했다.[170]

이진우는 작가들과 지식인들이 인기 문학 작품과 주제 속에 쓰던 그 흔한 부유하는 기표floating signifier였다.[171] 가톨릭으로 개종하고 또 '빈곤'도 '민족'도 자기 범죄를 설명하지 못한다고 본인이 주장했는데도,[172] 한국학자 하타다 이사오旗田巍가 내세운 종족·민족 환원주의 —"이진우가 저지른 범죄는 자이니치 운명의 축소판이라 할 수 있다"[173] —는 이 사건을 보는 보편적 견해를 간단히 말해준다. 마찬가지로 야마무라 마사아키의 자살 역시 귀화 자이니치가 일본인과 조선인 모두에게 배제된 결과라고 환원됐지만, 사실 마사아키는 자살 전 남긴 유언에서 가난과 불평등, '비인간적 교육', 그리고 혁명적 마르크스주의파의 '폭력적 지배'를 확실하게 비판했다.[174] 이 비극적 사건들이 '민족 교훈'으로서 끼친 영향은 1960년대 전반에 서서히 스며 나왔다. 1972년 어느 자이니치 남성은 민족 신문에 이렇게 썼다. "이진우 사건이 일어났을 때 우리 비밀이 파헤쳐진 듯 화들짝 놀랐고, 그 다음에는 이진우가 '조선인'이라서 살인을 하고 '조선인'이라서 처형당했다고 직관적으로 생각했다."[175] 일본 대중은 당시 고마쓰가와 사건을 부인의 결과로 해석할 준비가 되지 않았지만, 이는 후일 김희로 사건처럼 조선인이 무력함을 부정적으로 표출하는 방식이 되었다.

세상을 놀라게 한 이러한 폭력은 자이니치가 처한 상황에 가망 —출구 —이 없음을 실증했지만, 그래도 10년 간격으로 벌어진 두 사건이 일부 일본인과 상당수 자이니치를 뒤흔들어 일본 사회에서 자이니치가 처한 문제투성이 지위를 두고 고민하고 행동하게 만들었다고 해도 과언은 아닐 터이다. 두 사건에서 다른 점은 김희로 사건에서는 자이니치와 일본인들이 동원되어 사형 선고만은 모면하게 한 데 있었다. 이 사건들이 자이니치 집단에 미친 영향은 매우 깊었다. 서승은 1972년에 간첩단 재판 중 한 증언에서 이 두 사건이 '재일 교포 사회의 생활 혹은 실태에 존재하는 모순점을 하나로 집약해 표현'[176]했다고 언급했다. 이들은 자이니치 정체성을 분명히 표현했다. 자신의 적법성을 부인하는 사회를 향해 살기등등한 분노로, 부정적으로 표현했지만 말이다. 두 자이니치 범법자들이 언어와 공동체를 빼앗겼다는 점도 우연이 아니다. 둘 다 한국말은 하지 못했고, 민족 단체와 유대 관계도 지속하지 못했다. 이러한 상황을 보면 독일어를 하는 유대인들이 생각난다. 파울 첼란Paul Celan은 이들이 '무시무시한 귀먹음을 겪고, 죽음을 전하는 언어의 수천 가지 암흑을 경험'해야 했다고 표현했다.[177] 이진우와 김희로 모두 감옥에서 한글을 익히려고 했다. 부인당하며 타들어간 이 영혼들이 표출한 불안한 격정은 자이니치와 일본 사회 전반을 동요시켰지만, 개별 범죄 행위 자체는 문턱을 넘어서 민족 승인과 인정을 얻어내지 못했다. 이렇게 표출된 격한 감정은 1970년대에 들어서야 보다 긍정적으로 발화하고 민족 인정도 교묘히 기대하게 되었다.

당시 보도할 만한 사건은 김희로가 벌인 총격·납치와 향후 재판만이 아니었다. 1969년에는 한 교사가 차별적 언어를 사용했다며 — 어느 학생에게 '불량배与太者'라고 했다 — 자이니치 고등학생들이 항의 운동을 벌였고, 그러면서 자이니치 자긍심을 확인하고 한국·조선식 이름을 사용하기로 했다.[178] 다음 해에는 야마무라가 자살했다.

이회성은 김희로와 야마무라 사이에 있는 접점을 자이니치 억압이라는 문제로 본다.[179]

무엇보다 1970년에는 박종석이 조선인이라는 이유로 채용이 취소된 사실을 알고 히타치를 고소했다. 그리고 1974년에는 재판에서 이겼다.[180] 지금 뒤돌아보면 매우 놀라운 점은 박종석이 전개한 투쟁에 총련이 보인 적대감이다. 조선인 체류자가 무엇 때문에 일본 내 고용차별을 걱정한다는 말인가? 일본에 영원히 머물 뜻이 있는 사람만이 박종석의 대의명분을 지지할 터였다. 어느 자이니치 청년 지도자는 "우리가 사는 곳은 여기 일본입니다. (…중략…) 그리고 우리는 자이니치를 강조해야 합니다"라고 말해 연장자들을 분노케 했다.[181] 청년 단체도 이 발언이 동화주의라며 사퇴를 요구했다고 한다. 히타치 사건은 향후 10여 년간 법정 소송을 벌일 길을 열었다. 자이니치에게는 미국 민권 운동 시기에 해당하는 시절이었던 셈이다. 나중에 보겠지만, 자이니치 집단과 지지자들은 종전 직후 잃은 사회·공민·정치적 시민권을 회복하는 놀라운 법정 승리를 연달아 일궈냈다.

그러니까 1960년대 말에 자이니치 개인들은 재일 한민족으로서 느끼는 불만을 분명히 표현했다. 일부는 프란츠 파농Frantz Fanon이나 말콤 엑스Malcolm X 같은 사람에게 영감을 얻어 민족 부인 문제를 명백히 하고 근절하려 했다.[182] 이진우와 서신을 교환한 박수남은 자이니치 투쟁과 프랑스 알제리인 투쟁을 비교했다. 파농이 '반反프랑스인'이듯, 자이니치는 '반反일본인'이었다. 따라서 "우리에게 파농은 형제 같다".[183] 그리고 자이니치가 처한 상황을 미국 흑인이 처한 상황과도 비교한다. 다시 말해 박수남은 자이니치라는 개념이 억압받는 '제3세계'라고 요약한다.[184] 이와는 완전히 다른 관점에서, 관료인 사카나카 히데노리坂中英德는 1977년에 이렇게 말했다. "재일 조선인은 오늘날 법률상 '외국인'이지만 사실상 '준準일본인'이라고 해야 할 존재다. 앞으로 일본화가 더 되면 '조선계 일본인(국민)'이라고 불러야 할 존재가 될 터이다."[185] 1969년, 교토대학 교수인 이이누마 지로飯沼次郎는 이미 재일 조선인에게는 귀국(남북한)도 귀화(일본)도 아닌, 단일민족주의관을 벗은 '제3의 길'이 필요하다고 주장했다.[186] 긴 가쿠에이도 이러한 중요한 통찰을 심오한 선견지명으로 표현하면서 1960년대에 젊은 자이니치들은 '잃을 만한 민족의식, 민족 주체성이 없다'고 했다.[187] 남북한과 일본 양쪽에서 받은 영향과 정체성이 존재하고 사라지지 않아서 자이니치는 억지로 어느 한 쪽이 될 수 없었다. 자이니치는 '진정한 해방'을 가능하게 하는 특수한 위치 ─"그 시선 양쪽에 존재하는 그는 이 사실을 이해한다"[188] ─를 점유한다. 이 단편에 나오는 자이니치 주인공이 결론을 내리듯, "일본에서 태어나고, 일본에서 교육받고, 일본 환경에서 살고, 나는 앞으로도 내가 살 이곳, 내 안에 있는 일본에서 도망칠 수 없다. 나는 조선인도 일본인도 아닌 인간, 혹은 조선인이면서 일본인인 인간으로서 내 운명에서 도망칠 수 없다."[189]

이렇게 개인들이 보이던 여러 전조는 1970년대에 집단으로 표현된다. 동화가 진척되면서 민족 정체성이 발휘되었다. 1세대가 고국 정치에 관심을 두었다면, 2~3세대는 일본 내 삶에 관심을 더 두었다.

탈참여disengagement로 부인을 회피할 수도 있지만, 인정은 오로지 참여로만 얻을 수 있다. 게다가 1970년대에는 민단이 남한 독재 정권을 지지하고 총련이 북한 관료주의 중앙집권 제도를 무작정 지지하면서 눈에 띄게 불만이 표출되었다. 이들 단체를 대신해 새로운 사회 운동과 지적 흐름이 민족 동원을 독려했다. 이에 대응해 예를 들면 민단은 1970년대 중반 자이니치 집단의 권익을 증진하려는 노력을 하면서[190] 재일 한국인 권리와 편익을 촉구하는 '차별 백서'를 편찬했다.[191] 총련도 뒤늦게, 1980년대 초반에 재일 조선인 세부 실태에 얼마간 관심을 보였다.[192] 다음 장에서도 살펴보겠지만, 자이니치 인정을 촉구하는 가장 강력한 목소리는 총련에 불만을 품은 회원들이 냈다. 그러나 이러한 행동들도 자이니치가 주요 민족 단체들이나 남북한을 버리는 현상을 막지는 못했다. 상당수 자이니치는 자신이 분단에서 독립했고 분단을 넘어섰다고 믿었다. 이회성은 1974년에 『북이기도 하고 남이기도 한 나의 조국北であれ南であれ我が祖国』을 펴냈다. 서경식은 개인과 민족을 일본에서 해방시키려 하면서 이회성이 느낀 감정을 다음과 같이 반영했다. "남한도 북한도 다 고국이다."[193] 1978년에 박수남은 '(자이니치) 존재에 이중성'이 있다고 쓴다.[194] 그 20여 년 전만해도 이진우에게 종족·민족의식을 불어넣으려고 했으면서 말이다. "우리가 '일본인도 아니'고 '한국인도 아니'라면, 우리는 '일본인'이면서 '한국인'이다." 남과 북을 넘어 한국인도 일본인도 아닌 상태. 자이니치 정체성은 거기에 기원이 있다.

어느 자이니치 대학원생이 김일성은 세계 역사 흐름에서 빗나간

인물이라고 한 적이 있다. 이성의 간지가 되기는커녕, 김일성은 북한을 자본주의 세계 체제의 변증법적 현실에서 궤도 밖으로 던져버렸다는 말이었다. 독서도 많이 하고 교양도 많이 쌓은 자이니치 지식인답게 분명히 표현한 매우 흥미로운 논지이다. 이 말에 개연성이 있든 없든, 1960년대 자이니치 지식인 중 고국 지향성의 종말을 예견한 사람은 거의 없다고 해야 옳다. 그리고 남북한 실상과 접촉하면서 새로운 정체성이 — 교묘하게든 아니든 — 뒤얽히고 태어나게 되었다는 사실도 대단히 역설적이다. 다음 장에서는 이 간지奸智, cunning — 일본어에서 '커닝'은 '베끼기'나 완곡하게 '모방'을 뜻하기도 한다 — 가 구체적으로 표현되면서 어떻게 민족의 자기 인정으로 나타났는지 살펴본다. 자이니치에게 일본에서 사는 삶은 절박과 절망이라는 외길처럼 보였지만, 사실 그 삶은 자이니치 긍정과 귀속의식, 심지어 번영까지 포함하는 이질적이고 열린 여러 갈래 길이었다.

인정

　가네시로 가즈키 작품 『고^{GO}』(2000)에서 주인공 스기하라는 공산
주의자에 북한 국적인 아버지와 일본의 조선 식민지 지배, 하와이 여
행이 소원인 가족 이야기로 소설을 시작한다. 하와이 여행은 국적을
북한에서 남한으로 바꿔야(그리고 총련 회원에서 민단 회원이 되어야) 가능
한 일이다. 소설 첫 다섯 쪽은 이 책을 포함해 일본과 자이니치 작가
들이 수없이 되풀이한 내용이지만, 그런 이야기가 인기 소설이 되리
라고 상상한 사람은 아무도 없으리라. 스기하라는 브루스 스프링스
틴 노래 〈본 인 더 유에스에이^{Born in the U.S.A.}〉를 따라 부르면서 — 스
프링스틴은 가난한 집에서 자랐지만 자기 집은 잘 산다고 생각하면
서 — 후렴구를 '본 인 재팬'으로 바꾼다.

박식하지만 폭력도 잘 쓰는 스기하라는 개인주의가 강하고 권위주의에 반항한다. 흔히 말하는, 망치로 때렸어야 할 튀어나온 못이다. 1960년대와 1970년대에 자이니치는 그저 진지하고 고통당할 뿐이었고, 경멸감을 담은 속어로 표현하면 '구렸다ﾀﾞｻｲ'. 자이니치라는 지기 어려운 짐은 자이니치 인생 역정과 담론에 정신적 외상을 입혔다. 그런데 가네시로가 쓴 글과 주인공은 현대 일본문화에서 두드러지게 '멋진ｶｯｺいい' 모습을 보여주었다.

1년 후 영화로도 찬사를 받은 가네시로 소설은 자이니치가 수십 년에 걸쳐 겪은 정체성 문제를 핵심으로 두고 민족 문제를 마무리한다. 개인은 때로 실존주의적, 존재론적 질문을 숙고할 수밖에 없다. "나는 누구인가?" "나는 어디에서 왔는가?" "나는 어디로 가는가?" 내가 『현대인족Modern Peoplehood』에서도 이야기했지만, 이러한 질문은 본질상 해결 불가능하다.[1] 오직 죽은 자만이 명확함이라는 포부를 품을 수 있겠으나, 죽은 자는 어차피 자기주장을 못하니 그러한 포부도 배제할 수밖에 없다. 게다가 어떤 인생을 제대로 서술하려면 최소한 빅토리아 시대 3부작 소설 정도 분량은 나와야 하는데(또한 아무리 긴 회고록이나 전기에서도 가장 중요한 문제는 빠질 때가 많다), 독자들은 대개 간결함을 요구한다. 인생은 길고, 예술은 짧다. 정체성 문제가 해결 불가능할지도 모른다는 사실은 문제를 더욱 절박하게 할 따름이고, 사회에서 자리를 위협당하고 자기 소유물이 불안정해진 사람들에게 이러한 문제는 더욱 시급하다. 스스로 인정하고 타인에게 인정받기 위해 투쟁하는 동안 영혼은 그늘 속에서 조바심친다. 최종 임무가 사적인 것의 표현인데도 자아는 집단 범주와 공공 담론에 호소한다. 어떤 종족·민족 집단 소속임이 법적으로도 꼭 필요하고 감정적으로도 필수불가결한 현대인족 시대에 현존하는 민족들이 정체성 주장에서 주요 술어들이라고 해도 놀랄 일은 아니다. 전후 자이니치에게 남은 타당한 가능성은 세 가지, 조선인, 한국인 아니면 일본인이었다. 귀국은 개연성이 없었고, 귀화는 장애물에 부닥쳤고, 민족주의는 당연했기 때문에 다른 해결책들은 정치적으로 실행 불가능하게 보이거나 개념상 변칙처럼 보였다. 앞 장에서도 주장했지만, 자이니치 정체성은 자이니치 집단이 고국 분단과 남북한—일본이라는 이진법을 초월하면서 생겨났다.

정체성에 불가피하게 존재하는 불안정성과 복잡성 때문에 역설적으로 민족 원리주의 표현, 즉 민족 배경이 개인에 관한 심오하고 의미 있는 진실을 드러낸다는 생각도 나왔다. 개인 인족 배경은 아무 상관도 없다고 하면 오히려 별난 생각이다. 국가와 민족과 삶은 자아를 만들었고, 이 자아에서 그 어떠한 표현도 국가와 민족과 삶을 지울 수는 없다. 부인당한 자들은 부인이라는 조건 때문에 그 원인이면서 의심할 여지없이 경멸스러운 속성들을 뒤집어 이들을 투쟁 자체라는 기억, 인정이라는 본질주의 틀로 확실히 하려고 든다. 이렇게 투쟁 그 자체라는 기억으로 만들면 회상으로 끌어내고 복송한, 역사와 해방을 위한 투쟁이 남는다. 게다가 일본이 한민족을 부인하면서 이들을 전체로 보았듯이, 한민족도 자기 인정을 하면서 스스로 전체로 본다. 물론 실제 판단들은 완전히 대척점에 있지만 말이다. 따라서 강제 징용 역사나 차별 실태 등, 자이니치 이데올로기를 구성하는 본질적 '자이니치성Zainichi-ness', 그러니까 일본에서 당한 부인의 이면과 자이니치 정체성 문제를 푸는 일반적 해결책을 얕고 장황하게 설명하는 자이니치들도 있다.

단순한 고정 관념 추구, 그러니까 확실성과 확신을 바라는 욕구는 사회과학자들에게도 흔하다. 자이니치를 주제로 가장 고민하며 내놓은 영어권 사회과학 연구에서 정체성이라는 구속복이 어떻게 등장하는지 한번 보자. 조지 드보스George De Vos와 이창수Changsoo Lee는 재일 한민족이 '어떤 목적에 헌신할 때 훨씬 갈등을 느끼는 성향이 있다'[2]면서도, 바로 몇 쪽 앞[3]에서는 '재일 한민족은 (…중략…) 흑인 미국인 집단(…중략…)과 크게 다르지 않은 민족 통합으로 현 상태에 대응했다'는 주장도 내놓았다. 또 다른 부분[4]에서는 이렇게 썼다. "한민족 정체성 유지는 언제나 책임감과 죄의식의 추정 혹은 회피를 놓고 어느 정도 갈등한다는 의미이다." 그런데 이러한 주장은 사실 어느 집단에나 적용 가능하다. 상반되는 주장과 지루한 보편화를 넘어, 두 저자는 또 다음과 같이 말한다.[5] "가족 관계 자체는 공격적 이탈, 소리 없는 좌절, 빠져나갈 수 없는 수치라는 굴레가 된다. 가족은 안식처가 아니라 소외의 장소이다." 가족 내 소외가 흔한 일이라고 하려면 시인 필립 라킨Philip Larkin을 인용해도 될 텐데 ― "그들이 네 신세를 조졌지, 네 엄마 아빠 말이야 / 그럴 생각은 아니었을지 몰라도 그랬다고"[6] ― 두 저자는 자이니치에게만 이 구체적 속성이 있다고 무작정 주장한다.

자이니치 정체성은 두 가지 보편적 이진법을 초월하는 데 그 가능 조건이 있었다. 귀국(유배) 또는 귀화(동화) 중 하나를 냉정하게 선택하고, 남북한 중 한 곳에 충성을 바친다는 이진법 말이다. 다시 말해 재일 한민족은 일본을 유배지가 아니라 집으로 보았고, 스스로를 일관성 있는 독립체로 인식했다. 일종의 디아스포라 민족주의로서 자이니치 이데올로기는 정확히 구체화 시점에 균열되었다.

추상적 보편주의와 그 불만

자이니치 2, 3세는 어느 면에서 보나 일본인이었지만, 일반 일본 사회는 이들을 사회구성원으로 인정하지 않았다. 또 2장에서 보았듯 북한이나 남한으로 돌아가 유배자 지위를 무효화한 자이니치도 일부 있었지만, 귀국은 다수에게 실행 가능한 선택이 아니었다. 북미 등 외국으로 떠난 사람들도 있었지만, 이는 재산이나 기술, 비범한 의지가 있는 극소수에 한정된 길이었다. 그런데 준비된 해결책이 하나 더 있었다. 바로 종족·민족 분류를 초월하고 개인이 본질적 인간성을 주장하는 것이었다.

1970년대에는 1960년대의 민족주의, 고국 지향 담론과 1980년대의 명확한 자이니치 지향 담론을 잇는 수많은 발언이 나왔다. 히타치

고용차별 소송 중 박종석은 최후 증언에서 자신은 재판 결과와 상관없이 최대 수혜자라고 결론을 내린다. "히타치는 저 자신이 (…중략…) 인간성을 회복하고 살아가도록 해주었기 때문입니다. 그래서 저는 이미 승리했다고 생각합니다."[7] 자이니치 작가 고사명은 일본 식민 지배 체제에서 산 고통스러운 삶을 기술하고, 삶의 의미와 어떻게 살 것인가라는 추상적 질문을 던진다.[8] 고사명이 내놓는 답은 마르크시즘에서 불교로 바뀌지만, 두 해결책 모두 추상적, 보편적 사고를 보여준다. 1976년에 일본 이름 대신 한국 이름을 쓰는 자기 사례를 논하면서도 고사명은 거창하게 이렇게 말할 뿐이다. "진짜 이름, 한국 이름을 쓰기란 매우 어려운 일이다. 그러나 오늘날 평화는 그 어려움을 극복하는 데 달려 있다."[9] 21세기 저명 자이니치 지식인 강상중은 1970년대에 막스 베버 사회 이론으로 박사 과정 논문을 썼는데, 거기에는 자아를 이해하려는 이유도 있었다고 한다. 김태명金泰明은 자이니치 정치 권리 연구에서 추상적 정치 철학을 사용한다.[10] 그보다 앞선 1950년대에 강간, 살인 혐의를 받은 이진우는 위로와 구원을 얻고자 기독교에 의지했고, 또 반세기 뒤 현순혜는 책 제목을『나의 조국은 세계입니다私の祖国は世界です』라고 붙였다.[11] 이러한 예는 얼마든지 있다.

전후 일본, 특히 진보 지식인 사이에서는 유럽에서 온 추상·보편적 인문주의 개념이 만연했다. 특히 H. G. 웰즈H. G.Wells나 아놀드 토인비Arnold Toynbee가 펼친 세계주의 비전이 독자층을 파고들었다. 공산주의는 평등주의는 물론 세계주의 때문에도 매력이 있었다. 에스페

란토어 열풍이 널리 퍼지고 국제 연합이 널리 존경을 받은 사례들 역시 국제와 보편을 추구하는 일본인 고유 성향을 보여준다. 추상적 보편주의는 기다렸다는 듯이 일본식 개별주의를 반격했다. 유적 존재 類的存在, species-being라는 추상적 비전을 명확히 표현하면 개별주의를 아예 부정하거나 본질주의 정신을 최대한 숭고한 수준으로 승화시킨다는 뜻이었다.

추상적 보편주의는 현실 정치와 일상에도 존재할 여지가 있다. 이는 구체적·개별적 현실을 생략하여 법과 사회 제도를 철저히 바꿀 수 있다. 일본 헌법 제14조 — "모든 국민은 법아래 평등하며, 인종·신조·성별·사회적 신분·가문에 따라 정치, 경제 또는 사회관계에서 차별을 받지 아니한다" — 를 조문 그대로 적용했다면 한국·조선인들도 소송과 로비, 시위와 항의로 얻어내려고 투쟁하던 권리와 대책을 애초에 다 얻었을 터이다. 인권 보호나 모든 차별 철폐에 헌신한 사람들은 자이니치 집단을 위해서도 권리와 기회 확대 노력을 기울였다. "재일 조선인 인권을 보호하려는 투쟁은 동시에 우리 일본인 인권과 민주주의를 보호하려는 투쟁이기도 하다."[12] 재일 한국·조선인에게 국민연금을 지급하려는 시도에서는 국적에 따른 차별에 불법성이 있다는 사실에 집중했다.[13] 이들 지지자들이 자이니치 인구의 복잡성을 무시하는 경향은 있었지만, 권리와 반反차별 담론은 재일 한민족에게 기회와 각종 대책을 주는 데 성공했다.

그러나 추상적 보편주의 사고에 존재하는 심각한 오류가 바로 이러한 구체 개별성의 삭제다. 일반, 포괄 인권 또는 반차별 주장에서는 자이니치가 처한 상황을 일본에 온 지 얼마 안 되는 한국 학생이나 백인 미국인 기업 임원이 처한 상황에 통합시키고 만다. 역사의 축적된 무게 — 꼭 일본 식민주의가 아니어도 부인하는 사회 속에서 개인 일생이 얽힌 관계 — 때문에 (어쩌면) 같은 민족 집단을 놓고도 동일한 해결책은 불가능하다. 뉴커머에게 열려 있는 귀국이라는 선택은 자이니치에게는 실행 가능하지도, 만족스럽지도 않았다. 일본어를 잘한다는 칭찬은 온 지 얼마 안 된 한국 이민자에게는 관대한 태도지만, 자이니치 3세에게는 모욕일 뿐이다.

개별주의 범주를 다 회피하자는 생각도 솔깃하다. 민족 인정의 정치에는 민족 범주들을 물화할 위험이 있다. 우리는 소외된 인족 범주에서 자신을 해방해야 하지 않을까? 보편주의 이상과 세계주의 관심사도 손짓을 하지만, 이들 역시 현실 투쟁이 없다면 실현 불가능하다.

추상적 보편을 추구하면 공허한 형식주의에 빠질 위험이 있고, 이는 단일 민족 담론과 수동적 인종주의 현상을 재생산한다. 일본 학생들에게 피차별 집단 구성원과 결혼할 생각이 있는지 묻자, 대부분은 그러겠다고 답했다. 그러나 일본 사회에 만연한 차별과 민족 간 결혼에 따르는 어려움을 다룬 영상을 보여준 뒤에 그러겠다는 응답자는 극소수였다. 사람들은 과거와 현재 벌어지는 차별의 원인과 결과를 이해하지 않은 채, 그저 축적된 불평등과 부인 경험에 입각한 상식에 따르려고 한다. 이들은 인종주의 사상을 적극 수용하지는 않지만, 통용되는 인종주의 관행에 대항할 바탕도 부족하다. 수동적 인종주의에 정반대되는 것이 행세라는 불안한 삶이다. 일본 시민이 된 자이니치는 계속해서 한민족 혈통이 발각될까 두려워하며 살지도 모른다. 경찰은 국적 등 귀속 특성을 무시하라는 훈련을 받지만,[14] 그래도 자이니치를 괴롭힐 때가 많았다. 아무리 의도가 좋아도 추상 보편주의는 결국 단일 민족 이데올로기라는 추상 개별주의와 차별 관행이라는 구체 개별주의를 굳혀 영속하게 한다.

아무리 보편적 인권과 존엄성이라는 이데올로기를 마음으로 받아들였어도, 선의가 있는 일본인들조차 단일 민족 일본이라는 담론과 관행을 반복하고 재연했다. 문학 평론가 아키야마 슌秋山駿은 1958년 고마쓰가와 사건과 1968년 김희로 사건을 다루면서도 끝끝내 민족을 무시했고, 대신 카뮈나 도스토예프스키, 스탕달 소설에 나오는 범죄자들에 비추어 — 재일 조선인이 저질렀기 때문에 세상을 떠들썩하게 했는데도 — 이들 범죄를 분석한다.[15] 맹인은 코끼리를 만져도 코끼리인 줄 모르지만, 그렇다고 해서 코끼리가 없어지지는 않는다. 이회성 소설 주인공은 조선과 일본이라는 구분이 중요하지 않다는 주장에 이렇게 반응한다.[16] "지금 내가 조선인이라는 주체성 없이 인간의 모습을 할 수 있는가?" 이러한 면에서 일본 사회과학의 단점을 살펴보자. 무려 700쪽에 걸쳐 현대 일본 사회를 다룬 어느 책에는 일본 내 소수 민족 언급이 한 마디도 없다.[17] 진보 사회학자 미타 무네스케見田宗介도 마찬가지로 민족 문제를 피한다.[18] 1980년대에 포스트모던 학자들과 탈식민주의 학자들이 국가와 민족 문제를 되살렸을 때도, 일부 일본 학자들은 저작물에 가타카나(외국어에 사용하는 문자)로 '네이션nation', '에스니시티ethnicity'라고 표기하면서 고유어인 국가国家

나 민족民族이라는 말을 사용하지도, 일본에 실존하는 소수 민족 분석을 넣지도 않았다.[19] 이러한 정신 자세의 귀류법은 일본 사회 속 다민족 구성을 다루면서도 일본 민족이 아닌 집단은 전혀 다루지 않는 책이 되어 나타난다.[20]

그저 더 숭고한 이상에 호소하기만 해서는 부인을 극복할 수 없다. 때 묻지 않은 이상이라는 장밋빛 유리 덮개 밑에는 멸시와 차별이라는 잔혹한 사례가 확산하고 번성할 가능성이 있다. 일본인 친구나 연인이 좋은 의도에서 종족·민족 정체성의 중요성을 부인하면, 자이니치는 정해진 듯 그 정체성이 중요하다고 답한다. 떠들썩한 이상주의는 민족이라는 밀실을 지켰다. 이회성 소설 『지상생활자地上生活者』(2005) 주인공은 이렇게 말한다. "내면세계를 그렇게 완벽히 자신만 알도록 숨긴 사람은 아마 아무도 없으리라."[21] 아마 추상적 보편으로 만든 허구 세계에서 자신은 물론 타인과도 건너지 못할 거리를 유지했을 다수 자이니치 청소년들도 같은 주장을 할지 모른다. 척박한 환경에서 생존하고 번성하기에 고매한 이상은 너무 멀건 죽 같았다. 앞서 살펴보았듯, 귀화 자이니치인 야마무라 마사아키는 보편 공동체를 약속하는 기독교를 수용했지만, 그 신앙으로도 자신을 지탱하지 못해 결국 자살하고 말았다.[22] 아라이 쇼케이新井将敬는 전후 자이니치 가운데 아마 가장 높은 지위에 오른 인물일 텐데, 귀화자로는 전후 최초로 일본 중의원에 진출했다. 명문 도쿄대를 졸업하고 역시 명문 부서인 대장성大蔵省 관료직에 오른 아라이는 전형적 일본 엘리트였다. 그런데도 한민족 혈통이라는 소문이나 빈정거리는 인종주의 발언에서 벗어날 길은 없었다. 아라이는 부패 추문에 휘말려 1998년에 자살했다. 논평가들은 대부분 이 자살을 인종 차별, 사회적 고립과 연결시켰다.[23] 그의 부친은 이렇게 말했다. "우리는 뿌리 없는 잡초다. 우리에게는 고향이 없다. 조국도 없다. 그래서 내 아들은 자기가 자란 일본을 사랑했다. 진심으로 사랑했다."[24] 최소한 목적론 관점에서 그 사랑은 짝사랑이었다.

　민족 범주들이 소외되고 개별주의라고는 해도, 없어지기를 바랄 노릇도 아니다. 유배 정체성이나 행세는 탈참여를 시사하므로 탈참여도 부인하는 문화에 도전하지 못했다. 보편주의도 행세도 성공 가능한 해결책은 아니었다. 자이니치는 근본적 인간성을 마냥 부인하지도, 재일 한민족을 아예 제도로 부인하는 사회에서 일본인으로 살지도 못했다. 앞 장에서도 주장했지만, 이진우나 김희로가 저지른 범죄 같은 우발적 개인행동도 다수의 양심을 찌르고 소수의 혼을 동요시켰다. 인정을 받으려면 참여가 필요했다. 상호 무시라는 잔인한 광채를 상호 인정이라는 따사롭고 은은한 빛으로 바꾸기 위해서 말이다.

고국에서 디아스포라로

『계간 삼천리』

디아스포라 관심사와 정체성 문제는 1970년대 말 한민족 지식인 사이에서 고국 문제와 지정학 문제를 대체했다. 총련과 민단, 북한과 남한을 거부한다는 점에서 『계간 삼천리』(삼천리는 한반도의 길이를 의미한다)는 자이니치 잡지 『마당』과 창간 동기가 같았다. 『마당』은 조금 더 일찍, 1973년에 창간했지만 6호 만에 폐간되었다.[25] 1977년에는 자이니치 전문 학술지 『재일 조선인사 연구在日朝鮮人史研究』 창간호도 나왔다. 그러나 여기에서는 1975년 창간해 1987년 50호로 폐간한 『계간 삼천리』를 대표 자이니치 잡지로 보겠다.

김석범은 『계간 삼천리』가 조선과 일본 간 '상호 이해와 연대를 도모'하고자 창간되었고, 일본에서 인기를 끌던 '일반 문예지' 형태였다고 한다. "총련 조직의 경직된 관료주의를 향한 비판이 우리 기본 자세였다."[26] 김석범 외에도 창간 편집 위원으로는 강재언姜在彦, 김달수, 박경식, 윤학준尹学準, 이진희李進熙, 이철李哲 등 저명한 진보 자이니치 지식인들이 있었다. 이 잡지는 총련과 결별했으면서도 총련과 북한 체제에 관해서는 대개 침묵을 지켰다. 반면 보수 일본과 한국, 미국 정부는 줄곧 비판했다. 창간호 필진 — 히다카 로쿠로日高六郎, 쓰루미 슌스케鶴見俊輔, 와다 하루키和田春樹 — 에서도 뚜렷하지만, 『계간 삼천리』는 일본 진보 지식인으로 무장했다. 창간호는 한국 반체제 시인 김지하金芝河 특집이었는데, 당시 김지하는 박정희 군부 독재 정권에서 사형 선고를 받은 상태였다.

이 잡지에서 놀라운 점은, 북한 관련 기사 부재보다도 오히려 일본 내 한민족 디아스포라에 거의 주의를 기울이지 않았다는 데 있다. 박경식이 재일 조선인 운동사를 연재하기는 했지만 이 기고가 유일한 예외였다. "오늘날 재일 동포 중 70%는 일본에서 태어난 2, 3세대이다. 이들 사이에는 '재일 조선인', 그러니까 일본 내 소수 민족이 되려는 경향이 있는 듯하다. (…중략…) 나는 그러한 관점에는 동의할 수 없다."[27] 박경식에게 재일 조선인 운동이란 한반도에 사는 한민족 이야기이지, 일본에 사는 디아스포라 인구 집단 이야기가 아니었다. 박경식은 한반도 통일이라는 최종 목표를 벗어나는 견해는 모두 거부한다. 호당 200~250쪽에 달하는 잡지는 고대 한반도문화와 역사, 한일 정치·문화 관계에 지면 대부분을 할애했다.

잡지는 제8호(1976년 겨울호)에서 처음으로 재일 조선인을 집중 조명했는데, 한민족 상공인 현황이나 재일 조선인 역사 개관 등을 다루었다. 그러나 보다 주목할 만한 내용은 21세에서 33세 사이 2세대 자이니치들이 참여한 좌담회였다.[28] 이들이 사는 삶은 어쩔 수 없이 일본 사회로 녹아드는 모습을 실제 사례로 보여준다. 2세들은 고국 정치가 아니라 자이니치로 사는 문제들을 논한다. 대학생인 토론자는 인종 편견 연구에 참여 중이고, 의사인 토론자는 한국 이름을 사용하기로 결정했다고 한다. 이들은 한국 방문 경험을 이야기할 때도 자기 소속은 자이니치라고 인식한다. 대학생은 "한국인이 되려고 서울에 가서 공부했지만, 거부당했다. (…중략…) 그리고 나는 일본으로 돌아왔다"라고 한다.[29] 비슷한 맥락에서 의사도 이렇게 말한다. "한국에 사는 사람들은 우리를 손님으로 본다는 느낌을 받았다."[30] 그 뒤 좌담회 주제는 일본 사회 속 차별과 부모와 본인 세대 간 격차로 바뀐다. 참가자들은 다들 자신이 한국인도 일본인도 아닌 자이니치라고 뜻을 모은다. 그러면 여기에 1980년대와 1990년대에 자이니치를 움직인 주제가 거의 다 들어 있는 셈이다. 사실 1977년에 나온 책 두 권도 이미 언어와 문화에서 동화한 자이니치가 등장했다고 지적했다.[31] 좌담회 참가자들이 보인 관점은 '재일 조선인' 특집호에서도 여전히 소수 의견이었다. 이 특집호는 오히려 한반도문화나 역사 관련 주제, 그리고 남한 반정부 정치 투쟁에 집중했다. 특집호 후기에서 이진희는 록히드 사건과 이 사건이 한반도에 미치는 영향을 상세히 설명한다.[32] 그리고 중국에 사는 조선인을 다룬 기사는 언급하면서도, 자이니치 관련 여러 기사에 관해서는 그저 '전후가 아직 끝나지 않았다는 사실만이 확실하다'고 언급할 뿐이다.[33] 확실히 세대 차이가 어마어마해 보인다. 잡지 사설이 과거 한반도문화와 복잡한 현재 시국, 그리고 곧 다가올 통일에 초점을 맞추면서 일본 내 한민족 디아스포라는 존재론적 지위를 잃고 만다. 이 잡지에서 조선시대 예술의 화려한 재현이나 그보다 앞선 시대에 한반도 문명이 이룩한 대단한 업적을 읽고 즐거움을 느끼거나 동아시아 지정학과 한국 군부 독재를 읽고 화를 낼 수는 있어도, 독자 대다수를 차지하는 자이니치가 점유하는 독특한 역사와 문화를 다룬 기사는 극소수에 불과했다.

그런데도 독자들이 첫 특집호에 보낸 열렬한 반응 덕택에 한민족 디아스포라를 다룬 특집이 다시 나왔다(제12호, 1977년 겨울호). 후기에서 편집위원인 강재언은 다음과 같이 말한다.[34] "지난 '재일 조선인' 특집호 이후 (…중략…) 많은 독자들이 이 주제를 다룬 특집호가 더 나왔으면 좋겠다는 바람을 표명했다." 이 두 번째 특집호에는 매우 강렬한 기사들이 실렸다. 사토 가쓰미佐藤勝巳는 1970년 히타치 고용 차별 사건을 다룬다.[35] 이 기사는 자이니치 단체들이 보이는 고국 지향성에 문제를 제기하고, 해당 단체들이 지향하는 목표와 일반 회원들이 지향하는 목표가 애초에 상충한다고 지적한다. 일본에서 태어나 자라고 교육받고 취업하면서, 대체 어떻게 실제로 가 본 적도 없고 더군다나 말도 유창하게 할 줄 모르는 고국에 곧 돌아가는 척한다는 말인가?

1977년 특집호 기사들은 히타치 사건 외에도 자이니치와 일본 사회 속 차별, 민족 자긍심, 일본 복지 제도 등을 다룬다. 역설이지만 예측 가능하게도, 일본인(최소한 일본 이름을 쓰는) 기고가들은 모두 자이니치 관련 기사를 썼다. 반면 강재언이 쓴 주요 기사는[36] 여전히 익숙한 영역에 머문다. "재일 동포 대다수는 일본 사회에 있지만, 그들은 일본인들과 관계를 맺기보다 깊은 민족 유대에 기반을 두고 산다." 강재언은 민족 연대라는 '현실'과 민족 통일이라는 목표에서 벗어나는 자들을 비판한다. 그리고 이러한 편집 노선에서 일탈하는 행위를 두 쪽에 걸쳐 맹비난한 뒤, 아시아 지정학과 한반도 통일이라는 선호

주제를 자세히 풀어낸다.

재일 한민족 존재를 집중 조명한 기사도 그저 고국 정치라는 중심 관심사를 되풀이할 뿐이다. 그러나 세 번째 나온 재일 조선인 특집호(제18호, 1979년 여름호)에서는 편집 논조가 변한다. 강재언도 확실히 생각을 바꿨다. 그리고 자신은 벌써 1955년부터 재일 조선인 운동 연구 부족을 개탄했다면서, 2, 3세대에 공감한다고 주장한다. "사상과 현실 사이에서 많은 '재일 조선인 2, 3세'는 고국 동포들이나 재일 조선인 1세대는 이해하지 못할 다양한 문제를 안고 산다."[37] 결론에서 강재언은 이 잡지를 통해 젊은 세대 회원들이 감정을 표현하고 이중 정체성을 다루는 건설적 토론도 많이 했으면 좋겠다고 한다.

이 특집호에서 김석범은 한민족 공동체가 조선 태생 조선인 인구 집단에서 일본 태생 한민족 인구 집단으로 바뀌는 인구 통계상 변화를 논한 뒤, 고군분투하는 두 자이니치 청년 이야기를 한다. 한 사람은 한국 국적을 버리지 않고 변호사가 되려고 하고, 또 한 사람은 절도로 체포당한 뒤 본국 송환을 피하려고 한다. 하지만 김석범은 소수 민족 또는 디아스포라 의식 주장은 경계하면서, 일본에서 태어난 조선인이 고난을 겪는다고 꼭 소수 민족이 되라는 법은 없다고 한다. 이어서 김석범은 재일 동포에게는 통일이 최종 목표라고 가치를 부여한다. 그러면서도 일본 내 삶의 환경을 이해하지 않고는 재일 한민족을 이해할 수는 없다고 언급하고, 자이니치는 그 자체로 통일의 한 형태이며 일본에서 권리를 얻으려는 투쟁과 한반도 통일을 달성하려는 정치 소요 사이에 존재하는 불가피한 변증법을 명확하게 보여준다고 주장한다.

강재언과 김석범이 1979년 기사에서 시사했듯, 『계간 삼천리』는 창간 4년차에 중대한 변화를 겪었고 이 사실은 다음 자이니치 특집호(제24호, 1980년 겨울호)에서 확인되었다. 강재언은 권두 에세이에서 다시 한번 일본에서 태어나는 조선인이 불가피하게 증가하며, 이들은 영주와 귀화까지도 선호한다는 이야기를 꺼낸다. 여전히 통일을 열렬히 신봉하고 동화 경향을 비난하면서도, 강재언은 일본 내 한민족 디아스포라라는 독특한 존재와 관점을 강조한다. 그러면서 자이니치가 일본에서 민족 정체성을 유지한 사실이 '기적 같다'고 한다. "일본 사회 속에서 온갖 역경을 겪으면서 조선인들은 자기 힘으로 생계를 유지했다."[38] 자이니치 문제에 별 관심을 보이지 않던 이진희도 전형적 디아스포라 주제인 이민법과 자이니치 삶에 깊은 관심을 보인다.[39] 네 번째 특집호에는 '보통' 재일 조선인이 쓴 글 다섯 편이 실렸다. 첫 특집호 좌담회와 마찬가지로 이 다섯 편도 자이니치 경험이라는 광범위한 연속체를 보여준다.[40] 한 남성은 후지산 풍경(일본을 나타내는 원형적 이미지)이 고향이라고 하지만, 또 다른 남성은 아버지가 태어난 한국 남부에 아버지 뼈를 묻고 싶다는 소망을 표현한다. 두 여성은 한글을 배울 결심을 드러낸다. 또 어느 여성은 한국 여성의 역사를 쓰고 싶다고 한다. 이들은 한반도에서 물려받은 유산을 말하지만, 동시에 일본에 깊은 뿌리가 있음도 분명히 보여준다. 이들이 그나마 밝히는 고국 지향성은 매우 약하기 때문에 귀국과 통일 문제는 생략된다. 다섯 기고자는 정체성과 차별, 세대 갈등, 관련된 민족·디아스포라 문제를 던진다.

『계간 삼천리』는 1987년 폐간할 때까지 자이니치가 쓰고 자이니치를 다룬 기사를 많이 실었다. 그러나 가장 주목할 점은 이 잡지가 디아스포라 존재와 관심사에 뒤늦게야 관심을 보였다는 사실이다. 언어 전환 — 한국어에서 일본어로 — 은 1960년대 중반쯤 벌써 완료되었으니, 이 잡지는 당연히 일본어로만 쓰였다. 초기 편집위원들이 아무리 고대 한반도 문명이나 현대 아시아 지정학에 관심이 있었다지만 민족 공동체 내부에서는 인구 통계상 전이가 발생했고 현재와 미래에 재일 동포가 사는 삶에 관심이 높다는 사실도 분명 인식하고 있었다. 그러면 도대체 왜 초기에는 디아스포라 문제를 회피했을까?

편집위원들은 고국 지향성과 유배자 정체성을 유지했다. 제1장에서도 말했지만, 지정학이라는 지배적 현실은 젠더나 세대 등 하위 국가 관심사를 전부 주변적이고 사소한 문제로 치부한다. 자이니치가 차지한 정치 공간은 그저 두 나라 정권과 연계한 두 민족 단체에 한정된 상태였다. 편집위원들은 총련과 결별했지만 제3세력이 되지도 못했다. 대신 이들은 주류 일본 사회에 존재하는 더 큰 진보 좌파 세력과 연계했다. 『계간 삼천리』는 사실상 『세카이』 같은 여타 좌파 일본 잡지와 별로 구분되지 않을 지역 중심 잡지였다. 『계간 삼천리』 편집자들은 통일이 어려움을 인정하면서도 고집스럽게 이에 매진했고, 그렇기 때문에 지정학과 고국 문제에 집중하는 경향도 정당화했다.

『계간 삼천리』 창간인들은 냉전 정치에 얽혀 지정학에 가치를 부

여했을 뿐만 아니라 일본(과 한반도) 단일 민족 이데올로기도 인정했다. 일본 내 민족 혹은 디아스포라 정치를 피하면서 부지불식간에 단일 민족 이데올로기를 공고히 한 셈이다. 그러나 상당수가 자이니치 2, 3세인 독자층이 자극한다는 이유도 있어서, 잡지는 더디지만 꾸준하게 자이니치 문제와 관심사로 방향을 틀었다.『계간 삼천리』는 그렇게 의도치 않게 일본 내 한민족 디아스포라 정체성 형성에 기여했다. 자이니치 관심사는 각각 1989년과 1991년 창간한『계간 세이큐季刊青丘』와『호루몬 문화ほるもん文化』등 두 잡지에서도 중심이 된다. 이 두 잡지는『계간 삼천리』를 이은 후손 격으로, 자이니치 정체성의 다양화와 구체화를 보여주었다.

차별받는 손가락과 잃어버린 이름

1980년대 초반에 자이니치는 이제 더 이상 대놓고 무시하거나 속삭이며 논의하지 않는 '문제'가 되었다. 자이니치 관련 서적과 기사가 확산되면서, 지문날인 반대(거부) 운동은 부인하는 시선을 인정하는 시선으로 탈바꿈시키고자 했다. 인정에는 구분(일본인도, 한국·조선인도 아닌 자이니치라는 범주의 자주성)은 물론, 연결(일본 내 디아스포라 상태인 한민족 연대)도 따라왔다. 다시 말해 인정은 자이니치를 남북한과 일본(귀국 또는 귀화)에서 떼어내면서 동시에 자이니치가 한데 뭉칠 수 있게 했다. 자이니치 운동과 담론 때문에 이 인구 집단은 일본인들이 인정하고 수용하는 인족 정체성으로 변모했다.

지문날인 거부 운동은 1980년 9월, 도쿄에 살던 자이니치 한종석韓宗碩의 '1인 항거'로 시작했다. 좁은 의미에서는 외국인 등록 과정 중 강제 지문날인이 인권과 인간 존엄성을 침해한다는 주장이었고, 넓은 의미에서는 제도상으로 자이니치와 재일 비非일본인을 차별한다는 점에 관심을 두었다. 박종석이 전개한 히타치 소송이 부인에 맞서 싸울 법정 투쟁 가능성을 열었다면, 지문날인 거부 운동은 그 투쟁이 대중 정치로 실현되었다는 의미였다.

자이니치와 기타 일본 장기 거주 외국인들이 일본에서 살아 나가려면 여권, 즉 외국인 등록증外登証이 필요했다. 자이니치는 '개 목걸이犬の鑑札'라고 비난하면서 지문날인을 거부했기 때문에 종종 경찰에 괴롭힘을 당했고 체포당할 때도 있었다. 1980년대 중반 어느 자이니치 남성은 이렇게 말했다. "자이니치라 제일 싫은 건 경찰이 괴롭힐까봐 두렵다는 점이다. '개 목걸이'를 잃어버리면 나는 죽은 목숨仏이다." 양석일 작품 『택시 광조곡タクシー狂躁曲』(1981)에는 지저분한 장면이 나오는데, 여기서는 술집 싸움이 경찰 체포로 이어진다. 재일 조선인 두 명이 등록증을 소지하지 않았음을 알자, 경찰은 이들에게 체포해 추방하겠다고 위협한다. 그 중 한 사람은 이를 두고 "재일 조선인의 기억력이나 주의력, 행동 그 자체가 이미 범죄 대상으로 간주된다"[41]라고 생각한다. 나머지 한 사람은 그저 경찰 서류함에 온통 자기

똥을 칠할 뿐이다. 개똥같은 관료주의에 자이니치가 싼 똥을 칠하는 행위인 셈이다. 등록증은 자이니치 범죄 성향과 불법성을 동시에 상기시킨다. 자이니치 의식 전면에서는 '개 목걸이'에 있는 의무성과 지문날인 행위에 있는 범죄 연루성이 일본의 부인을 상징할 때가 많았다. 일본 당국은 신원 확인용 지문날인을 정당화하려고 과학적 권위자 ─ 헨리 폴즈Henry Faulds는 일본에서 일할 때 지문 분류 체계를 최초로 개발했다[42] ─ 를 내세웠다. 그렇다면 왜 자이니치는 일본인 신원 확인 방식 이상으로 신원 확인을 할 필요가 있느냐는 질문이 나올 수밖에 없다. 흔해빠진 답을 보면 일본인은 당연히 한민족에게 범죄 성향이 있다고 생각하고, 자이니치는 당연히 일본인이 횡포를 부린다고 생각한다. '1인 항거'를 시작한 한종석은 외국인 등록법이 '자이니치를 억압하려는 도구에 불과'했다고 본다.[43] 외국인 등록 과정에서 지문날인을 거부하는 시민 불복종이 점차 늘어나면서 언론 보도와 대중 논쟁도 벌어졌다. 어느 중년 일본인 여성은 당시 나에게 이렇게 말했다. "그 사람들(지문날인 거부자들), 차별이 싫으면 자기 나라에 돌아가면 되잖아요?" 주요 민족 단체들도 이러한 강한 외국인 혐오 논리를 공유했다. 자이니치가 외국인 신분을 수용했다는 사실은 이들이 작게는 지문날인, 크게는 외국인 등록법에 순응했음을 설명한다. 그러나 현재와 미래를 받아들인 일부 자이니치들은 자신들의 대의명분, 그리고 보편 인권과 인간 존엄성에 공감하는 사람들과 함께 지문날인을 거부하는 상징적, 법적 투쟁에 참여했다. 나는 1980년대 중반에 지문날인 거부 운동을 지지하는 여러 시위에 참여했는데,

그때 20대, 30대인 자이니치 2, 3세가 대부분이라는 점이 가장 인상 깊었다. 이들 대부분은 수치심 — 열등한 집단 소속이라거나 혈통을 숨기는 — 을 완전히 없애고 동시에 자이니치로서 민족 자긍심을 주장하고자 했다.

지문날인 거부 운동은 1980년대 전반에 걸쳐 탄력을 받았고, 주요 민족 단체에서 지지도 얻어냈다. 제3장에서도 언급했지만, 민단과 총련은 1970년대부터 디아스포라 문제에 마지못해 참여하기 시작했다. 1983년 마지막 3개월 동안 민단은 캠페인을 벌여 지문날인에 항의하는 서명 180만 개 — 90%는 일본인 서명이었다 — 를 확보했다.[44] 총련도 참여했다. 김석범 등 저명 자이니치 지식인들은 '양심적 거부자refusenik'가 되었다. 김석범은 한반도 통일이 최종 목표라고 강조했지만,[45] 그래도 이 운동에 탄력이 붙으면서 일본 내 민족 운동에 참여하게 되었다. 앞서 『계간 삼천리』에서 나온 자이니치 관심사가 등장하자 결국 자이니치 정치 운동은 격동할 수밖에 없었다.

지문날인 거부는 민족 존재를 주장하는 다른 수단들과도 밀접한 관계가 있었다. 1960년대 말부터도 벌써 오사카에서는 한국·조선 이름을 쓰자는 운동이 간간이 벌어졌고, 1970년대 내내 개인 '커밍아웃' — 일본 이름通名 대신 진짜 이름本名을 사용 — 도 있었다.[46] 어느 1970년대 소책자는 '통명 사용 자체가 일종의 민족 차별'[47]이라고 주장한다. 운동가들은 행세에서 오는 실제 혜택이 없다고 주장하면서 민족 자긍심을 드높이고 차별을 근절하려고 했다. '본명' 운동은 인정을 얻으려는 투쟁에서 행세에 어떤 한계가 있는지를 드러냈다. 어떤 남성은 나에게 혈통 자긍심을 나타내고 싶어서 고등학교에서 자기 본명을 썼다고 말했다. 송부자는 민족 차별과 싸우는 어느 가와사키 집단에 참여하면서 '본명'을 다시 썼다.[48] 한민족 대부분에게 '커밍아웃'은 고등학교 졸업 때 아니면 진보 분위기와 다양한 민족 집단, 친구들이 '본명 선언本名宣言'을 장려하는 대학에서 이루어졌다. '본명 선언' 운동에는 이름을 한국식으로 발음한다는 차원도 있었다. 1975년에는 어느 자이니치 목사가 자기 이름을 한국식으로 읽어 달라고 했지만, 주요 방송사 NHK는 이를 거부하고 일본식 발음으로 읽었다.[49] NHK는 한자 이름은 전부 일본 발음으로 읽는 이런 경직된 관행을 한국 가수 조용필을 소개하던 1983년에야 겨우 포기했다.[50]

'본명' 운동은 분산되고 산발적이어서, 1985년 오사카에 '민족이름 되찾기 모임民族名を取り戻す会'이 결성된 사건이 첫 조직화 표현이었다.[51] 이 단체 회원 한 사람은 지문날인 거부와 '본명' 운동에서 자이니치 운동가들을 자극한 배경이 무엇인지를 제대로 보여준다. 박실朴實은 1944년 교토에서 태어났다. 일본에서 차별과 행세에 시달린 그는 조선이 곧 열등함을 의미한다고 믿었다. 누나는 학교에서 회사에 조선 이름을 알린 뒤 채용이 취소되었고, 본인은 애인과 결혼하려고 귀화했다. 그러나 일본 제국주의를 알게 되면서 자신이 중대한 '과오過ち'를 저질렀고 어머니를 배신했다는 사실을 깨닫는다. 박실은 아이가 태어난 뒤 조선인이라는 자기 정체성을 주장하기로 한다. "국적은 일본, 이름도 일본 이름, 조선말은 모르고, 김치 맛도 모른다. 민족으로서 갖춰야 할 것이 아무것도 없다."[52] 그래서 한글을 배우고

조선문화 활동에 참가하기로 결심한다. 다른 자이니치들은 반겨주지 않았지만 ─ 첩자라는 비난도 들었다 ─ 그래도 일본인으로서 한민족 이름을 쓰자는 운동에 참여했다. 1987년, 박실은 한국 이름을 쓰겠다는 소송에서 이겼다. 그러면서 한국 이름을 쓰는 일본 시민이라는, 그때까지는 모순이던 생각을 현실화했다. 1989년에는 윤초자尹照子도 민족 이름을 쓸 권리를 얻었다. 윤초자는 일본 시민으로 일본인 어머니 성을 쓰며 자랐다. "차별이 없었다면 아버지는 혼인 신고서를 제출했을 테고, 나는 아버지 이름을 따라 '윤, 초자'가 되었을 텐데 (…중략…) 차별이 있었기 때문에 일본 호적(사실상 국적)을 주려고 나를 '사생아'로 만들었다."[53]

1980년대 중반 민족 정치 동원은 적어도 10년에 걸친 자이니치 민권 운동을 완성했다. 1970년 박종석이 제기한 고용차별 소송은 자이니치 권리 보호와 증진에 법적 수단을 사용한 사례로 가장 먼저 널리 알려졌고, 그 뒤를 이어 김경득은 변호사가 되려고 했으며, 김현동은 국민연금을 받고자 투쟁했다. 이들만큼 잘 알려지지는 않았지만 재일 한민족 권리를 보호하고 증진하려는 시도는 더 많았다. 1970년대에는 가와사키川崎에 청구사青丘社가 설립됐고, 1970년대 말에는 민단이 '권익옹호' 투쟁을 전개했다.[54] 1971년 오사카 교사들이 내놓은 민족차별·동화교육 반대선언[55]에서 1970년대 중반 진보 지역자치단체들이 복지 혜택과 공공주택 접근을 보장하려 한 시도[56]에 이르기까지, 수많은 지역 운동도 이 문제에 관심 있는 일본 시민과 한민족 개인·단체를 묶어주었다. 1980년대 초반에는 지역자치단체 중 오사카가 한국·조선 국적자를 공무원으로 채용하기 시작했다. 이는 종전 후 곧바로 부정당한 권리였다. 또 지문날인 거부 운동, 민족 이름 사용 시도와 함께 미국 내 차이나타운이나 코리아타운에 필적하는 코리아타운을 가와사키에 조성하려는 사람들도 있었고, 또 자이니치 지역 참정권을 얻어내려는 사람들도 있었다.[57] 자이니치가 적법성과 인정을 얻기 위해 벌인 법률·정치 투쟁은 가는 길마다 한민족과 일본 민족 양쪽에서 양심을 찔렀다. 자이니치 부인은 1980년대에 접어들면서 일본 공공 생활에서 확실히 줄어들었다.

자이니치 이데올로기

1970년대에는 민족 격동을 배경으로 정당 기본 노선 비슷한 사상이 등장했는데, 나는 이를 자이니치 이데올로기라고 부른다. 총련 이데올로기를 향한 내부 비판을 인식한 이 이데올로기는 1950년대와 1960년대 자이니치 집단을 지배한 이데올로기를 대체하려 했다. 총련식 고국 지향성에서는 자이니치가 비교적 자주성 있는 공동체라는 생각이 매우 낯설었는데, 제2장에서도 언급했듯이 이는 자이니치 실태를 체계적으로 오인한다. 이런 간극은 언어 문제에서도 잘 나타난다. 총련은 모국어를 지지했지만, 전후 자이니치 집단에서 제1언

어느 늘 일본어였고 그 사실은 『조선 문예^{朝鮮文芸}』나 『민중 문예^{民衆文}^芸』 같은 전후 초기 조선민족 문예지에서도 드러난다.[58] 1950년대 말에는 언어 문제를 포함해 문학이 정치에 예속되면서 처음으로, 예를 들면 잡지 『진달래^{チンダレ}』 기고가들 사이에서 총련을 향한 반감이 생겼다.[59] 『계간 삼천리』는 정신에서는 『진달래』를 이어받았지만, 지적 형성 과정이나 종족·민족 세계관에서 완전히 총련에서 형성된 비평가들이 활동했기 때문에 그 흔적이 자이니치 이데올로기에도 남았다. 김석범(2001)이나 이회성(2002) 등 좌파인 주요 지지자들처럼, 자이니치 이데올로기는 일본 내 자이니치 집단의 위치를 수용하고 가끔은 칭찬하면서도 여전히 고국과 강하게 이어져 있었다.

자이니치 이데올로기는 사실 구체화한 그 순간부터 금이 간 셈이다. 그저 본질만 뽑은 정체성을 형성하기가 불가능하기 때문만이 아니라, 이 이데올로기가 빠르게 진부해지고 결국 무의미하다는 비판을 당한 지적 구성체였기 때문이다. 비록 총련과 총련을 탈퇴한 지식인이라는 긴 계보가 있기는 해도 단위생식의 산물로서 이 이데올로기는 주요 민족 단체들은 물론, 지문날인 거부 운동과 민족 이름 되찾기 운동 참가자 등 일본의 부인에 맞서 싸우려 한 사람들의 경험과 열망에서도 동떨어져 있었다. 자이니치 이데올로기 신봉자들은 지식인들이 국민의 비밀 입법자이자 대표자라는 신념을 유지했다. 일본 생활에서는 그러한 신념이 더 이상 유행도 아니었고 실행 가능하지도 않았는데 말이다.

이제부터는 1944년생 윤건차가 쓴 글들을 다룰 텐데, 그 이유는 저

술이 짜임새 있고 실용적이기 때문이다. 윤건차는 『'자이니치'로 산다는 것은 '在日'を生きるとは』(1992)에서 자이니치라는 용어 자체가 1970년대 말 등장했다고 한다. 이 단어는 "젊은 세대가 사는 방법을 표현하는 특정 사상이나 이데올로기, 혹은 역사적 의미 전체를 포함한다고 인식되었다".[60] 재일 조선인이란 '일본의 조선 강점에서 나온 역사적 산물'로, 식민지 지배, 고국 분단, 한국전쟁에 이르는 마음 아픈 사건들을 기록한 연대기를 의미한다. "지금까지도 온통 불행 그 자체다. 오늘날 자이니치 2, 3세대에게도 가족을 잃고 이산가족이 된 육친과 마음대로 만날 수도 없는 괴로움과 슬픔 등은 마음 아픈 일이고 '분한 일悔しさ'일 수밖에 없다."[61] 식민지 백성이자 그 후손인 자이니치는 억압받는 제3세계 민족 범주에 속한다.[62] 안정된 집도, 안식처도 빼앗긴 자이니치는 '경계인境界人'이기도 하다.[63] 윤건차는 1960년대와 1970년대 총련과 추잡한 남한 정권을 비판한 뒤 고국은 물론 자이니치 사회도 분단되었다고 개탄한다.

윤건차는 자이니치 1세를 '아동기까지 조선에서 지내다 1945년 8월 일본 패전 이전에 일본으로 건너온 사람'으로 정의[64]한다. 즉 정신 형성에서 큰 부분이 '조선'이지 '황국 신민'인 '일본'이 아닌 사람들 말이다. 1세대는 '식민 시대 반일감정'과 '강한 민족의식'으로 정의된다.[65] 윤건차는 일반 자이니치 역사 기술 — 이 자체도 총련을 비판한 지식인들이 개척했다 — 을 되풀이하면서 식민 시대 재일 조선인은 '민족·계급 측면에서 (…중략…) 일본 사회 최하층에 있는 저임금 노동자로, 줄곧 절대적 피차별 노동자 위치에 몰렸다'[66]고 특징짓는

다. 그러니까 일본은 '지옥'이었다.[67] 이들은 조선인 부락에서 ─ 윤
건차는 자이니치 1세대를 조선인 부락 시기와 동일시한다[68] ─ 고국
을 그리워하며 '차별과 억압'을 받고 살았다.[69] 그리하여 이들이 겪는
고통과 '맨몸으로 하는 육체노동'에서 영웅적 서사가 시작되고, '일
본인보다 두세 배씩 일하면서 차별에 지지 말고, 권리를 지키고, 학
교를 세우고, 조국을 통일하자'면서 1세대를 지지한 '사상'이 이를 뒷
받침한다.[70] 이들에게 "조국이나 민족, 고향, 가족은 꿈이자 희망이
었다. (…중략…) 그들에게는 그것뿐이었다".[71] 사실 많은 이들이 민
족 단체, 특히 총련을 민족 및 고국과 동일시했다. 윤건차는 다양성
도 인정하지만[72] ─ 일본이 벌인 전쟁을 지지하고 황민화한 조선인
이나 기업가로 성공한 민단 회원 등 ─ 그래도 착취와 고난, 저항을
풀어내는 단일 서사에 몰두한다. 그러므로 '강제로 일본에 남은' 자
이니치 1세는 '혼란스러운 일본 정치·경제 상황에서 심각한 고통'
을 당하며 산 사람들이라고 할 수밖에 없다.[73] 그리고 가부장제나 문
제 가정 등 자이니치 공동체를 괴롭히는 문제를 지적할 때는 곧바로
일본 제국주의에서 원인을 찾는다.[74]

세대 전이는 1970년대 초반에 시작되었다. '자이니치로 산다'는
생각은 1세대가 품은 고국 지향성을 비판하며 1970년대에 이런 자의
식 있는 호칭으로 등장했다.[75] 윤건차는 가까운 미래에 조선에 귀환
할 가능성은 현실적으로 없고 귀화도 불가능했다고 주장하면서[76] 그
보다 앞서 영주라는 '영속' 지위를 지지했다. 일본인도 한국·조선인
도 아닌 자이니치는 꽤 자주성 있는 디아스포라문화를 구성한다.[77]

디아스포라라는 범주는 독립적 존재 가능성을 나타내기 때문에 한층 매력적이다. 그렇다면 자이니치 이데올로기는 디아스포라 민족주의의 한 형태인 셈이다.

윤건차는 젊은 자이니치 세대는 경제적 다양성이 있고 1세대와도 다르다는 사실을 잘 안다. 2세대는 교육 수준은 더 높지만 한글은 대개 모르고, 조선인 부락에 밀집하지 않고 더 원자화·파편화했으며, 단색에 가까운 1세대보다 훨씬 다채롭다.[78] 윤건차는 자이니치 의식이 족보나 전통보다는 '일본 사회에 깊이 뿌리박힌 차별'에 기반을 둔다고 한다.[79] 그 원인을 또 다시 일본 제국주의에서 찾기는 하지만,[80] 그래도 '"자이니치"로 산다는 것은 차별에 반항하며 사는 것'[81]이라고 말한다.

윤건차는 특히 자이니치 3세가 받는 동화 유혹을 경계한다. 이양지(제2장에서 다루었다)든 교 노부코(뒤에 다룬다)든, 일본인이든 한국·조선인이든, 자아에서 민족은 그 의의가 점차 흐려진다.[82] 윤건차는 이 3세대 사상은 근본적으로 자이니치 존재에서 역사성·정치성을 무시함으로써 일본의 배제성을 강화한다고 주장한다.[83] 그러면서 차라리 '불우 의식不遇の意識'을 받아들이라고, 다시 말해 자이니치는 일본 제국주의의 소산이며 그 운명은 한반도 통일에 있다고 한다.

통일은 여전히 좁게는 자이니치, 넓게는 한민족 전체에게 근본 목표이다.[84] 조선이라는 범주가 국적이라고 주장하는 자이니치 지식인도 있다. 김석범은 통일이 자이니치에게 '궁극적 임무'이며[85] 조선 국적 고수는 통일 조선을 향한 자이니치 의지를 표현한다고 말했다.[86]

그러한 나라가 존재하지 않는다는 사실을 잘 알면서도, 이회성 단편 「왔다갔다」에 나오는 주인공은 그것이 '그저 기호'에 불과해도 '분단 시대를 초월'하려는 기호라고 한다.[87] 이론상 통일 의지는 평화나 진보처럼 한때 마르크시즘과 공산주의에 연결되던 더 큰 이상과 관련이 있다. 다소 거창하게 말하면 자이니치 이데올로기는 민족적 숭고, 실천과 궁극적 보편주의를 향한 열망을 지향한다.

요약하자면 윤건차는 자이니치로 산다는 것에 두 가지 전제조건이 있다고 시사한다. 첫째는 '자이니치라는 의미를 생각하고, 민족 자긍심을 지키고, 민권을 얻기 위해 노력할 것', 둘째는 '어떤 식으로든 통일에 관여할 것'[88]이다. 자이니치로 산다는 의미는 자이니치성을 고민하고 통일을 추구한다는 뜻이다. 그러니까 일본 제국주의 역사를 기억하고 비판하며, 반일 감정 같은 반항 의식을 유지하고, 동화와 귀화에 저항하라는 말이다. 자이니치 이데올로기는 총련식 일본 제국주의 비판과 강한 본질주의적 종족·민족주의를 물려받았지만, 그러면서도 북한을 대상으로 하는 편파적 충성이나 고국 지향성은 거부했다.

윤건차가 세운 자이니치 이데올로기는 보편적 동의를 얻지는 못하지만, 그래도 20세기 마지막 사반세기 동안 주요 자이니치 지식인들은 윤건차가 제시한 여러 논점을 되풀이했다. 예를 들면 자이니치 역사 개관에서 해방과 독립이라는 역사 경험과, 귀국과 새로운 국가 건설을 바라는 똑같은 열망, 그리고 통일이라는 중대한 목표로 형성된 '공통 의식'을 논한다.[89] 자이니치 역사 기술 — 강제 징용과 착취,

차별, 영웅적 저항 — 에 관한 합의 너머에는 같은 정치 목표가 있다. 귀국(적어도 단기적으로)과 동화를 넘어서는 대안을 찾는 과정에는 뚜렷한 자이니치문화를 창조하고, 장려하고, 보호하려는 충동이 있다. 민족문화 자긍심을 유지한다는 말은 결국 귀국과 동화를 거부한다는 의미이다.

자이니치 이데올로기와 이를 향한 불만

자이니치 이데올로기는 일종의 디아스포라 민족주의이다. 일본식 또는 한국식 단일 민족 민족주의처럼, 이 이데올로기는 종족·민족 집단을 단일하게 그린다. 질 들뢰즈Gilles Deleuze와 펠릭스 가타리Felix Guattari가 특징지은 소수 민족 문학처럼,[90] 디아스포라 민족주의는 다수 또는 소수 민족주의 안에 존재할 뿐만 아니라 정치가 차지하는 자리를 강조하고 집단의 무게를 각 개별 발화에 얹는다. 바로 이러한 개인 요소와 집단 요소의 융합 — 계통 발생을 개괄하는 개체 발생 — 과 자이니치 존재에 따르는 불가피한 정치성 때문에 자이니치 정체성을 주장하고 보호하는 사람들이 자이니치 신념과 행동을 규정하고 금지해도 타당하다고 인정된다.

자이니치 이데올로기는 민족 책무로 자이니치 정체성을 말하는 조건과 이론을 정의한다. 개인 성찰은 역사·사회학적으로 주어진 범주와 개념에 의존할 수밖에 없다. 자이니치 정체성이 널리 퍼지려면 자이니치를 인구 집단과 사상의 한 범주로 확산시켜야 한다. 그리고 이 제안된 집단의 대표 구성원이 되는 의미를 제시하는 민족 기업가나 정체성 지식인도 꼭 있게 마련이다. 이들은 민중의 '스승tuteur'으로 민중을 가르치며 동시에 보호한다. 정체성을 창안하고 수호하는 자들은 행동과 신념을 규정하고 금지하며, 심지어 민중의 이름으로 누가 거기에 속하는지 판단하기도 한다. 총련 같은 공식 조직에는 순응을 명하는 명확한 규범과 제도적 수단이 존재한다. 반대자들은 질책을 받거나 제명까지 당했다. 그러나 자이니치 이데올로기에는 신념을 명확히 표현하거나 행동을 감독할 공식 조직이 없었다. 대신 정체성 지식인들이 동포를 대신해 일본 주류 언론과 조직을 상대로 이야기를 하고 글을 썼으며, 그러면 이러한 말과 글이 다시 그 사상을 동포인 청중에게도 전달했다. 자이니치 이데올로기는 비공식 모임과 집단, 혹은 따로 떨어진 개별 독자들 사이에서, 무엇보다 대학에서 널리 토론되고 확산되었다.[91] 주요 민족 단체들이 장악력을 점점 잃게 되자 자이니치 정체성과 관련되는 개혁 이데올로기를 수용하는 청중이 생겼다.

자이니치 이데올로기는 디아스포라 민족주의를 독려하면서 자이니치성이라는 감옥을 세운다. 민족 본질주의로 집단 감금을 하는 셈이다. 이 감옥은 자이니치 정체성을 받치는 밑기둥을 세우고, 나아가 억압과 저항, 빈곤과 투쟁이라는 변증법 위에 세운 자이니치 역사 기술을 반영하는, 이상화된 자이니치 자아를 투영하기도 한다. 또한 총 련 이데올로기와 마찬가지로 한민족 언어·역사·문화 학습 등 문 화 민족주의를 지시하며, 본능적으로 일본을 의심하고 동화를 저지 한다.

개별 표현에서 이상적 자이니치 자아를 어떻게 표현하든, 상당수 는 그 이상에 미치지 못했다. 1970년대와 1980년대에는 자이니치 사 이에 자연적 위계가 존재한다는 생각이 어느 정도 상식이었다. 어느 분류에 따르면 최상층은 한국어를 잘 하는 운동가이고, 중간층은 자 이니치 역사와 이데올로기에 민족 자긍심과 지식이 있는 사람이며, 최하층은 일본 이름을 쓰는 대다수이다.[92] 이양지는 초기 수필에서 '진정한 빈곤을 모르는, 모른다는 수치'에 관해 썼다.[93] 시몬 베유Simone Weil를 연상시키는 이 말에서 이양지는 사실상 중산층 귀화 일본인 이라 본인이 놓친, 자기 생각에는 자이니치에게 원형적 경험인 빈곤 과 차별을 피했다고 고백한 셈이다. 자이니치가 학교 친구나 경찰에 게 괴롭힘을 당할 때조차도 반쪽발이 — 불완전하거나 실패한 자이 니치 — 라는 유령은 무겁게 짓눌렀고, 간혹 총련 학교에서도 같은 자 이니치 학우들이 힘으로 이 유령을 욱여넣기도 했다.[94] 사실 한국· 조선인도 자이니치도 되지 못한 사람도 적지 않았다. 앞서 보았듯, 언 어가 넘지 못할 장벽이 된 사람도 많았다. '일본인보다 일본어를 더 잘하지만' 한글은 전혀 몰랐던 자이니치 2세 김희로는 자기 '세대'가 '기형'이라고 보았다.[95] 자이니치성에서 한민족 언어가 비현실적 요 소였음에도, 한민족 이름을 쓰고 귀화에 저항하느냐는 중요한 기준이었다. 평론가 다케다 세이지竹田靑嗣는 '제대로 된' 자이니치라면 당연히 한국 이름을 쓰리라는 가정에 맞서 도리어 일본식 가명을 썼다.[96] 자이니치 이데올로기에 저항하는 행동이었다. 교 노부코는 귀화를 반대하는 — 일본 시민이 되어서 한민족 또는 자이니치 정체성을 유지하기란 불가능하다는 — 주장에 문제가 많다고 생각한다.[97]

자이니치 이데올로기는 다른 사람들을 희생시켜 일부에게 가치를 부여하고 인정하기도 한다. 일본 제국주의가 낳은 해악을 비난하지 않는 사람들이 욕을 먹었듯, 전쟁 전 친일파였던 조선인들은 모두 욕을 먹었다. 일본 시민이 된 한민족 또한 도리를 벗어난 셈이었다. 전후 한민족 단체들이 이진우와 김희로 재판에 거리를 두려고 했다면, 자이니치 이데올로기 신봉자들은 스스로 만든 자이니치 역사와 정체성 체계에 들어맞지 않는 사람은 모두 비판하거나 배제했다. 자이니치 이데올로기가 행사한 장악력은 자이니치문학을 보는 일반 이해에서도 드러난다. 『작은 오빠』(1958)는 자이니치 작가가 쓰고 자이니치가 사는 삶을 다룬 이야기로 가장 많은 일본인 독자에게 다가갔지만, 자이니치문학에서는 작가 야스모토 스에코를 으레 배제한다. 일본문학자들도 기본적으로 '순수純'와 '대중大衆' 문학을 구분하는데, 이런 사고방식에서 『작은 오빠』는 대규모 독자층 탓에도 순문학이 되지 못한다. 그렇더라도 자이니치 작가가 쓴 전후 인기 소설이 이렇게 체계적으로 지워지다니 놀라운 일이다. 이주인 시즈카伊集院静 성장 소설 『해협海峡』(1991~2000) 3부작을 두고도 비슷한 말을 할 수 있다. 일본인이 아닌 인물들이 등장하고 한민족이라고 직접 밝힌 작가가 썼는데도, 이 작품은 자이니치문학 논의에서는 대개 배제된다. 대놓고 정치에 무관심한 작품성격과 대중 지향성 때문이다. 추리 작가 레이라麗羅도 자이니치문학 범주에서는 마찬가지로 배제한다. 정치적인 것과 집단적인 것에 가치를 부여하다 보니, 개인적인 것과 사적인 것은 지양하기 때문이다. 그런 이유로 평론가들에게는 긴 가쿠에이 작품보다 김석범이나 이회성 작품이 찬사를 받는다. 그러니 긴 가쿠에이 작품을 지지한 평론가가 자이니치 이데올로기에 의식적으로 반항한 다케다 세이지라는 사실도 크게 의외는 아니다. 또 대하 3부작으로 조선 해방의 정치를 다룬 이은직李殷直처럼 총련에 끝까지 충성을 다한 사람들도 마찬가지로 무시당했다.[98] 자이니치성으로 들어가는 문은 좁았다.

자이니치는 일종의 디아스포라 민족주의로 총련 이데올로기처럼 소수 민족이라는 범주를 거부한다. 총련 이데올로기는 한민족 귀국을 상정했다. 자이니치 이데올로기는 귀국 이데올로기를(적어도 단기적으로는) 공유하지는 않지만 동시에 일본이 고향이라는 생각도 거부한다. 사실 반일 감정은 총련 이데올로기 신봉자보다 자이니치 이데올로기 신봉자 사이에서 훨씬 격하게 표현되었다. 아마도 총련 이데올로기가 자이니치에게 한반도를 보라고 손짓한 반면, 자이니치 이데올로기는 일본을 영구에 가까운 거주지로 보라고 강요했기 때문이리라. 예를 들면 제2장에서 다룬 김석범은 자기 인생철학에서 가장 중요한 지주가 반일 감정이라고 보았다.[99] 서경식은 책 제목에서 자이니치가 '반半'난민이라고 한다.[100] 그리고 책 속에서는 이들이 '민족'이 아니라 '국가'라고 한다.[101] 소수 민족이라는 범주는 거부당했는데, 이는 개념 혼란뿐만 아니라 자이니치가 일본 사회에 편입되는 것을 막기 위해서였다. 그러나 이러한 이데올로기 저항은 문화 동화라는 완고한 현실과 마주한다. 또한 자이니치 이데올로기가 통일에 높은 가치를 둔 데서도 이데올로기와 현실 사이에 있는 거리가 보인다. 『계간 삼천리』에 실린 자이니치 청년 좌담회에서도 보았지만, 1970년대만 해도 이들은 통일 문제에 거의 관심이 없었다.

자이니치 이데올로기에 존재하는 오인이라는 특성은 여러 본질주의 범주와 함께 그 계보와 전개에도 영향을 미친다. 세대 차이와 전이는 자이니치를 말할 때 흔히 쓰는 표현인데, 따라서 그 주장이 어느 정도 사실이라는 뜻도 된다. 한반도에 뿌리를 둔 — 그리고 그 언어를 완벽하게 구사하는 — 자이니치 1세는 한반도에서 자란 경험도 없고 한민족 언어가 모국어도 아닌 2세와는 구분된다.[102] 그러나 이런 도식적 분류는 상황을 명확하게 하기보다는 애매하게 한다. 1919년 식민지 조선에서 태어난 김달수는 일본어로 글을 쓸 수밖에 없었다. 김석범은 그보다 겨우 6년 뒤 태어났지만 출생지는 오사카였다. 이회성과 긴 가쿠에이는 비슷한 연배 — 각각 1935년, 1938년생 — 라도 민족 귀속의식을 대하는 태도가 비슷하다고 보기 어렵다. 앞 장에서도 설명했듯이 긴 가쿠에이는 한발 앞서 귀국 또는 귀화를 넘어서는 곳을 가리켰고, 또 굳건하고 확고한 정체성은 사실 변하기 쉽고 불가능하기까지 하다는 점을 섬뜩할 정도로 분명히 했다. 반면 이회성은 민족주의, 사회주의를 반영한 소리를 냈다. 그러나 사람이 꼭

젊을 때 부르던 가락을 되풀이하라는 법은 없다. 제2장에서 보았지만, 1990년대 중반에 이회성은 완전히 다른 소리를 내며 디아스포라 연대를 찬양했다. 그리고 몇 년 뒤 한국으로 귀화했다. 양석일과 꼭 닮은 소설 주인공은 '나는 일본에서 태어나 일본에서 자란 자이니치 2세'[103] 라고 생각하지만, 1세대 인물로 취급 받아 혼란스럽다. 그러나 자신이 한국어도 잘하지 못하고 1세대와 매우 다르다고 생각하면서도, 확실히 1세에 가까운 2세라고 수긍한다. 구체적이지만 계속 변하는 자아개념들과 어쩔 수 없는 인구 다양성 때문에 자이니치 이데올로기가 막연하게 그리는 자이니치성은 윤곽을 제대로 따라가기가 어렵다.

자이니치 이데올로기, 자이니치 다양성

자이니치 이데올로기는 자이니치가 다양성과 역동성에 맞서 자기 자신과 일본에서 차지하는 위치를 생각할 때 일탈과 변질에 좌우되지 않을 기본 노선을 제시했다. 그런데 총련 영향을 받은 자이니치 지식인들이 만들어내다 보니, 자이니치 이데올로기도 『계간 삼천리』 편집위원들과 젊은 독자층 사이에 존재하던 간극을 재현했다. 쉽게 말해 1970년대 말에 자이니치 다수는 총련 소속이 아니었다. 고

국 정치에도 별 관심이 없었다. 이때쯤 이미 전형적 자이니치 존재는 딱한 빈곤도, 정신을 갉아먹는 부인도 아니었다. 자이니치는 연대하고 동질성 있는 인구 집단이 아니었으며, 오히려 분리되고 다양했다.

혈통은 정체성과 문화를 구축할 기반으로는 다소 빈약하고 무너지기 쉽다. 그런 이유로 강제 징용이라는 역사와 민족 차별의 사회학, 통일이라는 정치 이상 등 상상으로 만든 공통성을 더욱 강조했다. 그러나 더 확고하고 믿을 만한 귀속의식 기반은 부족했다. 전쟁 전 꽤나 고립된 공동체에 살던 이민자들 사이에서는 조선어가 공통어였다. 전쟁 직후 민족 단체들, 특히 총련은 권리를 보호하거나 사회성과 향상을 독려하고자 사회 기반을 제공했다. 그런데 1970년대에는 언어나 공동체, 종교나 문화가 한민족을 단결시키지 않았다. 따라서 기억 속에 존재하는 과거와, 약해졌지만 부정할 수 없는 차별이라는 현실이 파편이 되어 자이니치 연대를 구성하는 요소가 되었다. 그러나 총련을 탈퇴한 지식인들과 운동가들이 가는 길은 전문 지식인도, 열성 운동가도 아닌 침묵하는 다수가 가는 길과 직각으로 교차했다. 더군다나 총련 지도부는 북한을 통해서든 직접이든 회원은 물론 자이니치 집단을 대변하는 행위를 정당화할 수 있었지만, 자이니치 이데올로기 신봉자들은 자이니치 인구를 대변할 강력한 근거가 없었다. 전쟁 전 어린 시절을 보낸 사람들은 학교 교육을 받지 못하고 문맹인 경우도 많았다. 이들은 의사표현이 명확하고 언변도 좋았을지 모르지만 성향 때문인지, 습관 때문인지, 아니면 강요 때문인지 주요 민족 단체들이 표명하는 관점에서 더 나아가 개인 관점을 표현하는 일이 드물었다. 반면 1960년대에 성인이 되고 학교 교육을 받고 문자해득이 가능한데다 자기 견해를 표현할 의사도 능력도 있는 — 민주적 권리와 개인 존엄성을 믿는 지배적 일본 신념을 공유하는 — 사람들, 그들은 자신을 대변할 수 있었다.

최근에 나온 여러 자이니치 서사는 자이니치 목소리가 자이니치 이데올로기에서 착착 벗어났다는 사실을 증명한다. 무작위나 대표 표본을 나타낸다는 의미에서도, 자이니치들을 최고로, 가장 숭고하게 표현한다는 의미에서도 아니다. 이 서사들은 오히려 사전에 형성된 범주나 통용되는 공식에 지나치게 의지하지 않고 개인 경험을 명확히 표현하기 때문에 본보기가 된다.

황민기黃民基는 조선인 밀집 지역으로 유명한 오사카 빈민가에서 자랐다. 소수 민족 거주지 '공동 주택長屋'에 살던 가족과 이웃은 강한 공동체 의식을 경험하는데, 여기에는 의외로 피해 의식이나 사회과학자들이 소위 빈곤 문화culture of poverty라고 하는 것이 없었다. 황민기는 조선인 동네를 타자성의 현장으로 보는 빈곤 관광객들을 비판한다. 요코하마 차이나타운이나 뉴욕 할렘과 달리, 조선인이 모여 있다는 사실 외에 '이 마을에는 큰 특징이 없다'.[104] 저자에게 그곳은 그저 자기가 자랐고 좋은 기억이 있는 장소일 따름이다.

황민기는 책 어디에서도 한민족 혹은 자이니치 정체성을 논하지 않지만, 그래도 자이니치 집단이 처한 상황이나 자이니치 관심사를 떼놓고 그 유년기를 이해하기란 어렵다. 아버지는 1958년 고마쓰가와 사건 때문에 크게 동요했고, 황민기와 친구들은 TV에 이진우가

나오면 길에 멈춰 설 정도로 영향을 받았다. 학교 선생님들은 황민기와 친구들이 일본 이름을 썼는데도 진짜(조선) 이름을 아는 모양이었다. 어린 시절 '영웅'들 — '여왕' 미소라 히바리美空ひばり(가수), '황제' 가네다 마사이치金田正一(야구선수), '돈don' 야나기가와 지로柳川次郎(지역 야쿠자 보스), 그리고 '일본의 빛나는 별' 리키도잔力道山(프로레슬링 챔피언) — 은 하나같이 한민족이었지만, 황민기는 이들이 한민족 혈통이라는 사실을 명확하게 밝히지 않는다.[105] 이들이 한민족이라 영웅인지, 아니면 한민족인데도 '보통' 일본 사회에서 성공했기 때문에 영웅인지는 알 수 없다. 물론 조선인 혈통은 황민기와 친구들 삶에 흔적을 남긴다. 어릴 때 알던 친구는 귀국 사업에 참여하고, 또 다른 친구는 자살하고(어쩌면 조선인이라는 이유로 애인과 헤어져서), 또 다른 친구는 조선인 야쿠자 조직에 들어간다.

그러나 자이니치 생활은 보통 일본 사회에 편입되어 있다. 사실 대중문화 관련 언급만 보아서는 황민기와 친구들을 당시 대다수 일본 청소년과 구분할 수 없을 터였다. 이들은 끊임없이 '월광 가면月光仮面' 같은 영웅물이나 엘리자베스 테일러, 오드리 헵번 같은 할리우드 영화배우 이야기를 한다. 명확한 조선 이름이나 사건은 그들에게 '외국' 것 같아서, 북한 외상 이름인 남일도 '나메루なめる'(핥다 또는 비속어로 놀리다)가 된다. 고도 경제 성장 시대, 작게는 이 동네, 크게는 일본에서 '"더러움"과 "빈곤"이 사라진' 배경 속에서 지성과 교육 성취를 높이 사게 되니 폭력을 숭배하는 태도나 폭력배로 살라는 유혹도 설 자리를 잃는다.[106] 처음에는 불량 청소년으로 앞날이 밝지 않아 보였

지만, 황민기와 친구들 중에는 성공한 사람도 있었다. 한 친구는 의사가 됐고, 황민기도 '변변찮은 지식인'이 되었다.[107] 한 친구는 황민기에게 이렇게 말한다.[108] "장례식에서 나는 처음으로 '조선인'이 아니라고 생각했어. 그리고 아버지처럼 죽고 싶지도, 그럴 수도 없다는 생각이 더 분명히 들었지. (…중략…) 나는 일본을 선택한 게 아니야. 그저 더 이상 '한국인'이 아닐 뿐이지."

자이니치 정체성 고민은 여전히 주변에 있었지만, 1950년대 말에 성인이 된 황민기와 친구들은 의심할 여지없이 자이니치였다. 황민기는 자신이 전혀 특별하지 않다고 한다. 힘이 세지도, 머리가 아주 똑똑하지도 않았다고 말이다. 어린 시절은 그저 소년들의 연대, 농담과 장난뿐이었다. 민족끼리 모인 동네에서 살았지만 조선과 일본, 양쪽 사람과 문화를 다 경험한다. 그런데 고향에 돌아가 보니 그 동네는 엄청나게 변해서 '한국에서 온 새로운 자이니치와 한국에 관심이 있는 일본 사람들'로 가득하다.[109] 사라지는 과거는 겐 게쓰 소설 「그늘의 집陰の棲みか」(1999)에서도 배경이 되는데, 여기 나오는 가부장은 얼마 안 남은 전쟁 전 조선인이고, 과거는 말 그대로 허물어지고 있다.[110] 황민기는 불확실한 기억들만 남았다는 사실을 깨닫는다.[111] "나는 내가 기억하는 장소 이름이나 사람 이름, 그리고 그 시절을 거의 전적으로 신뢰할 수 없다는 사실을 깨달았다."

황민기와 달리 교 노부코는 요코하마의 유복한 가정에서 자랐다. 어릴 때는 한국말을 거의 몰랐고, 한국문화에도 별로 익숙하지 않으며, 다른 한민족과 교류도 거의 없었다. 일본인 남편과 새해를 축하하면서 스스로 한민족성을 나타내는 표시는 한국식 떡과 간소화한 제사밖에 없다고 생각한다. 예를 들면 자신은 한국문화에 관한 쉬운 질문에도 답하지 못하고, 게다가 '정통'(즉 매운) 한국 음식도 먹지 못한다.

교 노부코는 자이니치(정확히는 재일 한국인)로 산다는 의미를 깊이 생각할 수밖에 없지만, 그 생각은 시기별로 매우 달라진다. 자기 민족 정체성에 아주 뚜렷한 감정 반응을 품어서 어릴 때는 자신이 '외국인'이라는 사실을 알고 기뻐했지만 4학년이 되면서 이렇게 생각한다. "어쩌면 한국인이라는 건 나쁜 일일지도 모른다. 이 사실을 숨겨야 할지도 모른다."[112] 학교에서 괴롭힘을 당한 적은 없지만, 일본 이름을 썼다. 학교 친구들이 한국계 아니냐고 의심했을 때는 한국인 아버지와 일본인 어머니를 둔 혼혈(하프)이라고 거짓말을 한다. 조금 후에는 한국을 '피하고 잊기' 시작하며, '일본인들에게 화가 났다'.[113] 고등학교에 들어가서는 민족 고등학교 학생들을 친밀하게 생각하면서도 그들에게 '얻어맞을까봐 두려웠다'.[114] 도쿄대학에서는 한국 이름을 쓰고 한국 문제와 문화에 흥미를 느낀다. 그러나 당시 널리 퍼진 마르크시즘과 민족주의, 민족성 '신격화'에는 소외감을 느낀다. 그리고 통일을 지지하고 동화를 비난하는 다른 자이니치 학생들과 의견을 달리 한다.

이 이야기는 교 노부코를 다른 한국·조선인과 일본인, 자이니치와는 다른 위치에 둔다. 작가는 '놀랍게도 우리 할아버지 출생지는 사라졌다'고 깨닫고 '한국과 나 사이에 있는 먼 거리를 의식'하게 된다.[115] 또 남북한에 무지해서, 자신에게는 두 나라 모두 '외국'일 뿐이다.[116] 일본에서 지내기는 편안하지만 그렇다고 과거(할머니가 말해 준, 한국인에게 일본인이 저지른 만행)를 떨쳐내지도, 미래를 향한 걱정(한일 관계 악화 가능성)을 떨쳐내지도 못한다. 그 와중에 친구들은 자이니치를 비하하는 발언을 툭 던진다. 외국인 등록증 없이 정부 기관을 상대할 때는 곤란한 일도 당한다. 일본 국적이 아닌 자가 교사 직종에서 배제된다는 사실을 알고 교사가 되겠다는 꿈은 산산이 부서진다. 명문 도쿄대 법학부를 우수한 성적으로 졸업했는데도 고용차별을 겪는다. 일본인 남편과 가깝다고 느끼지만, 동시에 남편 — 나아가 다른 일본인들 — 이 고용차별 같은 자이니치 문제에 얼마나 무지한지도 잘 안다. 그런데도 다른 자이니치 학생들, 특히 자기 '민족'을 자랑스러워하는 학생들과 자신을 동일시하지는 못한다. 한 학생은 이렇게 열변을 토한다. "나는 귀화하는 사람들은 용서가 안 돼. 인간도 아니야. 살아 있으면 안 된다고."[117] 교 노부코는 귀화는 물론 '일본인과 결혼해도 민족을 배신하는 행위'[118]라고 생각하는 자이니치들도 있음을 알지만, 그래도 일본인 남편과 결혼하기 전에 주저한 순간은 아주 잠시뿐이었다.

교 노부코는 '방침이 자이니치라는 신분을 감추지 않고 자연스럽게 살기'[119]라고 한다. 그리고 '평범普通'하게 살아야 바람직하다고 주장한다. "항의하며 언성을 높이거나 아무 말도 하지 않고 조용히 살거나, 둘 다 내 방식은 아니다. 나는 일본인인 척 하지도 않고, 민족을 강조하지도 않는다. 나는 일본에서 자이니치(재일 한국인)로 평범하게 살고 싶다.”[120] 그리고 다수 자이니치 청년과는 거리감을 느끼면서도 자기 집단을 '인류의 새로운 종種'이라고 말하기도 한다. 그러면서 국적 차이란 '키가 크거나, 녹색이 어울리거나, 성격이 외향적'[121] 같은 차이와 비슷하다고 본다. 이렇게 민족적 거리를 대단치 않게 여기거나 '평범'하게 살려는 시도에는 문제가 있다. 무엇보다, 교 노부코는 한민족 혈통보다도 도쿄대 졸업장 때문에 보통 일본 사람보다 훨씬 특별하다. 그런데도 특별히 뛰어난 개인이 아니라는 정체성을 고집한다. 교 노부코는 자신이 다른 자이니치 학생들과 매우 다르다고 생각하면서도 책 제목처럼 '평범한 자이니치'라고 한다.

1997년 유미리 소설 『물가의 요람水辺のゆりかご』은 의심으로 시작해서 과거의 허구성을 확인하며 이야기를 끝낸다. 유미리는 비밀투성이 가정에 태어난다. 아버지가 대체 몇 살인지도, 어머니가 과연 일본 태생인지도 확실하지 않다. 부모님 과거는 양쪽 끝이 '침묵'으로 닫힌 '어두운 터널'이다.[122] 희곡이나 소설에서 늘 주제로 삼는 이 가족 이야기는 순탄치 못하지만—아버지는 폭력적이고 어머니는 다른 남자와 도망쳤다—그래도 유미리는 여동생이 질투할 정도로 부모에게 사랑받았다고 한다. 어릴 때는 리카 인형(일본판 바비 인형)을 가지고 놀며 자랐지만, 한편으로 가장 두드러진 기억은 집단생활에서 당한 따돌림이다. 아주 어릴 적부터 다른 아이들에게 괴롭힘을 당했는데, 맨 처음은 남들과 머리를 다르게 하고 유치원에 갔을 때였다. 유미리는 자신이 집단생활을 잘 하지 못한다며 어느 정도 스스로를 탓하기도 한다. “나는 우쭐거렸고 선택받은 사람이라고 생각했다.

(…중략…) 내가 특별하다고 생각했다."[123] 동시에 괴롭힘은 한국 혈통과 떼려야 뗄 수 없는 관계 같았다. "내게 괴롭힘과 김치는 어떻게든 연결되어 있었다."[124]

유미리는 자신이 '도망자'라고, 숨기 위해서가 아니라 단지 도망치기 위해 떠나는 사람이라고 묘사한다.[125] 사춘기는 — 사춘기 청소년에게는 흔한 일이지만 — 수치스럽고 창피한 순간과 기억의 연속이다. 학교에 싸 가는 도시락도 창피하고, 어떤 친구가 거지로 착각한 고모도 창피하다. 어머니가 애인을 만들고 어떤 때는 며칠씩 집을 비워서 속상하다. 어머니가 우기는 바람에 명문 중학교에 입학하지만 그저 떠나고 싶을 뿐이다. 가끔은 친구도 생기지만 살아 있는 사람보다도 죽은 작가들에게 훨씬 친근감을 느낀다. "나는 살아 있는 인간보다 죽은 인간과 더 친했다. 내 가방에는 시인 나카하라 나카야中原中也와 소설가 다자이 오사무太宰治 작품들이 들어 있었고, 나는 죽은 사람들하고만 마음을 터놓고 말할 수 있었다. 산 사람들은 나에게 상처를 주었지만, 죽은 사람들은 나를 치유하고 다독였다."[126] 유미리는 같은 반 여자 친구에게 반하지만 거절당한다. "그 애에게 무엇을 원했는지 모르겠다. 가까워지거나 내가 그 애를 만지거나 그 애가 나를 만지는 것은 아니었다. 지금 생각해 보면 나는 그 애에게 같이 죽자고 권한 셈인지도 모른다."[127] 유미리는 "매일 아침 자기혐오와 후회를 품고 눈을 떴다. 무엇을 혐오하고 후회했는지 모르겠지만, 어쨌든 모든 게 싫었다. 가족과도 학교와도 연을 끊고 인생을 포기하고 싶었다."[128] 포기하고 싶다는 욕구는 학교를 빠지고, 집에서 도망치고, 자살을 시도하는 형태로 나타난다. 퇴학당한 뒤에는 미국으로 이민 갈 생각도 한다.

유미리 회고록은 과거를 묻고 싶은 오랜 열망에서 시작한다. 초등학교를 전학갈 때 담임선생님이 골동품 오르골과 손수건을 선물한다. 그런데 유미리는 이 물건들을 땅에 묻으면서 "나는 변하고 싶고, 다른 사람이 되고 싶었다. 기념품은 필요 없었다"[129]라고 이유를 댄다. 흔한 기억도 많다. 자신을 추행한 이웃이나 못된 장난을 하는 반친구들, 또 비인간적이거나 배신하는 행위들 말이다. 그런데도 글을 쓰는 이유는 어느 정도는 자신만의 '현실'을 창조하고 싶어서이다. 유미리는 극단에 들어가면서 '내 과거를 다시 쓸 가능성'[130]을 발견한다. 20대에 회고록을 쓰기로 결심한 이유도 '자신을 저 멀리 남겨두고'[131] 싶었기 때문이다. 그리고 이야기를 모호하게 끝맺는다. "전부 사실이고, 전부 거짓말이다."[132] 이 회고록은 '언어가 겹겹으로 쌓인 퇴적'[133]이다.

이러한 서사들은 단지 일본어로 쓰였다는(무시할 일은 아니다) 의미뿐만 아니라 일본문화를 대체로 친숙하게 상정한다는 보다 심층 의미에서 일본 작품이다. 대중문화 관련 이름과 사건, 대상은 한때이면서 개별적이기 때문에 오히려 구체적 시공간과 동일시할 아주 확실한 근거가 된다. 게다가 이들은 일본문화 레퍼토리를 보여주는 좋은 예이다. 제1장에서도 거론했지만, 동질성이라는 전후 사상은 보통이라는 또는 평범하다는 이상에 큰 가치를 두었는데, 이는 평등주의를 표현하는 동시에 전쟁 전과 같이 과장된 행동은 거부한다는 의미였다. 예를 들면 김향도자는 책을 시작하면서 이렇게 말한다.[134] "내가 살거나 생각하는 방식에는 그리 특별한 점이 없다. (…중략…) 나는 '극히 평범한極普通' 자이니치다." 자란 방식이나 보는 관점이 달랐어도, 황민기나 교 노부코나 모두 자신을 그냥 '평범'이 아니라 '극히 평범'하다고 본다. 아마 교 노부코가 회상록을 쓸 무렵 나는 도쿄 소재 어느 식당에 있었는데, 그 자리에서 내가 도쿄대와 관련이 있다는 말이 나왔다. 그러자 옆 테이블 중년 여인들이 당장 대화를 멈추고 몸을 돌리더니 자기 아이들 과외를 좀 해달라고 내게 부탁했다. 내가 아주 잠시나마 이렇게 주목을 받은 사실은 도쿄대가 전후에 얼마나 명문 대접을 받았는지를 증명한다. 황민기도 현대 일본인으로서는 전혀 '평범'하지 않은 어린 시절을 보냈다.[135] 유미리만은 자기가 다르고 집단에서 소외되었음을 의식하지만, 유미리 인생은 역시 어떤 관점에서 보든 특이하다.

그러면 대체 일본 출신을 넘어서는 무엇이 이 세 작가를 결속시킬까? 구석구석 침투한 부인은 사회생활에서 다양한 영역에 스며들었다. 그런데도 차별을 수용하는 방식은 똑같지 않았다. 황민기도 교 노부코도 괴롭힘을 당했다는 언급은 하지 않는다. 유미리는 괴롭힘과 한국 혈통이 얽혀 있다고 확신하지만, 민족 차별이 가장 중요한 이유였다고는 확신하지 못한다. 드보스와 이창수 연구에서 자이니치 가족 소외를 보편화했던 점을 생각해 보자.[136] 그러면 유미리 사례는 전형처럼 보인다. 그런데 폭력을 쓰는 아버지는 자이니치문학에 늘 등장하는 인물 유형이지만, 유미리가 느끼는 사랑을 보면 이 아버지는 긴 가쿠에이나 양석일이 쓴 가부장과는 다르다. 그리고 황민기와 교 노부코는 그 두 저자가 사용하는 도식에 들어맞지 않는다. 가족들과 숭고하면서도 좀처럼 이루기 어려운 아가페적 사랑에 도달했다는 점에서 교 노부코는 일탈인 셈이다.

전기傳記 구조는 생물학이다. 태어나서 죽을 때까지를 그리는 따분하고도 예상 가능한 궤적이다. 같은 사회에 사는 동시대인 간에 수많은 유사점이 보이지 않는다면 그야말로 이상한 일이다. 그러나 이 세 서사에서 두드러지는 점은 통일성이 아니라 다양성이다. 민족 정체성 문제를 보자. 교 노부코는 이 문제를 놓고 씨름하지만, 자이니치 대의명분에 열심인 다른 자이니치들에게 소외감을 느낀다. 반면 황민기는 조선인임을 통렬하게 인식하면서도 조선인 동네에서 자랐기 때문에 그 의미를 깊이 탐구하지 않는다. 유미리는 또 다르게, 자아의식 때문에 그야말로 희곡 등장인물처럼 되고 마는데, 이 인물에게는 도망치려는 욕구 같은 특정 성향은 있어도 민족 유산이나 일본 내 인종 차별은 눈에 띄지 않는다.

한민족 혹은 일본문화가 미치는 영향을 보아도 명확한 공통성은 없다. 황민기가 살던 세계에는 여기저기 조선과 일본, 양쪽 문화와 사건이 있다. 반면 교 노부코는 한국은 물론 자이니치문화도 전혀 모르고 자란다. 유미리는 리카 인형을 가지고 놀고 죽은 일본 남성 작가들과 소통하며 컸다. 거의 늘 자이니치 작가라는 수식어가 붙지만, 유미리 문학 혈통에서 자이니치 영향은 별로 보이지 않는다. 명명 취향에서도 역시 다양성이 드러난다. 황黃은 한국 성씨를 한국식으로 발음했다. 유柳(류)는 한국 성씨를 일본식으로 썼다. 교 노부코姜信子는 한국 성씨와 흔한 일본 이름(한국 이름도 되지만)을 합쳐 일본 발음으로 읽었다. 또 한국 성씨와 순수 일본 이름에 가까운 이름을 한국식으로 읽는 여성도 있다. "내 정체성은 한국인이지만 고국에 있는 한국인들과는 전혀 다르다. 나는 자이니치다. 다른 민족에 가깝다. 그리고 내 국적은 일본이다."[137]

황민기와 교 노부코, 유미리는 모두 자이니치지만 공통점이 거의 보이지 않는다. 물론 그 차이는 어느 정도 서로 다른 배경, 그러니까 젠더와 지역, 계급 등에서 찾을 수도 있다. 이러한 사회적 차이는 이들이 밟은 서로 다른 인생 과정과 모습을 따라 존재한다. 그런데 바로 이 점이 중요하다. 자이니치 직업과 개성, 젠더와 세대, 호불호에 따르는 다양성도 있지만, 개인은 통일적이지도 동일하지도 않고 정주하지도 불변하지도 않는다는 사실을 잊어서도 안 된다. 버지니아 울프는 『올랜도Orlando』에서 이렇게 말했다.[138] "한 인간에게는 자아가 육천, 칠천 개 있을지도 모르는데 전기는 자아를 예닐곱 개만 기록해도 완전하다고 본다." 비록 '의식적 자아는 (…중략…) 하나의 자아가 되기만을 바랄지도 모르지만 (…중략…) "진정한 자아"는' 뚜렷하게 다른 순간들과 모순되는 기억들, 모호함과 다중성을 억누르지 못한다.[139] 교 노부코는 한국에서 꽤 오래 공부하며 살았고, 그 뒤 아시아 전역에 한민족 디아스포라가 남긴 궤적을 탐구했다.[140] 유미리도 한글을 배운 뒤 한국성, 자이니치성이 강한 주제와 인물이 등장하는 소설과 글을 썼다.[141] 달리 말하면 시간에 따른 변모는 흔한 일이다. 전후 일본에서 비非일본 국적자로는 처음 변호사가 된 김경득은, 36세 되던 해에 자기 한국인 나이는 13세라고 썼다. 그 이유는 '23세 되던 해까지는 가명(일본 이름)을 쓰며 일본인으로 사는 척'했기 때문이다.[142] 그러니 인생 첫 23년간은 '한국인이 아닌' 셈이다. 김경득은 대학에 들어와서야 민족 혈통과 정체성을 긍정했다. 변호사가 되고는 '민족을 되찾는 다음 단계로' 한국에 건너가 3년 넘게 공부했다.[143] 앞 장에서 다룬 김희로를 생각해 보자. 김희로를 민족 자긍심이 있는 영웅이라거나 감수성이 강한 범죄자라고 하면 그리 맞는 평가는 아니다. 1968년 이후 김희로는 32년간 '모범수'로 살았고 한국에서 다시 범죄를 저질렀을 때도 꽤 충실하게 사는 듯했다.[144] 다시 범죄를 저질렀지만, 재혼하고 '사랑'을 삶의 방식으로 추구했다.[145] 김희로에 관한 진실이 무엇이든 이 사람을 본질상 이것이다, 저것이다, 혹은 그 외에 다른 것이다, 라고 부른들 완전하게는 이해가 안 될 터이다.

자이니치 다양성은 이러한 서사를 한참 뛰어넘는다. 이정자(1994)는 일본 고전 시 형식으로 자이니치 정체성을 표현하지만, 이 문제를 아예 회피하는 자이니치 작가들도 있다. 후자 중에서도 이주인 시즈카 같은 사람은 한국계임을 숨기지 않지만, 또 숨기는 사람도 있다. 일본 제국주의가 남긴 역사 유산을 탐구하는 자이니치 작가들이 있는 반면,[146] 과거를 초월하고 싶어 하는 작가들도 있다.[147] 음악을 보자. 한국 전통 음악을 적극 받아들여 신세타령을 읊는 자이니치도 있다. 교 노부코는 신세타령이 '내 것이 아닌 민족 감정으로 가득한' 음악이라고 생각하지만,[148] 자이니치 정체성을 처음으로 성찰한 뒤에는 전통 한국 음악을 파고든다. 총련 학교에 다닌 자이니치 2세 전월선田月仙은 오페라 가수지만,[149] 신학교에 다닌 자이니치 3세 류영기柳榮起는 힙합 가수이다(「터닝 래패니스Turning Rapanese」(2007)). 두 사람 다 자이니치로 차별을 당했지만 그렇다고 해서 같은 배경이나 경험에서 쓸모 있는 일반화를 도출하기는 어려울 터이다. 오페라와 힙합이라는 두 장르를 가르는 거리가 있다 보니, 두 사람 다 음악가라고 해도 거의 의미는 없다.

자이니치 정체성에서 최소 공통분모를 찾은들 소용없는 노릇이다. 일부 공통된 질문이 나오기는 했지만, 답은 서로 다른 여러 방식으로 나왔다. 수렴이 있다고 해도, 그러한 수렴은 모든 인간에게 보편인 정도이다. 앞서 남북한에 바친 민족주의적 충성과 마찬가지로 자이니치 이데올로기는 본질주의에 입각한 자아 이해를 내놓아서, 김달수는 "내 경우 문학 경험이란 두말할 필요도 없이 자이니치로서 한 경험이다"라고 쓸 정도였다.[150] 이 '두말할 필요도 없이'라는 확신에 찬 표현은 겐 게쓰나 가네시로 가즈키 같은 작가들이 내놓는 탈자이니치 자아 표상이라는 자신만만한 선언에 부록처럼 붙는다. 한민족 혈통을 넘어 자이니치 글을 지배하는 요소는 오히려 일본 사회라는 광범위한 배경이다. 신숙옥은 〈거인의 별〉 애니메이션을 시청하면서[151] 앞서 언급한 그 전형적 장면 ─ 술 취한 폭력 가장이 밥상을 뒤엎고 주인공 뺨을 때리는 ─ 에 충격을 받고, 이 가족이 사실은 자이니치가 아닐까 생각했다고 한다. 자이니치가 어디로 돌아서든 그곳에는 일본이 있었다. 다수 논평가들은 자이니치 자살 사건이 일어나면 자이니치가 겪는 은밀한 고통에 주목하지만, 자살은 한국보다는 일본문화 레퍼토리에 훨씬 크게 존재한다. 언어는 한층 포괄적이다. 선구적 자이니치 작가 김달수는 '문학 경험이란 두말할 필요도 없이 자이니치로서 한 경험'[152]이라고 했지만, 그러면 저술 활동에서 근본 조건, 즉 어쩔 수 없는 일본어 의존성을 빼놓는 셈이다. 자이니치 시인 김시종은 이렇게 말했다.[153] "일본어 — 외국어인 일본어 — 가 내 의식에서 기초를 형성했다."

역설적으로 본질이 없다고 해서 인지와 인정까지 필요 없다는 뜻은 아니다. 부인하는 사회에서 정체성이라는 불가피한 문제를 억압하면, 억압받는 자의 분노, 보다 일반적으로는 오인과 부인을 낳기 쉽다. 겐 게쓰 소설『말 많은 개』(2003)에서 주인공은 이렇게 주장한다. "'내가 누구인가'는 내게 별로 중요하지 않다."[154] '전前' 자이니치가 되려고 노력하지만 — 그러면서 자신은 '전에 그 어떤 것도 아니었다'[155]고 하지만 — 자신의 불능이 전前 자이니치라는 지위와 연결되어 있다고 결론을 내릴 수밖에 없다. 앞서 말한 김경득은 이렇게 회상한다.[156] "'나는' 한국인의 가난과 투쟁, 일본이 자행한 차별의 부당성 같은 배경을 이해하지 못했다. (…중략…) '나는' 그저 한국과 관련된 모든 것에서 도망치고 싶었다." 일본에서 한국·조선인 또는 자이니치로 산다는 '열등감 콤플렉스'는 베이비붐 세대 자이니치 사이에서는 매우 흔한 기억이다.

만일 자이니치 본질을 파악할 수 있다고 해도, 그 본질들은 자이니치 범주에 있는 두 조건 — 한민족 혈통과 일본 생활 — 안에, 그리고 한민족 혈통 때문에 합법적 일본인도 되지 못하고 새로운 혼성 정체성도 못 가지게 되는 끈질긴 일본의 차별 안에 존재한다. 단일 민족 일본이라는 지배 사상에서는 일본인이란 반드시 일본 민족을 뜻하는 단어라고 정해둔다. 그렇다면 교 노부코가 붙인 책 제목에는 미안한 노릇이지만, 작가가 자라던 1960년대와 1970년대에 '평범한'(한국·조선계) 일본인이 되기란 불가능했다. 전후 일본의 지배 담론에서 혼성과 이질성이 차지할 자리가 없다 보니, 한민족 혈통은 결국 현대 일본 사회에서 자이니치가 제대로 된 자리와 정체성을 얻으려면 반드시 개인·집단 투쟁을 벌여야 한다는 뜻이 되었다. 그러나 자이니치들이 가끔 함께 투쟁한다고 해서 단순하고 고정적이며 동일한 민족 정체성이 존재한다는 의미는 아니다.

다양성이 존재하는 정체성

도대체 왜 수백만은 될 일본 내 한민족 혈통에게 당연히 동질성이 있다고 생각해야 하나? 그 사람들이 한민족 혈통이라는 범주와 일본 내 문화 시민 지위cultural citizenship를 공유한다는 말 외에 더 무슨 말이 가능할까? 그리고 현대 자이니치에게 개인적 정의를 내릴 때 이러한 요인은 얼마나 중요할까? 자기 묘비명에 '자이니치'라고 쓸 사람은 몇이나 될까?

이제껏 살펴보았듯, 1930년대 말에는 이미 일본에서 태어난 조선인 집단이 증가하는 상황이었다. 전쟁 전 일본이 자기 잇속만 차리면서 문화 제국주의에 입각한 정책을 펼치기는 했어도, 조선 민족을 통합 및 동화하는 작업 때문에 자기 정체성을 일본 정부 관료, 군인, 지식인으로 보는 핵심 조선인 인사들도 생겨났다. 당연히 계급 차이는 교육받은 특권층 조선인과 빈곤한 문맹 조선인을 갈라놓았다. 최종 목적지는 물론이고, 젠더와 세대, 출신지 때문에도 자연스럽게 여기던 조선 민족 정체성에 금이 갔다. 거주 기간을 보든, 예측불허한 개인 경험을 보든, 식민 시대 조선인들이 한 경험에 어떤 단일성이 있다고 믿는다면 그 또한 이상하다. 오림준은 소년 시절(1940년경) 덕망 있는 조선인들을 묘사한 일본 책을 읽었고[157] 그 이야기에 감동은 받았지만—그리고 어떠한 인종주의 편견도 느끼지 못했지만—책에 나오는 다른 보통 일본인들에게 더 공감했다고 한다. 여기서 오림준을 세뇌당한 친일파 반역자라고 하기는 쉽겠지만 그 범주에 수많은 조선인이 들어간다는 사실도 의심할 여지는 없다. 저명한 한국 시인 김소운金素雲은 약 32년간 일본에 살았다. 일제강점기에는 인종주의가 존재했고 1970~1980년대에는 반일 이데올로기가 한국을 휩쓸었는데도 김소운은 일본이라는 국가를 대신해서 자신에게 보상을 해준 '착한 일본인'들을 기억한다.[158] 그래도 오림준과 김소운 등을 극소수 국가 반역자, 민족 배신자라고 하기는 어렵다.

21세기 초에도 취업과 결혼, 시민 참여 면에서 자이니치에게는 여전히 큰 장벽이 존재한다. 그러나 이제는 자이니치라고 해서 무조건 열등 집단은 아니라고 해도 무방할 터이다. 더군다나 이들 중 상당수 는 일본어를 하고 일본 TV를 보고 일본 아이들과 놀며 일본학교 등 을 다닌 2, 3세, 심지어 4세여서, 사실상 일본인과 사회적 구별이 있 다면 한민족 혈통뿐이다. 총련 계열 학교에서 북한 지향성이 줄어들 면서 문화적 일본인성에서 벗어나기는 더욱 불가능해졌다.[159] 일본 에서 불관용과 인종 차별 사건—1994년, 민족학교 여학생 교복 치 마를 칼로 훼손하는 '치마저고리 칼질 사건'이 있었다—이 발생하 기도 했지만, 다른 한편에서 총련 계열 학교들은 일본 대중에게 뛰어 난 체육 기량으로 널리 알려지고 존경도 받았다.[160]

인종, 종족 혹은 민족 집단—현대인족의 범주들—을 이해할 때 는 대개 언어, 종교 또는 관습과 문화를 본다. 그러나 1970년대에 접 어들면서 자이니치를 다수 일본 사회와 구별할 이러한 기초는 거의 없었다. 자이니치 2세들은 일본어를 사용했다. 총련 학교 졸업자들 은 한글을 잘 알았지만 사실상 총련어를 사용했고, 그렇기 때문에 남 한어나 북한어를 모국어로 사용하는 사람들과는 구분되었다. 어쨌 든 자이니치들은 모국어가 된 일본어를 유창하게 쓸 때 훨씬 편안하 다는 사실이 기본이었다. 1980년대에 새로운 한국 이민자 세대가 도 착할 즈음에는 한국어가 공통어인 대규모 한민족 밀집 지역은 더 이 상 존재하지 않았다.[161]

종교도 자이니치와 일본인을 구분하지 못했다. 총련 추종자들은 일종의 세속 종교를 실천한 셈이라고 주장할 수도 있겠지만, 전후 수십 년간은 일본인 공산당원 중에도 다른 일본인들과 다르게 총련 추종자들처럼 열성적으로 행동한 사람이 많았다. 신토神道 종교 신봉자가 자이니치일 가능성은 별로 없지만, 한민족 인구에든 일본 민족 인구에든, 불교에서 기독교에 이르는 세계 주요 종교를 믿는 사람은 많다. 1세대 한민족은 민족 특색이 뚜렷한 절이나 기타 제례에 참여했지만, 1980년대에는 이 또한 확실하게 줄어들었다.[162] 전쟁 전 조선인들은 대개 제사를 지냈다.[163] 1세대는 거의 모두 제사를 모셨지만, 다음 세대들은 이를 훼손 또는 변모시켰다.[164] 젊은 세대 자이니치들은 제사를 간소화하거나 아예 포기했다.

마지막으로 관습과 문화 — 음식과 옷에서 물질·문화 소비까지 — 도 일본 민족과 한민족을 잘 구분하지 못했다. 1940년대부터 조선인들은 이미 외관상 일본인들과 비슷해 보였다. 민족의상은 노인과 여성들이 주로 입었는데, 이들은 대개 조선인 빈민가에 머물렀다. 자이니치 소설가 이회성은 60대 중반이 되던 2001년에야 처음으로 한복을 입었다.[165] 한편, 마늘과 고춧가루를 쓰거나 고기를 재워서 굽는 성향은 일본과 뚜렷하게 다른 한국 음식을 나타냈다. 일본 태생인 한국계 캐나다 작가 정욱Ook Chung은 작품 화자에게 이런 말을 시킨다.[166] "어느 날 나는 김치 없이는 못 산다는 사실을 깨닫고 내가 한국인임을 깨달았다." 자이니치 작가 신숙옥도 김치를 먹고 싶다는 욕구가 '내 할머니의 존재 증거'였다고 말한다.[167] 그렇지만 김치를 늘 먹지는 않는 박재일이나 교 노부코도 이미 보았고, 또 자이니치들이 '진짜' 한국 음식은 지나치게 '맵다'고 하는 경험도 아주 흔하다.[168] 사기사와 메구무는 돌아보니 자기 가족이 잘 먹던 음식이 한국 파전을 변형한 음식이었다고 한다. 인정은 안 했어도 한민족 혈통을 나타내는 숨은 흔적이었던 셈이다.[169] 그러나 전후 수십 년간 놀라운 수렴이 일어났다. 한민족은 일본 농산물과 음식에 적응했다. 일본 민족은 특히 1980년대 이후 외국 음식이 맛있다고 생각하기 시작했다. 이 시기에는 민족의상도 특별한 때나 총련 학교 학생들만 입는 옷이 됐다. 한민족 발행물과 언론이 있어도 자이니치 2세들은 대부분 일본 대중문화에서 영향을 받고 자랐다. 스포츠와 음악 분야에서 자이니치가 강세를 보였으므로 같은 민족을 선호하는 경향도 있었을지 모르지만, 사실 리키도잔이나 미야코 하루미는 일본을 대표하는 유명인이었다.

여기서 부정이 불가능한 구별 근거는 호적과 공식 문서에 기록한 혈통이었고, 쉽게 알 만한 표지는 이름이었다. 자이니치가 보통 일본 사람 행세를 하려고 노력할 때 두 가지 약점은 호적과 통명이었다. 게다가 일본 내 한민족을 보는 만연한 편견과 차별을 고려하면, 한민족 혈통은 자이니치 정체성에 중대한 영향을 미쳤다.

그렇다고 혈통 또는 가계가 동질성 있는 흔적으로 전해지지는 않는다. 자이니치 중에는 민족·정치 단체 소속인 사람이 많지만,[170] 제주도 출신 자이니치들처럼 상당수는 지역을 기반으로 한다.[171] 제주도 정체성에 비교적 자주성 — 본토 사람들과 문화도 확연히 다르다 — 이 있다는 사실은 이들이 다른 자이니치나 한민족과 다르다는 주장에서도 종종 드러난다. 지역 다양성은 한민족성이라는 본질주의

주장을 비웃었다.[172]

그밖에 경제나 지역 배경 같은 사회적 조건도 크게 다르다. 대체 무엇이 일본 최대 갑부인 손 마사요시孫正義(손정의)와 사회적으로 익명인 자이니치 노숙자를 하나로 묶겠는가? 아니면 일본 내 지역 다양성만 보더라도, 도쿄에서 자란 어느 자이니치 작가는 오사카 자이니치를 '명백히 다른 종, 낯선 문화 집단'이라고 묘사한다.[173] 작가는 이카이노(오사카에 있는 조선인 구역)에 처음 갔을 때 과연 자신이 일본에 있는지 놀랐다. 그런데 이카이노는 1987년에 자칭 '코리아타운'이요, 자이니치 집단의 영적 고향이라고 천명했다.[174]

자이니치 귀속의식에 있는 다양성은 한민족 귀속의식과 유배자 지위를 받아들인 전통주의자들도 계속 배제한다. 총련 조선인들은 자이니치라는 호칭 자체를 오랫동안 거부했다. 총련이 운영하는 조선대학교에서 불문학을 가르치는 고연의高演義는 "나는 본래 조선인이므로 나를 '자이니치'라 부르는 일본인들을 거부한다"[175]라고 썼다. 반대로 사기사와 메구무는 아예 민족 귀속의식을 거부했고[176] 그런 사람은 사기사와만이 아니었다. "나는 민족이란 허구라고 생각한다." 겐 게쓰 역시 어느 인터뷰에서 자이니치는 '아무 정체성도 없다'면서 마치 '떠다니는 잡초' 같다고 했다.[177] 탈자이니치 정체성 — 1980년대부터는 한민족 가운데 가장 강력한 귀속의식이었을 — 은 태어날 때부터 보통이었다.

따라서 민족 그 자체는 어떤 의미에서든 개인 정체성이 실제 어떤 모습을 할지 예측하지 못한다. 당연히 여러 개인이 사는 삶은 조상에게 물려받은 유전자나 밈의 흔적, 한민족을 대하는 일본의 끈질긴 부인을 다양하게 반영하겠지만, 그렇다고 해도 민족 혈통과 경험이 개인 삶에 일관성 있는 흔적을 남기고 자이니치라는 개별 집단을 이해할 통찰력을 준다고 확언하기는 어렵다. 나는 민족이 개인 자아의식이나 개인 정체성에 결정적 영향을 미친다고 믿지는 않는다. 민족은 여러 요소 중 하나 — 물론 어느 때, 어떤 사람에게는 지배적 요소가 될 수도 있지만 — 에 불과하다. 게다가 자아 귀속의식은 인생을 살면서 크게 변할 수도 있다. 일반 사회과학 접근법 — 사회 배경이나 요인을 독립 변수로, 개인과 개인 정체성을 종속 변수로 사용하는 — 은 잘 먹히지 않는다. 실제 삶들은 환원주의와 본질주의에 기반한 단순한 특성화를 거부한다. 자이니치 이데올로기는 자이니치 현실을 잘못 그렸고 오인했다.

화해

—

21세기 초반에는 많은 일본 가정에서 한국 스타들이 TV 화면을 빛냈다. 특히 한국 인기 드라마 〈겨울연가冬のソナタ〉(2002)는 2004년 종영 무렵 일본 최고 시청률을 기록했음은 물론, 사회 현상까지 되었다.[1] 열광하는 팬들은 스타 배용준, 열혈 팬들이 경건하게 '욘사마'라고 부르는 배우 모습을 조금이나마 보겠다고 촬영지로 모여들었다. 그보다 소심한 사람들은 이 카리스마 있는 배우를 찍은 비싼 사진집을 덥석 집어 들었다. 한국 대중문화를 향한 열광 — 간류韓流나 한류, 케이팝이라고도 하는 — 은 매우 강력해서 이에 맞선 혐한류嫌韓流 운동까지 생겼다. 동시에 북한은 일본 생활에서 큰 위협으로 다가왔다. 특히 1970년대 초반 납치당한 일본 여성들의 운명이나 현재 북한 핵

실험 위협이 신문기사 1면을 계속 장식했다.[2] 북한이라는 망령은 고이즈미 총리에 이어 아베 총리가 내놓는 새로운 민족주의 의제에도 자주 출몰했다. 이러한 적국 보도에는 가벼운 측면도 있었다. 만화책에서는 곱슬곱슬한 파마머리와 키높이 구두를 빗대어 북한 지도자 김정일을 웃음거리로 삼았고, TV 프로그램에서는 국민이 빈곤과 기아로 허덕이는데 김정일은 과시성 소비를 한다며 놀라워했다.

혐한류나 반북한 정서가 증명하듯 남북한과 남북 한인을 대하는 일본인 태도에는 매우 심한 적의가 따라올 때가 있다. 그러나 일제강점이 끝나고 60년 동안 식민 과거와 식민지 인종 차별이 남긴 유산은 확실히 약해졌다. 전후 일본에 한민족 슈퍼스타들이 있기는 했지만, 이들은 출신 민족을 조심스레 밀실에 숨겼다. 그런데 2000년대 한국 스타들과 일부 자이니치 유명인들은 드러내놓고 당당하게 한국인이었다. 1960년대 일본인 한국 관광이 유행했을 때는 한국 성산업이 큰 인기 요소였고, 수많은 일본 남성들이 한국 매춘부를 찾았다.[3] 그로부터 40년 뒤, 일본 관광객 중에는 주로 '정통' 한국 음식 맛을 보거나 명품을 사려는 사람이 훨씬 늘었다. 일본 노인들은 아직도 한국을 빈곤 혹은 '개발도상' 국가라고 기억하는 반면, 일본 청년들은 눈에 띄게 풍요로운 서울과 매력 있는 한국 대중문화를 떠올릴 때가 훨씬 많았다. 2001년에는 천황이 — 현대판 내선일체라고 할 만한 2002년 월드컵 공동 개최를 앞두고 — 한반도와 혈연관계를 언급하기도 했다(『아사히신문』, 2001.12.23). 2002년 월드컵은 표면상 연대와 끓어오르는 라이벌 의식을 낳았는데, 이 점은 양국 관계 개선에서 핵심으로 보아야 한다. 일본인이 한국과 한국인을 완고하게 쭉 싫어했다는 주장은 상당히 부당한 판단일 터이다.

자이니치를 끊임없이 부정적으로 묘사하는 현대 일본인은 거의 없다. 오랜 기간 지속된 종족·민족 일반화 성향은 이제 신뢰성을 잃고 있다. 게으르고 더럽고 뒤통수치는 민족을 그린 식민 시대 일본의 편견이든, 아니면 착취와 억압, 차별을 당한 민족을 묘사한 진보주의 서사든, 근본적 한민족 혹은 자이니치라는 생각 자체가 구식으로 보인다. 1981년에 드보스와 이창수는 다음과 같은 결론을 내렸다.[4] "오늘날 일본에서 한국·조선인으로 알려지면 여전히 사업이나 직업에서 실패 가능성을 초래한다. 인정을 받고 난 뒤에도 그 사실을 '표면화'하면 경제적으로 위험하다." 빈곤과 차별은 남아 있지만, 그래도 이제 빈곤하고 차별당하는 자이니치라는 쉬운 일반화를 내놓기는 어렵다. 또한 자이니치가 일본인 행세를 하는 관행도 줄어드는 상황이다. 이창수와 드보스가 책을 낸 뒤 고작 10여 년 만에 소프트웨어 재벌 손 마사요시는 경제적 성공을 거두었고, '한국인'임도 드러내놓고 밝혔다. 앞으로 살펴보겠지만, 현대 일본을 선도하는 몇몇 지식인들도 관점은 서로 크게 다르지만 어쨌든 통상 자이니치로 인정받는다. 다시 말해 오늘날 자이니치는 훨씬 평범한 세상에 산다. 그리고 지금은 탈자이니치 세대, 그러니까 한민족이면서 일본 시민권 등 자신의 일본인성을 포용할 준비가 된 사람들도 출현하는 상황이다. 동화와 귀화, 일본화 문제가 떠오르면서 역설적으로 탈식민 정체성, 주로 코리아계 일본인Korean Japanese이라는 정체성을 주장하게 되었다.

동북아시아에서 자이니치로 살기

강상중은 저명 지식인이자 명문 도쿄대 교수(자이니치 중 최초로 이 위치에 올랐다고들 한다)이다. 강상중이 일본 지식·문화계에서 차지하는 위치는 본인의 우상이기도 한 에드워드 W. 사이드Edward W. Said가 1980년대와 1990년대 미국에서 차지하던 위치와 유사하다. 즉 강상중은 다양한 정치·경제 문제를 두고 목소리를 내고, 좌파로 간주되며, 게다가 학자로서도 크게 존경을 받는다. 강상중은 민족주의를 다룬 유명한 저서도 썼고 공공 영역에 자주 개입하는 모습도 보이지만, 여기서는 그보다 2004년 자서전 『자이니치在日』에 초점을 맞추고자 한다. 비록 자이니치 역사 기술을 포함한 자이니치 이데올로기를 재생산하고는 있지만, 강상중은 일본과 한층 화해했다. 그러나 일본을 고향으로 받아들인다기보다는 밖으로 시선을 돌려 디아스포라 관계망과 동북아시아를 바라본다.

강상중은 1950년 규슈 구마모토熊本시 조선인 마을에서 태어났다. 조선인은 대부분 돼지를 치거나 막걸리 밀주濁酒를 만들며 위태롭게 버텼다. 강상중의 부모는 조선 관습과 의식을 지켰다. 어머니는 한글도 일본어도 모르는 문맹으로 살았고 일본어는 끝까지 유창하게 하지 못했다. 아버지는 처음에는 건설 현장, 나중에는 고물 재활용 일을 했다. 강상중은 일본 이름을 쓰며 일본학교에 진학했다. 요컨대 여느 1950년대 자이니치 아이와 크게 다르지 않은 방식으로 자랐고, 따라서 일반 자이니치 역사 기술을 몸소 요약해서 보여준다.

그러나 강상중이 하는 두 '삼촌' 이야기에는 자이니치 다양성이 명확하게 보인다. '진짜' 삼촌은 대학 교육을 받은 헌병으로 일본인 아내를 얻었다. 그리고 천황을 섬기던 충성심 때문에 종전 때는 자살하려고도 했다. 그러나 강상중의 아버지가 자살을 말리자 한국으로 돌아가 변호사가 되더니 부유한 집안 여자와 결혼했다. 1970년에 일본을 방문했을 때 이 삼촌은 헌병 시절이나 두고 간 일본 가족은 기억에서 아예 지워버린 상태였다. 아버지 동생인 이 삼촌과 달리, 다른 '삼촌'은 문맹이었다. '범법자'로 가족도 하나 없이 살던 이 '삼촌'은 전쟁 후 강상중 가족과 함께 일하고 살았다. 이 삼촌이 죽을 때는 수중에 옷 몇 벌과 담배 정도밖에 없었다.

이렇게 대비되는 삶 가운데 강상중이 기억하는 어린 시절은 우울하면서도 분열적이다. 통일된 고국이 없다 보니 구마모토나 북한이나 남한을 자기 '조국'이라고 부르기도 어려웠다. 분단 한국이나 자이니치 집단도 이해하지 못했다. "나는 역사와 현대 사회를 공부하며 매우 우울해졌다. 사회에는 '자이니치'를 범죄자로 만드는, 보이지 않는 기운이 가득했다."[5] 자이니치를 그리는 부정적 이미지 — 강상중은 '역사의 쓰레기'라는 표현을 쓴다 — 가 '어두운 그림자를 드리웠다.'[6] 이렇게 일본과 한국은 가장 사랑하면서도 가장 미워하는 나라들이 됐다. 강상중은 자신이 사진을 찍을 때 웃지 못하고 어렸을 때 말을 더듬은 이유도 이런 문제투성이 자이니치 귀속의식과 얽혀 있다고 믿는다.

　와세다 대학에 입학했을 때도 강상중은 자이니치 존재의 그림자를 두려워하며 도망치려고 한다. "얄궂게도 일본(식 삶)이 밝아질수록 '자이니치'는 깊은 암흑에 휩싸이는 듯했다."[7] 이러한 혼돈을 입 밖으로 내지는 못하고 강상중은 네 가지 '세계'에서 외롭게 산다. 그 세계들은 희미해지는 자이니치 1세의 기억, 끌림과 혐오가 동시에 느껴지는 도쿄, 새로 발견한 학계, 그리고 자이니치 학생들의 유대감이었다. 격렬한 학생 운동 와중에도 강상중은 '논폴리 ノンポリ', 그러니까 정치에 무관심한 학생으로 남았다. 1968년 김희로 사건에도 양가감정이 들었다. "김희로가 '자이니치'라는 존재를 널리 알린 뒤 잘했다는 기분도 들었지만, 그로 인해 '자이니치'들은 결국 '범죄자'라는 의심도 더욱 깊어졌다."[8]

　가장 큰 전환점은 1972년 한국 방문이었다. "나는 꽉 막힌 느낌을 깨고 싶어서 한국에 가기로 결정했다."[9] 김일성 사진이 실린 일본 잡지를 가져가는 바람에 호된 입국 심사를 받고 고국에 느끼던 따뜻하고 어렴풋한 기분은 곧 사라지고 말았지만, 친척들의 환대, 풍요한 삼촌 가족과 대체로 빈곤한 서울의 대조, 그리고 한국의 기적 등을 보고 한국에 한층 관심이 깊어졌다. 강상중은 와세다대학 한국문화 센터에서 남북한 문제와 자이니치 지위의 근원을 탐구했다. 그리고 일본 이름을 버리고 한국 이름을 썼다. 같은 자이니치 학생으로 1970년 자살한, 제3장에 나온 야마무라 마사아키와는 뚜렷하게 대비된다. 야마무라는 귀화했기 때문에 이 센터에서도 배제당했고(센터가 한국·조선 국적자에게만 열려 있었으므로), 따라서 일본인에게도 한국·조선인에게도 받아들여지지 못했다. 강상중은 1세대 자이니치와 상호 작용한 기억이 간발의 차로 생과 사를, 자기 운명과 야마무라의 운명을 갈랐다고 믿는다. 요컨대 자이니치는 삶을, 자이니치 부정은 죽음을 뜻했다. 그러므로 한국 방문도 '새로운 자아 발견을 의미'했다.[10]

그러나 강상중은 전형적 자이니치 지식인은 아니다. 거의 남북한, 자이니치 주제에만 집중한 여타 자이니치 지식인과는 달리 강상중은 연구에서 남북한이나 한민족을 간간이 다룰 뿐이었다. 예를 들면 박사논문에서는 독일 사회이론가인 막스 베버(물론 근대성을 개척한 이 이론가가 자이니치 정체성에 관한 자기 질문에 어느 정도 답을 준다고 주장하기는 하지만)를 다뤘다. TV 프로그램에서도 한반도와 자이니치 집단을 넘어서는 사건들을 다뤄 지역과 세계로 뻗어나간다. 세계에서 일본이 맡은 바 소임을 논하는 토론에 참가하면서 강상중은 자신이 지배적 자이니치 이미지를 깨려 한다고 주장한다. 독일 유학 후 일본에 돌아와서는 자이니치 세계에 돌아가기도 어려워진다. "나는 '자이니치'로 돌아가기에는 바깥 공기를 너무 마셨다."[11] 예를 들면 강상중은 일본 여성과 결혼했고 아들 이름을 지을 때도 전통 한국식 작명을 의식적으로 피했다. 수많은 보통 자이니치처럼, 강상중도 자이니치의 민족적 책무라고 규정된 관행에서 벗어났다.

강상중은 그리 눈에 띄게 자이니치 정체성을 옹호하지도 않았다. 지문날인 반대 운동 때는 지문날인을 거부해 어느 정도 유명세를 얻었지만, 투옥 위협이 닥치자 당국 지시에 순응했다. 지지자들은 당연히 실망했지만 목사인 일본 운동가가 이에 공감하는 발언을 해서 구원받았다(이 목사는 나중에 강상중이 기독교 계열 대학에 취직하도록 도와주었다). 강상중은 또한 현재 정치 · 경제 상황에서는 일본인들도 자이니치처럼 되어간다고 주장한다. 사실상 사회안전망이 잠식되면서 주류 일본인 집단도 자이니치와 마찬가지로 위험하기 그지없는 상황에 처했다는 말이다.

강상중은 자신이 왜 자이니치로 태어났고 자이니치란 누구인가에 답하며 자서전을 끝맺는다. 일본 언어 · 문화 동화라는 가차 없는 현실을 고려하면 남북한 귀국은 실행 가능한 해결책이 아니다. 그러나 자이니치 이데올로기와는 달리 강상중은 고국 정치에 관심도 덜하고 또 현대 일본 사회를 비판하려는 경향도 덜하다. 나중에 낸 책에서는 '한반도도 내 "조국"이고 일본도 내 "조국"'이라고 말한다.[12] 강상중은 1세대 자이니치 집단에 관한 기억으로 자이니치 정체성을 유지하며, 이 기억으로 동화와 귀화라는 길에 꿋꿋하게 저항했다. 어려운 일이지만, 나이가 들수록 기억이 '선명하게 되살아난다'[13]고 한다.

강상중은 자이니치가 일본 안에 갇혀있지 말고 디아스포라 한민족 관계망과 동북아 유대를 활성화해야 한다고 주장한다. 그러니까 자이니치는 일본인도 한국 · 조선인도 아니고, 더 큰 한민족 디아스포라의 한 부분이 되어야 한다는 말이다. 이회성이 제시한 디아스포라 귀속의식(제2장에 나온)처럼, 강상중도 분단 고국을, 귀국과 귀화 간 양자택일을 넘어서고자 했고 그렇게 하면서 자이니치 이데올로기에 있는 민족주의 초점을 크게 벗어났다. 강상중이 제안하는 과업 겸 해결책은 '동북아에 살기'[14]다. 그러나 한편으로는 잔혹한 식민 관계라든가 조선인 강제 징용, 그리고 막상 일본 열도에 온 조선인들을 맞이한 심각한 빈곤과 차별을 의식한다. 억압과 저항으로 요약되는 역사가 강상중이 표현하는 자이니치 정체성을 구성하며, 그렇기 때문에 그는 1세대 기억에 크게 의존하고 그 기억을 기린다. 이러한 면에서 강상중은 자이니치 이데올로기에서 제시하는 핵심 취지를 받아들이는 셈이지만, 동시에 통일 중시나 반일 감정 면에서는 자이니치 이데올로기를 벗어난다.

일본에서 자이니치로 살지 않기

자이니치 정체성은 재일 한민족에게 고향은 결국 남북한이라고 말하는 원심력에 맞서 형성되어야 했지만, 그 정체성은 다시 동화라는 강력한 구심력에도 맞서야 했다. 강상중은 대표 자이니치 지식인일지는 몰라도 그렇다고 해서 자이니치 지식인을 대변하지는 않는다. 한민족이 당한 피해와 일본 인종주의를 강조하는 자이니치 역사 기술, 이데올로기를 거부하는 지식인도 있다. 이러한 비판은 지금 형성 단계인 탈자이니치 세대를 특징짓는다. 더 이상 민족을 숨기고 행세하려하지 않는 이 사람들은 일본을 받아들이는 데도 스스럼이 없다.

데이 다이킨鄭大均(정대균)은 1948년 일본 동북부 이와테현에서 태어났다. 강상중처럼 명문 사립대(릿쿄대학)를 나와 유학(UCLA)했고, 현재 수도대학 도쿄(도쿄대학만큼 명문은 아니지만, 명성 있는 학교다) 교수이다. 강상중보다 2년 빨리 자이니치 2세로 태어난 데이 다이킨 역시 자이니치나 여러 문제에 목소리를 내는 저명 지식인이다. 사회학에서 보면 두 사람은 거의 동일하지만, 이 둘이 자이니치 정체성을 보는 관점은 전혀 다르다. 강상중이 종족·민족 귀속의식을 주장한다면, 데이 다이킨은 동화와 귀화를 옹호한다. 강상중은 자이니치 역사 기술을 받아들이지만 데이 다이킨은 거부한다. 강상중은 진보 잡지에 활발하게 기고하고, 데이 다이킨은 우파 성향 매체에 주로 글을 쓴다.

이러한 이데올로기 차이가 생긴 지점을 가족 배경이나 개인사에서 찾을 수 있을까? 데이 다이킨의 아버지는 1922년 일본에 와서 일본어 소설을 쓴 첫 조선인 작가가 되었고, 나중에는 열렬한 천황 지지자가 되었다. 강상중의 삼촌과 마찬가지로 이 아버지도 식민 시대에 일본 민족주의자가 된 적지 않은 조선인을 대변한다. 종전과 정신적 고통을 겪은 아버지는 결국 1960년에 한국으로 귀국한다(데이 다이킨과 형제들은 어머니와 일본에 남았다). 데이 다이킨은 15년간 아버지를 보지 않았고, 강상중과는 달리 가난하고 편집증이 있는 아버지에게 복잡한 감정을 품었다. 일본인 어머니는 가장 큰 귀속의식이 기독교인이었고 언어나 문화에서 아들을 일본인으로 키웠다. 데이는 자기 혈통을 자랑스러워하기는커녕 "조선인이라는 사실이 수치스러워 그 사실을 숨기려 했다."[15] 다른 자이니치들의 '가난'과 '추함'도 창피했고, 조선과 관계되는 그 무엇도 배우지 않으려 하는 지경에 이르렀다. 그러다 강상중처럼 대학에서 태도를 바꿔 조선 혈통과 자이니치 정체성을 탐구했다. 그러나 미국(유학)과 한국(교수)에 오래 머무는 동안 도저히 그냥 한민족 귀속의식을 느낄 수 없음을 확신하게 됐다. 사실상 해외 체류는 현대 일본 사회 소속감을 굳혀주었다.

이 두 사람이 품은 서로 다른 정치 신념을 이해하려면 부모나 사회적 배경만 봐서는 충분하지 않다. 데이의 형은 자이니치 단체에서 오래 활동했다. 또 여동생은 2005년에 승진 시험 신청서를 냈지만 받아주지 않았다며 재일 한국인으로서 도쿄 시정부를 상대로 반차별 소송을 제기했다. 이 여동생은 판결이 난 뒤에 이렇게 말했다고 한다. "세상에 말하고 싶었어요. 일본에 오지 말라고요!"[16] 같은 부모에게 태어나 함께 자랐다고 해서 자이니치 문제에 같은 반응을 하게 되지는 않는다. 데이는 여동생이 한 행동('언어폭력')과 가족사·자이니치 신분 관련 발언을 줄곧 비판한다.

데이가 취하는 태도는 2001년에 낸 책 제목, 『재일 한국인의 종말 在日韓国人の終焉』에 단적으로 드러난다. 데이는 재일 한국인에게 한국 소속감도, 일본 사회에 사는 외국인이라는 생각도 없다고 주장한다.[17] 한국에서 14년간 살고 가르쳤다면서 자이니치 중 한국인이 되려는 사람은 드물다고 제법 권위 있게 말한다. "'자이니치'를 그만두고 '진짜' 한국인이 되려는 사람은 왜 없을까?"[18] 나아가 정치적 권리를 제외하면 자이니치와 일본인을 '신체·문화적으로 구분하는 사

람은 없다'[19]고 주장한다. 한국에서 온 지 얼마 되지 않은 '뉴커머'들은 심지어 자이니치가 한국인이 아니라고 한다.[20] 귀화를 금기시하는 태도만이 자이니치 신분을 지탱하지만,[21] 데이는 귀화를 배신행위로 보지 않는다.[22]

외국 시민으로 살라고 요구하는 자이니치 이데올로기와는 반대로 데이 다이킨은 귀화를 옹호한다. 그는 과거와 현재를, 자이니치 집단과 한반도를 단절하려고 한다. 그러면서 조선인 강제 징용과 그 후 이어진 차별 생활을 지치지도 않고 되풀이하는 피해의식에 비판을 가한다. 그리고 자기 해외 체류 경험을 근거로 일본에서나 한국에서나 '외국인'으로 살면 스트레스가 많으며, 한국인도 대부분 자이니치를 무시한다고 주장한다. 반면 일본 내 편견과 차별은 감소 중이며, 자이니치와 일본인 민족 간 결혼 비율은 80%를 넘는다고 한다. 데이는 진보 지식인들이 자이니치에게서 '살아갈 기회'를 빼앗아 간다고 비난한다. 그에게 귀화란 고국과 연이 끊긴다는 의미가 아니다. 고국은 '그리워'하면 된다. 그리고 귀화한 자이니치가 자기 민족을 숨기든 표현하든 그 또한 개인이 선택할 문제라고 한다.[23] '코리아계 일본인コリア系日本人'이 탄생하면 자이니치 신분 문제도 개선될 뿐 아니라 일본 사회에도 기여하게 된다.[24] 1997년에도 이와 유사한 주장이 있었는데,[25] 가장 강력한 목소리를 낸 사람은 이민귀화국 국장인 사카나카 히데노리였다.[26]

또 다른 비교 근거는 작게는 북한, 크게는 냉전이다. 데이는 진보 지식인들이 억압적 남한 정책을 강조하는 반면, 북한이 거론되면 찬양까지는 하지 않았어도 침묵했다고 강하게 비판했다. 그렇게 해서 독재 정권을 지탱했다는 말이다. 강상중이 진보 지식인이라는 외피를 쓰듯(강상중 글은 대개 진보 출판사 이와나미 쇼텐岩波書店에서 운영하는 임프린트 브랜드와 이 출판사 대표 잡지 『세카이』에 실린다) 데이는 『문예춘추』나 『세이론正論』 같은 보수 잡지에 글을 쓴다.

강상중이 대표 자이니치 지식인으로서 하는 기능에 이의를 제기하는 사람은 데이 다이킨만이 아니다. 1974년 고베에서 태어난 아사카와 아키히로浅川晃広는 자이니치 3세이자 귀화 일본인으로, 호주 정치 전문가이다. 아사카와는 자이니치 공론가들이 '자이니치 신분을 강조'하며 타인을 공격할 때 이를 '응석 부리며' 이용한다고 비판한다.[27] 아사카와가 하는 강상중, 특히 자서전 『자이니치』 비판은 그가 자이니치 지식인에게 가하는 일반적 비판을 보여준다. 아사카와는 강상중이 자이니치 1세대를 대신 혹은 대변한다고 하는 주장을 통렬히 공격한다. 그리고 상당수 1세대가 강제 혹은 비자발적 이주를 했다는 주장을 부정하면서, 강상중이 자이니치를 피해자 집단으로 그린다고 비난한다. 또한 강상중이 끔찍한 귀국 사업에는 입을 다물었다고 질책한다. 나아가 일본 정부가 자이니치 신분을 개선하려고 기울인 노력을 옹호하고, 마지막으로 진보 자이니치와 일본 지식인 사이에 존재하는 연대를 맹비난한다. 아사카와는 진보 연대가 강상중에게 좋은 일자리를 마련해주고 결국 도쿄대 교수 자리까지 주었다며 개탄한다.

데이와 아사카와는 2000년대에 부상한 새로운 사고방식을 대변한다. 이들이 보이는 탈냉전 관점은 자이니치 삶과 일본 사회에 존재하는 긍정적 요소를 강조한다. 그렇게 하면서 이 사고방식은 식민 시대 과거와 현재에 존재하는 차별, '불우 의식'(윤건차가 한 주장[28]을 떠올려 보자)에 초점을 맞추는 자이니치 이데올로기를 혹평한다. 동시에 자이니치와 고국 간 유대도 끊는다. 요컨대 데이와 아사카와는 자이니치 이데올로기의 주요 교리를 전부 거부한다. 이 두 사람은 탈자이니치 또는 코리아계 일본인 세계관을 표현한다고 해야 정확하겠지만, 이들이 보수 일본 여론과 화해한 측면을 보면 자이니치 '신보수주의자'라는 명칭을 붙이고 싶은 생각도 든다.

1997년 지동욱池東旭이 펴낸 『이제 자이니치로 살지 마라在日をやめなさい』는 아마도 최초로 탈자이니치 관점을 명확하게 표현한 책일 터이다. 일본에 살던 한국 기자 지동욱은 자이니치가 '우월'하다고 주장한다.[29] "객관적으로 자이니치가 세계에서 가장 우월한 소수 민족이라 해도 과장이 아니다." 지동욱은 전쟁 전후에 존재한 빈곤과 차별을 부정하지 않고, 자이니치가 이러한 난관을 초월하고 스포츠에서 연예, 기업, 학계까지 다양한 분야에서 최고 실적을 냈다고 강조한다. 그런데 부정적인 부분('마이너스 이미지')을 강조하고 자이니치 존재 자체를 아예 회피하려는('터부') 일본 성향이 자이니치 업적을 가렸다고 말이다.[30] 지동욱은 그러지 말고 역사와 세계를 보는 관점을 확장하라고 한다. 일본 제국주의에 집중하는 대신 더 먼 과거, 한반도에서 건너온 일본 민족의 뿌리 자체를 보라는 뜻이다. 1970년대에 일어난 주요 세대 저이를 파악하면서 지동욱은 자이니치 2, 3세에게는 일본이 '고향'

이라고 한다. 그리고 일본 사회는 크게 차별 경향이 있지만, 남북한 역시 자이니치 운명을 무시한다고 꼬집는다. 그리고 한국식 이름을 반드시 포기해야 하는 일본 귀화법도 비판한다. 지동욱은 귀화에 따르는 문제를 인식하면서도 귀화를 지지한다. 이러한 태도는 디아스포라 한민족이 대개 거주국 국적을 따른다는 주장에서 나온다. 따라서 귀화 — 자이니치로 살지 않기 — 는 고국이나 민족을 배신한다는 의미가 아니다. '다른 나라에서 온 자들渡来人(한반도에서 온 자들)이 고대 일본을 형성'했듯, 귀화 자이니치도 미래 만들기를 도울 터이다. 자이니치로 그만 산다는 의미는 자이니치가 고국에서 정신적으로 독립한다는 선언이며, '코리안 재패니즈'로 자유롭게 사는 삶을 선택한다는 의미이다.[31] 그러면서 자이니치에게 대놓고 일본에 동화하거나 한국과 연을 끊기보다는, 고향 없는 상태에 빠져있지 말고 '개척자'가 되라고 한다.[32]

한마디로 친귀화라고 부를 만한 이 태도에는 서로 다른 관점들이 들어 있다. 그러나 논쟁할 여지없는 한 가지 요소가 있으니, 바로 친북·반일 취급을 받는 자이니치 이데올로기 비판이다. 이렇게 반자이니치 지식인들과 혐한류 운동 사이에는 위태로운 연맹이 있다. 자이니치들이 차지했다고 하는 여러 특권은 친한·반일 정서와 연결된다.[33] 지동욱이 강조하는 주장처럼, 자이니치 이데올로기가 전후 일본 사회의 단일 민족 이데올로기를 반영하는 일본 고유 현상이라는 사실은 중요한 요소이다. 해외에서 살거나 유학한 — 데이는 미국과 한국, 아사카와는 호주 — 인물들이 열어둔 이러한 새로운 가능성은 자이니치 이데올로기에 존재하는 민족 중심주의를 뚜렷하게 보여준다. 반대로 외부를 향하는 강상중의 초점은 민족주의의 덫을 피한다는 점에서 탈자이니치 주장과 수렴한다.

지적 해결은?

상충하는 두 관점을 검토할 때는 이들을 화해시키고 싶다는 지적 유혹이 따라온다. 입수 가능한 역사·사회학적 증거를 검토하고, 논증을 판단하고, 공평하게 과학적으로 결론을 내리고 싶다는 말이다. 그러나 인족 귀속의식은 그 성격상 과학적 객관성이나 사회학적 환원주의를 거스른다. 요컨대 개인 혈통과 소속, 귀속의식을 놓고는 다양한 주장이 가능하다는 뜻이다.[34]

한 개인에 있어서 개인 정체성은 고정되지 않으며, 민족 정체성은 더구나 그렇지 않다. 강상중은 어릴 때 민족 정체성 의식이 어땠는지 확실히 밝히지 않지만, 한민족 뿌리를 탐색한 때는 사실 대학 입학 후였다. 또 그때까지는 쭉 일본 이름을 썼다. 데이를 보면, 식민 시대 열렬한 일본 민족주의자였던 아버지는 한국으로 돌아가 일본인이라는 귀속의식을 포기했다. 데이 본인은 자이니치 정체성을 꽤 오래 연구했지만, 나중에는 이에 저항하고 결국 아예 거부했다. 개인 인생행로에서 정체성에는 본질이란 없다.

그렇다고 정체성을 가족이나 사회 배경으로 환원할 수도 없다. 같은 가정에서 자랐어도 데이의 형제들은 아마도 강상중이 묘사하고 정의하는 현대 자이니치 정체성에 동의할 테지만, 데이는 아주 뚜렷하게 편차를 보인다. 앞서 말했지만, 강상중과 데이는 사회학에서 보면 기본적으로 동일하다. 이렇게 말한다고 해서 어느 집단에 역사적으로 특정한 일반화가 존재한다는 사실 자체를 부정한다는 뜻은 아니다. 개인 인생에 따라오는 사회·역사 배경은 개인 운명에서 지평을 형성할 수밖에 없다. 다시 말해 1960년대에 한국·조선인이 도쿄대학교 교수가 되기란 불가능했다. 자이니치 집단은 사회경제적 구성 때문에 표준 시험이나 신분 성취에서 더 나쁜(혹은 좋은) 결과를 낼 가능성이 있다고 주장할 수도 있다. 내가 여기서 부정하는 대상은 단지 집단 본질주의 혹은 사회학적 환원주의의 타당성뿐이다.

게다가 역사에는 쉽게, 근본부터 이의를 제기할 수 있다. 우리는 객관적 역사 기술을 하려고 노력하지만, 과거를 보면 사실이나 도덕에 쉽게 합의할 수 없다. 앞서 보았지만 강상중은 착취와 억압, 투쟁과 저항으로 구성된 과거를 그리는 자이니치 역사를 인정한다. 데이는 이러한 일반화 범위에 회의감을 표하고, 자발적 의지가 결여되었다는 주장에 저항한다. 강상중 회고록은 동화한 특권층 가족('한국' 삼촌)이 있었다는 점에서는 데이의 역사관을 인정한다. 또 그 삼촌은, 애국심 깊던 일본 헌병이 한국에서 부유한 변호사로 탈바꿈했으므로 한 개인이 평생 다양한 역동적 변모를 겪을 수 있다는 주장에 힘을 보탠다. 그 삶은 매우 특권을 누리는 삶이지만, 단순하고 일관성 있는 정체성을 제시하는 삶은 아니다. 강상중과 데이가 보이는 이런 차이에서도 자명하듯, 정치적 차이란 개인 인생행로 중 부침은 겪지만 사라지지는 않는다.

또 역사는 학문적이기도 하다. 먼 역사는 정치에서 큰 불을 놓을 자극적 불쏘시개가 되지만, 그래도 기억이 희미해지면 식민주의가 자행한 죄악과 전쟁 범죄, 그리고 그 탈식민지 파급효과 논의를 현실 관심사가 따라잡는다. 탈식민성은 식민주의를 살아 있는 기억으로 취급함으로써 가능해진다. 강상중이 1세대 기억에 의존한다는 사실은 중요하다. 현실은 데이가 보이는 미래 지향성에 동의하기 때문이다. 잊기 어려운 겐 게쓰 소설, 「그늘의 집」(1999)에 나오는 자이니치 2세는 1세대 노인에게 이렇게 말한다. "우리들은, 아니 나는 너무 무력해요. 적당한 돈과 사회적 지위를 유지하는 것만으로 만족하며 마음도 몸도 풀릴 대로 풀려버렸어요. 이 나라(일본) 하는 꼴에 이러쿵저러쿵 불만을 토로할 자격이 없는 게 아닌가……."[35]

현재 상황 ─ 경제학과 정치학, 사회학의 소재 ─ 에서는 객관적이고 중립적인 묘사와 평가를 할 여지가 없다. 강상중과 데이가 거둔 성공으로 소수 한민족을 최하층 계급으로 보는 사회학적 일반화는 힘을 잃는다. 엄청난 맹신이 아니고서는 이 둘을 일본 인종주의나 일본 사회에 당한 '희생자'로 분류할 길은 없다. 그러나 법 제도에서 장애물이 없어지거나 사회 편견이 줄어든다고 해서 반드시 개인이 느끼는 주관적 행복이 향상되지는 않는다. 종전 직후 자이니치에게는 일상이었을 사건 — 말하자면 민족 비하 욕설을 듣는 등 — 도 오늘날 강상중이나 데이에게는 항의하고 분노할 일이 되었다. 그런데 역설적으로 소수 민족 집단 운명이 나아지면 차별·피해 의식은 오히려 더 심해질 수도 있다.[36] 자이니치 1세대, 심지어 2세대 중에도 빈곤과 차별이라는 보편적 배경에서 일어선 사람이 많다. 1세대는 부나 명성을 얻으면서 가난이라는 기억, 사회 이동과 존경을 얻으려고 싸운 기억을 공유한다. 그런데 이러한 모양새는 대다수 일본 민족과 조금도 다르지 않다. 자이니치는 수많은 호레이쇼 앨저Horatio Alger(아메리칸 드림을 즐겨 다룬 19세기 미국 작가─옮긴이)와 주드 폴리Jude Fawley(토머스 하디 소설 『비운의 주드Jude the Obscure』 주인공. 석공 출신으로 대학에 가서 성공하려고 애쓰다 죽는다─옮긴이)로 이루어진 인종이다.[37] 현재에 거둔 성공이 과거 일본 사회에 존재한 장애물과 불의에 관한 인식에 불을 붙일 수도 있다.

마지막으로 민족 정체성은 과거나 현재는 물론이고 미래 문제다. 민족 정체성을 다루는 여러 논의에서는 기억과 공유된 경험이 핵심 구성 요소이다. 그러나 당연하게 생각한 숙명 공동체는 사실 가정법으로 만든 운명 공동체이다. "우리는 어디에 있어야 하는가?" 이것이 문제다. 강상중은 자이니치가 동북아시아에, 디아스포라 한민족 사이에서 살아야 한다고 답하는 반면, 데이와 아사카와는 자이니치 미래는 일본 사회 안에 있다고 주장한다. 이러한 관점들은 저마다 명확한 증거와 논지를 제시하겠지만, 어떤 관점이 더 타당하거나 강력하다고 판단할 객관적 또는 중립적 방법은 없다. 당연히 각 개인은 스스로 결론을 내린다. 그런데 그 결론은 강상중이나 데이 같은 지식인의 글이나 말에 영향을 받을 때가 많고, 그 영향이 상당히 클 때도 있다. 법률과 경제 상황도 알아보기 어려울 만큼 변할 수 있다. 데이는 청년 시절에 자신이 귀화하리라고는 예측하지 못했을 터이다. 향후에 강상중이 귀화를 자이니치가 걸어야 할, 영광스럽고 더 나은 길로 옹호하지 말라는 법도 없다. 그러니까 미래가 불확실하다는 상투적 주장 때문에 민족 정체성에 관한 모든 주장에는 개연성이 생기지만 한편으로는 어떤 특정한 주장도 결정적이 되지 못한다.

요컨대 지적 해결은 불가능하다. 정체성 주장에는 매우 규범적 성격이 있어서, 이를 사실이나 논리, 역사나 사회학으로 환원할 길은 없다. 현재의 기억과 정치, 예측으로 이루어진 정체성 선택은 본질상 복잡하고 불안정하다.

귀화라는 문제

총련 이데올로기에서는 생각조차 할 수 없다고 보았고 자이니치 이데올로기에서는 바람직하지 않다고 생각했지만 탈자이니치 이데올로기에서는 독려한 것이 바로 귀화이다. 제3장에서도 주장했지만, 귀화는 자이니치 집단에서 일종의 금기로 남았고 1950년대와 1960

년대에는 귀화자 수도 2천에서 3천 사이였다. 그러나 21세기 초에는 매년 1만 명이 넘는 자이니치가 일본 시민이 된다. 법률 변화도 귀화를 촉진했다. 제1장에서도 언급했듯이 1985년 일본 국적법 개정은 시민 자격에서 고수하던 부계주의와 엄격한 혈통주의를 없앴다.[38] 1987년에는 일본 국적자가 '민족' 이름을 쓰는 일도 가능해졌다. 그렇게 일본 시민권은 적어도 법률상 한민족과 양립 가능해졌다.

귀화는 지금도 격한 감정을 불러일으킨다. 1990년대 말, 이회성은 '조선' 국적을 한국 국적으로 바꾸기로 했다. 가장 직접적인 이유는 민주화를 시작한 한국에 공감했고 북한에(귀국한 사촌 세 명이 1980년경 고문당한 뒤 사망한 사실을 알고) 반감을 느꼈기 때문이었다.[39] "나만 '망명자'나 '무국적자'로 일본에서 편하게 살고 있다면 무언가 이상하지 않은가."[40] 이에 김석범은 이회성이 과거에도 현재에도 변명을 한다고 비난한다. 이회성을 상대로 직접 쓴 서한문에서 김석범은 다음과 같이 주장했다.[41] "자네는 원래 한국 국적자가 아닐세. 재일 조선인이지. (…중략…) 소수자인 자이니치(남북한 어느 쪽도 지지하지 않으면서 '조선' 귀속의식이 있는 사람들)가 겪는 고통으로 시선을 돌릴 수는 없는가?" 김석범은 이회성이 디아스포라 민족주의와 자이니치 이데올로기를 배신했다고 지적했다. 이에 분노해 쓴 답글에서 이회성은 자이니치를 남과 북, 좌파와 우파를 넘어서는 '제3세력'으로 본들 무의미하다고 강조한다.[42] 이회성과 김석범 양쪽에게 일본 귀화는 당연히 생각조차 못 할 일이다. 제2장에서 보았지만, 김석범 철학에서 근간은 '반일'이다. 두 사람이 적의에 차서 주고받은 논쟁은 현대에 자이니치 이데올로기가 무의미함을 시사한다. 결국 거의 모든 자이니치에게 국적 문제란 남과 북, '조선' 국적을 선택하는 문제가 아니라, 일본 시민이 되느냐 마느냐 하는 문제다. 흥미롭게도 이회성은 여전히 일본에 거주하는데, 이는 아마 2001년 귀화 증가 이유를 설명한 어느 글에서 말했듯이 '쉽게 말해 일본이 살기 편해서'일 것이다.[43]

　김석범과 이회성은 자이니치 이데올로기를 대표하는 인물들이다. 초국가 교류와 연결 가능성을 배제하던 민족주의 태도가 약해지자 귀화에 맞선 단호한 반대도 누그러졌다. 예를 들면 민단은 1990년대 말에 귀화 반대 태도를 접었다.[44] 무엇보다 새로운 세대는 이제 이 금기가 더 이상 직관적으로 이해 안 되는 시대에 성인이 되었다. 이전 세대들과 비교해 자이니치 3세는 국적이 민족의 마지막 보루라는 생각 자체를 그리 강하게 하지 않는다. 사사키 데루佐々木てる는 가장 많은 귀화 이유로 응답자들이 '자녀'(45%), 그 다음에는 '권리'(21%)를 꼽았다고 한다.[45] 아사카와 아키히로가 실시한 설문 조사에서는 '일본에 계속 살기 위해'가 1위였고, '아이들에게 일본 국적을 주기 위해'가 2위였다.[46] 좀 더 구체적으로 말하면 귀화는 일본에서 산다는 현실과 외국인이라는 불편함 사이에 존재하는 모순을 해결했다. 일본 이름을 쓰던 어느 20대 여성은 운전면허 학원에서 한국 이름이 불렸을 때 이상한 기분이 들었다고 한다. "어쨌든 나는 일본에서 태어나고 자랐잖아요. 귀화한 이유는 (…중략…) 계속 일본에 살 생각이니까요."[47] 귀화는 개인이 선호하는 민족 정체성을 확인할 뿐이라고 생각하는 자이니치들도 꽤 많다.[48] 가네코 히로시金子博는 "귀화가 훨씬

실용적이다. (…중략…) 나는 한국 혈통과 문화의 산물이다. (…중략…) 나는 내가 한국계 일본인이라고 생각한다"라고 말했다.[49] 강한 한민족 정체성이 반드시 귀화와 양립 불가능하지도 않다. 어느 40대 남성은 상당한 민족 자긍심을 느끼며 자랐고 학교에서도 한국 이름을 사용했다. 그런데 한국계 은행에 취업한 뒤 한국인들에게 차별을 당했고 ― "나는 고국에서 온 한국인들이 정말 싫었다." ― 일본에 운을 맡겨 보기로 결심했다.[50] 전형적 답에서 귀화란 일본에 살겠다는 욕구를 표현한다. 어느 30대 여인은 이렇게 말했다. "나는 일본에서 살려면 귀화하는 편이 낫다고 생각했다. 남편도 일본인인데 아이가 생기면 어떻게 하나?"[51] 민족 간 결혼 증가는 자이니치가 일본 생활에 계속 통합 중이며, 귀화 역시 그 결과임을 시사한다.

　탈자이니치 세대에게 국적문제는 자이니치 정체성이라는 문제틀에서 분리되며, 귀화 결정은 개인이 선택할 문제이다. 선택이라는 수사는 역설적으로 귀화 문제에 불편한 침묵을 남긴다. 시라이 미유키白井美友紀가 말하듯, 귀화가 옳다 그르다 하는 토론이나 논쟁은 거의 없는 실정이다.[52] 가장 큰 이유는 귀화 문제가 민족 간 결혼 문제나 마찬가지로 개인이 결정할 영역이기 때문이다. 자이니치 단체들은 약해지고 자이니치 이데올로기는 쇠퇴하다 보니, 자이니치를 계속 조상의 국적에 묶어둘 기관이나 사상이 거의 없다. 귀화 절차가 더 쉬워지면서 한국식 이름도 꽤 많이 사용할 수 있게 되는 등, 일본 측 장벽은 많이 낮아졌다. 파친코 '왕'인 한창우는 2002년 귀화했지만 '아무것도', 이름조차도 '변하지 않았다'고 주장한다.[53] 시라이가 인터뷰한 사람들은 거의 모두 어느 자이니치나 스스로 결정할 권리가 있음을 부정하지 않았고, 이 또한 놀랄 일은 아니다. 얼마 전만 해도 귀화는 반역과 마찬가지였지만, 탈레랑Talleyrand이 했다는 말처럼 반역이란 그저 언제 했느냐는 시점 문제일 뿐이고 거기에 한 마디 덧붙이자면 관점 문제이기도 하다.

한국과 한국인을 보는, 변화하는 일본 상상계

귀화 추세는 자이니치 사이에서 반일 감정이 빠져나간다는 의미도 되지만, 한편으로는 일제강점기 인종주의와 그 유산이 쇠퇴한다는 암시도 된다. 일본은 조선을 점령했기 때문에 전후에도 당연히 일본이 한국보다 우월하다고 생각했다. 식민주의라는 사실과 단일 민족이라는 전후 이데올로기를 생각하면 일본에서 끊이지 않는 반한 감정의 궤적을 찾고 싶어지지만, 어떤 정부도 다른 나라가 싫어서 식민지로 삼지는 않는다. 싫은 감정은 거의 항상 우월감으로 표현된다. 우월감은 또 식민지화라는 행동을 정당화할 때가 많은데, 식민지는 —어떤 의미에서는 식민 지배 국가의 일부이기 때문에— 열등할지는 몰라도 싫은 대상은 아니다. 일본에 사는 사람들은 조선 문명을 칭찬하는 발언도 많이 했다. 고대 일본은 한반도를 통해 '선진' 문명을 수입하지 않았는가. 식민 시대에 저 악명 높은 데라우치 마사타케 寺內正毅 조선 총독 같은 사람도 많았지만, 가끔은 조선문화 전문가인 야나기 무네요시柳宗悅 같은 사람도 있었다. 제1장에서 강조했다시피 식민 시대 후반 황민화 작업으로 조선인을 마치 어린 동생 비슷한 민족으로 보는, 보다 상냥하고 온화한 관점을 형성할 이데올로기적 밑받침도 생겼다. 당연히 열등하겠지만, 교육이 가능하고 아주 좋아하기도 할 수 있는 민족으로 말이다. 1939년 어느 조사에서는 일본 학생들에게 15개 민족을 주고 선호도 순위를 매기라고 했는데 조선인은 일본인 다음으로 5위를 기록했다. 그 앞은 추축국 동맹인 독일인과 이탈리아인, 그리고 식민지인 만주인이었다.[54]

전후 일본에서는 조선인 동원이 상당히 많았는데 이는 투쟁하는 노동자와 암시장 활동 형태로 나타났고, 그러다 보니 조선인이라고 하면 대개 범죄 성향과 불법성, 폭력과 오만불손을 연상하게 되었다. 위 1939년 조사를 실시한 연구자가 1949년에 같은 조사를 실시하니, 자연스럽게 조선인은 완벽한 꼴찌를 기록했다.[55] 종전 직후 일본인이 조선인을 보는 주된 관점은 '더럽다, 문화 수준이 낮다, 비열하다, 경제에 도움이 안 된다, 일본인을 비웃는다, 일본에 좋지 않다, 일본에 원한을 품었다, 추하다' 등이었다.[56] 1970년대 말 실시한 어느 조사에서도 조선인은 비열하다, 거칠다, 가난하다, 한심하다, 야만적이다 등 부정적 특성이 있다는 의견이었다.[57] 제3장에서 다룬 두 충격적 사건 ─ 1958년 고마쓰가와 사건과 1968년 김희로 사건 ─ 때문에 부당하고 불행하게도 자이니치라고 하면 강력 범죄라는 생각이 일반 대중에게 각인되었다. 자이니치 폭력성이라는 이 혈통은 빈곤과 가부장제, 화를 잘 내고 속을 헤아릴 수 없다는 혐의를 덧붙이며 때때로 되살아난다. 이러한 달갑지 않은 전형들은 전후에 꽤 비슷한 모습으로 계속 이어졌다.

한반도에 있는 한민족과 일본에 있는 한민족은 대개 하나로 보이기 때문에 남북한을 향한 멸시 역시 경멸스러운 자이니치 이미지를 재확인할 뿐이었다. 전후에는 북한을 열렬히 지지하는 경향도 있었지만, 반공주의가 여전히 강해서 조선인이 '무섭다こわい'는 인상을 주었다. 사실 19세기에도 한반도가 일본 정치체에 곧 꽂힐 '단검'이라고 보는 다소 공상 같은 시각이 점령을 정당화했다. 한국전쟁과 이승만 라인은 일본 대중이 한국을 보는 부정적 인식을 한층 키웠다. 게다가 이승만에서 박정희 정부까지 한국은 독재였고, 군부였고, 원시적이었다. 1970년대 김대중 납치 사건은 한국이 부르주아의 안위와 안전을 위협한다는 이미지를 부채질했다.[58]

이런 어둡고 폄하하는 이미지 뒤에는 훨씬 단순한 사실이 있었다. 바로 일본이 보편적으로 한반도를 도외시한다는 사실 말이다. 전후 한국은 '가깝고도 먼 나라近くて遠い国'였다. 이 감정은 지정학 현실도 약간 표현한다. 1965년 국교정상화 협정이 체결되기 전까지 동해를 건너는 사람과 상품은 아주 적었다. 일본이 서구를 대하는 비굴한 태도에서 외국은 우선 미국을, 그 다음에는 유럽 국가들을 의미했다. 1945년 이후 20여 년 가까이 한국어 수업이 있는 일본 대학은 덴리天理대학교 뿐이었고,[59] 그 대상 또한 대개 일본 경찰과 보안 당국자들

이었다.[60] 한반도 역사와 문화 연구는 거의 전무했다.[61] 남북한과 자이니치 집단을 다룬 서적과 기사도 여럿 나왔지만, 그 가운데 남북한 국민이나 자이니치 집단이 사는 일상생활을 묘사한 글은 거의 없었다. 1980년대 중반 — 1988년 서울 올림픽을 앞두고 — 이 되어서야 세키가와 나쓰오関川夏央[62]와 요모타 이누히코四方田犬彦[63]가 지정학과 이데올로기 갈등을 넘어 한국인을 '보통' 사람들로 그린 획기적 책을 펴냈다. 한반도에 관한 보편적 무지는 자이니치 집단에도 확장되었다. 어느 초기 자이니치 연구는 이렇게 말한다. "이러한 무지와 무자각, 차별과 편견이 일본인 일상생활 속에 흘러넘친다."[64]

따라서 일본인이 한국과 한국인을 대하는 자세에서 기본 사실은 무지이다. 1979년에 실시한 어느 연구에서는 일본인 대다수가 관동 대지진 조선인 학살 등 자이니치 역사 관련 기초 지식도 없다는 사실이 드러났다.[65] 10여 년 뒤 실시한 다른 조사에서 일본인 5명 중 1명은 일본이 조선을 식민지로 삼은 사실도 몰랐다(『아사히 신문』, 1991.1.8). 편견은 학습된다. 인종주의는 일종의 사회적 지식이다. 그러므로 전후 교육 수준이 높아지면서 경멸감이 깊어졌다고 해도 그리 의외는 아니다.[66] 물론 식민 시대에 얻은 지식은 전후에도 계속 이어졌지만, 세기 전환기에 식민지 기억은 벌써 역사라는 영역에 있었다. 한반도를 대하는 부정적 태도는 주로 단편적 지정학 지식, 그러니까 한국전쟁으로 인한 황폐화와 남한 군사 정권, 북한 공산 독재 정권, 그리고 남북한은 당연히 빈곤하다는 가정 등에 달려 있었다.

〈겨울연가〉가 얻은 엄청난 인기는 역설적으로 일본 대중이 남한에 한없이 무지하다는 사실을 보여준다. 사회학자 모리 요시타카毛利嘉孝가 실시한 인터뷰에 따르면 열성 팬들은 한국인들이 일상에서 민족의상을 입지 않는다거나 또 기술이 매우 발달한 사실에 놀랐다고 한다.[67] 어느 40대 여인은 남편이 전에 기생 관광을 간 적이 있어서 한국을 매우 싫어했고,[68] 그러니까 한국은 젠더 관계에서 일본에 다소 뒤진다는 생각이 있었다. 마찬가지로 어느 30대 여성은 한국에 유학을 갔지만 국가 수준이 일본에 '뒤떨어진다'고 생각했다고 한다. 그런데 이 드라마는 한국인이 일본인과 별반 다르지 않게, 예를 들면 고급 식당에서 식사를 하며 사는 모습을 보여주었다.[69] 즉 이 드라마에 나오는 세계는 한민족성을 벗고 있었다. 유사점을 깨닫고 나니, 일본식 삶에서는 이제 드물어진 복잡한 가족 관계 등 얼마 안 되는 차이에 흥미와 매력까지 느꼈다.[70] 어느 민족 집단이 차지하는 지위는 본국 위상과 상호 연관성이 있다. 1960년대 전반에 한국은 일본이 가장 싫어하는 나라에 속했지만, 1980년대 초반에는 약 20%가 한국을 '싫다'고 했고, 10%는 '좋다'고 했다. 1999년에는 친근한 감정이 싫은 감정을 앞질렀다.[71] 1988년 서울 올림픽에서 2002년 월드컵까지, 일본에서는 스포츠가 한국에 관한 흥미에 불을 지폈다. 관광 증가로 한국 음식도 '붐'을 일으켰다. 2000년에는 일본에서 절임 음식 중 김치가 전통 '다쿠앙'(단무지)를 앞지르고 가장 많이 생산되었다.[72] 오구라 기조小倉紀蔵는 '코페르니쿠스 혁명처럼 (이제 일본인이 한국인을) 멋지고, 강하고, 이국적이고, 낭만적인' 이미지로 본다고 한다.[73] 한국을 긍정하는 이미지가 퍼지면서 자이니치를 보는 일본 인식도 한

껏 좋아졌다. 〈겨울연가〉가 한창 인기를 끌던 2004년, 인기 시간대에 자이니치 주인공이 등장하는 첫 TV 드라마 ─〈도쿄만 풍경〉─가 방영된 것도 우연은 아니다. 자이니치는 1993년 영화〈달은 어디에 떠 있는가月はどっちに出ている〉가 개봉되면서 일본 대중 미디어에서 부활했다.[74] 이 영화가 1994년에 키네마 준포キネマ旬報상을 받은 이래로 자이니치 관련성이 아주 강한 영화 세 편도 권위 있는 상을 받았다. 〈고GO〉(2001)는 2002년, 〈박치기!パッチギ!〉(2004)는 2006년, 〈훌라 걸스フラガール〉(2006)는 2007년에 수상했다.

사실 한국과 한국인, 자이니치에 호감이 처음 생긴 시기는 1980년대가 아니었다. 식민 시대에도 조선 동조자들은 존재했지만 전후 최초로 일어난 움직임은 1960년대인데, 일본조선연구소日本朝鮮研究所와 재일 조선인 인권을 지키는 모임在日朝鮮人の人権を守る会 설립이 대표적이다. 이러한 움직임은 1958년 고마쓰가와 사건(자이니치 범죄 성향이라는 부정적 전형도 강조되었지만)과 1950년대 말 귀국 사업이 대대적 언론 보도로 다뤄지면서 큰 영향을 받았다.[75] 인기소설『작은 오빠』(1958)도 그랬듯이 이 두 사건도 자이니치 개인이 겪는 역경에 초점을 맞췄지만, 특히 귀국 사업 때문에 일본 언론은 '재일 조선인이 처한 고된 생활환경을 솔직하게 묘사'했다.[76] 사카나카 히데노리는 이민귀화국 오사카 사무소에서 하위직 공무원으로 일하는 동안 '숨은 "일본"'을 발견하고 충격을 받았다고 술회한다.[77] 사카나카는 '외국인'이란 서양인을 의미한다고 생각했으나 그 중 '99%'가 자이니치라는 사실을 깨닫고 '문화 충격'을 경험했다. 그리고 '일본 사회의 조선인 차별이

가혹'하기 때문에 '행세'가 필요하고 심지어 아이들에게 민족 신분을 숨겨야 할 때도 있다는 사실을 알게 되었다. "나는 조선인을 상대로 끔찍한 차별이 존재한다는 사실에 강한 분노를 느꼈다."[78] 그런 사람은 사카나카만이 아니었다. 부인하는 사회 — 식민 시대에 '착한' 일본인이 존재했다 해도 — 는 자이니치와 공감하는 일본인도 낳았다. 배우 구로다 후쿠미黒田福美는 "'자이니치 차별'에 분노'를 느껴 1980년대에 한국 '전문가'가 되었다[79]고 한다. 개중에는 관점과 신념에 있어 거만하고 얄팍한 사람도 있을지 모르지만, 그래도 자이니치 인정과 화해 가능성은 올바른 일본 민족 집단에 달려 있었다. 보다 평범하게 말하면 두 집단 구성원 사이에는 반박할 여지가 없는 유대와 관계가 존재했다. 1980년대 중반 실시한 어느 조사에서는 가까운 일본인 친구가 없다고 답한 자이니치 응답자가 4분의 1 미만이었다.[80] 이러한 수치가 민족 간 거리를 의미한다고 해석할 수도 있지만, 한민족 중에는 일본인들과 친밀한 유대를 맺은 사람도 많았다.

물론 현대 일본에서는 반한 감정도 공개적으로 등장한다. 만화 『혐한류』 작가는 자신이 보기에 한일 언론과 지식인 사이에 존재하는, 위험 수준에 이른 반일 감정을 바로잡겠다고 한다.[81] 그러나 이 만화가 끈 엄청난 인기를 식민 시대 또는 탈식민 시대 인종주의와 동일시해서는 안 된다. 이 작가는 '기본적으로 한국에 매력을 느낀다'고 주장한다.[82] 작가는 자이니치 역사·사회학 관련 지식에서 영향을 받은 반한反韓 관점을 보인다. 수십 년 전 일본에서 자이니치와 한국인을 보는 인식을 노골적 우월감은 아니더라도 무지와 무관심이 지

배했는데, 이 반한 관점은 그때와는 큰 차이를 보인다. 요컨대 이는 한국인과 자이니치에게 느끼는 호감이 우세해지면서 부는 역풍이 다. 극작가 쓰카 고헤이つかこうへい는 한국 혈통이라고 글로 공개했는 데,[83] 나는 자이니치도 자이니치가 아닌 사람도 민족을 밝히려는 이 노력을 비웃는 모습에 크게 놀랐다. 게다가 그 사람들은 쓰카가 시들 어가는 인기를 되살리려고, 주목을 받으려고 — 일본에서 흔한 나쁜 버릇이다 — 그랬다는 말까지 했다. 사실 1990년 이후쯤부터 나는 줄 곧 자이니치 작가들이 한민족 혈통을 공개했다고 비난을 받는 사례 들을 목격했다. 또 누군가에게 자이니치란 이제 낙인찍힌 신분이 아 니라 특권층 신분으로 탈바꿈했다. 평론가 리겐지李健志는 일본인 대 학원생에게 이런 말을 들었다.[84] "재일 조선인으로 태어나다니 부럽 네요. 조선인으로 태어났으면 내 연구도 더 주목받았을 텐데." 이들 은 민족 인정을 얻으려고 정치 투쟁을 하는 영웅이나 민족 탐구에 참 여하는 고민하는 작가가 되기는커녕, 자기 민족을 '팔려고' 한다며 일축당하기도 한다.

일본인들은 남북한과 한반도 역사·문화 지식을 더 많이 얻었고, 이는 자이니치 집단에도 적용된다. 이러한 지식은 때로 유사성을 더 인정하기도 한다. 예를 들어 끈질긴 성차별 형태, 특히 가부장제와 부 계주의라는 유산은 한국인과 일본인을 구분하기보다는 오히려 한데 묶는다.[85] 친밀함이 경멸을 낳을 수도 있지만, 경멸이 친밀함을 낳기 도 한다. 아는 악마가 모르는 악마보다 차라리 낫다고 하지 않는가. 현대 일본에서 정치적 올바름이 얄팍한 수준이라고 비난하기는 쉽지만, 언어폭력이나 고용차별을 최소화하려면 그래도 정치적 올바름이 있는 편이 훨씬 낫다.[86] 자이니치와 한국인은 본질주의화 또는 오인을 당할지언정 더 이상 조롱과 묵살 대상은 아니다.

전반적으로 단일 민족 이데올로기가 쇠퇴하면서 민족 인정을 얻을 다양한 가능성이 열렸다. 21세기가 되자 적극적으로 강한 의견을 피력하는 소수 민족 단체들이 단일 민족 일본이라는 사고에 반박했다. 1980년대 말에 내가 『다민족 일본*Multiethnic Japan*』이라는 책 작업을 시작했을 때는 책 제목이 반어법이거나 아주 짧은 글밖에 안 나올 주제라고 농담하는 사람이 많았다. 그러나 2001년 책이 발간됐을 때는 내가 당연한 말을 한다는 사람들도 있었다. 물론 이 또한 사회학에서 흔히 저지르는 죄이지만, 어쨌든 변화가 일어났다는 매우 확실한 조짐이었다. 이러한 맥락에서 자이니치 정체성은 1980년대 중반만 해도 상상 불가능했을 적법성과 존중을 어느 정도 얻었다.

보상 없는 화해, 속죄 없는 수용

북한은 여전히 공포와 조롱 대상이었지만, 한국은 민족 차별이 줄어들면서 위상도 함께 올라갔다. 인권·반차별 집단들이 압력을 가한 때문이기도 하지만, 일본 정부가 '선진' 국가와 발맞추려고 노력했기 때문에 노골적 차별 정책은 근절되었다. 사회 운동도 일본 내 사회악 인식 제고에 기여했다. 하위 정치 — 여성, 장애인, 소수자, 기타 하위 국가 집단의 권리 — 가 꽃을 피우면서 편견과 차별에 저항하는 문화 변화가 생겼다. 일본인들은 자이니치들과 사적으로 관계함은 물론이고 이들을 의식하게 되었다. 1980년대 말에 차별은 몹쓸 단어가 되었다. 일본이 1979년에는 세계인권선언을, 1981년에는 유엔 난민협약 및 난민의정서를 비준하면서 정부 정책에서 인권은 매우 중요해졌고 인종·민족·국가 차별은 사라졌다. 가장 중요한 대책을 보면, 1982년에는 공립대학 교수직을, 1984년에는 우정국 일자리를, 1986년에는 보육 관련 일자리를 외국인에게도 개방했다.[87] 중앙 및 지방 정부는 공공부문 외국인 취업을 계속 제한했지만, 그래도 1980년대부터 공개 차별은 사라지기 시작했다. 1991년에는 거의 모든 자이니치가 '영구 거주特別永住' 신분을 얻었고, 1993년에는 외국인 등록 과정에서 지문날인이 폐지되었다.[88] 적어도 이론상으로 자이니치는 '정주 외국인定住外国人'으로 '"일본" 국적자와 거의 동일한 권리를 보장받았다.'[89]

제도적 차별이 점점 힘을 잃으면서 자이니치 집단을 통합하려는 작업이 시작됐다. 귀화 장벽을 낮추고 법률상 배제 근거를 없애는 이상으로 가장 뚜렷했던 인정 행위는 지방선거 참정권이었다. 일본 대법원에서 비국민 지방선거 참정권이 합헌이라고 판결한 1995년 이후로, 자이니치 지방선거 투표권은 전국으로 확대됐다. 그러나 총련은 끈질기게 조선인과 일본인은 상호 양립 불가능하다면서, 조선인이 일본인 문제에 끼어들어서는 안 된다고 주장했다. 아라키 가즈히로荒木和博도 같은 논리를 내세운다.[90] "'한국・조선인이' 참정권을 원하면, 일본 시민이 되어야 한다." 본질주의에 이분법인 이러한 사고는 국적과 시민권, 그에 따르는 권리가 근본적으로 분리 불가능하다고 인식한다. 그러나 사실 시민권과 참정권이라는 관계에 분리 불가능하거나 필연적인 요소는 전혀 없다. 투표권을 행사하지 않은 국적자와 시민도 많지만(여성은 대부분 20세기에야 투표했다), 다양한 장소와 시간에 투표한 외국인도 많았다.[91] 지방선거 참정권에는 자이니치 이데올로기에 존재하는 한계는 물론 자이니치 집단이 얼마나 진보했는지 보여준다는 의미가 있다. 실제로는 소속되지 않았으면서(귀화 거부) 소속되었다는 궁극적 표시(투표권)를 얻었다는 뜻이다.[92] 민족 배제 약화에는 자이니치 집단의 경제 통합이 따랐다. 한민족과 빈곤을 동일시하는 보편적 사고는 종전 직후 매우 뚜렷했다. 박재일은 재일 조선인에게서 가장 큰 특징 두 가지 중 하나가 '빈곤'이라고 한 바 있다.[93] 30년도 더 지난 1991년, 어느 자이니치 집단이 오사카 지역 취업 상황을 연구했다.[94] 이때 이 표본에서는 자영업(일본인의 3배에 달했다)과 동포 업체 취업(50% 이상)이라는 특징이 나왔다. 40%는 고용 차별을 경험했다. 그러나 암울할 수도 있는 이 그림에서 전후 수십 년과 완전히 달라진 모습도 두드러진다. 1960년대에는 조선인들이 주류 직종에 취직 불가능하다는 말을 반사적으로 되풀이했다면, 이제는 다수 응답자가 고용차별을 겪었다고 주장했다. 응답자 절반은 한국 이름을 쓴다고 했다. 일본 사회가 급속히 풍요로워지면서 자이

니치 중에도 구조적, 개인적 이동을 경험한 사람이 많았다. 1964년에는 노동자가 21%였는데 1984년에는 아무리 화이트칼라 노동자 비율이 증가(사무직이 7에서 22%로, 판매가 14에서 21%로, 서비스가 2에서 7%로)했다고 하지만 노동자 비율이 4%까지 감소했다.[95] 1980년대에는 일본인과 한민족 간 교육·고용 격차도 크게 좁혀졌다.[96] 1980년대 중반에는 벌써 의학·과학 분야에 종사하는 한민족 비율이 일본인 비율 대비 2배였다.[97] 당시 자이니치 1만 명이 보유한 총 자산이 1억 엔을 넘는다는 추정도 나왔다.[98] 2002년 조사에서는 응답자 11%가 연수입 1천만 엔 이상이라고 했다.[99] 가장 부유한 일본인 24명 가운데 11명은 자이니치이다.[100] 1980년대 이후에는 민족 내 불평등이 민족 간 불평등보다 훨씬 뚜렷해 보인다.[101] 자이니치와 일본인 화해에서 끈질긴 장애물은 집권당과 정부가 여전히 사죄와 보상을 하지 않으려는 태도다. 일본은 공식 자세에서 1965년 국교정상화 협정으로 식민주의 범죄를 포함한 모든 관련 문제를 해결했다고 한다. 그러나 조선 식민지화부터 1980년대 이전 일본 공공 생활에서 자이니치를 제도로 배제한 행위까지, 역사에서 저지른 불의와 실수를 속죄하려는 진지한 노력은 전혀 없었다.[102] 1980년대 중반 지문날인 거부 운동이나 위안부 보상 문제 등 항의가 있을 때마다 여당은 완고한 태도로, 보수 성향이 짙은 정부는 관료주의로 대응한다. 대신에 일본 전범을 기리는 야스쿠니 신사를 참배하는 고이즈미 총리에서 만화로 장광설을 늘어놓는 고바야시 요시노리小林よしのり와 넷우익ネット右翼까지, 잃어버린 힘을 되찾겠다는 우파가 언론의 주목을 끈다.

혐한류 지지자들은 자긍심과 부러움의 정치를 보여준다. 이들은 일본을 자랑스러워하고 동시에 세계 문제에서 2등국 지위를 차지한다는, 특히 일본 침략 희생자들을 대할 때 열등한 지위에 있다는 사실에 분개한다. 이들은 또한 소수 집단 권한 부여를 거부하는 '축적된 분노ressentiment'도 드러낸다. 무엇보다 일본이 저지른 전쟁 범죄를 거듭 말하는 진보주의자들과 일본을 비판하는 자이니치 인사들에게 가장 큰 분노를 쏟아낸다. 반한·반자이니치 무리는 시시때때로 공격 — 오쓰키 다카히로大月隆寛는 유미리에게 자주 독설을 퍼부으면서 '미친'이라는 형용사를 많이 쓴다[103] — 을 하면서 자이니치에게 주어진 특권을 개탄하고, 진보 언론과 지식인을 비난하며, 애국적 자긍심을 홍보한다.[104] 강상중과 유미리, 그 외 주요 자이니치 인사들을 가장 소리 높여 비판하는 사람 중에 자이니치도 있다는 사실은 그리 놀랍지 않다. 흑인 우대 정책을 비난하고 흑인 지식인들을 비판하는 아프리카계 미국인들을 생각해 보라. 예를 들어 자칭 '자이니치 3세' 아라이 가즈마新井知真는 본질주의 이분법을 되살려 "만일 '자이니치가' 일본에 깊이 관여하고 싶다면 일본 국적자가 되어야 한다"라고 주장한다.[105] 그리고 복합성과 혼종성이라는 가능성을 대놓고 거부하면서 우익 역사 기술을 받아들이고, 일본이 자이니치를 대하던 '배제' 혹은 '차별'은 그저 '당연한 응보'라고 한다.[106]

민족주의 우파나 혐한류가 대중을 끄는 매력을 과소평가해서도 안 되겠지만, 그렇다고 해서 이들을 일본 여론과 동일시해서도 안 된다. 또 일본 정부가 식민 시대 범죄와 탈식민 시대 부당 대우를 보상은커녕 속죄조차 하지 않으려는 태도는 끔찍하지만, 자이니치 집단이 대중적으로 점점 인정받고 수용된다는 사실을 잊어서도 안 된다.

탈자이니치 세대의 전조

식민시대 김사량 이래로 일본어로 글을 쓰는 한민족 작가들은 꽤 많이 생겼다. 김달수, 김석범, 이회성 등을 전후 대표 자이니치 작가로 본다면, 1980년대 이양지와 1990년대 유미리 등이 등장하면서 구세대 남성 중심, 냉전 중심 서사를 크게 벗어났다. 1990년대에 자이니치라는 고전적 문제 ― 식민주의, 자본주의, 인종주의의 산물 ― 는 자이니치 이데올로기와 함께 그 중요성이 희미해졌다. 대신 자이니치가 쓰는 글들은 탈자이니치 세대와 코리아계 일본인 정체성을 예고했다.

양석일은 단편 「밤의 강을 건너라^{夜の川を渡れ}」(1990)에서 신주쿠 밤거리를 묘사한다. 과거에 고생한 기억 ― 다니던 민족학교, 일본 정부가 하는 '억압과 차별', 일본인이 재일 한국인에게 가하는 괴롭힘과 폭력 등[107] ― 은 나오지만, 그래도 이 단편은 과거에 당한 차별을 그리는 연대기가 아니다. 이야기는 그보다 주요 등장인물들이 고군분투하는 도박과 매춘, 약물에 초점을 맞춘다. 이들에게는 "일본 은행이나 자이니치 은행이나 다 똑같다".[108] 도쿄 밤거리가 변화한다는

말은 더 이상 '외국인'이 당연히 한국인을 지칭하지 않는다는 뜻이다. 이제는 중국과 필리핀 여자들이 자이니치 클럽과 매춘 조직을 '접수'하고 있다. 돈과 사람이 국가를 초월해 흐르고 민족을 초월한 상호작용과 만남이 있는 자이니치 신세계인 셈이다.

이와 비슷한 감수성은 양석일이 『피와 뼈』(1998)에서 아버지를 회상할 때도 확실히 나타난다. 배경이 식민 시대 일본, 조선인 마을이다 보니 당연히 일본 인종주의 비판을 기대할 수도 있지만, 이 소설은 힘을 휘두르려는 아버지가 표출하는 야만스러운 분노를 그린다. 이 아버지는 아내를 때리고 강간하며, 동업자들을 협박하고 때리고, 대놓고 일본인 애인을 집에 들인다. 한 마디로 야비한 인물이다. 여기서 극의 힘은 한 남자가 사는 일생을 중심으로 돌아간다. 가부장주의와 권력을 꾸밈없이 눈앞에 보여주면서 서사는 자이니치 역사라는 영역을 훌쩍 넘어선다. 소설과 2003년에 나온 영화는 자이니치 인물의 구체적 배경을 탐구하지만, 그 탐구가 능숙하기 때문에 호소력도 민족 관객을 넘어 훨씬 널리 가닿는다.

쓰카 고헤이 수필 『딸에게 들려주는 조국娘に語る祖国』(1990)은 이 극작가가 한국에서 자기 희곡을 무대에 올린 경험을 기록한 서한문이다. 1948년생인 쓰카는 '가혹한 차별'이 있던 시대에 살았다. "어릴 적 아빠에게 한국이라는 나라는 결코 자랑스러워할 조국은 아니었어. 오히려 숨기고 싶은 나라였지."[109] 쓰카는 일본 여성과 결혼했지만 그래도 귀화는 완강히 거부했다. 자기 행동에 '사회적 영향'이 있으리라는 생각은 했지만, 나중에 자신이 귀화하면 다른 자이니치들까지 용

감하게 자기 뒤를 따를지도 모른다는 말도 듣게 된다.[110] 일본에서 한 국인을 대하는 편견은 줄어들었어도 숨어 있는 외국인 혐오·인종 차별 감정은 인식한다. 그러나 쓰카는 '강제 징용' 같은 명백한 자이니치 주제에 관해 쓰거나 지문날인 거부운동 같은 자이니치 정치 운동에 가담해야 하겠다는 생각은 하지 않는다. 비행기에서 어느 50대 자이니치 사업가와 대화를 나누었을 때는 자연히 끔찍했던 과거나 상상도 못하게 좋아진 최근 상황을 이야기하게 된다. 이 사업가는 딸에게 일본인 친구가 있는데, 그 친구가 딸 치마저고리를 빌려 입고 싶어 한다는 사실에 충격을 받았다고 한다. "우리가 계속 차별받고 원한을 키워온 그 굴욕의 세월은 대체 뭐였을까요."[111] 그러나 쓰카가 한국에 느끼던 '애국심'은 서울에 와서 한국어를 모른다는 이유로 욕을 먹고 산산이 부서진다.[112] 언어 한계도 있었지만, 제2장에서 다룬 자이니치 작가들처럼 쓰카가 사는 방식도 완전히 일본식이었다. 예를 들면 한국 배우들과 개고기를 먹으러 갈 수는 없었다. 성적 욕구 불만을 신체로 표현할 때 일본에서는 코피가 나온다고 하는데, 한국에서는 귀가 간지럽다고 한다는 말을 듣고는 당황한다.[113] 결론에서 쓰카는 자기 조국은 딸의 아름다움, 아내의 상냥함, 그리고 '아빠가 엄마를 사랑스럽게 생각하는 그 뜨거움'이라고 말한다.[114]

1990년대 초반에 나온 이 세 작품은 자이니치 정체성이 균열되고 고국 지향성과 자이니치 이데올로기가 약해졌음을 보여준다. 총련이나 자이니치 이데올로기에서 벗어나는 중요한 출발점은 바로 일본을 고향으로 수용하는 데 있다.

현대 자이니치의 삶을 그린 다른 서사들도 한 번 살펴보자. 시게야마 사다코茂山貞子는 빈곤과 편견을 겪지만 한국 혈통에 진심으로 긍지를 느껴 귀화를 거부한다. 그러나 자이니치 2세로 일본에서 죽을 생각이다. "나는 '피는 한국인'이고 '마음은 일본인'이라고 자랑스럽게 말할 수 있다."[115] 리 세이자쿠는 자칭 '자이니치 3세'로 기꺼이 두 곳에 소속되었다고 말한다.[116] "아버지가 한국 국적이므로 딸인 나도 한국 국적이지만, 일본에서 태어나고 자랐으니 일본인이기도 하다." 정장이 쓴 시 「일본인과 사랑을 하고서야」는 이렇게 끝을 맺는다. "일본인과 사랑을 하고서야 / 자신의 조선과 타자의 일본을 / 사랑할 수 있게 되고 / 타자의 조선과 자신의 일본을 / 사랑할 수 있게 된 '자이니치'가 / 자신을 새롭게 '인간'이라고 했다."[117]

교 노부코는 예전에는 '일본인으로 완전 동화 아니면 한민족 의식'이라는 단 두 가지 답밖에 없었다고 회상한다.[118] 자신은 한민족 의식이라는 길을 가려고 노력했지만, 결국 "단순한 감각으로 보면 나는 일본인도 한국인도 아니었다."[119] 자이니치 이데올로기는 물론이고 자이니치 정체성도 바로 이러한 딜레마에서 생겨났다. 그러나 21세기에 접어들 때쯤에는 디아스포라 민족주의라는 해결을 거부하는 자이니치가 많았다. 자이니치 이데올로기는 여전히 비극적 과거와 고국에 지나치게 의존했다. 그러나 이 이데올로기에서 정하는 규범과 구속은 자신을 개인으로 표현하고 싶은 사람들에게는 선뜻 받아들이기 어려웠다. 그래서 '코리안 재패니즈(코리아계 일본인)' 정체성, 사실은 일종의 비非정체성이 등장했다. 피와 국가, 민족과 순수성 같이 통용되던 단어는 더 이상 말이 되지 않았다. "나는 사실 같은 피를 가졌다는 말뜻을 이해하지 못한다."[120] 가네시로 소설 주인공인 스기하라도 개인의 자유를 지지하고, 부유하는 기표로서 민족을 즐긴다. "나는 내가 속하는 민족에 반항할 생각이다."[121] "언젠가는 국경선을 지워버리겠다."[122] 스기하라는 아버지의 말을 따라한다. "노 소이 코레아노, 니 소이 하포네스, 요 소이 데사라이가도(no soy Coreano, ni soy Japonés, yo soy desarraigado, 나는 조선 사람도 일본 사람도 아닌, 떠다니는 일개 부초다)." 본질주의라는 덫에서 탈출하면 정체성이라는 덫을 거부하게 된다. "나는 자이니치도, 한국인도, 북한인도, 몽골로이드도 아냐. 이제 더 이상 나를 좁은 곳에 처박지 마. 나는 나야. 아니, 난 내가 나라는 것이 싫어. 나는 내가 나라는 데서 해방되고 싶어."[123] 막 시작 단계에 있고 불완전하기는 해도, 자이니치는 식민지 지배와 탈식민 시대에 자행된 부인에서 해방되는 경험을 했다.

동화와 주장

탈식민 시대는 화해와 보상이 일어나지 않았다는 면에서 끝나지 않았다. 예상과는 달리 북한도 총련도 사라지지 않았다. 자이니치 이데올로기 자체는 확실히 쇠퇴 중이지만, 여전히 추종자는 많다. 일본

에서 태어나고 자랐으며 일본에서 죽을 생각인 자이니치 중에도 조선이나 북한, 남한 국적을 무덤까지 그대로 유지하고 가겠다고 결심한 사람들이 있다. 그러나 이제 자이니치 대표 집단은 총련과 민단이 아니라, 1996년 자이니치와 일본인이 함께 사는 사회共生社会를 장려하기 위해 설립된 양지회良知会 같은 새로 결성된 단체들이다. 양지회에서 발간한『자이니치 코리안 100인100人の在日コリアン』(1997)에도 잘 나타나듯이, 자이니치의 다양성 자체가 동일함 혹은 유사성에 근거한 연대를 거부한다. 이들은 일본을 '고향'으로 받아들이고 남북한에 거리를 두면서 더 이상 주요 민족 단체에 예속되거나 자이니치 이데올로기라는 구속복에 매이지 않는다.

민족 연대는 한국 출신 '뉴커머'들 때문에도 힘을 잃었다. 전후에도 한반도에서 들어오는 유입을 완전히 막지는 않았기에 합법·불법 입국이 계속 있었다. 사이토 히로코斉藤弘子는 사랑을 찾아 1965년 불법으로 입국했는데[124] 그런 사람은 사이토만이 아니었다. 1980년 중반 가나가와 현에서 실시한 조사를 보면, 한민족 18%는 1945년 이후 일본으로 왔고 1972년 이후 온 사람도 10%가 넘었다.[125] 그런데 1990년대가 되자 이 뉴커머들은 기존 자이니치 공동체에 통합되기보다는 자체 관계망을 형성했다는 사실이 확실해졌다. 1989년에는 이미『한국인 생활정보韓国人生活情報』처럼 한국에서 온 신규 이민자를 대상으로 하는 잡지도 나왔다. 이들은 일본 내 한민족 사이에 존재하는 다양성에 확실히 층을 더했다. 겐 게쓰 단편「이물異物」(2005)은 자이니치 3세인 주인공 이케야마가 한국과 중국에서 온 '뉴커머'들에

게 느끼는, 배제와 인종 차별까지 포함된 감정을 묘사한다. 비록 불법이기는 하지만 장기 거주자들에게 '초청'을 받아서 오는 일이 많던 뉴커머들은 오사카라는 다민족 도시에서 쇠락하던 자이니치 집단에 사람을 다시 채우고 집단을 변모시켰다. 그러나 이케야마는 이들을 보고 '문화와 언어가 다르다'고 생각한다. 뉴커머들은 '눈에 거슬리는 존재'이다.[126] 자칭 '자이니치 "신新" 1세대'라는 양태훈ヤン・テフン은 도쿄가 살기 좋은 곳이지만 자이니치 집단은 수수께끼 같다고 생각한다.[127] 이케야마와 양태훈이 아무리 전형이 아니라고 해도, 자이니치와 '뉴커머'가 동질성 있는 집단을 구성한다고 보기는 어렵다. 이들 '코리안' 사이에 존재하는 사회적 거리는 민족 연대가 헛된 약속임을, 또 그렇기 때문에 자이니치 이데올로기가 타당하지 않음을 폭로한다.

그렇다고 하면, 자이니치 이데올로기를 떠받치던 기둥 중 굳건하게 남아 있는 기둥은 하나도 없다. 반일 감정은 약해졌고, 고국 지향성은 쇠퇴했으며, 통일은 이제 가장 중요한 정치 목표가 아니고, 민족 간 결혼과 귀화를 막는 단호한 저항도 시들었다. 간단히 말해 자이니치 이데올로기는 종말에 가까워졌다. 그 징후로 총련이나 자이니치 이데올로기가 전성기를 누릴 때 고수하던 엄격한 기본 노선보다는 자이니치가 자이니치 사회에 가하는 비판이 훨씬 많이 보인다. 박화미朴和美는 '봉건적' 양성・가족 관계가 지속된다고 탄식하면서 자이니치에게 분노와 자주성, 개인성이 정당하다는 사실을 인정하라고 촉구한다.[128] 배긴반ペギンバン은 사회복지가 '뒤떨어졌다'면서

주류 일본 사회와 달리 자이니치 사회에는 장애인 지원 단체가 없다고 지적한다.[129] 2007년, 귀화 자이니치 변호사 배훈은 '자이니치가 사라져도 괜찮다'라고 한다.[130] 여기서 1970년대에 사카나카 히데노리가 펼친 주장은 선견지명이 있어 보인다.[131] "21세기 전반기에 자이니치는 일본 사회에 완전 동화될 터이다. (…중략…) 일본 사회에서는 그들의 모습을 보지 못하게 될 것이다." 자이니치 이데올로기가 미치는 영향력이 쇠퇴한다는 말은 민족 정체성이 쇠퇴하고 자이니치가 사라진다는 의미일까?

본질주의 사고도 오해를 낳을 수 있지만, 차별과 정체성도 자동적이고 객관적인 변수는 아니다. 제도상 인종주의나 법률상 차별이 사라진다고 해서 반드시 편견 또는 차별이라는 주관적 경험이 없어지지는 않는다. 남북전쟁 후 미국에서 흑인에게 린치를 가하는 일은 흔하디흔했지만, 오늘날과 비교했을 때 인종주의 자체는 그리 자주 비난받지 않았다. 그러나 지금은 상징적 모욕만으로도 정당한 분노를 쉽게 끌어낸다. 논쟁이 될 만한 말을 하자면, 독일에 살던 유대인들은 홀로코스트 때에도 '반유대주의'라고 외치지 않았지만, 그 후손들은 유대인 무덤에 낙서로 모욕을 당하면 곧바로 반유대주의라고 부르짖을 터이다. 민족 명예나 민족 귀속의식은 매우 상징성이 깊어서, 구조적 차별이 약해지면 충분히 더 깊어질 수 있다.[132] 하라지리 히데키原尻英樹는 차별당하지 않는 자이니치도 많다는 주장을 다음과 같이 반박한다.[133] "문제는 자신이 '차별당하지 않는다'고 말하는 사람들에게 있다." 1945년 전후에 일본인들이 나눈 일상 대화에서 경멸하는 표현과 민족 비하 욕설이 흘러넘쳤다는 점에는 의심할 여지가 없다. 그러나 21세기에는 흔한 표현이던 '센진鮮人'이나 '다이산코쿠진第三国人' 같은 단어를 드물게라도 공식 석상에서 내뱉으면 아주 심한 욕 취급을 받았다.[134] 인종주의나 차별 경험은 결국 주관적 해석이다.

앞서 보았듯이 동화 논의는 1930년대 초반에도 벌써 있었다. 자이니치 관련 서적을 집어 들면 출판연도가 1957년이든, 1967년이든, 1971년이든, 1978년이든, 1993년이든, 동화가 자이니치 집단에 영향을 주는 주된 추세라고 본다.[135] 자이니치 인구통계에서 유일한 자료라고는 자이니치를 재일 남북한 국적자로 보는 표준 정의뿐이라서, 귀화가 진행되면서 자이니치 인구는 돌이킬 수 없이 줄어드는 듯 보인다. 그런데 자이니치에 한민족 혈통인 일본 시민을 포함하면 그 수는 분명 증가 중이다. 다시 말해 귀화나 동화가 꼭 자이니치의 종말을 암시하지는 않는다. 대신에 정체성 주장은 교육·고용 통합과 양립 가능하다. 민족이 더 이상 개인 기회와 행로를 결정하는 구조적 특징이 아닌 상황이 되자, 오히려 민족은 정체성 형성에서 상징적 중심지로 떠올랐다. 어떤 소수 집단에 있는 역량과 의식을 고찰하면 구조 통합과 문화 차별화라는 역설도 풀린다. 조선인이 명확하게 열등한 집단이던 식민 시대에는 정체성을 뚜렷하게 표현할 기회나 능력이 있는 조선인이 극소수였다. 제1장에서 보았지만, 그나마 일부가 그런 주장을 펼칠 때는 동화한 일본인 자격으로 했다. 20세기 말에 민족 간 소득·교육 불평등은 여전했지만, 그래도 자기 의견을 낼 위치에 오르고 이 메시지를 표현할 지적 능력이 있는 한민족도 많아졌다. 이러한 변화에 더하여 한민족이 신분 위계질서에서 위로 올라가면서 모욕을 대하는 감수성도 더 발달했다. 요컨대 인종 비하 욕설도 식민 시대에는 신체 폭력에 당연히 따라오는 말이었지만, 지금은 인권과 인간 존엄성을 믿고 자란 예민한 사람들에게 고통을 주는 말이 됐다. 21세기 초, 자이니치 이데올로기는 그렇지 않지만 자이니치 정체성은 여전히 생기가 넘친다. 게다가 민족 교육과 재생산을 대하는 다양한 태도에서도 보이듯 자이니치 민족 주장은 전혀 단일하지 않다. 앞장에서 살펴보았지만, 1979년에 비非일본 국적자 최초로 변호사가 된 김경득은 스물셋이 될 때까지 민족 정체성을 아예 지워버렸다. 그렇지만 지금은 '재일 한국인은 민족 차별로 도둑맞은 한국어를 되찾아야 한다'고 믿기 때문에, 한국인 아내가 일본어로 말하려고 해도 자신은 계속 서툰 한국어로 이야기한다.[136] 그런데 민족의식 고취에 매진하면서도, 김경득은 일본어로 대화하는 자녀들에게 자이니치의 과거나 현재 이야기를 하지는 않았다.[137]

가네무라 요시아키金村義明(김의명)는 유명 야구선수 출신 해설가이다. 자이니치 3세라는 신분을 '자연스럽게 받아들인' 가네무라는 똑같은 '자이니치 정신' — 본인은 열심히 사는 '헝그리 정신'과 같다고 설명한다 — 을 자녀들에게도 불어넣고 싶다고 한다. 민족 비하 야유와 차별을 경험했을 때도 두 배 노력하는 것으로 대응했다.[138] 가네무라 부부는 아이들에게 자이니치라는 신분을 말하지만, 이들을 다른 일본인들과 구분하기란 불가능하다.[139] 가네무라는 인간 삶의 보편성을 강조하면서 21세기 청년들이 자이니치라는 문제를 '아주 하찮은 것'으로 보게 될 날을 기대한다.[140]

일본 남성과 결혼한 자이니치 '2.5세' 이직미李直美도 민족교육을 하려는 노력을 거의 기울이지 않는다.[141] 두 딸은 간단한 인사말을 하고 이름을 한글로 쓸 수 있다. "딸들은 한국에 가본 적이 없고 한국어도 못한다. 매운 음식은 못 먹고 한국인이라고 특별히 긍지를 느끼지도 않는다.[142] 김경득의 자녀들과 달리 이들은 한국 팀을 응원하지도 않는다. 게다가 이직미는 자이니치 여자들이 일본 남자들과 결혼해야 한다고 생각한다. 그러나 두 딸은 자기가 한국인이라고 생각하고 일본학교에 다니면서도 한국 이름을 쓴다. 둘 다 '태연히あっけらかん 한국인으로' 다닌다."[143]

김용[144]은 아이들을 총련계 조선학교에 보내지만 김일성을 기리는 노래를 끝까지 앉아서 들을 수도 없고, 또 북한 이데올로기 주입思想教育에도 회의적이다. 아이들을 조선학교에 보낸 동기도 점심 도시락에 김치를 싸가거나 '못하는' 한국어를 쓰면서 다른 한민족 아이들과 함께 놀기를 바라는, '아주 사소한 이유들'이다.[145] 마찬가지로 아이들을 민족학교에 보내기로 한 어느 부모는 나에게 일본 공립학교는 일본 민족학교라고 했다. 그러니 한민족인 자신은 조선인 민족학교가 더 마음 편하다고 말이다.

이기승[146]은 두 딸을 일본학교에 보냈다. 한국에 살 때도 일본학교에 보냈는데 그곳에서는 다른 한국 아이들이 '일본인'이라며 작은 딸을 괴롭혔고, 또 일본에 돌아왔더니 그 딸을 한국인이라며 괴롭혔다.

이기승은 민족 교육에 회의를 드러내며 '인간 교육'에 가치를 부여한다. 예를 들면 윤리적으로 사고하는 능력이 일본과 한국에 흔한 가부장제 가치보다 훨씬 우월하다고 말이다.[147]

1960년생인 이와모토 미쓰오岩本光央는 일본 공립학교에 다녔고 사는 동안 한민족을 대하는 편견은 충분히 겪었다. 어릴 때는 잠자리에 들면서 '일어나면 일본인이 되어 있기를' 빌고 '진짜 일본인'이 되기를 꿈꿨지만, 여전히 조선인이라고 한숨을 쉬며 잠에서 깨곤 했다.[148] 북한을 여행하고는 마음이 차가워졌다. 반미 구호를 들으니 "바보 같았다. 미국이나 일본을 두고 뭐라고 하든, 그 두 나라는 일본에 사는 우리와는 떼려야 뗄 수 없는데".[149] 나중에는 일본 여자와 결혼하고 귀화하고, 이혼하고 한국 국적을 취득했다. 한민족 혈통을 오랫동안 부끄러워했지만, 40대가 되면서 어느 정도 내놓고 말할 수 있게 된다. "나는 최근까지는 한국인이었지만 이제는 일본인으로 삽니다. 그렇지만 다시 한국인이 될지도 모르죠. 아, 과거에는 조선(북한)인이었지요."[150] 일본인 '으로'라는 단어가 시사하듯, 이와모토는 자기 개인성이 국적과 이름에서 분리될 수도 있다는 사실을 꽤 편안하게 생각한다. "나는 내가 누구인가를 두고 고민할 필요가 없다. 자이니치로 사는 것이 내 자유다."[151] 책 제목은 『일본인이 되고 싶은 재일 한국인日本人になりたい在日韓国人』이지만, 이와모토가 소망하는 바는 귀화가 아니라 일본에서 살기, '울고 웃으며 살기'이다.[152]

이와모토 사례에서 시사하듯, 귀화는 한민족을 지운다는 의미가 아니라 오히려 한민족을 이어가고 강조하기도 한다는 의미이다. 자칭 '코리안 재패니즈'인 아라이 에이치는 귀화를 고민하다가 뿌리를 찾기 시작했다. 이 탐색은 서사시 같은 노래 〈청하로 가는 길〉로 표현됐다. 이종양李宗良은 귀화하고 나서 한반도 역사와 자이니치문학을 공부했다.[153] 귀화 전에는 일본 이름을 썼지만 귀화 후에는 한국 이름을 썼고, 얄궂게도 이제는 한국 이름이 통명이 되었다. 아사카와가 귀화 자이니치를 대상으로 실시한 조사는 귀화가 사실상 한민족 귀속의식을 유지하고 증대도 한다는 사실을 시사한다. 어느 60대 여성은 자기 언니가 귀화 후에 한국어를 공부했다고 말한다. 또 한 50대 여성은 자기 가슴 속에는 한국인의 피가 흐르며, 한국 것을 향한 관심이 생활에서 드러난다고 주장한다. 40대 남성은 '뿌리는 한국'이라는 사실을 인식하고, 50대 남성은 '국적이 무엇이든, 귀화해도 나는 한국인이라고 생각한다.' 또 자이니치 4세인 20대 여성은 '귀화해도 일본 국적을 얻었을 뿐, 내가 한국인이라는 사실은 변함이 없다'고 한다.[154] 귀화는 배신이라는 의미도, 일본인화라는 의미도 아니다.

코리아계 일본인 귀속의식이 타당하다는 사실은 민족 이름 채택에서도 나타난다. 1979년까지는 일본학교에 다니는 한민족 아동 중 85%가 통명을 사용했지만, 1989년에 그 수치는 65%로 떨어졌다.[155] 흥미롭게도 일본 이름을 쓰는 주된 이유 — 1989년 조사 대상 부모 중 62%가 말한 — 는 한민족성을 주장할 '특별한 필요가 없어서'였다. 이기승은 다음과 같이 말한다.[156] "1세에게 통명은 연극이었다. 그러나 태어나서부터 연극을 해야 하는 2세에게는 연극이 곧 삶이다. (…중략…) 2세에게는 통명이 진짜 이름이다."

진짜 이름에 느끼는 저항감은 한민족이 당하는 차별이 자이니치 정신세계에 내면화되었음을 알려준다. 본명 사용은 일본이 한민족을 차별해서 생긴 정신적 질병을 고칠 치료제이다.[157] 가네시로 소설 『고』에서 주인공은 일본 이름을 쓰라는 학교 측 요구에 저항하지 않는다. 일본학교로 전학가기로 결정한 뒤에 '배신자'라며 민족학교 선생들에게 괴롭힘을 당했기 때문이다.[158] 자이니치 역사가 김영달金英達은 다음과 같이 결론을 내린다.[159] "이름이 여러 개라도 괜찮다고 생각한다. 이름이 반드시 민족을 드러내야 한다고는 생각하지 않는다." 1990년대에는 자이니치들이 이름을 '방어'하는 데 있어 확실히 큰 변화가 있었다.

자이니치마다 의견은 매우 다르지만, 그래도 일본 영주만큼이나 민족 혈통을 기꺼이 받아들이는 사람도 많다. '평범한' 자이니치라는 가능성은 이제 현실적 선택이 되었다. 이렇게 솔직한 한민족 혈통 주장과 포용 뒤에는 자이니치 이데올로기에서 정한 한계를 초월하는, '코리아계 일본인' 정체성이라는 가능성이 있다.[160]

되찾은 다민족 일본

웃음과 사랑

21세기가 되자 부인이라는 수십 년에 걸친 암흑기도 상호 인정과 초기 화해라는 어스름한 빛에 자리를 내줬다. 일본인도 한국인도 단일 민족 과거를 돌이켜보고 이를 다민족 과거로 재구성했다. 그러면서 웃음과 사랑이라는 주제가 전후를 뒤덮은 비애와 투쟁이라는 주제를 대신했다. 그런데 자주 등한시하기는 하지만 인정에는 또 다른 차원도 등장했다. 바로 수용과 아가페로 나아가려 하는, 성취와 감사가 모호하게 뒤섞인 상태다.

2000년대 가장 큰 인기를 얻은 일본영화 중 두 작품, 〈고〉(2001)와 〈박치기!〉(2004)에는 자이니치 인물들이 등장한다. 〈박치기!〉는 1960년대가 배경이다. 기타를 치는 일본 남학생이 조선인학교에 다니는 소녀를 보고 첫눈에 반한다. 소녀의 오빠는 조선인 고교생 중 최고 싸움꾼이고, 일본 고교생들과 늘 싸움을 벌인다. 1960년대식 수사법에서는 흔한 표현이지만, 결국 사랑이 모든 것을 이긴다. 북조선과 일본 포크송 가락에 맞춰서 말이다. 영어로 이 영화 부제는 "우리 언젠가는 다 이겨내리*We Shall Overcome Someday*"이고, 선전 문구는 "세상은 사랑으로 바뀐다*The world can be changed by love*"였다.[161] 조선인 남매는 여러 장애물에 부닥치지만, 마지막에 각자 일본인 연인을 얻는다. 이 영화가 21세기에 제작되었다는 사실은 바로 숨은 유머에서 드러난다. 폭력 장면마저 재미있다. 〈박치기!〉는 〈웨스트 사이드 스토리*West Side Story*〉 같은 설정이면서도 관객에게 민족 간 갈등이나 비극적 로맨스를 보여주지 않는다. 좀 사카린 같을지는 몰라도 쓴 맛은 빠져 있다.

인종주의가 아직 남아 있어도 안락하고 당당하게 사는 자이니치도 많다. 일본에 살다니 행운이라는 솔직한 생각 — 오래 억눌린 감정 — 도 1990년대 들어 표출되기 시작했다.[162] 바로 이러한 맥락에서 가네시로 소설『고』의 주인공 같은 젊은 자이니치들은 차별하는 일본인들이 '무식하고, 약하고, 한심하다'고 일축할 수 있다.[163] 가네모토 J. 노리쓰구金本J. ノリツグ 같은 사람은 한국인이라는 뿌리를 확인하고 자기 같은 '메트로섹슈얼'이 아름다움을 약속하는 한국 음식에 관심을 보이는 것은 당연하다고 생각한다.[164]

화해의 시대에 자이니치 서사는 아무리 조용해도 아마 승리에 취해 있을 터이다. 물질적 풍요와 차별 감소에는 논쟁할 여지가 없기 때문이다. 자이니치 이데올로기 신봉자들이 아무리 일본 사회를 고발해도, 정말 끔찍한 범죄가 저질러진 때는 과거다. 신체 폭력과 문화 억압은 계속 되살아나지만 먼 기억이다. 절망스러운 빈곤과 노골적 인종주의조차도 자이니치에게는 어릴 적 기억일 뿐이다. 신숙옥은 주인-노예라는 변증법으로 자기 인생을 그린다.[165] "나는 조선인이라 사회에서 차별받았고, 시민권이 없어서 공공 서비스에서 배제당했고, 그래서 강제로 가난한 환경에 처했으며, 가난하기 때문에 차별받았다." 그러나 신숙옥은 이런 노예 상태 때문에 오히려 '주인' 사회를 똑바로 보고 존엄성을 되찾을 수 있었다. 빈곤과 차별 속에서 자랐지만, 신숙옥은 '재일 조선인으로 다시 태어나기'가 꿈이었다. 김경득은 어린 시절을 그야말로 디킨스 소설처럼 묘사한다.[166] "어떤 아저씨가 아침부터 소주(일본 소주)를 마시고 길가에 취해 정신을 잃고 있었다. (…중략…) 아주머니 한 명이 수레를 끌고 이 집 저 집에서 돼지 먹일 음식물 쓰레기를 모으며 그 아저씨 옆을 지나갔다. (…중략…) 부부는 한국말로 싸우고, 화난 남편이 수레를 뒤엎어 (…중략…) 모은 음식물 쓰레기가 길에 흩어졌다. (…중략…) 지나가던 일본인들은 싸우는 부부를 피하며 차갑게 쳐다본다." 앞서 보았지만 그래도 김경득은 한국인 정체성을 포용했다. 그리고 이제 이런 기억은 도쿄 올림픽 이전에 성년이 된, 점점 사라지는 자이니치들만 떠올릴 수 있는 기억이다.

이렇게 웃음과 사랑을 나타내는 표현들은 한민족의 일본 사회 동화나 한민족 의식 주장을 초월하는 화해 가능성을 잘 보여준다. 1990년대부터 상호 인정과 화해를 추구하는 선의의 일본인 사이에서 '공생'은 유행어가 되었다.[167] 다민족 일본이라는 자각이 있으면 자이니치 인정도 주류가 되고, 자이니치-일본인이라는 좁은 관계를 넘어서는 관점도 가능해진다. 그렇기 때문에 가네시로 가즈키는 필리핀계 일본인과 자이니치 등장인물이 나오는데도 일본인에게 호소력 있는 소설을 쓸 수 있다.[168] 마찬가지로, 자이니치는 이제 억압받는 집단이라는 일반 정체성을 넘어 자신이 누리는 특권도 인정하고, 또 타자를 대하는 부인을 지속시키는 데 어쩌면 자신도 공모자가 될 가능성이 있음을 인정해야 한다. 1976년생인 김정미金正美는 한센병 시인 사쿠라이 데쓰오桜井哲夫를 만나기 전까지는 조선인학교를 다녔고 자신이 차별한다는 생각을 한 적이 없다. 그러나 사쿠라이의 일그러진 얼굴을 본 순간, 자기가 하던 '무의식적 차별'을 인정하고는 '자존심에 상처를 입었다.'[169] 장애인 같은 비非본질적 자이니치를 인정하면서 이들의 권리와 복지를 옹호하는 운동과 담론도 태어났다.[170] 이제 자이니치 인정과 권한 부여는 한민족 — 아시아와 세계 전역 — 에만 집중하기보다는, 앞 세대가 겪었던 그 어려운 위치에 처한 사람들을 대상으로 또 다시 벽을 쌓고 부인하는 시선을 던져서는 안 된다는 윤리적 도전을 제기한다.

요약

일본 사회는 조선을 식민지화하고 조선인들을 동화하려 했지만 종전 후 일본에 남은 조선인들을 제도로 부인했다. 피로 보나 혼으로 보나 자신들이 일본인이라고 듣던 조선인들은 그야말로 하룻밤 사이에 식민주의 환상과 자신들의 필연적 조선인성을 자각했다. 식민 시대 위계질서와 탈식민 지배는 조선인을 열등한 타자로 만들었다. 자이니치는 다수인 일본 민족보다 무조건 열등하고 일본 민족과는 다른, 욕설과 비난을 받는 그릇이 되었을 뿐 아니라 이제 거기 있어서는 안 되는 존재였다. 사실상 아파르트헤이트 아래 살던 조선인들은 일본 사회에서 지배 인종이 그 위태로운 지위를 인정해준다는 아주 작은 호사조차 누리지 못했다. 1952년에서 1985년까지 법적 현실과 지배적 상식은 일본을 단일 민족 사회로 그렸다. 특히 부인의 암흑기 ─ 1950년대와 1960년대 ─ 에는 자이니치 아이들이 애처롭게 우는 소리가 자이니치 정신세계와 가정에서 내면을 깊숙이 꿰뚫었다. 아이들은 사실상 일본인이었지만, 분명히 일본인이 아니었다. 죽고 싶다고 외친 아이들이 얼마나 될까? 자기를 낳았다고 부모를 원망한 아이들이 얼마나 될까?

자이니치는 일본 ─ 한민족에게는 가장 심한 암흑기에 세계 역사상 가장 빠른 경제 성장을 이루던 ─ 에 속박당하면서 현실에서 사는 고향을 혐오하고 '진짜' 고향을 사랑할 수 있게 되었다. 민족 단체들, 특히 총련은 이데올로기와 사회 기반 면에서 동포들을 지원했다. 북한 국가 이데올로기를 변형한 총련 이데올로기는 귀국을 약속했다. 총련이 말하는 미사여구에 푹 빠진 젊은이들은 개인에게는 고국 귀환, 집단에게는 통일과 유토피아인 미래를 기대하고 사랑했는데, 이는 우연한 일이 아니었다. 그러나 귀국 사업은 북한 정치 체제 전반과 마찬가지로 결국 실패로, 대재앙으로 판명되었다. 총련과 북한이라는 꿈에 실망한 자이니치들은 특히 1965년 국교정상화 협정 이후 남한으로 시선을 돌렸다. 그러나 한국 독재 정치 체제는 북한에 훨씬 못 미치는 약속을 했고, 한국 실상은 거리감과 불신을 안겼다. 분단

되고 머나먼 고국에 실망한 자이니치들은 일본 내 임시 피난처이던 민족 단체에도 점차 시들해졌다. 행세는 주된 정체성이면서 특권이 따르는 길이 되었다. 세속에서 성공할 유일한 희망은 스포츠와 음악 분야밖에 없는 듯했다. 김희로 사건으로 잘 드러나듯 1960년대 말 자이니치 상황은 절박해 보였다. 자이니치는 일본에 꼼짝없이 갇혔고, 최하위 계층이 될 운명 같았으며, 줄곧 부인 당했다.

그러나 1970년대 초반에 박종석이 거둔 고용 차별 소송 승소가 시사하듯, 자이니치 개개인은 이 문제에 관심 있는 일부 일본인들과 함께 승인과 수용, 인정과 보상으로 이루어진 정치에 참여하기 시작했다. 일본 사회에서 한민족이 있을 자리를 찾는 데서 이제 자이니치 이데올로기가 총련 이데올로기를 대신했다. 전후 탈식민 투쟁의 정치와 심리를 어느 정도 유지한 자이니치 이데올로기는 본능적으로 반일 감정과 고국 지향성을 유지했다. 그러면서도 자이니치로 살고 행동한다는 의미가 과연 무엇인지를 널리 이해시켰다. 1970년대와 1980년대에는 자이니치 인정을 이끌어내려는 여러 담론과 운동이 법률과 제도, 이데올로기로 부인을 행하던 기제 상당 부분을 전복했다. 1945년에서 1952년 사이에 잃어버린 경제권과 시민권, 사회적 권리를 대체로 되찾은 자이니치들은 일본 사회에 적법하고 존중받는 자리를 새겨 넣었다. 이 인구 집단이 거둔 성공 자체로 단일 민족 정체성의 신뢰성에는 금이 갔다. 자이니치가 구별되는 삶을 산다는 자이니치 이데올로기는 더 이상 말이 되지 않았다.

21세기 초에는 자이니치 집단과 일본 정부·사회 사이에 화해 조짐이 보였다. 어떤 면에서는 화해를 부정적 의미, 그러니까 체념으로 이해해도 무리는 아니다. 그러나 긍정적 표현, 즉 상호 인정과 수용도 감지할 수 있다. 일본 사회가 크게 변모한 만큼 한민족도 크게 변했다. 다문화 일본이라는 개념과 코리아계 일본인 정체성은 떼려야 뗄 수 없이 엮여 있으며, 얽히고설킨 현대 한일 관계에서 가능한 하나의 성과를 시사하기도 한다.

고찰

　김중명金重明 소설 『장보고의 백성皐の民』(2000)은 역사 · 지리에서 자이니치에게 좁게 맞추던 초점을 확장, 9세기 해상 민족을 한눈에 보여주는 그림을 그린다. 현각대사 원인圓仁이 지식을 찾아 아시아 대륙에서 머문 궤적을 따라가면서 김중명은 고대 한일 관계 연대기를 쓴다. 해상皐, みきわ 민족이란 서아시아에서 동아시아에 걸쳐 활동하던 뱃사람들을 의미한다. 여행과 대화에서, 특히 아라비아의 이븐 자이드Ibn Zaid나 해상왕 장보고張保皐와 나눈 대화에서 현각 대사는 자신이 '세계 무역의 동쪽 끝을 책임진다'는 사실을 깨닫는다. "동시에 세계 무역 전체를 보고 싶어졌다. (…중략…) '그와' 비교하면 '한반도 남동부인' 신라 왕국 안에서 벌어지는 일은 그저 찻잔 안의 태풍에

불과해 보였다."[1] 육지 사람들이 법적 국가와 신분 질서, 소유권을 만들고 그에 따라 부와 성별, 종족・민족에 근거한 차이와 차별을 둔 반면, 해상 민족은 정부나 위계질서, 성차별이나 민족 차별, 영역이나 소유를 두지 않았다. 어느 '일본' 배에는 한반도 출신 뱃사람들이 타고 있으며, 어느 배 선장은 여성이고, 지식에는 국경이 없다. 이 특정한 민족과 시대에는 북도 남도, 본질화한 한반도도 동질성 있는 일본도 존재하지 않는다.

약 12세기 뒤, 장보고는 구경도 하지 못한 광활한 바다를 두 한국계 여성이 건너 1992년 LA 폭동이 만든 아수라장을 뚫고 지나간다. 김마스미金眞須美 소설『LOS ANGELES의 하늘燃える草家』(1997)에는 다루기 어려운 민족 긴장이 스며있다. 사우스 센트럴 LA 사람들도 인종 비하 욕설을 던지고 인종 혐오감을 드러내지만, 그보다도 같은 종족・민족 집단에 속한 두 주인공이 얼마나 서로를 이해하지 못하는지가 더 눈에 띈다. 미국 이민자인 한국인 미령은 귀화한(혹은 곧 귀화할) 재일 한국인 료코가 고국과 민족을 저버렸다며 무시한다. 료코는 한국어를 하지 못하고, 모두에게 그렇듯 한국인들에게도 계속 일본인이라고 오해를 받는다. 그래도 자기 정체성을 설명하거나 선언하지 못한다. 다음과 같이 말하는 한국인 할머니에게도 마찬가지였다. "전에 우리 이웃 마을에 살던 여자가 결혼식 전에 당신네 나라(일본)에 억지로 끌려갔어요."[2] 일본식으로 자라면 그렇게 되지만, 친구인 미령조차 '료코 의식의 애매모호함'을 이해하지 못한다.[3] 한 흑인 남자가 한국인들에게 폭력을 휘두르려 하자, 미령은 이렇게 말한다.

"'료코는' 일본인이라고. 의심할 것도 없이. 그리고 난 순수한 코리안이야."[4] 료코는 미령이 하는 말이 '우정의 증거'일까 생각한다. "나는 면화 솜 같은 우정으로 싸여있어. 하지만 그 면화 솜은 안에 무수한 침을 품고 있는 것은 아닐까."[5]

21세기 초에 사는 우리에게는 아주 확실하게 자리 잡은 인족 범주들이 있다. 사람은 일본인이거나 한국인이거나 자이니치이고, 아니면 그렇게 되어야 한다. 그런데 사람들이 국경을 넘는 유입과 유출이 계속되기 때문에, 또는 하위 정치와 하위 국가 정체성이 일시적이기 때문에 확립된 범주와 정체성은 우스워질 수도 있다. 우리는 이제, 비록 주저하면서라도, 국경이 명확하고 국가 소속이 본질적이며 단일하다고 보던 세계가 내리막길을 걷는다는 사실을 받아들이게 되었다. 따라서 종족·민족 긴장과 갈등, 오해와 오인의 파편과 간헐적 폭발이 아직 남아 있다고는 해도, 우리 세계는 다시 장보고가 살던 혼란스럽고 침범하기 쉬운 세계와 비슷해졌다. 이 마지막 장에서는 이론적·개인적·비교적 고찰을 제시해 본 자이니치 정체성 연구가 어디에 위치하는지 결정하고자 한다.

디아스포라 민족주의

먼저 디아스포라 한민족에게 고유하면서도 핵심인 대상에 초점을 맞추면서 자이니치 정체성 논의가 일으킨 더 큰 지역·세계적 힘을 생각해 보려 한다. 그 대상은 바로 한국민요 〈아리랑〉이다. 아리랑이라는 주문 같은 후렴구는 구슬픈 노래 가락과 함께 나온다. "아리랑, 아리랑, 아라리요 / 아리랑 고개를 넘어 간다 / 나를 버리고 가시는 님은 / 십 리도 못 가서 발병 난다." 한민족의 슬픈 정서를 대변한다는 이 노래는 한恨이나 쌓인 슬픔과 분노ressentiment 또는 남의 불행을 기뻐하는 마음Schadenfreude까지 표현한다. 아리랑은 장소명일 수도 있지만 정확히 어디인지는 확실하지 않다.[6] 그저 이 노래를 민족 본질의 개요, 민족혼의 표현이라고 보는 한국인이 많다는 사실 정도만 알뿐이다. 북한에서도 남한과 마찬가지다. 또 누구나 아는 아리랑은 경기 아리랑이고, 1926년 나운규羅雲奎 감독이 동명 영화를 만든 뒤 이 민요가 민족의 노래가 되었다는 사실도 안다.[7] 이 노래는 한민족과 같은 기간 존재한 준準자연적 존재가 아니라, 민족 정체성과 함께 전국으로 퍼져나갔다.

민족주의란 어떤 민족 — 대개 혈통과 동시대 공통성을 공유하는 인종 혹은 종족 집단이라고 본다 — 과 어떤 영토 사이에 동형성이 있다고 주장하는 이데올로기이다. 다시 말해 원칙상 지리적 경계가 민족을 정의한다. 민족 구성원이라는 주요 기준은 비자발적이면서 포괄적이다. 혈통만 같으면 도덕적 가치나 타고난 지성, 개인 성취에 관계없이 소속은 보장된다. 인간이 반드시 어디에서 오거나 어디로 가야만 한다면 이곳은 다른 사람들이 나를 받아들여주어야 하는 곳이다. 이곳은 집처럼 자연스럽고 영원하며, 형언하기 어렵고 사랑스러워 보인다.

그런데 민족주의 연구에 존재하는 학문적 합의라고는 민족주의가 정치 이데올로기로서, 그리고 대중 정체성의 일종으로서 현대성을 띤다는 정도뿐이다. 나는 『현대인족』[8]에서 대중 정체성으로서 민족 정체성은 근대 국가 형성의 산물이자 속성이라고 주장했다. 한편, 근대 정치 조직은 학교 교육과 징병, 대중 언론, 기타 국가 수준에서 만들어지는 관계망과 제도 발전으로 문화 통합을 달성한다. 그렇게 하면서 정치적 소속 — 국가 혹은 민족 정체성 — 이 초국가적인 것(예를 들면 문명 혹은 종교)과 하위 국가적인 것(마을 또는 지방)을 모두 대체한다. 반면에 대중은 신분 통합으로 국민으로 탈바꿈하고 귀족 계급의 고상한 전통에 편입된다. 소작농이나 귀족 같은 위계가 아니라, 각 개인이 같은 국민이 되어 평등한 신분을 누리게 된다. 쌍둥이처럼 생기는 이 문화·신분 통합 과정이 하나의 인구 집단(외적 속성 혹은 분석적 범주)을 하나의 민족(내적 확신 또는 자기 성찰적 정체성)으로 변모시킨다.

아주 오래되고 연속성 있는 풍모도 있지만, 사실 대중 인족 정체성은 뒤늦게, 근대에 생긴 현상이며 한반도에서도 예외는 아니었다. 19

세기 이전에 한반도에 살던 사람들에게는 한반도인이라는 생각 자체가 매우 낯설었다. 인구 1천만 명에 행정관 330명에 불과하던 조선 왕조 시대에 대중의 민족 귀속의식 수준이 매우 낮았다고 놀랄 일은 아니다.[9] 전통 국가에는 대중 민족의식을 전파하거나 주입할 능력을 갖춘 관료가 없었다. 국가 교육제도나 상설 군대가 없는 전근대 조선에는 국가 교통·통신·상업망·사회 기반 시설도 개발되지 않은 상태였다. 일제강점이 끝날 무렵에도 라디오 보급은 100가구 당 4대에 불과했고, 한글 전용 신문 발간도 인구 100명 당 2부 미만이었다.[10] 무엇보다 엄격한 신분 구분은 인구를 질적으로 확연히 다른 인간 범주로 나눴다. 궁궐 지식계급에는 원형 민족의식 또는 원형 한민족의식이 있었지만, 대다수 인구 집단에게 그러한 귀속의식은 없었다. 육지에 둘러싸인 일반 대중의 문화 지평은 대개 하위 국가―그것도 지역 색이 매우 강한―귀속의식에 한정된 데다, 이들은 양반(지배계급)과는 질적으로 다른 인간이었다. 다시 말해 약한 문화·신분 통합 탓에 조선에는 서민에게 추종을 받거나 대중적 충성을 얻지 못하는 소수정예 정체성이 생겼다.[11] 현대 한국과는 아주 뚜렷한 대비를 보이는 부분이다. 1980년대 말, 한국 군·경 종사자는 1백만 명 가까이 되었고, 지방정부 종사자는 50만 명이었다.[12] 또한 국가 교육·통신·교통 제도도 매우 잘 발달된 상태였다. 신분 통합도 크게 성공을 거두어서 이제 남한이라고 하면 철저한 평등주의가 특징일 정도였다. 요컨대 민족주의는 현대 한국에서 존재감이 매우 강력하다.[13] 적어도 이러한 점에서는 북한도 마찬가지라고 할 수 있다.

따라서 〈아리랑〉을 뒤늦게야 민족을 대표하는 민요로 승격시켰다고 해도 그리 의외는 아니다. 1926년 동명 영화 — 초기 문화 작품들이 흔히 그러듯, 이 영화도 현재 복원 불가능하다고 본다 — 에서는 절정 장면에서 일본 순사가 주인공을 체포해 아리랑 고개를 넘어 끌고 간다.[14] 영화와 노래에 따르는 실제 역사 배경을 생각하면, 일본 식민지 억압과 조선 민중 저항을 그리는 우화가 되겠다는 모양새다. 식민지배 저항과 대중 민족주의가 같은 시기에 등장했다는 이 주제는 나중에 다시 다루기로 하고, 우선은 같은 배경에서 조금 다른 주제, 그러니까 유배와 이주와 디아스포라를 강조하겠다.

디아스포라 — 글자 그대로는 씨앗이 퍼진다는 뜻 — 는 대개 유대인 이산離散, 제2 성전Second Temple 파괴 이후 추방당한 유대교 신봉자들을 의미한다. 근대 이전 유대인 귀속의식에서는 종교가 기반이었던 반면, 근대적 사고에서는 인족 집단 분류를 강조한다. 즉 근대 유대인 정체성은 같은 혈통과 같은 소속에 기반을 두었다. 그런데 유대인은 민족주의 규범 — 한 민족, 한 국민, 한 국가 — 에서 아주 크게 벗어나 이스라엘 국가가 세워지기 전에는 나라 없는 백성 신세였기 때문에, 이 정체성은 디아스포라 성격을 띠게 되었다. 이스라엘 수립 뒤 스스로 유대인 출신이라고 정체성을 확인한, 따라서 이스라엘 국가의 잠재 구성원이던 사람들은 대개 그 영토 밖에서, 따라서 디아스포라 유대인으로 살았다. 한반도를 보면 인족 귀속의식 확산은 디아스포라 정체성 의식과 같은 시기에 발생했다. 한반도에 살던 사람들이 인종, 종족 혹은 민족상으로 조선인이라고 정체성을 확인한 바로 그 시점에 디아스포라 조선인이 등장했다. 이렇게 근대 관점에서 디아스포라는 자기 나라 밖에서 사는 사람들을 의미한다. 민족 소속과 민족주의 이데올로기라는 관점에서 벗어난 사람들 말이다. 디아스포라 민족들이란 거주 외국인이나 이민자, 소수 종족·민족, 또는 장기거주자로, 이들은 개념상은 물론 사실상 고국에 소속되었기 때문에 거주하는 국가에서 타자가 된다.

인구 이동이라는 주제로 보면, 영화〈아리랑〉에 나오는 죄수도 일본이 철권통치를 실시하고 소작농을 몰아내던 당시 상황을 대변하는 인물로 보인다. 일제강점은 위안부 강제 징용부터 소작농 폐지에 이르는 심한 이동을 촉발시켰다. 1944년에는 조선 인구 중 최소 10분의 1이 식민지 영토 밖에 거주했다.[15] 식민지 근대성은 대규모 국내·국제 이주를 수반했다. 일제강점기는 대중 민족 정체성은 물론이고 한민족 디아스포라가 시작된 때로, 식민지 백성들은 서쪽으로는 중국과 소련, 동쪽으로는 일본과 아메리카 대륙으로 흩어졌다. 민족 정체성이 널리 퍼지던 그 시점에 이러한 범주와 정체성을 얻은 사람들이 살던 곳에서 몰려나고 있었다는 말이다. 이러한 이동은 국경의식과 소속감을 제고하는 국가 감시 강화와 동시에 일어났다.[16] 예전에는 각종 범주나 정체성이라는 무거운 짐 없이도, 국경선과 검문소 같은 높아진 장벽 없이도 이동했지만, 사람들은 이제 여권과 각종 신분증명서로 이루어진 세계와 맞닥뜨렸다.[17] 일본 정부는 토지 조사와 인구 호적 등록을 철저하게 실시했음은 물론, 일본 내에서 노동할 조선인들도 징용했는데 이 작업은 때로 강제로 이루어졌다.[18]

나는 이러한 견해에서 출발해 디아스포라 민족주의 논지를 제안
하고자 한다. **디아스포라 민족주의**는 역설적 용어다. 민족주의는 그
정의상 디아스포라의 의의를 최소화한다. 그에 따르면 누구나 고국,
자기 민족 안에 살아야 하기 때문이다. 자기 민족 외부에 존재하는
사람이 있다면 그것은 일시적 상황이거나, 부자연스럽거나 불행하
거나 적어도 이례적 상황 때문에 벌어지는 일이다. 따라서 이데올로
기상으로 디아스포라는 그 존재를 부정 혹은 적어도 의문시하는 민
족 및 민족주의와 융합하려고 하는 셈이다. 나는 디아스포라가 매우
중요하며 여러 면에서 민족과 민족주의를 구성하는 요소라고 주장
한다. 현실에서는 원심 작용으로 고국에서 쏟아져 나오는 사람들만
이 아니라, 구심 작용으로 디아스포라로 나온 사람들이 밀고 들어오
는 상황도 포함된다. 민족에 사람과 사상이 개입하는 것 — 즉 디아
스포라의 기능 — 은 민족과 민족주의 형성에서 매우 중요하다. 그러
니까 디아스포라, 민족주의, 디아스포라 민족주의는 같은 시기에 생
기는 사상들이다. 일본열도와 한반도에서 이 세 가지는 19세기에 생
겨났다.

민족주의의 디아스포라 주변화

민족국가는 인문 과학에서 특수한 분석 단위이다. 근대국가에 광범위한 힘이 있고 인족 정체성이 대중적으로 확산되었으므로 민족 측면에서 세계를 이해하는 일도 자연스럽고 필요해 보인다. 조셉 드 메스트르Joseph de Maistre는 자신이 만난 인류는 모두 프랑스인이거나 독일인이거나 그 밖의 인간이었다고 했는데, 이 재담에 담긴 직관적 힘을 그 누가 부인하겠는가.[19] 그러나 민족주의 틀은 우리가 과거와 미래를 보는 시야에 편협한 범위를 설정하며 초국가적, 지역적, 범세계적 영향력에 담긴 의미를 주변화한다. 또한 디아스포라라는 영역을 폄하한다.

민족국가를 보는 주된 관점에서는 영도성과 인족에 당연히 동형성이 있다고 가정한다. 쉽게 말해 국민은 원칙상 민족국가의 국경 안에 산다. 예외는 극소수로, 외교관과 유학생, 상인, 여행자, 그리고 간혹 난민과 추방자 같은 비극적 인물 정도다. 게다가 인문과학에서 보는 대상은 해석상 중심이 내부 요소인 사회나 민족이다. 이러한 사회나 민족은 자생적이고 자기목적적인, 동질성 있는 실체라고 보는 경향이 있다. 국제 사회는 여러 사회로 이루어진 사회, 여러 실체들이 동일한 질서를 갖춘 세계이다. 그러므로 비非국가적 역사 기술과 사회과학은 기껏해야 비국가 혹은 초국가 요인을 경시하는 물화한 실체들을 비교하는 데 불과하다.[20] 이러한 논리에서 디아스포라는 소수 현상이며 대개 국제 이주라는 언어로 묘사하고 설명한다. 오랜 세월을 지배한 미국 이민 역사 기술에서 잘 표현하듯이, 이주는 활력en-telechy 또는 내재적 발전을 수반한다.[21] 이러한 거대 이민 서사에서 사람들은 스스로 자기가 태어난 나라를 떠나 목적지 국가에 정착하고 마지막에는 동화에 다다른다. 체류는 단일하고 단선적이며 — 국경선을 넘는 데 근본적 단절이 있다 — 이민자들은 이를 통해 동화하고 귀화한 시민으로 변모한다. 이러한 의미에서 개인은 이 나라 아니면 저 나라 구성원이다. 보잘것없고 의심을 불러일으키는 경계성 지위는 일시적이다.

이 거대 서사는 애잔하게 발화한다. 이민이라면 가장 먼저 연상되는 나라 미국에서조차, 21세기에조차 이민에 담긴 의의는 최소화했다. 오스카 핸들린Oscar Handlin이 원래 이민사를 집필하려다가 말 그대로 미국사를 쓰게 되었고, 그렇게 함으로써 미국 역사 기술에서 이민의 중심성 확립에 일조했다는 이야기는 유명하다. 그러나 다른 나라 민족 역사 기술은 한참 뒤처진다. 제라르 느와리엘Gerar Noiriel이 설득력 있게 설명했듯이 프랑스는 이민자의 나라지만,[22] 페르낭 브로델Fernand Braudel은 『프랑스의 정체성L'identité de la France』(1986)에서 영리하게 이주라는 과거를 무시했다. 과거 인구 이동을 무시하면 현대의 민족 다양성도 최소화된다. 그 대신 프랑스를 보는 민족주의·본질주의 시각은 이 나라가 시간에 한정되지 않았으며 동질성이 있다고 묘사한다. 마그레브계 이민 2세 즉 뵈르Beur는 여전히 큰 예외지만, 이들 또한 소수 현상이다. '이민 대륙'이면서도 '유럽 요새'라는 개념은 프랑스뿐만 아니라 유럽 전역에서 여전히 큰 반향을 일으킨다.[23]

마찬가지로 제1장에서 주장했듯이 단일 민족 일본 이데올로기도 일본 열도를 특징짓는 엄청난 다양성과 역동성을 잘라내 버리고, 기껏해야 현대 일본 사회에 존재하는 소규모 한민족과 중화민족을 인정할 뿐이다. 남한이든 북한이든 한국 민족주의 역사 기술 역시 이질성과 혼종성은 물론이고 역동성과 다양성을 억눌렀다. 한민족 기원을 다룬 신화역사학 — 한민족 기원을 오늘날 만주까지 찾아 올라가는 — 을 제외하면 지배적 역사 기술은 현재의 정치 국경 안에 보호되고 순수 한민족 후예만 포함하는 본질주의 실체를 제시한다. 일반 시각에서 고국을 떠난 한민족은 물 몇 방울에 불과한 소수만 인정한다. 그 결과 몇 안 되는 이들 한민족을 다룬 학문적 연구는 모두 (우연히도) 다른 민족국가에 거주하는 한민족 연구이다.

앞서 보았지만, 전후 일본에서는 민족주의 가설이 대다수 일본민족은 물론 한민족에게도 스며들었다. 총련 이데올로기는 재일 디아스포라 한민족 인구를 경계에 있는 일시 현상으로 인식했다. 또 고국 지향성은 총련 같은 민족 단체를 주변적이고 단명할 존재로 보았다. 자이니치들에게 고국 한국인을 상대로 자이니치 열등감 콤플렉스와 비슷한 감정이 생겼다고 해도 이상하지 않다. 인종 청소는 일본 정부와 자이니치 인구 양쪽이 바라는 바였다.

민족주의 역사 기술과 사회과학은 국경을 넘나드는 인구 이동의 규모와 현저성을 최소화한다. 이들은 주로 동질성 있고 단순하고 단일한 이주 궤적을 그리기 때문에 개개인이 걷는 여러 복잡한 행로와 서로 다르고 이질성 있는 인간 범주를 놓친다. 민족주의 관점에 이의를 제기하면 우리는 이주 흐름에서 경험적 복잡성을 캐낼 수 있다. 단순히 인구 통계 측면에서만이 아니라, 복잡한 궤적이든 사회 분화든 비국가 혹은 초국가 현실을 이해하는 측면에서도 그렇다.[24] 인구 이동은 근대 현상이 아니라 역사를 초월한 현상에 가깝다. 이러한 일반화는 근대 이전 동아시아 정치 조직에도 해당한다. '쇄국'이 아니라 상인들과 선교사들이 오가는 지역(동아시아 혹은 동남아시아로) 이동, 그리고 지역 외(유럽 등을 향한) 이동이 일어났다.[25] 디아스포라 한민족 수만 해도 엄청나다. 일본 식민지 지배가 끝날 때 일본 열도에 사는 조선 백성 수는 2백만이 넘었다. 광활한 일본 제국을 따라 수많은 조선인이 동남아시아와 태평양 열도에 도달했다. 동시에 중국과 소련에도 수백만 명이 살았다. 제2차 세계대전 이후, 특히 1965년 이후에는 1백만 명 넘는 한국인이 아메리카 대륙, 주로 미국으로 이주했다. 또한 유럽과 오스트랄라시아로 빠져나간 수도 상당했다. 한국인이 범세계적 존재가 되었다는 말이다. 그러나 이 수치도 수박 겉핥기일 뿐이다. 앞서 말했지만, 일본 지배와 자본주의 상업화로 농촌 이탈이 가속화했고, 그야말로 수백만 소작농이 자기 고향 마을을 떠났다. 내부 이동이라고 무시당하지만 이는 심각한 이동이었으며 (내부) 디아스포라를 낳았다. 한반도에 두 나라가 세워지면서 수백만 한민족이 또 다른 디아스포라를 겪었고, 이산가족이 되고 고향에서 쫓겨나면서 이탈이라는 잊을 수 없는 기억이 생겼다. 한국전쟁은 대량 살상을 낳기도 했지만 대량 이탈을 낳기도 했다. 뒤죽박죽인 21세기 한반도의 세계는 인구 이동을 떼어놓고서는 이해할 수 없고, 21세기에는 전 세계에 상당한 한민족 인구가 존재한다.[26]

그러나 수치는 전체 이야기 중 한 차원만 보여준다. 앞서 강조했지만, 이주라는 거대 서사는 기껏해야 극소수 디아스포라 한민족에게만 들어맞는다. 전체로 보았을 때도 역사적 우발 사태와 거시 사회학적 힘이 섞이면 매우 복잡한 형태가 생긴다. 비교적 단순한 한국인 미국 이주 서사만 해도 처음에는 브라질이나 아르헨티나에서 체재한 사람도 있고, 또 중국이나 일본에서 디아스포라 한국인으로 살던 사람도 있다. 뜻밖에도 카자흐스탄에 사는 한민족 수가 많은 원인은 스탈린 독재 체제이다. 자신들에게는 아무 의미 없는 공간으로 건너간 소작농들이 독재자에게 속박된 신세가 되었는데, 그 독재자가 이들을 안보 위협으로 보고 다시 중앙아시아로 쫓아냈다.[27]

마지막으로 계층도 무시해서는 안 된다. 한국·조선인이라는 대중 민족정체성 확산은 대개 20세기에 이루어진 일이다. 일제강점기 이전 조선은 계층이 뚜렷한 사회였고 여기서 지주와 양반은 소작농 등 다른 백성과 확연히 달랐다. 한국이 도가 지나친 민족주의 국가가 된 1970년대에 미국으로 건너온 한민족 이민자들에게도 늘 이동성과 사회적 배경을 확보하겠다는 동기가 있었다. 그런데 여기서도 동질성 있는 한국인이라는 당연한 가정과는 전혀 다르게, 예를 들면 북한 출신 망명자나 차별받던 전라도 출신 등 이미 이탈―내부 디아스포라 상태―한 한민족 비율이 훨씬 높다.

그러므로 이 첫 번째 논지는, 이제까지 민족주의 태도에서는 디아스포라 한민족의 복잡한 실상에 있는 의의를 체계적으로 최소화했지만, 지금부터는 그 실상을 정확히 잡아내자는 말이다. 그러나 여기에는 단순히 이러한 주변화에 이의를 제기하는 것보다 훨씬 더 많은 일이 걸려 있다.

디아스포라 개입

민족주의에서 이주를 무시하는 경향은 디아스포라 어원, 즉 특정 발생지에서 씨를 퍼뜨린다는 뜻과도 부합한다. 그러나 어원에 의존하지 말고 여기서는 원래 디아스포라, 그러니까 유대인 디아스포라를 살펴보자. 유대교와 유대인의 기원은 신화역사학으로 둘러싸여 있지만 어쨌든 원래 유대 국가는 없었다고 가정해도 무방할 터이다. 유대교는 고대 이집트에서 노예 종교로 출발했다고 본다.[28] 유대인이 된다는 의미는 유대교도, 유대교 추종자가 된다는 의미였다.[29] 보다 확실한 역사적 근거로 나치 잔학 행위까지 거들어서 우리는 디아스포라가 의도치 않게 이스라엘 국가 건설을 촉진했다는 사실을 안다. 정착지Yishuv — 그 자체가 유대인 디아스포라 내 디아스포라의 산물 — 도 존재했지만, 민족국가가 유대인 디아스포라를 낳았다기보

다는 오히려 유대인 디아스포라가 민족국가를 낳은 셈이다.[30]

말할 필요도 없이 유대인 디아스포라와 이스라엘이라는 사례는 개체 중에서도 독특할지 모르지만, 그래도 이를 어느 정도 전형인 사례라고 하면 크게 틀린 이야기일까? 내적·고국 민족주의라는 무적의 영역에서도 디아스포라에 담긴 의의가 널리 이해되었음은 부인할 수 없다. 예를 들면 누구도 영국인에게 디아스포라가 영국 민족주의의 근원이라고 하지는 않겠지만, 폴 랭포드Paul Langford가 1989년 실시한 영국인 정체성 연구를 보면 사실 해외 거주 영국인이 보이는 두드러진 특징이야말로 영국인 정체성과 영국인성이라는 담론의 근원이다. 독일 — 이사야 벌린Isaiah Berlin 말에 따르면 민족주의가 처음 발생한 국가[31] — 에서 '독일인성Deutschtum'을 처음 영향력 있게 표현한 사람은 헤르더Herder인데, 현대인족 언어로 표현하자면 헤르더는 폴란드에서 태어나고 라트비아에서 일했다. 즉 독일문화에 영향을 받는 영역에서 가장 경계에 있던 사람이 크게는 인족, 작게는 독일인다움을 말하는 이 현대적 단어를 처음 제안한 셈이다.

대규모 이주로 유명한 나라는 아니지만 조선에서도 민족주의와 민족국가 발달에 있어 디아스포라가 상당한, 사실상 본질적 기능을 했다. 상상으로서든 제도로서든 조선 민족주의는 디아스포라 민족주의였다.

근대 조선이라는 국가 계보가 일본 식민주의와 거의 같은 시기에 시작되었다는 사실을 돌이켜보자. 디아스포라 조선인들은 독립 조선을 꿈꾸었고 독립 조선을 위한 장대한 투쟁은 주로 한반도 밖에서 일어났다. 반식민지 독립운동인 1919년 3·1운동도 기독교 영향을 받고 일본에서 교육받은 지식인들이 일본에서 처음 시작했다. 그 여파는 디아스포라 상태인 조선인들에게 직접 미쳤고, 같은 해 대한국민의회大韓國民議會가 블라디보스톡에 창설되었는데 당시 만주와 시베리아에 거주하는 조선인 수는 50만 명 정도로 추정됐다.[32]

물론 조선에서 민족주의 조짐이 처음 보인 때는 3·1운동 훨씬 전이었지만, 그럼에도 내 주장은 유효하다. 조선 민족주의의 아버지라고 하는 서재필徐載弼은 독립협회 조직과 『독립신문』 창간을 주도했는데, 이 두 가지는 조선 민족의식 형성에서 아주 중요했다. 서재필은 유교를 따르는 전통 양반이 아니라 미국에서 교육을 받고 필립 제이슨이라는 영어 이름도 있는 미국 시민이었다. 서재필 다음으로 등장한 윤치호尹致昊도 거의 비슷하다. 근대 조선 국가라는 개념과 주체성을 형성시킨 혹독한 문화적 시련은 다양하고 이질적인 영향이 섞인 브리콜라주bricolage였다. 그리고 이는 분명 순수하게 안에서 생긴 산물은 아니었다.

문학을 보든 역사를 보든, 한민족 상상계는 혼종이며 대개 외부에서 유래한다. 한용운韓龍雲은 한국 불교와 문학을 완전히 바꿔놓았다. 그런데 그 혁명적 영향력은 일본 체류에서 받은 지워지지 않는 충격과 떼어놓고 말할 수 없다. 한국 근대문학의 두 거장인 이광수와 이상은 일본문학과 일본어로 번역된 유럽 문학, 무엇보다 도쿄에서 경험한 근대성에 깊은 영향을 받았다. 제2장에서 논의한 유배 문학의 상상력 또한 디아스포라 상상력이다. 박은식朴殷植이나 신채호申采浩

가 하는 민족주의 역사 기술도 지적 발달에서 일본이라는 배경을 떼어놓고 볼 수는 없다. 두 사람은 극단적 민족주의자 — 근대 일본 역사 기술에서 준 잊지 못할 교훈 — 였지만, 조선이라는 국가를 위치시키려는 노력을 하면서 둘 다 한반도를 떠나 시베리아와 만주라는 동토로 가야 했다. 순수한 내재성 구축은 얄궂게도 내적 영토성을 외부로 이탈시키는 외적인 것에 달려 있었다.[33]

민족주의 상상계의 구성요소 — 현대 한국에서 이해하는 민족문화의 외형들 — 너머에는 실제 조선 민족주의 제도들과 운동들이 존재했다. 반식민주의·디아스포라 투쟁의 중심성은 남북한이 하나가 되어(두 나라는 그 외에 동의하는 일이 거의 없다) 칭송 일색으로 재구성한다. 북한에서는 김일성이 만주에서 벌인 게릴라 전쟁이 북한 국가 신화의 중심이었다.[34] 님 웨일스가 『아리랑』(1941)에서 그린 상징적 혁명 영웅 김산은 만주에서 중국 공산당과 함께 투쟁했다. 앞서 언급했다시피 디아스포라 조선인, 특히 자이니치는 〈아리랑〉을 성서처럼 여겼다.[35] 한편, 남한 광복 이야기에서는 이승만이 상하이와 하와이 등지를 거친 긴 여정이 눈에 띄게 한몫을 한다. 현대 한국의 정치 기반은 상하이 임시정부에서 활동한 핵심 권력자들이 닦았다. 당시 국무총리는 이승만이었는데, 프린스턴대학에서 박사학위를 받고 오스트리아인 아내를 둔 인물답게 이승만이 성인이 되어 주로 사용한 언어는 영어였다. 가장 중요한 내무총장(일본제국 정부에서는 매우 중요한 지위였다)은 LA에 정착한 안창호安昌浩가, 외무총장은 서울에서 선교사 호러스 언더우드Horace Underwood에게 교육을 받고 인생 대부분을 파리와 상하이 등지에서 보낸 김규식金奎植이 맡았다.

거시 사회학 언어로 말하자면, 지정학(다른 곳에서도 그렇지만 특히 식민화한 사회에서)에 담긴 필연적 의의, 그리고 근대 정치학 언어와 개념(무엇보다 민족)이 유럽에서 유래했다는 사실은 외부성과 디아스포라 상태를 한층 강화한다. 반식민주의, 민족주의 운동들은 거의 항상 식민지 거대도시에서 형성된 단체들이 시작하고 주도했으며, 식민지 이상에 영향을 받고 또 그 반동으로 만들어졌다. 예를 들면 호치민Ho Chi Minh과 레오폴드 세다르 셍고르Leopold Sedar Senghor는 민족주의라는 사상을 파리에서, 매우 힘겨운 상황에서 주입했다. 두 사람 다 '디아스포라 상태'라고는 할 수 없지만, 외부 영향을 부정할 수는 없다.

디아스포라는 민족해방 투쟁을 넘어 중심적·본질적 기능을 했다. 현대 한국 형성기에 가장 중요한 인물은 박정희였는데, 박정희가 그린 한국은 사관학교에서 경험한 일본에 큰 영향을 받았다. 군대식 규율과 인프라 개발, 중공업을 강조한 것도 모두 일본제국 사례를 따랐기 때문이다.

1960년대 한국이 이룬 고도 경제 성장은 유교식 직업윤리나 강한 정부 등 순수한 내적 요인으로 설명할 때가 많다. 그러나 디아스포라와 외부 요인이 미친 영향을 배제하고 한국이 이룬 급속한 발전을 온전히 설명하기는 어렵다. 예를 들어 1960년대 주요 수출품목 중 하나는 가발과 모발 관리 제품이었는데, 이는 디아스포라 관계망에 크게 의존했다. 동시에 수출지향성 한국 경공업화 역시 원래 일본에서 생산하던 비교적 저자본·저기술 품목을 생산했기 때문에 가능했다.

일본 섬유 등 여러 산업에서 기계와 시장, 노하우를 수입하여(중개는 일본에서 교육받은 한국인과 재일 디아스포라 한국인들이 했다) 한국 경제는 산업화 작업에서 첫 발을 성큼 내딛었다. 여기서 '한강의 기적'을 만든 정부 및 기업 지도자들이 주로 식민 시대 일본에서 한 디아스포라 경험을 무시하기는 어렵다.[36] 디아스포라 민족주의는 간단히 말해 여러 탈식민 사회의 민족주의이다. 민족이라는 사상은 식민 주체의 언어와 배경 안에서 상상되고 살아내졌고, 이는 변증법적으로 식민 보편주의를 반식민 민족주의로 완전히 탈바꿈시켰다. 인식론과 정치가 완전하게 변화할 때 디아스포라는 중심적, 본질적 기능을 한다.

부정적인 길과 긍정적인 길

민족주의 방식으로 디아스포라를 주변화하면 디아스포라·초국가 관점이 밝혀줄 수 있는 현실이 흐려진다. 가능한 결론은 두 가지다.

우선 부정적 결론은 민족 물화의 한정 요인들을 확대하여 디아스포라를 민족주의 서사에 편입하는 것이다. 즉, 민족 본질주의를 디아스포라 민족 본질주의로 확대할 수도 있다. 사실 이는 최근 한국 정부에서 보이는 정치-문화적 움직임 중 하나이기도 하다. 여기서 명시적 의제는 디아스포라 한민족을 태극기 주변에 결집시켜 결국 다른 수단으로 냉전을 연장하고, 파라과이나 카자흐스탄에서 초국가적 통상 유대를 장려하고, 국내 선거에서 지지와 연대를 강화하려는 목적이다. 그렇지 않으면 소수 민족 인구 집단에 소수 민족주의 또는 디아스포라 민족주의를 제안하는 방법도 부정적 해결책에 속한다.

이러한 디아스포라 민족주의가 희한하게 표현된 사례가 있는데, 한국 정부에서 백남준을 10대 한국문화 자산이라고 표현한 일이다. 백남준은 식민지 조선에서 태어났지만(부역 상인으로 악명 높은 가문 출신이었다) 일본에서 교육을 받았는데, 이곳에서 마르크스와 쇤베르크에게 큰 영향을 받고 북한에 적극 동조했다. 플럭서스^{Fluxus} 운동에 몸을 담은 후에는 샬럿 무어먼^{Charlotte Moorman} 등과 협업하며 선구적 퍼포먼스 예술가, 그리고 영향력 지대한 시각 및 설치예술가가 되었다. 그런데 백남준을 10대 한국문화 자산으로 만들 만한 한국인성의 본질은 무엇인가? 물론 한국 — 당시 일본 영토였지만 — 태생이고, 정지용鄭芝溶과 김기림金起林이라는 아방가르드 시인들에게 예술적 영향을 받았다고 말한 적도 있다. 그런데 어쩌면 당연하게도 이 두 시인 역시 일본에서 교육을 받고 일본식으로 변형된 모더니즘에 크게 영향을 받은 인물들이었다. 백남준의 디아스포라적 존재는 그 개인에게 있는 한국인성이나 디아스포라 한국인성으로 환원될 성질이 아니다.

자이니치 이데올로기는 재일 디아스포라 한민족 집단에게 소수민족주의였다. 이는 일종의 디아스포라 민족주의로서 일본과 한국 양쪽 다수 민족주의에 존재하는 선입견을 공유했다. 동질성이 있다는 가정은 디아스포라 집단에 규범적 귀속의식을 규정했다. 자이니치 이데올로기는 일본 식민주의에 따른 비극과 그 탈식민 유산을 기억하면서 이 집단에서 본질적 공통성을 찾으려 했고, 자이니치 인구는 드물고도 고유한 경험의 보고라고 주장하기도 했다. "자이니치는 세계 어디에 있든 절대적으로 소수 민족이다."[37] 따라서 동포인 한국 출신 '뉴커머'조차도 자이니치와는 뚜렷하게 구분된다는 인식이다. 그러나 억압과 기억으로 구성된 연대는 현실에서 다양한 자이니치 인구 집단의 실태를 오인한다.

긍정적 결론은 디아스포라 민족주의를 철저하게(그렇다고 본질로서는 아니지만) 디아스포라 상태로 보는, 그리고 근본적 민족주의 본질로 환원할 수 없는 존재로 보는 태도다. 이론에서도 본질을 찾으려는 헤겔 철학식 유혹을 이겨내고 민족주의 역사 기술과 19세기 사회과학의 유산을 떨쳐내야 한다. 그리고 20세기 인문과학에 만연한 내재적, 내면적 이해와 설명 방법이 씌우는 눈가리개를 걷어내야 한다. 한국 민족주의는 부지불식간에 민족주의 서사들을 재탕하는, 여러 민족주의 운동에서 하는 주장들을 이상하게 융합해서는 안 된다. 현대 한민족(남북한) 안에는 단지 민족 상상계와 민족 제도만 부재하는 것이 아니다. 학자들은 식민 사회와 탈식민 사회에서 디아스포라 정치를 아주 중요한 위치에 올려놓은 지정학적 중요성이나 서구 국가들의 절대 권력 등, 당사자들에게는 매우 당연한 사실까지도 무시할 때가 있다.

비민족주의·비본질주의 접근법을 쓰면 우리가 과거와 현재를 보는 시야를 막던 몇몇 눈가리개를 벗기거나, 적어도 벗길 가능 조건을 만들 수 있다. 〈아리랑〉에서 일본 순사가 소작농을 아리랑 고개로 끌고 가는 그 유명한 장면을 다시 생각해 보자. 소작농이 체포와 추방을 당하는 직접 원인, 그러니까 그가 저지른 범죄는 지주 살해였다. 그러니까 이 영화는 반식민 서사가 아니라 단순한 구식 계층 투쟁, 보다 정확히 표현하자면 소작농 투쟁으로 읽힐 수도 있다.

완고한 경험주의자들은 종종 디아스포라, 초국가주의 등 막 시작 단계인 개념들을 비웃는다. 그러면서 성공했기 때문에 자연스럽게 받아들여지지만 거창하기는 마찬가지인 민족주의 범주와 개념, 민족주의 역사와 사회과학에 여전히 갇혀 있을 때가 많다. 겉보기에 난공불락인 사례를 들자면 현대 아프리카계 미국인, 즉 흑인 사상에 존재하는 민족주의적 덫이 있다. W. E. B. 뒤부아Du Bois가 쓴 『흑인 민중의 혼The Souls of Black Folk』은 이제 논쟁할 여지도 없는 흑인, 그리고 사실상 미국 사상의 고전이 되었다. 이 책은 흑인 정신세계 또는 민요 등으로 가득한 민족주의 설명으로 읽힐 때가 많다. 그러나 이제는 고전이 된 이 작품을 제대로 읽으려면 뒤부아가 독일 낭만주의에서 받은 영향을 제대로 알아야 한다. 베를린 유학 덕분이라고는 해도 근대 독일 사상에 푹 빠졌던 작가였으니 그리 의외도 아니다. 어차피 '이중의식double consciousness'이라는 개념은 괴테의 『파우스트Faust』에 나오는 유명한 대사, '하나의 가슴에 두 개의 영혼zwei Seelen in einer Brust'을 달리 표현한 데 불과하다. 민요를 민중the Volk의 표현으로 보는 독일 사상 덕택에 일본 관료들도 1912년 식민지 조선에서 최초로 조선 민요집 편찬을 지시한다. 관료들은 제국대학에서 대개 독일식에 푹 빠진 교육을 받았으니 이 또한 뜻밖이라고는 할 수 없다. 정예 자살 특공대인 가미카제 조종사 중에도 마지막 편지에 황제나 신토, 일본 민족의 영광이 아니라 마르크스와 니체, 하이데거 등 철학적 난제들을 풀어놓은 사람들이 있었다.[38]

다르게 표현하자면 디아스포라의 뿌리를 태초부터 존재하며 경계가 있는 공간에서만 찾아서는 안 된다. 다시 아프리카계 미국인을 예로 들자면, 알렉스 헤일리Alex Haley는 잘 알려진 대로 자기 뿌리를 쿤타 킨테Kunta Kinte에서 찾았다.[39] 예술 영역에서는 헨리 루이스 게이츠 주니어Henry Louis Gates Jr.가 현대 아프리카계 미국인 문학을 서부 아프리카 구전 문화와 연결시켰다.[40] 하지만 이러한 민족주의 해석은 외부에서 오는, 디아스포라 상태인 영향을 가린다.[41] 그런데 역설적이게도 게이츠가 아프리카계 미국 문학 계보 연구에서 맨 마지막에 다룬 작품을 쓴 이슈마엘 리드Ishmael Reed는 다음과 같이 말했다.[42] "알렉스 헤일리가 부계 혈통을 추적했더라면, 아마 열두 세대를 거슬러 감비아가 아니라 아일랜드에 도달했을 터이다." 한국인들은 순수 혈통을 자랑할 때가 많지만 그러한 주장은 결국 공허할 뿐이고, 또 외부와 디아스포라에서 겪은 경험을 지워야만 가능하다.

나는 일종의 초경험주의super-empiricism를 제안한다. 우리는 물화한 19세기 범주와 개념에 의존하는 대신, 국경이라는 제도나 민족이라는 상상계에 오랫동안 매이지 않은 인간들이 겪은, 실제 초국가 여정을 진지하게 받아들여야 한다. 아도르노라면 아마 민족적인 것the national은 허위라고 했을 터이다. 인간 삶의 복잡성과 모순이라는 까다로운 현실 때문에 우리는 추상적 보편이 아니라 먼저 구체적 개별에 의존한 뒤에(반드시 그 뒤에만) 구체적 보편에 의존해야 한다.

이러한 제안은 인문과학에서는 일상인 실천 방식에 도전이 된다. 나에게는 상상 영역이 왜 제도 영역에서 단절되어야 하는지, 혹은 아무리 분석 목적이라도 정치경제·사회·문화 현상들이 정말 그렇게 쉽게 분리될 수 있는지가 명료하지 않았다. 어쨌든 이제 우리가 한국이든, 케냐든, 민족학이든, 한국계 미국인이든 아프리카계 미국인이든, 그 분야 전문가라고 자처하고 안주할 수 없다는 점만은 확신한다. 우리가 사는 세계를 이해하려면 우리는 하릴없이 학제 간 제휴를 하고 학제를 초월해서 지역 연구와 민족 연구를 해야 한다.

다시 민요 〈아리랑〉 이야기로 돌아가자면, 그 애달픈 가사와 구슬픈 곡조는 고향 추억을 불러일으키지만 사실 이 노래는 송별가이다. 정욱 소설 『김치*Kimchi*』(2001)의 주인공 아버지는 이 노래를 정말 좋아하지만 돌아갈 길은 없고 새로운 출발만 있다고 한다. 일본에서 한국인 부모를 두고 태어나 캐나다로 이주해 불어로 글을 쓰는 작가에게는 잘 어울리는 말이다. 정욱은 실제로 일본에 잠시 돌아간 적이 있는데, 디아스포라 민족주의를 자이니치 이데올로기처럼 부정적으로 표현하면 작가가 일본으로 돌아가도 있을 자리는 거의 주지 않는다. 긍정적 표현은 길 떠나는 인간의 성격은 물론이고 우리가 사는 세계의 성격 자체를 보다 폭넓게 이해할 길을 열어준다.

학문적 고찰

뿌리를 잃고 세계를 집으로 삼는 지식인 — 자기연민과 자만, 따라서 조롱의 대상 — 이 도서관에 있거나 인터넷에 숨은 다양한 소재로 책을 만들거나, 가끔은 회상과 상념을 횡설수설하는 말로 입 밖에 내기는 쉽다. 서류란 경멸을 함축하면서 관료주의를 대변하며, 문서 기록은 대개 자기 편한 변명이나 변변치 못한 이데올로기 글쓰기일 때가 많고, 구전 서사는 때로 눈이 감기고 정신이 멍해지는 괴로운 헛소리일 때가 있다. 이렇게 혼란스럽고 모순된 세계와 맞서면 묘하게도 시끄럽고 웅웅대는 혼란을 어떤 이론적 엄명으로 이해하고 싶어진다. 물론 이는 과학자들이나 학자들이 할 일이기는 하다. 이제 시작 단계인 대상을 분석하고, 복잡성을 단순화하고, 엉망인 상황을 깨끗이 치워야 한다. 모방으로 이해하든, 예술로 이해하든, 과학으로 이해하든, 적어도 저자가 보기에는 이 임무가 만족스럽게 어떤 질서를 갖추고 끝이 나는데, 특히나 자칭 이론가라면 더욱 그럴 때가 많다. 게다가 갑자기 관점을 만들어서 숨은 법칙을 찾고 미래를 들여다보겠다는 야심도 품을 수 있다.

인문과학이 지독하게 어렵고 가끔은 승리를 거둘 때도 있다는 사실은 인정하지만, 슬프게도 나는 그 야심이 결국 오만에 불과할 때가 너무 많다는 말밖에는 못하겠다. 탄생과 성장의 기쁨과 기적, 가족과 친구의 기쁨과 절망, 사랑에 빠지거나 사랑에서 깨어나거나 개연성은 없지만 계속 사랑하는 것, 놀이터나 학교나 직장에서 겪는 승리나 비극, 연속성과 변화와 우발 사태의 예측가능성, 그리고 돈 벌고 쓰고 먹고 싸는 것, 사소하고 장대한 일상생활의 단조로운 지속과 경험 등, 이 모든 일을 실제로 겪고 살아낸 사람들보다 학자들이 더 잘 알리가 있는가? 역사가와 민족지학자라면 누구나 당연히 뒤돌아보았기에 혹은 외부인이기에 가능한 통찰력을, 사실을 분류하고 분석하는 훈련을, 즉 근대 과학 학문의 도구 그 자체를 강조할 터이다. 임마누엘 칸트Immanuel Kant든 조운 스콧Joan Scott이든, 철학자와 이론가라면 모든 실제 혹은 회상한 경험에 이론적 전제가 내재한다고 주장하리라. 난해한 헤겔과 훗설, 하이데거 텍스트를 깊이 읽거나 까다로운 기술과 방법론을 열심히 정복한 이들은 무지하고 준비가 되지 않은 사람들과 일반 대중, 서류와 데이터보다 반드시 더 많은 일을 해내야 한다고 생각한다. 학자로서, 과학자로서, 우리는 연구하면서 맡은 바 이상 일한다는 생각을 하지 않고서는 배기지 못한다.

수정구, 그러니까 컴퓨터 화면은 큰 그림을 보여주는 법이 별로 없다. 개인 수준에도, 집단 수준에도 해당하는 말이다. 앞 장에서 다룬 강상중과 데이 다이킨을 떠올려 보자. 강상중이 '삼촌'과 고물을 주우러 다닐 때 가족 중 누가, 아니 자기 자신도 나중에 도쿄대 교수가 되리라고 상상이나 했을까? 이 책에서 인용한 지식인들과 학자들이라면 강상중 같은 사람이 일본 학계와 지식계에서 정상에 오르리라는 예측이 가능했을까? 데이 다이킨은 자신이 미국에 유학하거나 한국에서 교편을 잡으리라는 생각을 했을까? 아니면 명문 대학 교수로 일본에 돌아오리라고 예상은 했을까? 예측불허로 변하는 개인 삶을 넘어, 제2차 세계대전 종전 반세기 뒤에도 한민족 소수집단이 일본에서 생동감 있는 존재로 계속 남으리라고 누가 상상이나 했을까? 누군들 승소나 입법 개선을 예견했을까? 일본인들이 한국 영화와 드라마에 마음을 빼앗기리라고는? 지금 뒤돌아보면 그러한 극적인 변화도 이해가 가기 시작한다. 그러나 우리는 미래까지 앞뒤가 들어맞게 할, 심오한 결정론적 대의명분을 찾으려는 지적 유혹에 저항해야 한다. 어떤 인구 집단에서 단일한 정체성을 가정하는 일이든, 정체성을 역사와 사회학으로 환원하는 일이든, 우리가 얻을 교훈은 단순한 사회학적 일반화에 따르는 한계뿐이다. 캐롤린 케이 스티드먼Carolyn Kay Steedman은 『착한 여자의 지평Landscape for a Good Woman』(1987)에서 자기 스승들, 특히 E. P. 톰슨Thompson에게 받은 학문·정치·이론적 자극을 잘 포착한다. 그러나 심하게 남성 중심이던 마르크스주의는 스티드먼의 어머니 같은 노동계급 사람들을 이해하지 못한다. 스승이 가르쳐준 이론과 실제 어머니 이야기 사이에 존재하는 틈은 스티드먼이 쉽게 메울 성질이 아니다. 그리고 사실 문제는 훨씬 깊은 곳에 있다. 대체 어떤 의미에서 계급이 분석 범주로서 개인적인 것이나 집단적인 것을 파악한다고 말할 수 있는가? 오히려 그것은 계몽하고 가르치고 영감을 주어야 할 사람들에게 폭력을 가할 뿐 아닌가?

우리는 어쩌면 그 대신 타자를 단순하고 정적인 그릇 안에 압축하려는 충동 — 자기 집단이나 자신을 본질화하려는 노력에서도 같은 충동을 찾을 수 있지만 — 에 의문을 제기해야 할지도 모른다. 정체성처럼 복잡하고 혼란스럽고 변화하는 대상에서 확실함을 찾다니, 잘못된 일 같기도 하다. 사회과학자들은 오히려 미학 또는 영적 영역에 속해야 옳아 보이는 이러한 노력을 하다가 자기 능력 밖인 상황에 처한다. 비록 그 목표에 미혹당하고 자기 능력을 착각해서 그렇게 되었다고는 해도 말이다. 구스타프 플로베르Gustave Flaubert가 인간 한계를 강조한 말은 옳다. "자기 욕구나 생각이나 슬픔이 어느 정도인지 정확히 표현할 능력이 있는 인간은 없기에, 사실 영혼의 충만함은 극히 지루한 언어로 흘러넘치기도 한다. 그리고 인간의 말이란, 마음은 간절히 별들도 녹일 음악을 연주하고 싶지만 사실은 곰들이 춤 출 조잡한 리듬을 두드려 연주하는 깨진 주전자와 같다."[43]

내가 개인 서사에 크게 의존하기도 하는 기저에는 이러한 관심사들이 깔려 있다. 어떤 의미에서 이들은 정체성들이 형성되고 구성되는 방식이기도 하다. 철학자 마크 존슨Mark Johnson은 다음과 같이 주장한다.[44] "서사는 그저 해석 장치가 아니라 우리가 사물을 경험하는 방식을 실제로 구성한다." 이들은 적어도 사람들이 스스로를 이해하는 방식들을 담은 풍부한 보고이며, 이 방식들은 결국 정체성의 소재이다. 누구보다도 소설가와 회고록 작가들은 서사를 풀어내면서 엄청난 역사 유산과 사회 배경, 개인 경험, 그리고 깊은 성찰을 통해 한 인생 — 자아의식 — 을 포착하려고 노력한다. 우리는 '이야기하는 인간Homo narrans'이다. 자이니치문학 고전 형성에 큰 영향력을 발휘한 도스토예프스키만큼이나 '사소설私小說' 장르가 휩쓴 일본 근대문학을 배경으로 하면 더욱 그렇다.[45] 김석범과 이회성, 양석일과 유미리는 모두 소설 작품에서 개인 경험에 크게 의존하며, 가끔은 말 그대로 논픽션으로 추정되는 이야기를 재생산할 때도 있음은 비밀도 아니다.

그러나 시의 정밀함에 필적하려면 과학적 열정에 고삐를 맬 수도 있다. 인문과학은 과학과 문학, 이론과 증명, 추상과 개별, 범주와 경험에 있어 최선의 충동과 관행을 연마할 때 그 목적을 가장 잘 달성할 것이다. 적어도 나는 이 책에서도, 다른 책에서도 그렇게 했다고 믿고 싶다. 물론 지금은 이 짧은 여적餘滴에서 제기한 문제를 길게 설명할 자리가 아니다. 나는 그저 이렇게 범위 — 반세기에 1백만 명 정도 — 가 정해진 연구조차도 다른 민족, 다른 시간을 대변하려는 시도에 따르는 이런 괴로운 문제를 피하지 못한다는 말을 하고 싶을 뿐이다.

비교 결론

나는 오며가며 10년 가까이 일본에 살았지만, 그렇다고 해서 내가 자이니치라거나 재일 디아스포라 한국인이라고 생각하지는 않는다. 나는 한국에서 태어나 어릴 때 가족과 함께 도쿄로 이사해 살았지만 그것도 아버지가 준 외교관으로 파견되어서일 뿐, 일본에 우리 가족이 아는 친척은 없었다. 우리는 전근대적 편의시설이든 불쾌한 친척이든 한국 생활에 따르는 불편함을 피하고, 고향에 짧은 방문을 할 때마다 일본의 물질적 풍요와 기술적 경이를 가지고 돌아가기 위해 일본에 사는 듯했다. 수혜자 — 대개 고마워하는 친척 — 들은 '똑똑한 일본인'에게 깊은 인상을 받으면서도 금세 일본인들의 기만성과 폭력성, 잔인성을 떠올렸다. 외할아버지는 일본 사람처럼 보이기 싫다고 아주 열심히 면도를 하면서도 일제 면도기는 기꺼이 사용했다. 무엇보다 외할아버지는 일본어로 대화하기를 아주 좋아했다. 이러한 상황은 일본이 일제강점기는 물론이고 그 후 수십 년간 얼마나 깊은 곳에서 한국을 형성했는지를 보여주는 작은 예에 불과하다. 이러한 혐오와 끌림의 불편한 교착, 거부의 순간, 갈망과 귀속의식을 제대로 파악하지 않고 식민 사회와 탈식민 사회를 이해하기란 불가능하다.

어린 나에게는 불행하게도 한국은 그리 고향, 그러니까 휴식과 향수, 위안과 친교, 갈망과 사랑이 있는 곳이 되지 못했다. 일본에서 자라면서 매년 하던 한국 방문은 아주 낯선 땅에 가는 것과 같았다. 강상중도 1970년대 초에 느꼈지만, 1960년대 서울은 형편없는 가난과 불평등이 존재하는 도시였다. 거리에서 부서질 듯한 수레를 끄는 지친 소 옆에는 정말로 딱한 거지들이 돌아다녔는데, 그나마도 걸을 수 있는 사람은 다행이었다. 메뚜기 구이와 녹은 아이스크림은 훌륭한 디저트였다. 내 한국어 실력은 시간이 지나며 빠르게 퇴보해서 일본식 억양과 발음이 스며들었고, 그 때문에 먼 친척들이나 그냥 지나가던 사람들까지 화를 냈다. 나이 많은 친척들 — 예를 들면 외할아버지, 친할아버지 — 은 대개 일본어를 유창하게 했다. 외할아버지 친구들과 만났을 때는 그분들이 유창한 일본어를 구사해도 당연한 줄 알았고, 서울을 일제강점기 호칭인 게이조京城라고 부르는 등 옛날 표현과 구문을 사용하는 데 놀라기도 했다. 서울은 서울 남부에 있는 내 고향이라는 곳보다 훨씬 좋았다. 지금 돌아보면 우리 친할아버지 마을은 끝없이 펼쳐진 논과 근처 맑은 바다 덕분에 목가적 아름다움 그 자체였는데, 어린 내게는 그때 뭐든 다 막대기처럼 보일 따름이었다. 할아버지는 근처 산을 걷던 중에 나에게 우리 일본 성씨 — 1940년에 일본 식민정부가 창씨개명을 법으로 정했으니 — 는 마쓰야마, 그러니까 소나무松(마쓰)가 많은 산山(야마)이라는 뜻이라고 했다. 아버지는 그때 딱 한 번 일제강점기를 회상했다. 일본 당국에서 아버지와 학교 친구들에게 송진을 짜내게 시켰다는 얘기였다. 어쨌든 당시 나는 문명인이라면 그런 우울한 황야, 문명과 그렇게 멀리 떨어진 곳에서 살 수는 없다고 생각했다. 이런 사회학적 소견을 내놓고 심하게 놀림을 받기도 했지만, 아버지는 이 사실을 알고 나중에 나를 고향으로 쫓아버리겠다고 협박했고 그래서 나는 사춘기 때 학교를 빼먹던 버릇을 즉시 고쳤다.

그러나 도쿄에서 보낸 어린 시절은 기억해 보면 주로 학교에서 괴롭힘을 당하는 보통 자이니치 경험이었다. 나는 가톨릭계 학교 — 미국 학교라고 하던 — 에 다녔지만 영어는 못 했고, 수녀님들과 학생

들이 이상해 보였다. 몇 번이나 끈질기게 요구한 뒤 나는 일본 공립
학교에 가도 좋다는 허락을 받았다. 한국 이름 한자를 일본식으로 발
음했기 때문에, 그때 내 이름은 리 자이쿤이었다. 나는 놀림도 많이
당하고 얻어맞기도 했다. 1학년 성적표를 보면 담임 선생님이 내 일
본어 발음이 '빠르게 향상 중'이라고 썼는데, 일본어 발음이 틀렸다
고 놀림을 받은 기억은 없다. 내가 재구성할 수 있는 한, 원인은 '웃기
는' 이름이었다. 한국인성이라는 사실이 환기된 적은 거의 없다. 그
런데 지금 돌아보면 나를 괴롭힐 이유는 더 있었다. 나는 지적, 사회
적으로 조숙했다. 때리던 아이들의 엄마들은 모두 나를 칭찬했고, 내
손톱 밑 때라도 가져다가 차로 우려서 자기 아들들에게 먹이고 싶다
고도 했다. 또래들 중에 나를 부러워한 아이들도 있었을까? 유미리를
괴롭힌 아이들처럼,[46] 그 애들도 내가 거만하거나 우쭐댄다고 생각
했을까? 아니면 부르주아로 자란 티가 나는 옷과 태도에(애석하게도 나
는 특정 일본인 유형, 그러니까 '도련님坊っちん'에 속했다) 화가 났을까? 내게
는 소풍 때 찍은 단체 사진 한 장이 있는데, 사진에서 반 친구들은 모
두 푸른 제복을 입었는데 나만 쪽빛 스웨터를 입어서 도드라진다. 나
는 평균보다 키가 컸지만, 행동이 매우 어색하고 아마 유약할 때도
있었다. 아니면 그저 잘못된 감수성 때문이었을까? 유미리는 배려가
아주 부족한 여권 발급 직원과 마주했을 때 눈물을 흘리며 '너무 못
됐다'고 했다. 그러자 그 직원은 이렇게 말했다고 한다. "난 서울 사인
회에서 줄도 섰다고요. 내가 왜 못되게 굴겠어요?"[47] 어쨌든 40여 년
이 지난 지금, 내가 얼마나 자주 놀림을 받고 괴롭힘을 당했는지 확

323

실하게는 모르겠다. 그러나 반 친구들이 나를 계속 반장으로 뽑았다는 사실은 안다. 야마무라 마사아키도 놀림과 괴롭힘을 당했지만('조센'이라고 불렸다) 초등학교에서는 계속 반장으로 뽑혔고, 중학교 때는 학생회장도 되었다.[48] "나는 학교가 좋다. (…중략…) 나는 우월감이 있었다." 그러나 야마무라는 분신자살했다. 나와 같은 학교에 다닌 한 살 아래 남동생은 놀림이나 괴롭힘을 당한 적이 없다고 한다.

어쨌든 나는 내가 자이니치라고 생각한 적이 없었다. 그래도 공유된 유년 기억은 향수와 뿌리를 암시하는 이야깃거리는 된다. 열네 살 때 나는 재미 한국인 청소년 대표단 소속이었다. 다른 한국계 미국인 동포들(하와이에서 자라는 사람에게 오하이오나 오클라호마는 아주 낯설다)과 크게 일체감을 느낀 기억은 없는데, 같은 시기 서울에 온 자이니치 학생들에게는 아주 친숙함—사실은 안도감—을 느꼈다. 어쩌면 일본 대중문화 경험을 공유했기 때문이었을지도, 또 어쩌면 내가 우리 대표단에서 어울리지 못한다는 느낌 때문이었을지도 모른다. 아니면 그 아이들은 나를 이국적으로 보았고, 나는 오랜만에 일본어를 해서 좋았을지도 모르겠다. 10년도 더 뒤에는 일본에 1년 체류했다. 당시 지문날인 반대 운동에 주변부에서 참여했지만 거기에 완전히 빠지지는 못했다. 고등 이론에 취한 탓도 있고 자이니치 2, 3세 운동가들과 형언할 수 없는 거리감을 느낀 탓도 있었다. 물론 내가 그 전 15년 정도는 일본을 떠나 지냈지만, 단순히 세월이 흘렀다는 말만으로 자이니치와 '자이베이在米' 사이에 있는 다른 배경과 경험, 정체성을 설명하기에는 부족하다.

일반 상식에서는 자이니치와 자이베이는 성격상 적어도 다르고 어쩌면 대척점에 있을지도 모른다고 한다. 극한으로 대비하자면, 자이니치는 일본에서 억압과 경멸을 받는 소수 민족인 반면 재미 한국인은 미국에서 성공하고 모범적인 소수 민족이다.[49] 특히 박수남은 자이니치는 아프리카계 미국인과 같고, 재미 한국인은 모범적 소수 민족인 아시아계 미국인이라고 주장했다.[50] 이러한 논리에서 대표 자이니치들은 아프리카계 미국인들처럼 음악과 스포츠 분야 스타들이다. 반면 대표 재미 한국인은 교육을 잘 받고 일류 직업에 종사한다.

이러한 널리 퍼진 자이니치 역사 기술과 모범적 소수 민족 서사를 받아들인다면, 자이니치와 자이베이 운명이 갈라진 이유는 자이니치 이주가 강제성을 띠었고 자이베이 이주가 자발성을 띠었기 때문이라는 말이 된다. 앞서 살펴보았지만, 자이니치 역사 기술은 소작농의 씨를 말린 일본 제국주의·자본주의 확장이라는 배경에서 '강제징용強制連行'을 강조한다. 요컨대 이 역사 기술은 착취와 차별, 그리고 간헐적 저항, 궁극적 해방을 그린 연대기이다. 반면 일반적 한국인 미국 이민 서사는 주요 미국 이민 제도에 속한다. 한국인들이 가난과 독재를 피해 미국에서 기회를 찾았다는 말이다. 게다가 조선인들은 원래 일본에 영구 거주할 생각이 없었고, 타관에 잠시 돈을 벌러 온出稼ぎ 노동자들로 조선을 태어난 고향으로 생각했다. 반면 미국행을 택한 한국인들은 그곳에 정착해 미국 시민이 되기를 바랐다. 차이는 더욱 심해진다. 세계사에서 강제로 이주한 수많은 사람들과 마찬가지로, 약탈하는 일본인들에게 강제로 재배치당한 조선인들은 주로

빈곤 소작농 출신이었다. 그런데 재미 한국인들 — 적어도 1965년 이민 개혁 이후에 온 다수 — 은 평균보다 훨씬 교육을 잘 받았고, 출신 또한 상류층은 아니라도 중산층이었다. 그러니까 자이니치는 식민지 조선, 최하 서열 출신이고, 자이베이는 탈식민 한국, 상류층은 아니지만 중산층 출신이었다.

이주 관련 역사와 사회학에서 자이니치와 자이베이가 크게 대비된다면, 이들이 도착한 국가들도 성격이 달랐다. 일제강점기의 일본은 민족·인종 서열과 배제, 차별이 있는 사회였다. 조선인들은 일터에서 열악한 대우를 받고 빈민가에 격리되었을 뿐만 아니라, 일반 국민에게는 부정당했다. 반면 디아스포라 한민족에게 미국은 자유와 평등한 기회가 있는 땅이었다. 이들은 노동과 거주에서는 주류 사회에 통합되었고, 어쨌든 동등한 인간으로 대우받았으며, 미국인으로 인정도 받았다. 간단히 말해 일반 상식에서 일본은 한민족에게 끔찍한 곳, 미국은 환대하는 고향이었다.

또한 일본에 사는 한민족은 민족 주장에 있어 일본의 완강한 반발에 부닥쳤다. 일제강점기부터 조선인들은 일본화와 맞닥뜨렸다. 조선인이 조선말을 할 수도, 조선 이름을 사용할 수도 없었다는 뜻이다. 생김새가 비슷해 행세라는 현상은 가능해졌지만 이는 오히려 일본 사회에서 자이니치를 '보이지 않는' 존재로 만들었다. 이와는 달리 디아스포라 한민족은 미국화 압력을 덜 받았다. 민족 언어나 이름을 없애려는 작업도 없었다. 다수인 유럽 인구와 신체적으로 뚜렷하게 다르니 행세 가능성도 없었고, 이 때문에 역설적으로 민족 혈통과 정체성을 공개할 수밖에 없었다. 말하자면 자이니치는 한민족으로서 부정을 당했기 때문에 어쩔 수 없이 일본인 행세를 해야 했고, 자이베이는 당당하게 한국인이 되어도 괜찮았다.

어느 정도는 앞서 언급한 여러 차이도 원인이겠지만, 이 두 집단에는 아주 다른 특성이 있다고 보는 경향이 있다. 그에 따르면 **정치 측면**에서 자이니치는 야당으로, 대개 북한과 전후 일본 진보 지식인들을 지지했다. 반면 재미 한국인은 보수파로, 한국과 미국 내 반공 세력을 지지했다. 냉전에서 자이니치는 공산권에 속한 반면 자이베이는 자본주의권에 속했다. **경제 측면**에서 자이니치는 대개 가난하고, 주류와 고용에서 심각한 장애물에 맞닥뜨렸다. 교육 성취도가 일반 인구에 비해 훨씬 떨어졌을 뿐 아니라, 고물 재활용이나 식당, 파친코 가게 운영, 연예 산업 등 교육 자격이 필요 없는 서비스 부문에 편중되었다. 반면 자이베이는 평균보다 훨씬 부유하고 교육 수준이 높았으며, 일류 직업에서 성공을 거두었다. **사회학 측면**에서 자이니치는 민족 단체, 특히 총련과 그보다 약하지만 민단이라는 형태로 강한 민족 연대를 드러냈다. 이들은 귀국 가능성이 사라진 이후에도 한동안 자신을 한국·조선인으로 인정했다. 그러나 재미 한국인들은 훨씬 개인적이고 자신을 미국인이나 아시아계 미국인이라고 인정하며 미국을 영원한 고향으로 보았다. **이데올로기 측면**에서 자이니치는 끈질기게 반일 성향이고 역사적 과오와 불의에 집착했다. 이들은 귀화와 일본화에 저항했다. 반면 자이베이는 대개 친미 성향이었고 단호하게 미래 지향적이었다. 이들은 미국 시민권과 미국화를 받아들였다. 즉 자이니치는 일본에서 외국인 무리로 남았고, 자이베이는 미국에 통합되었다.

나는 이렇게 통용되는 대비를 회의적으로 본다. 운명이나 실태 면에서는 오히려 이 두 인구 집단 사이에 상당한 수렴이라는 특징이 있다. 앞서 주장했지만, 자이니치 역사 기술은 조선인 일본 이주의 강제성과 조선인 이주자의 낮은 교육 수준과 가난, 그리고 그 고국 지향성을 과장한다. 일반적으로 이민자들에게는(물론 노예 같은 강제 이주자를 제외하고) 능력과 의지가 있어야 하며, 따라서 교육 수준이나 빈곤에서 최하층인 사람들은 제외된다. 과거에도 설명했지만,[51] 미국 내 한국 이민자 교육 및 경제 성취도가 높다는 사실도 과장되었다. 따라서 재일 조선인 사이에서 1930년대부터 영주 지향성이 보이듯이, 재미 한국인 사이에서는 적어도 1980년대부터 귀국 이데올로기는 물론 실제 귀국까지도 볼 수 있다. 차이란 유형이 아니라 정도의 문제다. 질적 차이가 아니라 양적 차이라는 말이다.

일제강점기부터 현재까지 일본인과 일본 정부가 한민족을 상대로 보인 부인 — 물리적 구타부터 상징적 폭력까지 — 을 과소평가한다면 미욱한 짓일 터이다. 그렇지만 일본 사회가 자이니치 집단을 인정하고 화해하는 수준도 과소평가해서는 안 된다. 인종 차별 발언과 처우 빈도를 보여주는 체계적 데이터는 없지만, 현재 자이니치가 처한 상황이 자이베이가 처한 상황보다 훨씬 나쁜지는 잘 모르겠다. 인종 비하 발언, 괴롭힘, 신체 폭력은 양국에서 다 발생한다. 그러나 일본에서는 행세가(그리고 인종 동형성과 문화 유사성이라는 가정이) 만연하고 또 미국에서는 백인 우월주의가 끈질기게 살아남았기 때문에, 안전하다는 느낌은 미국보다 일본에서 훨씬 클 수도 있다.

게다가 문화 순응은 이 두 현지국에서 매우 강력한 힘을 발휘하므로, 미국을 민족 관용의 전형이고 일본은 그 정반대라고 간주해도 역시 실수일 터이다. 예를 들어 작명 관행을 보면 미국에서는 영어 순응 압력이 매우 강하다. 또 그나마 살 만한 연옥인 영주 신분 — 소위 '그린카드' — 이 존재하지만, 그래도 외국인이라는 위치는 조금도 편안하지 않다. 미국은 이민자의 나라이며 다문화 국가지만, 재미 한국인이 처한 상황이 재일 한국인이 처한 상황과 정반대라고 볼 수는 없다. 현재 일본 도시 지역에서는 일본인들이 김치를 먹거나 한국 드라마를 보는 일이 매우 흔하지만, 미국에서 이러한 행동은 한국인이 아닌 사람이라면 아주 드문 일이다.

따라서 광범위한 특성들은 대척점에 있다기보다 현저한 수렴을 보여준다. **정치 측면**에서도 자이니치가 평균보다 훨씬 친 공산파나 친북, 혹은 좌파 성향이라고 한다면 거짓이다. 최소한 '신보수주의' 자이니치라고 할 만한 데이 다이킨이나 아사카와 아키히로 같은 사람들이 내는 명확한 목소리는 자이니치가 정치적으로 단일하다는 추정이 거짓임을 증명한다. 마찬가지로 재미 한국인들이 대개 반공에 보수 성향이라고 할 수도 없다. 보통 이 두 집단을 분석할 때 끊임없이 되풀이되는 오류가 바로 지나친 일반화이다. **경제 측면**에서도 자이니치들이 겪는 교육·직업상 불이익과 재미 한국인이 거둔 개별 성공을 과장해서는 안 된다. 최근 조사들을 보면 자이니치가 거두는 교육·소득 성취가 크게 개선되었다는 사실을 알 수 있다. 또 우리는 상식적 가정과는 달리 재미 한국인들이 미국 평균보다 크게 뛰어나지 않다는 사실도 안다. 자이니치라면 누구든 손 마사요시가 일본에서 가장 부유한 사람 중 하나라거나, 롯데가 주요 재벌이라고 말할 수 있다. 그러나 재미 한국인 중 한국계 미국인 부자나 주요 한국계 미국 기업을 꼽을 수 있는 사람은 거의 없을 터이다. **사회학 측면**에서도 주요 민족 단체들이 쇠퇴하면서 이제 자이니치 민족 연대는 매우 약해 보인다. 이 점은 기독교 교회와 한민족 단체(한인회)에서 광범위하게 조직화하는 재미 한국인들과 뚜렷하게 대조된다. 자이니치 귀속의식에 존재하는 다양성은 자이베이 소속감에 존재하는 다양성과 크게 다르지 않다. 그러니까 되풀이하자면, 두 집단 사이에 확실한 사회학적 일반화는 별로 없다는 말이다. **이데올로기 측면**에서도 일반 상식이 맞는다고는 전혀 확신할 수 없다. 내가 면담한 자이니치 대부분은 일본 사회와 문화에 한국계 미국인에게서는 보기 드문 큰 애착을 드러냈다. 한국계 미국인 문학은 일반적으로는 일제강점, 구체적으로는 위안부라는 문제틀(이창래의 『제스처 라이프*A Gesture Life*』나 노라 켈러의 『군위안부*Comfort Woman*』) 등 과거를 주제로 삼는다. 그러나 유미리나 가네시로 가즈키가 쓰는 인기 소설에서는 그러한 강박이 보이지 않는다. 게다가 탈자이니치 세대는 이미 코리아계 일본인 정체성이라는 개념을 수용했다. 한국계 미국인이 자기 정체성을 한국계 미국인이라고 밝히는 일은 의외로 드물다. 오히려 자신을 '한국인'이라고 하는 일이 훨씬 흔하다.

자이니치는 일본에서 고통을 겪고 실패한 반면 자이베이는 미국에서 잘 살고 성공했다는 포괄적 가정에는 문제가 있다. 다시 문학을 예로 들자면, 자이니치 작가 중에는 아쿠타가와상 수상자도 여럿 있었지만 내가 알기로 퓰리처나 내셔널 북 어워드 등 그에 필적하는 미국 상을 수상한 한국계 작가는 없다. 마찬가지로 일본인이라면 대부분 다양한 분야에서 저명 자이니치문화 인사 이름을 댈 수 있는 반면 대다수 한국계 미국인 — 미국인은 말할 것도 없고 — 은 한 사람 이름조차 대기 어려울 터이다. 역설적으로 현대 자이니치들은 어느 정도 고용 차별의 산물이던 상황 덕택에 자이베이가 부러워할 만한 상황에 있다. 일본에서 가장 유명한 스포츠·대중음악 스타들이 한민족이라니, 재미 한국인 청소년들이 알면 크게 놀랄 일이다. 고루한 학계에서조차 강상중이 그 어떤 한국계 미국인 학자도 따라잡지 못할 명성을 누리고 있다.

따라서 자이니치와 자이베이를 대비하는 상식은 오해를 낳을 소지가 있다. 자이니치는 일본에서 그렇게 빈곤하고, 거부당하고, 비참하게 살지 않는다. 자이베이도 미국에서 그렇게 부유하고, 인정받고, 편안하게 살지 않는다. 물론 역사적 경험과 현재 실태에 큰 차이가 있다는 사실을 부정하지는 않겠다. 게다가 일반 상식이나 내 불완전한 분석이 시사하는 점보다 이 비교를 훨씬 복잡하게 만드는 요인들 — 디아스포라를 경험한 기간이나 상대적 인구 규모 등 — 도 있다. 그래도 우리는 자이니치와 자이베이, 과거와 현재를 보는 일반 상식을 다시 생각해 볼 필요가 있다.

동경, 2007년 가을

드라마〈도쿄만 풍경〉(2004)이 주목할 만한 이유는 인기 시간대에 자이니치 주인공을 내세운 첫 TV 드라마라서만은 아니다. 영문 부제가 '사랑의 운명Destiny of Love'인 이 드라마는 자이니치 여성과 일본인 남성 간, 2대에 걸친 사랑을 그린다. 부모 세대 남녀가 하던 열렬한 사랑은 물질적, 민족적 장애물 때문에 끝난다. 그런데 각자 낳은 아이들이 우연히 서로 사랑하게 된다. 아마 이번에는 영원히 말이다. 부모 세대 사이에 존재한 상징적 틈이 동해였다면, 자식 세대에 존재하는 틈은 도쿄만에 불과하다(남자 주인공들은 둘 다 그 물을 헤엄쳐 건널 수 있다고 큰소리치는데, 아들은 오염된 물이라도 건너겠다고까지 한다). 이렇게 차이는 좁혀졌지만, 그 틈은 단순히 민족이 아니라 계급에서도 비롯된다. 자이니치 여자는 부유한 가정에서 태어났고, 일본인 남자는 시골 농가 출신에 지게차 운전사이다. 연애 경쟁 상대는 부유한 자이니치로, 〈겨울연가〉에서 배용준이 찬 명품 시계를 하고 다닌다. 줄거리는 허황되지만(물론 진정한 사랑은 순탄한 행로를 가는 법이 없고 멜로 드라마적 상상력에는 비이성적 리듬이 있게 마련이지만) 불과 얼마 전만 해도 이 극의 배경 자체를 믿을 일본인, 사실 자이니치도 별로 없었으리라. 불신의 자발적 유예는 개연성이라는 환경에 달려 있다. 21세기 초에는 부유한 자이니치 가족을 내세워도 믿을 만한 이야기가 됐고, 자이니치와 일본인 연애 역시 대중에게 관심을 끌 만한 주제가 됐다.

현대 일본 사회에서 자이니치가 보통으로 보이고 보통으로 받아들여진다는 사실은 자이니치 인정과 일본인-자이니치 화해를 시사한다. '조센'은 비하하는 말이었지만, '코리아'는 대개 중립적이다. 자이니치 스포츠 스타들도 여전히 강세다. 어느 날 아침 나는 신문을 펼치다가 일본 국가대표 팀과 바둑 토너먼트에 자이니치 선수들이 있다는 사실을 깨달았다. 또한 한국 이름을 쓰며 지면과 TV에 나오는, 꽤 드물지만 그래도 주목할 만한 한국인들도 눈에 띈다. 서점에는 자이니치 지휘자가 베토벤 교향곡을 논하는 책은 물론, 가네시로 가즈키나 유미리 책도 수북이 쌓여 있다.

물론 자이니치와 일본인이 불가항력으로 향하던 종점은 이러한 화해의 순간이 아니다. 또 이러한 예의가 영원하리라고 가정할 수도 없다. 한 세대에서 이루어진 화해나 해방이 영원한 화해나 해방을 보장하지는 못한다. 홀로코스트라는 명백한 사실만큼 정신을 집중시키고 영혼을 긴장시키는 사건도 없을 텐데, 독일인-유대인 경험에 있던 공생적 성격은 그 비극적 불가해성을 줄이기는커녕 오히려 더 키웠다.[52] 아마 초기 나치나 열혈 시온주의자조차도 바이마르 공화국 독일 유대인들의 사회 수용과 문화 동화가 지향하는 종착역이 '최종 해결Final Solution'이라고는 생각하지 못했으리라. 유대인들은 대부분 독일어를 하고 독일 관습을 받아들였고, 민족 간 결혼률도 높고 증가 추세였으며, 독일에서 유대인 정체성이 사라지리라고 예견한 지식인도 적지 않았다. 1945년 독일에서 21세기 초 유대인 공동체가 부활하리라고 예견한 사람도 없었다. 과거는 현재에서 자유롭지 못하고 미래는 발버둥 친다는 발터 벤야민의 현명한 말은 학계에서는 상투적 문구가 되었지만, 과거는 오로지 현재 안에서만 이해되고, 이는 보다 바람직한 미래로 인도할 때만 가치가 있다는 사실도 잊어서는 안 된다. 우리가 자신 있게 유토피아 같은 미래를 예견하지도, 역사 기술이나 이데올로기에 관한 지적 분투가 매우 중요하다고 믿지도 못하다니 유감일 따름이다. 이렇게 불확실한 시기에 비판 정신이 논쟁만 쫓는 학풍이나 한가한 비평에 얽매여 있다는 점 또한 유감이다. 그럼에도 우리는 과거나 미래라는 어두운 구름을 부정하지 않으면서 동시에 조각조각 숨어 있는 환한 푸른 하늘을 찾아보고, 앞으로 이 세계에 찾아올 아름다움을 보아야 할 것이다.

참고문헌

Abe Motoharu, *Kin Kirō no shinjitsu*, Tokyo : Nihon Tosho Kankōkai, 2002.

Abelmann, Nancy, and John Lie, *Blue Dreams : Korean Americans and the Los Angeles Riot*, Cambridge, Mass. : Harvard University Press, 1995.

Aciman, André, *False Papers : Essays on Exile and Memor*, New York : Farrar Straus Giroux, 2000.

Adorno, Theodor W., *Gesammelte Schriften, vol.4 : Minima morali*, Frankfurt am Main : Suhrkamp, 1997[1951].

Akiyama Shun, *Watakushi shōsetsu to iu jinse*, Tokyo : Shinchōsha, 2006.

_____, *Naibu no ningen no hanza*, Tokyo : Kōdansha, 2007[1967].

Aoki Atsuko, "Kikoku jigyō ni okeru 'Nihonjin tsuma' o megutte", In Sōji Takasaki and Junjin Pak eds., *Kikoku undō to wa nandattanoka*, Tokyo : Heibonsha, 2005.

Arai Kazuma, *Zainichi Korian-za-sādo*, Tokyo : Ōkura Shuppan, 2006.

Araki Kazuhiro, *Zainichi Kankoku — Chōsenjin no sanseiken yōkyū o tadasu*, Tokyo : Gendai Koria Kenkyūjo, 1997.

Arano Yasunori, *Kinsei Nihon to Higashi Ajia*, Tokyo : Tokyo Daigaku Shuppankai, 1988.

Arendt, Hannah, *The Jew as Pariah : Jewish Identity and Politics in the Modern Age*, New York : Grove Press, 1978.

Asakawa Akihiro, *Zainichi gaikokujin to kikaseido*, Tokyo : Shinkansha, 2003.

_____, *"Zainichi"ron no uso*, Tokyo : PHP, 2006.

Bade, Klaus J, Translated by Allison Brown, *Migration in European History*, Oxford : Blackwell, 2003.

Bayley, David H, *Force of Order : Police Behavior in Japan and the United States*, Berkeley : University of California Press, 1976.

Berger, John, *And Our Faces, My Heart, Brief as Photos*, London : Writers and Readers, 1984.

Berlin, Isaiah, Henry Hardy ed., *Against the Current : Essays in the History of Ideas*, New York : Viking, 1980.

Bestor, Theodore C, *Neighborhood Tokyo*, Stanford, Calif. : Stanford University Press, 1989.

_____, *Tsukiji : The Fish Market at the Center of the World*, Berkeley :

University of California Press, 2004.

Braudel, Fernand, *L'identité de la France*, vols.2, Paris : Flammarion, 1986.

Brodsky, Joseph, "The Condition We Call Exile", *New York Review of Books*, 1988. http://w
ww.nybooks.com/articles/4548 (retrieved 7/7/08).

Carey, Peter, *Wrong about Japan*, New York : Knopf, 2005.

Cavalli-Sforza, Luigi Luca, and Francesco Cavalli-Sforza, Translated by Sarah Thorne,
The Great Human Diasporas : The History of Diversity and Evolution, Reading, Mass. :
Addison-Wesley, 1995[1993].

Celan, Paul, "Ansprache anlässlich der Entgegennahme des Literaturpreises der Freier
Hansestadt Bremen", In Paul Celan, *Gesammelte Werke*, vol.3, Frankfurt am Main
: Suhrkamp, 1983[1958].

Chan Dōsiki, *Aru Zainichi Chōsenjin no kiroku*, Tokyo : Dōseisha, 1966.

Chan Jonsu, *Zainichi 60 nen —jiritsu to teikō*. Tokyo : Shakai Hyōronsha, 1989.

Chan Myonsu, *Uragirareta rakudo*, Tokyo : Kōdansha, 1991.

_____, "Kikoku senjō no 'kenkin kōsaku'", *Bessatsu Takarajima* 221, 1995.

Chapman, David, *Zainichi Korean Identity and Ethnicity*, London : Routledge, 2008.

Chaudhuri, Nirad C., *The Autobiography of an Unknown Indian*, Reading, Mass. : Addi-
son-Wesley, 1989[1951].

Chauncey, George, *Gay New York : Gender, Urban Culture, and the Making of the Gay Male
World, 1890—1940*. New York : Basic, 1994.

Che Sogi, *Zainichi no genfūkei*, Tokyo : Akashi Shoten, 2004.

Chi Tong-Wook, *Zainichi o yamenasai*, Tokyo : Za Masada, 1997.

Choe Chan Hwa, "Ōmura shūyōjo to iu tokoro", In Chan Hwa Choe ed., *Papa o kaeshite!*,
Tokyo : Fūbaisha, 1978.

Chon Ayon, "Rojiura kara hasshin suru bunka", In Fujiwara Shoten Henshūbu ed.,
Rekishi no naka no "Zainichi", Tokyo : Fujiwara Shoten, 2005.

Chon Deyon, "Nihon no shokubunka to 'Zainichi,' " In Fujiwara Shoten Henshūbu ed.,
Rekishi no naka no "Zainichi", Tokyo : Fujiwara Shoten, 2005.

Chon Sunpak[Chong, Sung-bak], "Tonsha no bannin", In Sunpak Chon, *Chon Sunpak
chosakushū*, vol.6, Tokyo : Shinkansha, 1994.

Chon Wolson, *Kaikyō no aria*, Tokyo : Shōgakkan, 2007.

_____, *Kinjirareta uta*, Tokyo : Chūō Kōronsha, 2008.

Chon Yonha, "'Zainichi' to ie seido", *Horumon bunka* 4, 1993.

Chong, Ayong, "Tokyo-kei Chōsenjin ga mita! konnamon arimasuka in Osaka",
Horumon bunka 7, 1997.

Chong Jaejung, *Kim Dae Jung kyūshutsu undō shoshi*, Tokyo : Gendai Jinbunsha, 2006.

Chung, Ook, *Kimchi*, Paris : Le Serpent à Plumes, 2001.

Cohen, Robin ed., *The Cambridge Guide to International Migration*, Cambridge : Cambridge University Press, 1998.

Cohen, Shaye J. D., *The Beginnings of Jewishness : Boundaries, Varieties, Uncertainties*, Berkeley : University of California Press, 1999.

Cole, Simon A, *Suspect Identities : A History of Fingerprinting and Criminal Identfication*, Cambridge, Mass. : Harvard University Press, 2001.

De Vos, George, and Changsoo Lee, "Conclusions : The Maintenance of a Korean Ethnic Identity in Japan", In Changsoo Lee and George De Vos eds., *Koreans in Japan : Ethnic Coflict and Accommodation*, Berkeley : University of California Press, 1981.

Deleuze, Gilles, and Félix Guattari, *Kafka*, Paris : Minuit, 1975.

Denoon, Donald, Mark Hudson, Gavan McCormack, and Tessa Morris-Suzuki eds., *Multicultural Japan : Palaeolithic to Postmodern*, Cambridge : Cambridge University Press, 1997.

Dore, R. P., *City Life in Japan : A Study of a Tokyo Ward*, Richmond, U.K. : Japan Library, 1999[1958].

Dower, John W, *Embracing Defeat : Japan in the Wake of World War II*, New York : Norton, 1999.

Duus, Peter, *The Abacus and the Sword : The Japanese Penetration of Korea, 1895-1910*. Berkeley : University of California Press, 1995.

Eckert, Carter J, "Epilogue : Exorcising Hegel's Ghosts : Toward a Postnationalist Historiography of Korea", In Gi-Wook Shin and Michael Robinson eds., *Colonial Modernity in Korea*, Cambridge, Mass. : Harvard University Press, 1999.

Field, Norma, "Texts of Childhood in Inter-Nationalizing Japan", In Laura García-Moreno and Peter C. Pfeiffer eds., *Text and Nation : Cross-Disciplinary Essays on Cultural and National Identities*, Columbia, S.C. : Camden House, 1996.

Fitzpatrick, Sheila, *Everyday Stalinism : Ordinary Life in Extraordinary Times; Soviet Russia in the 1930s*, New York : Oxford University Press, 1999.

Flaubert, Gustave, Translated by Francis Steegmuller, *Madame Bovary*, New York : Knopf, 1993[1857].

Fujishima Udai, *Nihon no minzoku undō*. Tokyo : Kōbunsha, 1960.

Fujiwara Tei, *Nagareru boshi wa ikiteiru*, Tokyo : Chūō Kōronsha, 2002[1949].

Fukazawa Kai, "Yoru no kodomo", In Jirō Isogai and Kazuo Kuroko eds., *"Zainichi" bungaku zenshū*, vol.14, Tokyo : Bensei Shuppan, 2006[1992].

Fukuoka Yasunori, *Zainichi Kankoku-Chōsenjin*, Tokyo : Chūō Kōronsha, 1993.

Fukuoka Yasunori and Myung-Soo Kim, *Zainichi Kankokujin seinen no seikatsu to ishiki*, Tokyo : Tokyo Daigaku Shuppankai, 1997.

Fukuoka Yasunori and Yukiko Tsujiyama, *Hontō no watashi o motomete*, Tokyo : Shinkansha, 1991a.

_____, *Dōka to ika no hazamade*, Tokyo : Shinkansha, 1991b.

Fukuoka Yasunori, Hiroaki Yoshii, Atsushi Sakurai, Shūsaku Ejima, Haruhiko Kanegae, and Michihiko Noguchi eds., *Hisabetsu no bunka, hansabetsu no ikizama*, Tokyo : Akashi Shoten, 1987.

Gaimushō Ajiakyoku Hokutō Ajiaka, *Kita Chōsen gaikyō*. Tokyo : Gaimushō Ajiakyoku Hokutō Ajiaka, 1969.

Gates, Henry Louis, Jr, *The Signifying Monkey : A Theory of Afro-American Literary Criticism*, New York : Oxford University Press, 1988.

Gellner, Ernest, *Nations and Nationalism*, Oxford : Blackwell, 1983.

Gen Getsu, "Kage no sumika", In Getsu Gen, *Kage no sumika*, Tokyo : Bungei Shunjū, 2000a[1999].

_____, *Warui uwasa*, Tokyo : Bungei Shunjū, 2000b.

_____, *Oshaberina inu*, Tokyo : Bungei Shunjū, 2003a.

_____, "Unga", In Getsu Gen, *Jakuya*, Tokyo : Kōdansha, 2003b.

_____, *Ibutsu*, Tokyo : Kōdansha, 2005.

_____, *Kenzoku*, Tokyo : Kōdansha, 2007.

Gilroy, Paul, *The Black Atlantic : Modernity and Double Consciousness*, Cambridge, Mass. : Harvard University Press, 1993.

Goffman, Erving, *Stigma : Notes on the Management of Spoiled Identity*, New York : Jason Aronson, 1974[1963].

Gohl, Gerhard, *Die koreanische Minderheit in Japan als Fall einer "politisch-ethnischen" Minderheitengruppe*, Wiesbaden, Germany : Harrassowitz, 1976.

Gornick, Vivian, *The Romance of American Communism*, New York : Basic, 1977.

Gottwald, Norman K, *The Tribes of Yahweh : A Sociology of the Religion of Liberated Israel, 1250-1050 b.c.e.*, New York : Orbis Books, 1979.

Grajdanzev, Andrew J, *Modern Korea : A Study of Social and Economic Changes under Japanese Rule*, New York : Institute of Pacific Affairs, 1944.

Gu Mitsunori, *Yakiniku shōsetsu purukogi*, Tokyo : Shōgakkan, 2007.

Gu Sūyon, *Gūzen ni mo saiaku na shōnen*, Tokyo : Kadokawa Haruki Jimusho, 2002.

Hagiwara Ryō, *Kita Chōsen ni kieta tomo to watashi no monogatari*, Tokyo : Bungei Shunjū, 1998.

Haley, Alex, *Roots*, Garden City, N.Y. : Doubleday, 1976.

Han Doksu, "Kin Nissei shuseki ni yoru kaigai kyōhō mondai no kagayakashii kaiketsu", In Chōsen Daigakkō ed., *Zainichi Chōsenjin undō ni kansuru shuyō ronbunshū*, Tokyo : Shiryō Henshū Iinkai, 1980[1972].

_____, *Shutaiteki kaigai kyōhō undō no shisō to jissen*, Tokyo : Miraisha, 1986.

_____, "Chaeil Choson'in undong ui chonhan e taehayo", In Kyongsik Pak ed., *Chōsen mondai shiryō sōsho*, vol.9, Tokyo : Ajia Mondai Kenkyūjo, 1993[1955].

Han Gwanghi, *Waga Chōsen Sōren no tsumi to batsu*, Tokyo : Bungei Shunjū, 2002.

Han Sokkyu, *Nihon kara "Kita" ni kaetta hito no monogatari*, Tokyo : Shinkansha, 2007.

Handlin, Oscar, *The Uprooted*, 2nd ed., Boston : Little, Brown, 1973.

Handō Kazutoshi, *Shōwashi : Sengohen 1945-1989*, Tokyo : Heibonsha, 2006.

Han-san ikka no Shimon Ōnatsu Kyohi o Sasaerukai Jimukyoku, "Kazoku de shimon ōnatsu o kyohi", In "Hataraku Nakama no Bukkuretto" Kyōdō Henshū Iinkai ed., *Shimon ōnatsu kyohi!*, Tokyo : Shinchiheisha, 1985.

Harajiri Hideki, *Zainichi Chōsenjin no seikatsu sekai*, Tokyo : Kōbundō, 1989.

_____, *Nihon teijū Korian no nichijō to seikatsu*, Tokyo : Akashi Shoten, 1997.

_____, *"Zainichi" to shite no Korian*, Tokyo : Kōdansha, 1998.

Hardacre, Helen, *The Religion of Japan's Korean Minority : The Preservation of Ethnic Identity*, Berkeley : Institute of East Asian Studies, University of California, 1984.

Hatada Isao, *Nihonjin no Chōsenkan*, Tokyo : Keisō Shobō, 1969.

Heidegger, Martin, *Sein und Zeit*, Tübingen, Germany : Niemeyer, 2006[1927].

Henshūbu, "Media ni arawareta Zainichi Korian", *Sai* 15, 1995.

Hester, Jeffry T, "Kids between Nations", In Sonia Ryang ed., *Koreans in Japan : Critical Voices from the Margin*, London : Routledge, 2000.

Hicks, George, *Japan's Hidden Apartheid : The Korean Minority and the Japanese*, Aldershot, U.K. : Ashgate, 1998.

Higuchi Yūichi, "Zainichi Chōsenjin buraku no seiritsu to tenkai", In Yūsaku Ozawa ed., *Kindai minshū no kiroku*, vol.10, Tokyo : Shinjinbutsu Ōraisha, 1978.

_____, "Zainichi Chōsenjin sensaisha 239, 320 nin", *Zainichi Chōsenjinshi kenkyū* 4, 1979.

_____, "Chōsenjin Nihon tokōsha no shusshin kaisō." *Zainichi Chōsenjinshi kenkyū* 25, 1995.

Hirabayashi Hisae, "8.15 kaihōgo no Zainichi Chōsenjin no seikatsu", *Zainichi Chōsenjinshi kenkyū* 2, 1978.

Hirata Yukie, "Manazasumono to shite no Nihon josei kan(kō)kyaku", In Yoshitaka Mōri ed., *Nisshiki Kanryū*, Tokyo : Serika Shobō, 2004.

Hirschman, Albert O, *Exit, Voice, and Loyalty : Responses to Decline in Firms, Organizations, and States*, Cambridge, Mass. : Harvard University Press, 1970.

Hoerder, Dirk, *Cultures in Contact : World Migrations in the Second Millennium*, Durham, N.C. : Duke University Press, 2002.

Hōmu Kenshūjo ed., *Zainichi Chōsenjin shogū no suii to genjō*. Tokyo : Kōhokusha, 1975[1955].

Honda Yasuhar, *Watashitachi no omoni*, Tokyo : Shinchōsha, 1992.

Hong Sangjin, "Zainichi Chōsenjin minzoku kyōiku no genjō." In Kōbe Gakusei-Seinen Sentā ed., *Zainichi Chōsenjin no minzoku kyōiku*, Kōbe : Kōbe Gakusei-Seinen Sentā, 1982.

Hong Sung-jik and Pae-bo Han, "Zainichi dōhō no jittai chōsa", *Zainichi Chōsenjinshi kenkyū* 4, 1979[1977].

Hong Yansin and Tomoko Nakajima, "Nihon no gakkō ni kodomo a kayowaseteiru Zainichi Chōsenjin fubo no kyōikukan ni taisuru chōsa", *Zainichi Chōsenjinshi kenkyū* 7, 1980.

Hoshino Osami, *Jichitai no henkaku to Zainichi Korian*, Tokyo : Akashi Shoten, 2005.

Hugh of St. Victor, Translated by Jerome Taylor, *The Didascalicon of Hugh of St. Victor : A Medieval Guide to the Arts*, New York : Columbia University Press, 1961[1120s].

Hwang Mingi, *Yatsura ga naku mae ni*, Tokyo : Chikuma Shobō., 1993.

Hwang Yonchi, *Kioku no kasō*. Tokyo : Kage Shobō, 2007.

Hyōgo-ken Gakumubu Shakaika, "Chōsenjin no seikatsu jōtai", In Kyongsik Pak ed., *Chōsen mondai shiryō sōsho*, vol.3, Tokyo : Ajia Mondai Kenkyūjo, 1982[1937].

Hyon Kwansu, *Minzoku no shiten*, Tokyo : Dōjidaisha, 1983.

Hyon Sunhye, *Watashi no sokoku wa sekai desu*, Tokyo : Iwanami Shoten, 2007.

Iinuma Jirō, *Mienai hitobito : Zainichi Chōsenjin*, Expanded ed., Tokyo : Nihon Kiri-sutokyōdan Shuppankyoku, 1983[1973].

_____, "'Tanminzoku kokkakan' dakkyaku o : Zainichi Chōsenjin no daisan no michi", In Jirō Iinuma ed., *Shichijūmannin no kiseki*, Tokyo : Bakushūsha, 1984[1969].

_____, "Zainichi Chōsen-Kankokujin 'shōgaisha' to jinken", *Kikan mintō* 8, 1989.

Iio Kenshi, *Wonman : Nihonjin no wasuremono*, Tokyo : Kagyūsha, 1993.

Ijichi Noriko, *Zainichi Chōsenjin no namae*, Tokyo : Akashi Shoten, 1994.

_____, *Seikatsu sekai no sōzō to jissen*, Tokyo : Ochanomizu Shobō, 2000.

Ijūin Shizuka, *Kaikyō*, vols.3, Tokyo : Shinchōsha, 1991~2000.

Ino Ryōsuke ed., *Bessatsu Takarajima : Kenkanryū no shinjitsu*, Tokyo : Takarajimasha, 2006.

Ishida Saeko, "Kanryū būmu no samazamana kataritetachi", In Saeko Ishida, Kan Kimura, and Chie Yamanaka eds., *Posuto Kanryū no media shakaigaku*, Kyoto :

Mineruva Shobō, 2007.

Ishizaka Kōichi, *Kindai Nihon no shakaishugi to Chōsen*, Tokyo : Shakai Hyōronsha, 1993.

Isogai Jirō, *Shigen no hikari—Zainichi Chōsenjin bungakuron*, Tokyo : Sōkisha, 1979.

Iwabuchi, Koichi, "Political Correctness, Postcoloniality, and the Self-Representation of 'Koreanness' in Japan", In Sonia Ryang ed., *Koreans in Japan : Critical Voices from the Margin*, London : Routledge, 2000.

Iwai Yoshio, *Omoni no uta*, Tokyo : Chikuma Shobō, 1989[1984].

Iwamoto Mitsuo, *Nihonjin ni naritai Zainichi Kankokujin*, Tokyo : Asahi Sonorama, 2000.

Iwamoto Nobuyuki, "Kikokusha no ukeire wa kō no jō." In Zainichi Chōsenjin Kikoku Kyōryūkai ed., *Sokoku ni kaetta hitobito*, Tokyo : Zainichi Chōsenjin Kikoku Kyōryūkai, 1960.

Iwamura Toshio, *Zainichi Chōsenjin to Nihon rōdōsha kaikyū*. Tokyo : Azekura Shobō, 1972.

Iwata Tamaki, *Kiri hareru hi made*, Tokyo : Banseisha, 2001.

Izumi Seiichi, *Saishūtō*. Tokyo : Tokyo Daigaku Shuppankai, 1966.

Johnson, Mark, *Moral Imagination : Implications of Cognitive Science for Ethics*, Chicago : University of Chicago Press, 1993.

Jon Chonjon, *On to han to kokoku to*, Tokyo : Nihon Editā Sukūru Shuppanbu, 1984.

Jon Gunju, "Nihon Kyōsantō oyobi Nihon Shakaitō no taiō." In Sōji Takasaki and Junjin Pak eds., *Kikoku undō to wa nandattanoka*, Tokyo : Heibonsha, 2005.

Kaikō Takeshi, *Nihon sanmon opera*, Tokyo : Bungei Shunjūsha, 1959.

Kamishima Jirō, *Jiba no seijigaku*, Tokyo : Iwanami Shoten, 1982.

Kan Jon-hon, "Zainichi dōhō no minzoku ishiki", In Dopyon Mun ed., *Zainichi Chōsenjin no rekishi to tenbō*, Osaka : Osaka Keizai Hōka Daigaku Shuppanbu, 1998.

Kanagawa-ken Jichi Sōgō Kenkyū Sentā Kenkyūbu, *Kanagawa-ken no Kankoku-Chōsenjin*, Tokyo : Kōjinsha, 1984.

Kanagawa-kennai Zaijū Gaikokujin Jittai Chōsa Iinkai, *Nihon no naka no Kankoku—Chōsenjin, Chūgokujin*, Tokyo : Akashi Shoten, 1986.

Kanai Yasuo, *13 no yureru omoi*, Tokyo : Bakushūsha, 1997.

Kaneko Hiroshi, *Dare no tamedemonaku*, Tokyo : San'ichi Shobō., 1996.

Kanemoto J., Noritsugu, *Food Lovers*, Tokyo : Āton, 2007.

Kanemura Yoshiaki, *Zainichi damashii*, Tokyo : Kōdansha, 2004[2000].

Kaneshiro Kazuki, *Go*, Tokyo : Kōdansha, 2000.

_____, *Revorūshon No. 3*. Tokyo : Kōdansha, 2001.

_____, *Eigahen*, Tokyo : Shūeisa, 2007.

Kang Chol, *Zainichi Chōsenjin no jinken to Nihon no hōritsu*, 2nd ed., Tokyo : Yūzankaku, 1994[1987].

Kang Hibong, *The Korean World in Japan*, Tokyo : Rakushokan, 2001.

Kang Je'on, "Henshū o oete", *Kikan sanzenri* 12, 1977a.

_____, "Sokoku, rekishi, Zainichi dōhō." *Kikan sanzenri* 12, 1977b.

_____, "Zainichi Chōsenjin mondai no bunken", *Kikan sanzenri* 18, 1979.

_____, "Sengo 36 nenme no Zainichi Chōsenjin", *Kikan sanzenri* 24, 1980.

Kang Je'on and Donhun Kim, *Zainichi Kankoku Chōsenjin — rekishi to tenbō*. Tokyo : Rōdō Keizaisha, 1989.

Kang Sangjung, "Tenkeiki no 'Zainichi' to sanseiken", *Kikan seikyū* 20, 1994.

_____, *Zainichi*, Tokyo : Kōdansha, 2004.

_____, *Zainichi futatsu no "sokoku" e no omoi*, Tokyo : Kōdansha, 2005.

_____, "Ai no sakuhō." *Aera*, 24 March, 2008.

Kang Tongjin, *Nihon genronkai to Chōsen 1910~1945*. Tokyo : Hōsei Daigaku Shuppankyoku, 1984.

Kangaerukai, "Zentai shūkai", *Mukuge* 1, 1971.

Kashiwazaki, Chikako, "The Politics of Legal Status", In Sonia Ryang ed., *Koreans in Japan : Critical Voices from the Margin*, London : Routledge, 2000.

Kawamura Minato, *Umaretara sokoga furusato*, Tokyo : Heibonsha, 1999.

_____, *"Yoidorebune" no seishun*, Tokyo : Inpakuto Shuppankai, 2000[1986].

_____, *Kankoku, Chōsen, Zainichi o yomu*, Tokyo : Inpakuto Shuppansha, 2003.

_____, "Hen'yō suru 'Zainichi'", In Sadami Suzuki ed., *Nihon bungeishi*, vol.8, Tokyo : Kawade Shobō Shinsha, 2005.

Kawase Junji, "Zainichi Chōsenjin to engo gyōsei", In Masuo Yoshioka ed., *Zainichi Chōsenjin to shakai hoshō*, Tokyo : Shakai Hyōronsha, 1978.

Kawata Hiroshi, *Uchi naru sokoku e*, Tokyo : Hara Shobō, 2005.

Kayama Mitsurō, "Naisen ittai zuisōroku", In Yūsaku Ozawa ed., *Kindai minshū no kiroku*, vol.10, Tokyo : Shinjinbutsu Ōraisha, 1978[1941].

Khazanov, Anatoly, *After the USSR : Ethnicity, Nationalism, and Politics in the Commonwealth of Independent States*, Madison : University of Wisconsin Press, 1995.

Kim Chanjung, *Sokoku o shiranai sedai*, Tokyo : Tabata Shoten, 1977.

_____, *Ame no dōkoku*, Tokyo : Tabata Shoten, 1979.

_____, *Hi no dōkoku*, Tokyo : Tabata Shoten, 1980.

_____, *Kokoku kara no kyori*, Tokyo : Tabata Shoten, 1983.

_____, *Kanpū renrakusen*, Tokyo : Asahi Shoten, 1988.

_____, *Zainichi, gekidō no hyakunen*, Tokyo : Asahi Shinbunsha, 2004a.

_____, *Chōsen Sōren*, Tokyo : Shinchōsha, 2004b.

_____, *ainichi giyūhei kikansezu*, Tokyo : Iwanami Shoten, 2007.

Kim Chanjung and Sonhi Ban, *Kaze no dōkoku*, Tokyo : Tabata Shoten, 1977.

Kim Chansen, *Watashi no Ikaino*, Tokyo : Fūbaisha, 1982.

Kim Chonghoe, "Amerika no Minami Chōsen ni taisuru shokuminchiteki reizokuka to 'enjo' seisaku no honshitsu", *Chōsen kenkyū* 1, 1957.

Kim Chongmi, *Shigamakko toketa*, Tokyo : Nihon Hōsō Shuppan Kyōkai, 2002.

Kim Chonmi, "Shinryaku no kyōdōtai to teikō no kyōdōtai", *Horumon bunka* 8, 1998.

Kim Chung-myong, "Migiwa no tami", In Jirō Isogai and Kazuo Kuroko eds., *"Zainichi" bungaku zenshū*, vol.13, Tokyo : Bensei Shuppan, 2006[2000].

Kim Dalsu, *Waga ariran no uta*, Tokyo : Chūō Kōronsha, 1977.

_____, "Waga bungaku e no michi", In Dalsu Kim and Je'on Kang eds., *Shuki = Zainichi Chōsenjin*, Tokyo : Ryūkei Shosha, 1981.

_____, *Toraijin to torai bunka*, Tokyo : Kawade Shobō Shinsha, 1990.

_____, *Waga bungaku to seikatsu*, Tokyo : Seikyū Bunkasha, 1998.

_____, "Genkainada", In Jirō Isogai and Kazuo Kuroko eds., *"Zainichi" bungaku zenshū*, vol.1, Tokyo : Bensei Shuppan, 2006[1954].

Kim Hanil, *Chōsen kōkō no seishun*, Tokyo : Kōbunsha, 2005.

Kim Hiro[Kin Kirō], *Kin Kirō mondai shiryōshū*, vol.1, Tokyo : Kin Kirō Kōhan Taisaku Iinkai, 1968.

_____, *Ware ikitari*, Tokyo : Shinchōsha, 1989.

Kim Hiro Bengodan, *Kin Kirō mondai shiryōshū*, vol.8, Tokyo : Kin Kirō Kōhan Taisaku Iinkai, 1972.

Kim Hyandoja, *Ikaino rojiura tōryanse*, Nagoya : Fūbaisha, 1988.

Kim Hyonpyo, *Aru kōnichi undōka no kiseki*, Edited by Masuo Ōmura and Tomoki Nanri, Tokyo : Ryūkei Shosha, 1978.

Kim Ilmen, *Chōsenjin ga naze "Nihonmei" o nanorunoka*, Tokyo : San'ichi Shobō, 1978.

Kim, Jackie J, *Hidden Treasures : Lives of First-Generation Korean Women in Japan*, Lanham, Md. : Rowman & Littlefield, 2005.

Kim Kyonbu, "Zainichi Chōsenjin no jinken", In Dopyon Mun ed., *Zainichi Chōsenjin no rekishi to tenbō*, Osaka : Osaka Keizai Hōka Daigaku Shuppanbu, 1998.

Kim Kyongdok, *Zainichi Korian no aidentiti to hōteki ichi*, New ed., Tokyo : Akashi Shoten, 2005[1995].

_____, "Wagako no minzoku kyōiku", In Kyongdok Kim ed., *Wagaya no minzoku kyōiku*, Tokyo : Shinkansha, 2006.

Kim Kyonghae, "4.24 kyōiku tōsō-Kōbe", In Kōbe Gakusei-Seinen Sentā ed., *Zainichi Chōsenjin no minzoku kyōiku*, Kōbe : Kōbe Gakusei-Seinen Sentā, 1982.

Kim Masumi, "Moeru Sōka", In Masumi Kim, *Nason no sora*, Tokyo : Sōfūkan, 2004[1997].

Kim Munson, *Hōrōden : Shōwashi no naka no Zainichi*, Tokyo : Sairyūsha, 1991.

Kim, Richard E, *Lost Names*, Seoul : Sisayongo-sa, 1970.

Kim Sang-hyon, *Chaeil Han'gug'in*, Seoul : Tangok Haksul Yon'guwon, 1969.

Kim Sangwon, "Kikoku dōhō to Chōsen Sōren", In Tōhoku Ajia Mondai Kenkyūjo ed.,
    Zainichi Chōsenjin wa naze kikoku shitanoka, Tokyo : Gendai Jinbunsha, 2004.

Kim Saryan[Kin Shiryō], "Mushi", In Kin Shiryō Zenshū Henshū Iinkai ed., *Kin Shiryō
    zenshū*, Tokyo : Kawade Shobō Shinsha, 1973[1941].

_____, "Hikari no naka ni", In Jirō Isogai and Kazuo Kuroko eds.,
    "Zainichi" bungaku zenshū, vol.11, Tokyo : Benseisha, 2006[1940].

Kim Sijong, *Waga sei to shi*, Tokyo : Iwanami Shoten, 2004.

_____, *Kim Sijong shishūsen : Kyōgai no shi*, Tokyo : Fujiwara Shoten, 2005.

Kim Sokpom, "'Zainichi' to wa nanika", *Kikan sanzenri* 18, 1979.

_____, *"Zainichi" no shisō*. Tokyo : Chikuma Shobō, 1981.

_____, *Kazantō*. vols.7, Tokyo : Bungei Shunjū, 1983~97.

_____, *Kokoku kō*. Tokyo : Iwanami Shoten, 1990.

_____, *Tenkō to shinnichiha*, Tokyo : Iwanami Shoten, 1993.

_____, *Chi no kage*, Tokyo : Shūeisha, 1996.

_____, "Ima, 'Zainichi' ni totte 'kokuseki' to wa nanika", *Sekai* 653, 1998.

_____, *Zainichi no shisō*, New ed., Tokyo : Kōdansha, 2001[1981].

_____, *Kyojitsu*, Tokyo : Kōdansha, 2002.

_____, *Kokkyō o koerumono*, Tokyo : Bungei Shunjū, 2004.

_____, "1945 nen natsu", In Sokpom Kim, *Kim Sokpom sakuhinshū* I, Tokyo :
    Heibonsha, 2005a[1974].

_____. "Tojō." In Sokpom Kim, *Kim Sokpom sakuhinshū* II, Tokyo : Heibonsha,
    2005b[1974].

Kim Sokpom and Sijong Kim, Gyongsu Mun ed., *Naze kakitsuzuketekitaka, naze chinmo-
    kushitekitaka*, Tokyo : Heibonsha, 2001.

Kim So-un, *Ten no hate ni ikurutomo*, Tokyo : Shinchōsha, 1983.

Kim T'ae-gi, *Sengo Nihon seiji to Zainichi Chōsenjin mondai*, Tokyo : Keisō Shobō, 1997.

Kim Temyong, *Mainoriti no kenri to fuhenteki jinken gainen no kenkyū*. Tokyo : Transview,
    2004.

Kim Teseng, *Nagune densetsu*, Tokyo : Kirokusha, 1985.

Kim Teyon, *Aidentiti-poritikusu o koete*, Kyoto : Sekai Shisōsha, 1999.

Kim Wonjo, *Hyōdo no rakudo*, Tokyo : Aki Shobō, 1984.

Kim Yondal, *Zainichi Chōsenjin no kika*, Tokyo : Akashi Shoten, 1990.

_____, *Nitchō kokkō jūritsu to Zainichi Chōsenjin no kokuseki*, Tokyo : Akashi Shoten, 1992.

_____, Noriko Ijichi ed., *Kim Yondal chosakushū*, vol.1, Tokyo : Akashi Shoten, 2002.

_____, Kyonghae Kim ed., *Kim Yondal chosakushū*, vol.2, Tokyo : Akashi Shoten, 2003a.

_____, Yūichi Hida ed., *Kim Yondal chosakushū*, vol.3, Tokyo : Akashi Shoten, 2003b.

Kim Yong, "Kawariyuku Chōsen gakkō." In Kyongdok Kim ed., *Wagaya no minzoku kyōiku*, Tokyo : Shinkansha, 2006.

Kim Yunjon, *Tabunka kyōsei kyōiku to aidentiti*, Tokyo : Akashi Shoten, 2007.

Kimura Kenji, "Senzenki Zainichi Chōsenjin no teijū katei", *Zainichi Chōsenjinshi kenkyū* 27, 1997.

Kin Kakuei, "Kogoeru kuchi", In Kakuei Kin, *Kogoeru kuchi*, Tokyo : Kurein, 2004[1966].

_____, "Manazashi no kabe", In Kakuei Kin, *Tsuchi no kanashimi*, Tokyo : Kurein, 2006a.

_____, "Ippiki no hitsuji", In Kakuei Kin, *Tsuchi no kanashimi*, Tokyo : Kurein, 2006b.

Kin Shōichi, "Senkō yo, shikkari sarase", In Katsumi Satō ed., *Zainichi Chōsenjin no shomondai*, Tokyo : Dōseisha, 1971.

Kinoshita Junji, "Kuchibue ga fuyu no sora ni…" In Junji Kinoshita, *Kuchibue ga fuyu no sora ni… : Kinoshita Junji sakuhinshū* IV, Tokyo : Miraisha, 1962[1961].

Kishida Yumi, "Zainichi Kankoku-Chōsenjin kyōiku ni okeru minzoku to kokka ni kansuru ichikōsatsu", *Zainichi Chōsenjinshi kenkyū* 29, 1999.

Ko Chunsok, *Zainichi Chōsenjin kakumei undōshi*, Tokyo : Tsuge Shobō, 1985.

Kō Eiri, *Garasu no tō*, Tokyo : Shisō no Kagakusha, 2000.

Ko Samyon, "Ikirukoto to manabukoto", In Nihon no Gakkō ni Zaiseki suru Chōsenjin Jidōseito no Kyōiku o Kangaerukai Shiryō Sentā Henshūbu eds., *"Honmyō to kyōiku" kōenshū*, Osaka : Nihon no Gakkō ni Zaiseki suru Chōsenjin Jidōseito no Kyōiku o Kangaerukai, n.d.[1976].

_____, *Ikirukoto no imi*, Tokyo : Chikuma Shobō, 1986[1974].

_____, *Yami o hamu*, vols.2, Tokyo : Kadokawa Shoten, 2004[1997].

Ko Son-hwi, *Zainichi Saishūtō shusshinsha no seikatsu katei*, Tokyo : Shinkansha, 1996.

Ko Yon-i, *"Minzoku" de arukoto*, Tokyo : Shakai Hyōronsha, 1998.

Koh Chung, Hesung ed., Translated by Chikako Kashiwazaki, *Diasupora to shite no Korian*, Tokyo : Shinkansha, 2007.

Kon Sun-i, "Shakai to shōgaisha to Zainichi to", *Uri saenghwa* 10, 1993.

Kondo, Atsushi, "Citizenship Rights for Aliens in Japan", In Atsushi Kondo ed., *Citizenship in a Global World : Comparing Citizenship Rights for Aliens*, Houndmills, U.K. :

Palgrave, 2001.

Kōtō-Zainichi Chōsenjin no Rekishi o Kirokusurukai ed., *Tokyo no Korian-taun*, Tokyo : Kinohanasha, 1995.

Kroeger, Brooke, *Passing : When People Can't Be Who They Are*, New York : Public Affairs, 2003.

Kure Tomofusa, *Kenzen naru seishin*, Tokyo : Futabasha, 2007.

Kuroda Fukumi, *Souru mai hāto*, Tokyo : Kōdansha, 1995[1988].

Kurokawa Yōji, *Zainichi Chōsenjin-Kankokujin to Nihon no seishin iryō*. Tokyo : Hihyōsha, 2006.

Kwak Kihwan, *Sabetsu to teikō no genshōgaku*, Tokyo : Shinsensha, 2006.

Kyō Nobuko, *Goku futsū no Zainichi Kankokujin*, Tokyo : Asahi Shinbunsha, 1987.

_____, *Watashi no ekkyō ressun*, Tokyo : Asahi Shinbunsha, 1990.

_____, *Kikyō nōto*, Tokyo : Sakuhinsha, 2000.

_____, *Anjūshinai watashitachi no bunka*, Tokyo : Shōbunsha, 2002.

Kyoto Daigaku Kyōikugakubu Hikaku Kyōikugaku Kenkyūshitsu, *Zainichi Kankoku-Chōsenjin no minzoku kyōiku ishiki*, Tokyo : Akashi Shoten, 1990.

Langford, Paul, *Englishness Identified : Manners and Character, 1650-1850*. Oxford : Oxford University Press, 1989.

Larkin, Philip, "This Be the Verse", In Philip Larkin, Anthony Thwaite ed., *Collected Poems*, London : Marvell Press, 1988[1971].

Lee Bong Ou, *Patchigi!teki*, Tokyo : Iwanami Shoten, 2007.

Lee, Boongeun, *Zainichi issei*, Tokyo : Ritorumoa, 2005.

Lee Changsoo, "The Politics of Repatriation", In Changsoo Lee and George De Vos eds., *Koreans in Japan : Ethnic Conflict and Accommodation*, Berkeley : University of California Press, 1981.

Lee Chong Hwa, *Tsubuyaki no seiji shisō*. Tokyo : Seidosha, 1998.

Lee Chongja, *Furimukeba Nihon*, Tokyo : Kawade Shobō Shinsha, 1994.

Lee Hoesung[Yi Hoe-song/Ri Kaisei], *Kin Kirō mondai shiryōshū*, vol.7, Tokyo : Kin Kirō Kōhan Taisaku Iinkai, 1971.

_____, *Kita de are Minami de are waga sokoku*, Tokyo : Kawade Shobō Shinsha, 1974.

_____, *Tsuihō to jiyū*. Tokyo : Shinchōsha, 1975.

_____, *Mihatenu yume*, vols.5, Tokyo : Kōdansha, 1975~1979.

_____, *Saharin e no tabi*, Tokyo : Kōdansha, 1983.

_____, *Shisha to seisha no ichi*, Tokyo : Bungei Shunjū, 1996.

_____, "Kankoku kokuseki shutoku no ki", *Shinchō* 95(7), 1998.

_____, "'Mukokusekisha' no yuku michi", *Sekai* 657, 1999.

_____, *Kanōsei to shite no "Zainichi"*, Tokyo : Kōdansha, 2002.

_____, "Ikitsumodoritsu", In Hoesung Lee, *Shiki*, Tokyo : Shinchōsha, 2005a [1997].

_____, *Chijō seikatsusha*, vols.2, Tokyo : Kōdansha, 2005b.

Lee Hoesung[Yi Hoe-song/Ri Kaisei] and Naoki Mizuno eds., *"Ariran no uta" oboegaki*, Tokyo : Iwanami Shoten, 1991.

Lee Seijaku, *Zainichi Kankokujin sansei no mune no uchi*, Tokyo : Sōshisha, 1997.

Lee Sun Ae, *Nisei no kigen to "sengo shisō."* Tokyo : Heibonsha, 2000.

Lee Yangji[Yi Yang-ji], "Sanchō no ritsudō no naka e", In Dalsu Kim and Je'on Kang eds., *Shuki = Zainichi Chōsenjin*, Tokyo : Ryūkei Shosha, 1981.

_____, *Koku*, Tokyo : Kōdansha, 1985.

_____, *Yi Yangji zenshū*. Tokyo : Kōdansha, 1993.

Lee Younghwa, *Kita Chōsen Nihonjintsumatachi e no chinkonka*, Tokyo : Za Masada, 1997.

_____, *Chōsen Sōren to shūyōjo kyōwakoku*, Tokyo : Shōgakkan, 1999[1995].

Lenin, V. I., *What Is To Be Done? Harmondsworth*, U.K. : Penguin, 1988[1902].

Lie, John, "War, Absolution, and Amnesia : The Decline of War Responsibility in Postwar Japan", *Peace & Change* 16, 1991.

_____, "The Transformation of Sexual Work in Twentieth-Century Korea", *Gender & Society* 9, 1995.

_____, *Han Unbound : The Political Economy of South Korea*, Stanford, Calif. : Stanford University Press, 1998.

_____, *Multiethnic Japan*, Cambridge, Mass. : Harvard University Press, 2001.

_____, "The Black-Asian Conflict?" In George Fredrickson and Nancy Foner eds., *Not Just Black and White*, New York : Russell Sage Foundation, 2004a.

_____, *Modern Peoplehood*, Cambridge, Mass. : Harvard University Press, 2004b.

Maekawa Keiji, *Kankoku -Chōsenjin : Zainichi o ikiru*, Tokyo : Sōkisha, 1981.

Marrus, Michael R, *The Unwanted : European Refugees in the Twentieth Century*, New York : Oxford University Press, 1985.

Marshall, T. H., "Citizenship and Social Class", In T. H. Marshall and Tom Bottomore, *Citizenship and Social Class*, London : Pluto, 1992[1950].

Matsuda Toshihiko, *Senzenki no Zainichi Chōsenjin to sanseiken*, Tokyo : Akashi Shoten, 1995.

McCann, David R, "Arirang : The National Folksong of Korea", In David R. McCann, John Middleton, and Edward J. Schultz eds., *Studies on Korea in Transition*, Honolulu : Center for Korean Studies, University of Hawaii, 1979.

McNeill, William H, *Polyethnicity and National Unity in World History*, Toronto : University of Toronto Press, 1986.

Milosz, Czeslaw, Translated by Jane Zielonko, *The Captive Mind*, New York : Vintage, 1981[1955].

Mita Munesuke, *Gendai shakai no riron*, Tokyo : Iwanami Shoten, 1996.

Mitchell, Richard H, *The Korean Minority in Japan*, Berkeley : University of California Press, 1967.

Miyata Hiroto ed., *65 mannin—Zainichi Chōsenjin*, Tokyo : Suzusawa Shoten, 1977.

Miyata Setsuko, *Chōsen minshū to "kōminka" seisaku*, Tokyo : Miraisha, 1985.

―――――――, "Sōshi kaimei no jitchi katei", In Setsuko Miyata, Yondal Kim, and T'ae-ho Yang, *Sōshi kaimei*, Tokyo : Akashi Shoten, 1992.

Miyatsuka Toshio, "Gappei jigyō no aratana tenkai", In Motoi Tamaki and Toshio Watanabe eds., *Kita Chōsen*, Tokyo : Saimaru Shuppankai, 1993.

―――――――, *Nihon yakiniku monogatari*, Tokyo : Ōta Shuppan, 1999.

―――――――, "Zainichi sangyō to Zainichi manē." In Ryōsuke Ino ed., *Bessatsu Takarajima : Kenkanryū no shinjitsu*, Tokyo : Takarajimasha, 2006.

Miyauchi Hiroshi, "Watashi wa anatagata no koto o dō yobeba yoinodarōka?" *Korian mainoriti kenkyū* 3, 1999.

Mōri Yoshitaka, "'Fuyu no sonata' to nōdōteki fan no bunka jissen", In Yoshitaka Mōri ed., *Nisshiki Kanryū*, Tokyo : Serika Shobō, 2004.

Morita Susumu and Aki Sagawa eds., *Zainichi Korian shi senshū 1916 nen ~2004 nen*, Tokyo : Doyō Bijutsusha Shuppan Hanbai, 2005.

Morris, Mark, "Passing : Paradoxes of Alterity in The Broken Commandment", In Rachel Hutchinson and Mark Williams eds., *Representing the Other in Modern Japanese Literature : A Critical Approach*, London : Routledge, 2007.

Morris-Suzuki, Tessa, *Re-inventing Japan : Time, Space, Nation*, Armonk, N.Y. : M. E. Sharpe, 1998.

―――――――, *Exodus to North Korea : Shadows from Japan's Cold War*, Lanham, Md. : Rowman & Littlefield, 2007.

Mun Gyong-su, *Zainichi Chōsenjin mondai no kigen*, Tokyo : Kurein, 2007.

Mun Il ed., *Yonghwa sosol "Arirang"*, Seoul : Pangmun Sogwan, 1929.

Myrdal, Gunnar, *An American Dilemma : The Negro Problem and Modern Democracy*, 20th anniversary ed., New York : Harper & Row, 1962[1944].

Naitō Seichū, *Nihonkai chiiki no Zainichi Chōsenjin*, Tokyo : Taga Shuppan, 1989.

Nakahara Ryōji, *Zainichi Kankoku—Chōsenjin no shūshoku sabetsu to kokuseki jōkō*. Tokyo : Akashi Shoten, 1993.

Nakamura Fukuharu, *Kim Sokpom to "Kazantō."* Tokyo : Dōjidaisha, 2001.

Nakane Takayuki, *"Chōsen" hyōshō no bunkashi*, Tokyo : Shin'yōsha, 2004.

Nakao Hiroshi, *Q & A Zainichi Kankoku – Chōsenjin mondai no kisochishiki*, Tokyo : Akashi Shoten, 1997.

Nan Bujin, *Bungaku no shokuminchishugi*, Kyoto : Sekai Shisōsha, 2006.

Nihon no Gakkō ni Zaiseki suru Chōsenjin Jidōseito no Kyōiku o Kangaerukai Shiryō Sentā Henshūbu eds. *Zainichi Chōsenjin Jidōseito no Kyōiku o Kangaerutame no Shiryō*. Osaka : Nihon no Gakkō ni Zaiseki suru Chōsenjin Jidōseito no Kyōiku o Kangaerukai, n.d.

Nihon Shakaitō Chōsen Mondai Taisaku Tokubetsu Iinkai ed., *Sokoku o erabu jiyū*. Tokyo : Shakai Shinpō, 1970.

Nishimura Hideki, *Osaka de tatakatta Chōsen Sensō*. Tokyo : Iwanami Shoten, 2004.

Nishinarita Yutaka, *Zainichi Chōsenjin no "sekai" to "teikoku" kokka*, Tokyo : Tokyo Daigaku Shuppankai, 1997.

Nixon, Rob, *London Calling : V. S. Naipaul, Postcolonial Mandarin*, New York : Oxford University Press, 1992.

Noguchi Minoru[Chan Hyokuchu], Yutaka Shirakawa ed., *Iwamoto shiganhei*, Tokyo : Yumani Shobō, 2001[1944].

Noiriel, Gérard, *Le creuset français : Histoire de l'immigration XIXe-XXe siècles*, Paris : Seuil, 1988.

Nomura Kōsuke, "Naisen kyōwa to kyōiku", *Kyōwa kyōiku kenkyū*. In Kyongsik Pak ed., *Chōsen mondai shiryō sōsho*, vol.4, Tokyo : Ajia Mondai Kenkyūjo, 1982[1943].

Nomura Susumu, *Korian sekai no tabi*, Tokyo : Kōdansha, 1996.

Nozaki Rokusuke, *Ri Chin'u nōto*, Tokyo : San'ichi Shobō, 1994.

O Gyusan, *Zainichi Chōsenjin kigyō katsudō keiseishi*, Tokyo : Yūzankaku, 1992.

O Rimjun, *Zainichi Chōsenjin*, Tokyo : Ushio Shuppansha, 1971.

O Sonfa, *Watashi wa ikanishite "Nihon shinto" to nattaka*, Tokyo : PHP Kenkyūjo, 1999.

Oda Makoto, *"Kita Chōsen" no hitobito*, Tokyo : Ushio Shuppansha, 1978.

Oguma Eiji, *"Nihonjin" no kyōkai*, Tokyo : Shin'yōsha, 1998.

_____, *"Minshu" to "aikoku"*, Tokyo : Shin'yōsha, 2002.

Ogura Kizō, *Kanryū inpakuto*, Tokyo : Kōdansha, 2005.

Ohnuki-Tierney, Emiko, *Kamikaze, Cherry Blossoms, and Nationalisms : The Militarization of Aesthetics in Japanese History*, Chicago : University of Chicago Press, 2002.

Oka Yuriko, *Shiroi michi o yuku tabi*, Kyoto : Jinbun Shoin, 1993.

Ōmura Masuo, *Chōsen kindai bungaku to Nihon*, Tokyo : Ryokuin Shobō, 2003.

Ōnuma Yasuaki, *Tan'ichi minzokushakai no shinwa o koete*, New ed., Tokyo : Tōshindō,

참고문헌

1993[1986].

_____, *Zainichi Kankoku — Chōsenjin no kokuseki to jinken*, Tokyo : Tōshindō, 2004.

Osaka-fu Gakumubu Shakaika, "Zaihan Chōsenjin no seikatsu jōtai", In Kyongsik Pak ed., *Chōsen mondai shiryō sōsho*, vol.3, Tokyo : Ajia Mondai Kenkyūjo, 1982[1934].

Osaka-shi Shakaibu Chōsaka, "Chōsenjin rōdōsha mondai", In Kyongsik Pak ed., *Zainichi Chōsenjin kankei shiryō shūsei*, vol.1, Tokyo : San'ichi Shobō, 1975[1925].

Ōsawa Masachi, "Nēshon to esunishiti", In Shun Inoue, Chizuko Ueno, Masachi Ōsawa, Munesuke Mita, and Shun'ya Yoshimi eds., *Iwanami kōza gendai shakaigaku*, vol.24, Tokyo : Iwanami Shoten, 1996.

Ōtsuki Takahiro, "Yū Miri", In Ryōsuke Ino ed., *Bessatsu Takarajima*, Tokyo : Takara-jimasha, 2006.

Ozawa Yūsaku, *Zainichi Chōsenjin kyōikuron*, Tokyo : Aki Shobō, 1973.

_____, "Herubeki rekishi no tsūro nite", In Yūsaku Ozawa ed., *Kindai minshū no kiroku*, vol.10, Tokyo : Shinjinbutsu Ōraisha, 1978.

Pak Cheil, *Zainichi Chōsenjin ni kansuru sōgō chōsa kenkyū*, Tokyo : Shinkigensha, 1957.

Pak Chonmyon, "Chōsen hantō no tōitsu to Zainichi Chōsenjin", In Chonmin Pak ed., *Zainichi Chōsenjin : Rekishi, genjō, tenbō*, Tokyo : Akashi Shoten, 1995.

Pak Hwami, "'Okottekurete arigatō.'" *Horumon bunka 9*, 2000.

Pak Il, "Ikite, aishite, soshite shinda", *Horumon bunka 8*, 1998.

_____, *"Zainichi" to iu ikikata*, Tokyo : Kōdansha, 1999.

_____, *"Zainichi Korian"tte nandennen?*, Tokyo : Kōdansha, 2005a.

_____, "Zainichi Korian no keizai jijō." In Fujiwara Shoten Henshūbu ed., *Rekishi no naka no "Zainichi"*, Tokyo : Fujiwara Shoten, 2005b.

Pak Kyongnam, *Inochisae wasurenakya*, Tokyo : Iwanami Shoten, 1992.

Pak Kyongsik, *Chōsenjin kyōsei renkō no kiroku*, Tokyo : Miraisha, 1965.

_____, *Nihon teikokushugi no Chōsen shihai*, vols.2, Tokyo : Aoki Shoten, 1973.

_____, "Zainichi Chōsenjin undōshi", part 1. *Kikan sanzenri 1*, 1975.

_____, *Zainichi Chōsenjin undōshi*, Tokyo : San'ichi Shobō, 1979.

_____, *Zainichi Chōsenjin*, Tokyo : San'ichi Shobō, 1981.

_____, *Zainichi Chōsenjin, kyōsei renkō, minzoku mondai*, Tokyo : San'ichi Shobō, 1992.

Pak Kyongsik ed., *Chōsen mondai shiryō sōsho*, vol.9, Tokyo : Ajia Mondai Kenkyūjo, 1983a.

_____, *Chōsen mondai shiryō sōsho*, vol.10, Tokyo : Ajia Mondai Kenkyūjo, 1983b.

_____, *Chōsen mondai shiryō sōsho*, vol.5, Tokyo : Ajia Mondai Kenkyūjo, 1983c.

Pak Sangdok, *Zainichi Chōsenjin no kyōiku*, New ed., Tokyo : Ariesu Shobō, 1982.

Pak Sil, "'Kika' sha no ushirometasa o norikoe", In Minzokumei o Torimodosukai ed., *Minzokumei o torimodoshita Nihonseki Chōsenjin*, Tokyo : Akashi Shoten, 1990.

Pak Sunam, "'Fanon Is a Brother' : An Interview with Pak Sunam", *AMPO* 6, 1970.

Pak Sunam ed., *Ri Chin'u zenshokanshū*, Tokyo : Shinjinbutsu Ōraisha, 1979.

Pe Ginban, "Kwanho no yukue", *Horumon bunka* 9, 2000.

Ramazani, Jahan, *The Hybrid Muse : Postcolonial Poetry in English*, Chicago : University of Chicago Press, 2001.

Reed, Ishmael, "America's 'Black Only' Ethnicity", In Werner Sollors ed., *The Invention of Ethnicity*, New York : Oxford University Press, 1989.

Ri Chek, *Gekishin! Chōsen Sōren to uchimaku*, Tokyo : Shōgakkan, 2003.

Ri Kenji, *Chōsen kindai bungaku to nashonarizumu*, Tokyo : Sakuhinsha, 2007.

Ri Sihyon, "Waga Chōsen Sōren no 'tsumi to batsu'", *Bessatsu Takarajima* 221, 1995.

Ri Tōjun, *Nihon ni iru Chōsen no kodomo*, Tokyo : Shunjūsha, 1956.

Ri Yuhwan, *Zainichi Kankokujin 60 man*, Tokyo : Yōyōsha, 1971.

Riesman, David, and Evelyn Thompson Riesman, *Conversations in Japan : Modernization, Politics, and Culture*, Chicago : University of Chicago Press, 1976[1967].

Riley, Denise, *Impersonal Passion : Language as Affect*, Durham, N.C. : Duke University Press, 2005.

Rōdōsha Ruporutāju Shūdan ed., *Nihonjin no mita Zainichi Chōsenjin*, Tokyo : Nihon Kikanshi Tsūshinsha, 1959.

Ryang, Sonia, *North Koreans in Japan : Language, Ideology, and Identity*, Boulder, Colo. : Westview Press, 1997.

_____, "Dead-End in a Korean Ghetto : Reading a Complex Identity in Gen Getsu's Akutagawa-Winning Novel Where the Shadows Reside", *Japanese Studies* 22, 2002.

_____, "The Great Kanto Earthquake and the Massacre of Koreans in 1923 : Notes on Japan's Modern National Sovereignty", *Anthropological Quarterly* 76, 2003.

Ryang, Sonia, and John Lie eds., *Diaspora without Homeland : Being Korean in Japan*, Berkeley : Global, Area, and International Archive/University of California Press, 2008.

Ryōchikai ed., *100 nin no Zainichi Korian*, Tokyo : Sangokan, 1997.

Ryu, Catherine, "Beyond Language : Embracing the Figure of 'the Other' in Yi Yang-ji's Yuhi", In Rachel Hutchinson and Mark Williams eds., *Representing the Other in Modern Japanese Literature : A Critical Approach*, London : Routledge, 2007.

Sagisawa Megumu, *Kenari mo hana, sakura mo hana*, Tokyo : Shinchōsha, 1994.

_____, "Hontō no natsu", In Megumu Sagisawa, *Kimi wa kono kuni o sukika*, Tokyo : Shinchōsha, 1997.

_____, "Meganegoshi no sora", In Megumu Sagisawa, *Byūtifuru nēmu*, Tokyo : Shinchōsha, 2004[2001].

_____, *Watashi no hanashi*, Tokyo : Kawade Shobō Shinsha, 2005[2002].

Saitō Hiroko, *Kankokukei Nihonjin*, Tokyo : Sairyūsha, 1994.

Sakanaka Hidenori, "Zainichi Kankoku-Chōsenjin seisakuron no kiketsu", In Fujiwara Shoten Henshūbu ed., *Rekishi no naka no "Zainichi*, Tokyo : Fujiwara Shoten, 2005a.

_____, *Nyūkan senki*, Tokyo : Kōdansha, 2005b.

Sasaki Nobuaki, "1920 nendai ni okeru Zaihan Chōsenjin no rōdō seikatsu katei", In Kaoru Sugihara and Kingo Tamai eds., *Taishō Osaka suramu*, Tokyo : Shinhyōron, 1986.

Sasaki Ryūji, "Kikoku undō no rekishiteki kankyō o tou", In Tōhoku Ajia Mondai Kenkyūjo ed., *Zainichi Chōsenjin wa naze kikoku shitanoka*, Tokyo : Gendai Jinbu-nsha, 2004.

Sasaki Teru, *Nihon no kokuseki seido to Koriakei Nihonjin*, Tokyo : Akashi Shoten, 2006.

Satō Hisashi, "Kikokusha no sonogo", In Sōji Takasaki and Junjin Pak eds., *Kikoku undō to wa nandattanoka*, Tokyo : Heibonsha, 2005.

Satō Katsumi, "Tōmen suru Zainichi Chōsenjin mondai to Nihonjin", In Katsumi Satō ed., *Zainichi Chōsenjin no shomondai*, Tokyo : Dōseisha, 1971.

_____, "Nozomareru jiritsushita kankei", *Kikan sanzenri* 12, 1977.

Satō Toshiki, *Fubyōtō shakai Nihon*, Tokyo : Chūō Kōron Shinsha, 2000.

Schmid, André, *Korea between Empires, 1895-1919*. New York : Columbia University Press, 2002.

Scholem, Gershom, Translated by Harry Zohn, *From Berlin to Jerusalem : Memories of My Youth*, New York : Schocken, 1980[1977].

Seidel, Michael, *Exile and the Narrative Imagination*, New Haven, Conn. : Yale University Press, 1986.

Seki Takashi, *Rakuen no yume yaburete*, Tokyo : Zenbōsha, 1962.

Sekikawa Natsuo, *Kaikyō o koeta hōmuran*, Tokyo : Futabasha, 1984a.

_____, *Seoul no renshū mondai*, Tokyo : Jōhō Sentā Shuppankyoku, 1984b.

_____, *Taikutsu na meikyū*, Tokyo : Shinchōsha, 1992.

Shaw, Martin, *Theory of the Global State : Globality as Unfinished Revolution*, Cambridge : Cambridge University Press, 2000.

Shigeyama Sadako, *Zainichi shura no uta*, Tokyo : Kōdansha, 2006.

Shin, Gi-Wook, *Ethnic Nationalism in Korea : Genealogy, Politics, and Legacy*, Stanford, Calif.

: Stanford University Press, 2006.

Shin Sugok, *Kikoku shūshū*. Tokyo : Kaihō Shuppansha, 2003.

_____, *Setchan no gochisō*. Tokyo : NHK Shuppan, 2006.

Shirai Miyuki ed., *Nihon kokuseki o torimasuka?*, Tokyo : Shinkansha, 2007.

Shōya Reiko and Tōru Nakayama, *Kōrei Zainichi Kankoku−Chōsenjin*, Tokyo : Ochano-mizu Shobō, 1997.

Silone, Ignazio, [Untitled.] In Richard Crossman ed., *The God That Failed*, New York : Harper & Brothers, 1949.

Sin Yong-ha, *Han'guk kundae sahoe sasangsa yon'gu*, Seoul : Iljisa, 1987.

So, Jon'u, "Watashi no taikenteki chiiki katsudāron", *Kikan seikyū* 15, 1993.

Son Puja, *Aisurutoki kiseki wa tsukurareru*, Tokyo : San'ichi Shobō, 2007.

Steedman, Carolyn Kay, *Landscape for a Good Woman : A Story of Two Lives*, New Brunswick, N. J. : Rutgers University Press, 1987[1986].

Sternhell, Zeev, *The Founding Myths of Israel*, Princeton, N. J. : Princeton University Press, 1998.

Sugihara Tōru, *Ekkyō suru tami : Kindai Osaka no Chōsenjinshi kenkyū*. Tokyo : Shinkansha, 1998.

Sugiura Minpei, "Kaisetsu", In Sueko Yasumoto, *Nianchan*, Fukuoka : Nishi Nihon Shinbunsha, 2003[1969].

Suh Kyung Sik, *Nagaku kibishii michinori−Suh kyōdai−gokuchū no sei*, Tokyo : Kage Shobō, 1988.

_____, *Kodomo no namida*, Tokyo : Shōgakkan, 1998[1995].

_____, *Han nanmin no ichi kara*, Tokyo : Kage Shobō, 2002.

Suh Kyung Sik ed., *Suh kyōdai gokuchū kara no tegami*, Tokyo : Iwanami Shoten, 1981.

Suh Sung, *Gokuchū 19 nen*, Tokyo : Iwanami Shoten, 1994.

Sung Mija, *Kabukichō chinjara kōshinkyoku*, Tokyo : Tokuma Shoten, 1990.

Suzuki Michihiko, *Ekkyō no toki*, Tokyo : Shūeisha, 2007.

Tabori, Paul, *The Anatomy of Exile : A Semantic and Historical Study*, London : Harrap, 1972.

Tachihara Masaaki, *Nihon no bi o motomete*, Tokyo : Kadokawa Shoten, 1983.

Taguchi Jun'ichi, "Iminzoku-ibunka no mondai to masukomi", In Eiichi Isomura and Yasunori Fukuoka eds., *Masukomi to sabetsugo mondai*, Tokyo : Akashi Shoten, 1984.

Tai, Eika, "'Korean Japanese' : A New Identity Option for Resident Koreans in Japan", *Critical Asian Studies* 36, 2004.

Takai Yūichi, *Tachihara Seishū*. Tokyo : Shinchōsha, 1991.

Takasaki Sōji, "Kikoku mondai no keika to haikei", In Sōji Takasaki and Junjin Pak eds.,

Kikoku undō to wa nandattanoka, Tokyo : Heibonsha, 2005.

Takayanagi Toshio, "1950-60 nendai no Zainichi Chōsenjin to Nihon no seron", *Kikan seikyū* 22, 1995.

_____, "Eiga 'umi o wataru yūjō' to Kita Chōsen kokuku jigyō." *Zainichi Chōsenjinshi kenkyū* 29, 1999; *Chōsenjinshi kenkyū* 30, 2000.

_____, "'Chōsen Bungei' ni miru sengo Zainichi Chōsenjin bungaku no shutsuritsu", In Minato Kawamura ed., *Bungakushi o yomikaesu*, vol.5, Tokyo : Inpakuto Shuppankai, 2002.

Takeda Seiji, *"Zainichi" to iu konkyo*. Tokyo : Kokubunsha, 1983.

Takenoshita Hirohisa, "Esunikku aidentiti no kattō to hen'yō." *Kaihō shakaigaku kenkyū*, 10, 1996.

Tamaki Motoi, "Chōsen Sōren wa nani o yattekitanoka", *Bessatsu takarajima* 221, 1995.

Tanabe Seiko, "Watashi no Osaka hakkei", In Seiko Tanabe, *Tanabe Seiko zenshū*, vol.1, Tokyo : Shūeisha, 2004[1965].

Tei Taikin[Chung Dae-Gyun], *Kankoku no imēji*, Tokyo : Chūō Kōronsha, 1995.

_____, *Zainichi Kankokujin no shūen*, Tokyo : Bungei Shunjū, 2001.

_____, *Zainichi no taerarenai karusa*, Tokyo : Chūō Kōronsha, 2006.

Tei Tetsu, *Mindan konjaku — Zainichi Kankokujin no minshuka undō*. Tokyo : Keishūshinsha, 1982.

Terao Gorō, *38 dosen no kita*, Tokyo : Shin Nihon Shuppansha, 1959.

_____, *Chōsen — sono kita to minami*, Tokyo : Shin Nihon Shuppansha, 1961.

_____, *Chōsen nyūmon*, Tokyo : Shin Nihon Shuppansha, 1965.

Terasawa Masaharu, "1990 nendai Nihon to Kankoku no sōgo ninshiki", In Sun-e Pak and Reiko Tsuchiya eds., *Nihon taishū bunka to Nikkan kankei*, Tokyo : Sangensha, 2002.

Terazawa Masako, "Nihon shakai no heisasei to bunka", In Gyōzaisei Sōgō Kenkyūjo, ed., *Gaikokujin rōdōsha no jinken*, Tokyo : Ōtsuki Shoten, 1990.

Tonomura Masaru, *Zainichi Chōsenjin no rekishigakuteki kenkyū*. Tokyo : Ryokuin Shobō, 2004.

Torpey, John, *The Invention of the Passport*, Cambridge : Cambridge University Press, 2000.

Totsuka Hideo, "Nihon teikokushugi no hōkai to 'inyū Chōsenjin' rōdōsha", In Mikio Sumiya ed., *Nihon rōshikankeishi*, Tokyo : Tokyo Daigaku Shuppankai, 1977.

Tsubouchi Hirokiyo, *Boshū to iu na no kyōsei renkō*. Tokyo : Sairyūsha, 1998.

Tsuge Yoshiharu, "Ri-san ikka", In Yoshiharu Tsuge, *Akai hana*, Tokyo : Shōgakkan, 1995[1967].

Tsuka Kōhei, *Musume ni kataru sokoku*, Tokyo : Kōbunsha, 1990.

"Turning Rapanese, *Monocle* 1(3), 2007.

Uchiyama Kazuo, *Zainichi Chōsenjin to kyōiku*, Tokyo : San'ichi Shobō, 1982.

Ueda Takahiko, *Zainichi Kankokujin to teiryoku*, Tokyo : Nisshin Hōdō, 1995.

Un Jongi, *Okasareru jinken*, Tokyo : Chōsen Sei'nensha, 1978.

_____, *Zoku—okasareru jinken*, Tokyo : Chōsen Sei'nensha, 1983.

Underwood, William, "Names, Bones and Unpaid Wages : Seeking Redress for Korean Forced Labor", 2 parts, *Japan Focus*, http://www.japan-focus.org/products/top df/2219; http://www.japanfocus.org/products/ topdf/2225 (retrieved 7/7/0 7), 2006.

Unno Fukuju, "Chōsen no rōmu dōin", In Shinobu Ōe et al. eds., *Kindai Nihon to shokuminchi*, vol.5, Tokyo : Iwanami Shoten, 1993.

Uri Hakkyo o Tsuzuru Kai ed., *Chōsen gakkōtte donna toko?* Tokyo : Shakai Hyōronsha, 2001.

Utsumi Aiko, *Chōsenjin BC kyū senhan no kiroku*, Tokyo : Keisō Shobō, 1982.

Wada Haruki, "Kita no tomo e, Mirami no tomo e", *Shisō* 734, 1985.

_____, "Rosiaryō kyokutō no Chōsenjin 1863-1937." *Shakai kagaku kenkyū* 40, 1989.

_____, *Kin Nissei to Manshū kōnichi sensō*. Tokyo : Heibonsha,, 1992.

Wagatsuma, Hiroshi, "Problems of Self-Identity among Korean Youth in Japan", In Changsoo Lee and George De Vos eds., *Koreans in Japan : Ethnic Coflict and Accommodation*, Berkeley : University of California Press, 1981.

Wagner, Edward W, *The Korean Minority in Japan 1904~1950*. New York : Institute of Pacfic Relations, 1951.

Wakita Ken'ichi, *Chōsen Sensō to Suita—Hirakata jiken*, Tokyo : Akashi Shoten, 2004.

Wales, Nym, and San Kim, *Song of Ariran : A Korean Communist in the Chinese Revolution*, New York : John Day, 1941.

Walzer, Michael, *Exodus and Revolution*, New York : Basic, 1985.

Watanabe Kazutami, *"Tasha" to shite no Chōsen*, Tokyo : Iwanami Shoten, 2003.

Watanabe Masao, *Kaikyū! Shakai ninshiki no gai'nen sōchi*, Tokyo : Sairyūsha, 2004.

Watanabe Osamu ed., *Gendai Nihon Shakairon*, Tokyo : Rōdō Junpōsha, 1996.

"Watashi ni totte 'Zainichi' to wa.", *Kikan sanzenri* 24, 1980.

Weiner, Michael A, *The Origins of the Korean Community in Japan, 1910-1923*. Atlantic Highlands, N. J. : Humanities Press International, 1989.

_____, *Race and Migration in Imperial Japan*, London : Routledge, 1994.

Wender, Melissa L, *Lamentation as History : Narratives by Koreans in Japan, 1965~2000*.

Stanford, Calif. : Stanford University Press, 2005.

Williams, Gareth D, *Banished Voices : Readings in Ovid's Exile Poetry*, Cambridge : Cambridge University Press, 1994.

Won Sonjin, *Nihon no naka no Chōsen mondai*, Tokyo : Gendai Shokan, 1986.

Woolf, Virginia, *Orlando*, London : Hogarth Press, 1928.

Yamada Terumi, "Zainichi Chōsenjin mondai wa wareware Nihonjin no mondai de aru", In Akira Satō and Terumi Yamada eds., *Zainichi Chōsenjin*, Tokyo : Akashi Shoten, 1986.

Yamagishi Shigeru, *Kantō daishinsai to Chōsenjin gyakusatsu*, Tokyo : Waseda Shuppan, 2002.

Yamamoto Tetsumi, *Hokori : Ningen Harimoto Isao*, Tokyo : Kōdansha, 1995.

Yamamura Masaaki, *Inochi moetsukirutomo*, New ed., Tokyo : Daiwa Shuppan, 1975[1971].

Yamasaki Masazumi, *Sengo "Zainichi" bungakuron*, Tokyo : Yōyōsha, 2003.

Yamano Sharin, *Kenkanryū*, Tokyo : Fuyūsha, 2005.

_____, *Zainichi no chizu*, Tokyo : Kaiōsha, 2006.

Yamauchi Masayuki and Minzoku Mondai Kenkyūkai eds., *Nyūmon sekai no minzoku mondai*, Tokyo : Nihon Keizai Shinbunsha, 1991.

Yan Sogiru, *Takushï kyōsōkyoku*, Tokyo : Chikuma Shobō, 1987[1981].

_____, *Yoru no kawa o watare*, Tokyo : Chikuma Shobō, 1990.

_____, *Shura o ikiru*, Tokyo : Kōdansha, 1995.

_____, *Chi to hone*, Tokyo : Gentōsha, 1998.

_____, *Ajiateki shintai*, Tokyo : Heibonsha, 1999.

_____, *Tamashii no nagareyuku hate*, Tokyo : Kōbunsha, 2001.

_____, *Mirai e no kioku*, Tokyo : Āton, 2006.

_____, *Cinema, cinema, cinema*, Tokyo : Kōbunsha, 2007.

Yang Aisun, *Zainichi Chōsenjin shakai ni okeru saishi girei*, Kyoto : Kōyō Shobō, 2004.

Yang Tae-hoon, *Boku wa Zainichi 'shin' issei*, Tokyo : Heibonsha, 2007.

Yang Yonhu, "4.24 kyōiku tōsō−Osaka", In Kōbe Gakusei-Seinen Sentā ed., *Zainichi Chōsenjin no minzoku kyōiku*, Kōbe : Kōbe Gakusei-Seinen Sentā, 1982.

_____, *Sengo Osaka no Chōsenjin undō, 1945-1965*. Tokyo : Miraisha, 1994.

Yasumoto Sueko, *Nianchan*, Fukuoka : Nishi Nihon Shinbunsha, 2003[1958].

Ye Te-won, *Sabetsu to kanshi no naka de*, Tokyo : Tokuma Shoten, 1982.

Yi Chinmi, "Akkerakan to Kankokujin to shite", In Kyongdok Kim ed., *Wagaya no minzoku kyōiku*, Tokyo : Shinkansha, 2006.

Yi Jon'yan, "Zainichi Chōsenjin to kika", In Yongon Kim and Jon'yan Yi eds., *Zainichi Kankoku−Chōsenjin*, Tokyo : San'ichi Shobō, 1985.

Yi Kisun, *Zerohan*, Tokyo : Kōdansha, 1995.

＿＿＿＿, "Korekara no Zainichi dōhō keizaijin no arikata to UG bijinesukurabu no kadai", In UG Bijinesukurabu ed., *"Zainichi" kara "zaichikyū" e*, Osaka : UG Bijinesukurabu, 2000.

＿＿＿＿, "Minzoku kyōiku yori ningen kyōiku", In Kyongdok Kim ed., *Wagaya no minzoku kyōiku*, Tokyo : Shinkansha, 2006.

Yi Sinhi, "Henshū o oete", *Kikan sanzenri* 8, 1976.

＿＿＿＿, "Henshū o oete", *Kikan sanzenri* 28, 1981.

Yi Unjik, *Dakuryū*, vols.3, Tokyo : Shinkō Shobō, 1967~68.

Yomota Inuhiko, *Warera ga "tasha" naru Kankoku*, Tokyo : Riburopōto, 1984.

＿＿＿＿＿＿, *Nihon eiga to sengo no shinwa*, Tokyo : Iwanami Shoten, 2007.

Yoneyama, Lisa, *Hiroshima Traces : Time, Space, and the Dialectics of Memory*, Berkeley : University of California Press, 1999.

Yoon Keun Cha, *Ishitsu to no kyōzon*, Tokyo : Iwanami Shoten, 1987.

＿＿＿＿＿＿, *Kozetsu no rekishi ishiki*, Tokyo : Iwanami Shoten, 1990.

＿＿＿＿＿＿, *"Zainichi" o ikirutowa*, Tokyo : Iwanami Shoten, 1992.

＿＿＿＿＿＿, *Minzoku gensō no sashitsu*, Tokyo : Iwanami Shoten, 1994.

＿＿＿＿＿＿, *Nihon kokuminron*, Tokyo : Chikuma Shobō, 1997.

Yoshioka Masuo, "Zainichi Chōsenjin to kokumin kenkō hoken seido", In Masuo Yoshioka ed., *Zainichi Chōsenjin to shakai hoshō*, Tokyo : Shakai Hyōronsha, 1978.

＿＿＿＿＿＿, "Zainichi Chōsenjin to nenkin seido", In Masuo Yoshioka ed., *Zainichi Chōsenjin no seikatsu to jinken*, Tokyo : Shakai Hyōronsha, 1980a.

＿＿＿＿＿＿, "Zainichi Chōsenjin to seikatsu hogo", In Masuo Yoshioka ed., *Zainichi Chōsenjin no seikatsu to jinken*, Tokyo : Shakai Hyōronsha, 1980b.

＿＿＿＿＿＿, "Zainichi gaikokujin to kokumin nenkin", In Masuo Yoshioka ed., *Zainichi Chōsenjin to jūminken undō*, Tokyo : Shakai Hyōronsha, 1981.

Yū Miri, *Mizube no yurikago*, Tokyo : Kadokawa Shoten, 1997.

＿＿＿＿, *Gōrudorasshu*, Tokyo : Shinchōsha, 1998.

＿＿＿＿, *Jisatsu*, Tokyo : Bungei shunjū, 1999[1995].

＿＿＿＿, *Kotoba wa shizuka ni odoru*, Tokyo : Shinchōsha, 2001.

＿＿＿＿, *Ishi ni oyogu sakana*, Tokyo : Shinchōsha, 2002[1994].

＿＿＿＿, *8 gatsu no hate*, Tokyo : Shinchōsha, 2004.

＿＿＿＿, *Yamanotesen uchimawari*, Tokyo : Kawade Shobō Shinsha, 2007a.

＿＿＿＿, *Yū Miri fukō zenkiroku*, Tokyo : Shinchōsha, 2007b.

Yun In-jin, *K'orian diasup'ora*, Seoul : Koryo Taehakkyo Ch'ulp'anbu, 2004.

Zai Nihon Daikanminkoku Kyoryū Mindan Chūō Honbu, *Ken'eki undō no susume*, Tokyo

: Zai Nihon Daikanminkoku Kyoryū Mindan Chūō Honbu, 1978.

_____, *Seikatsuken o kachitorō*. Tokyo

: Zai Nihon Daikanminkoku Kyoryū Mindan Chūō Honbu, 1979.

Zainichi Bungei Mintō, "90 nendai o warera no te ni", *Zainichi bungei mintō* 10, 1990.

Zainichi Chōsen Kagaku Gijutsu Kyōkai, "Zainichi Chōsenjin no seikatsu jittai", In Yūsaku Ozawa ed., *Kindai minshū no kiroku*, vol.10, Tokyo : Shinjinbutsu Ōraisha, 1978[1951].

Zainichi Chōsenjin dantai jūyō shiryōshū : 1948 nen ~ 1952 nen, Tokyo : Kōhokusha, 1975.

Zainichi Chōsenjin kanri jūyō bunshoshū, Tokyo : Kōhokusha, 1978.

Zainichi Chōsenjin Kenri Yōgo Iinkai ed., *Zainichi Chōsenjin jinken hakusho*, Tokyo : Chōsen Sei'nensha, 1996.

Zainichi Chōsenjin no Jinken o Mamorukai ed., *Zainichi Chōsenjin wa riyū naki ni sasshō sareteiru*, Tokyo : Zainichi Chōsenjin no Jinken o Mamorukai Shuppankyoku, 1963.

_____, *Zainichi Chōsenjin no hōteki ichi*, Tokyo : Zainichi Chōsenjin no Jinken o Mamorukai Shuppankyoku, 1964.

_____, *Zainichi Chōsenjin no kihonteki jinken*, Tokyo : Nigatsusha, 1977.

Zainichi Hokusenkei Chōsenjin gakkō no kyōkasho no jittai ni tsuite, 1967, n.p.

Zainichi Kankoku-Chōsenjin no Kokumin Nenkin o Motomeru Kai ed., *Kokuseki sabetsu e no chōsen*, Tokyo : Zainichi Kankoku-Chōsenjin no Kokumin Nenkin o Moto-meru Kai, 1981.

Zainichi Kankoku Seinen Dōmei Chūō Honbu ed., *Zainichi Kankokujin no rekishi to genjitsu*, Tokyo : Yōyōsha, 1970.

Zainichi Kōrai Rōdōsha Renmei, *Zainichi Chōsenjin no shūrō jittai chōsa*, Tokyo : Shinkansha, 1992.

"Zainichi nisei no seikatsu to iken, *Kikan sanzenri* 8, 1976.

본문
주석

머리말

1 영어권에도 이러한 주제를 다룬 책은 많다.
   Mitchell 1967; Lee and DeVos 1981; Weiner
   1989; Ryang 1997; Hicks 1998; Lie 2001;
   Chapman 2009; Ryang and Lie 2008 등을
   참조할 것.
2 Ōmura 2003, 267~284
3 Ōnuma 2004 : iv~v
4 Yoon 1992 : 204
5 cf. Kishida 1999 : 61~62; Kim Yondal
   2003b : 21~23
6 Miyauchi 1999
7 Abelmann and Lie 1995
8 Lie 1998
9 Lie 2001
10 cf. Dower 1999 : 559; Yomota 2007 :
   10~14
11 Kin Kakuei 2006b : 553

제1장

1 Carey 2005 : 158
2 예를 들면 Denoon, Hudson, McCormack,
   and Morris-Suzuki 1997
3 Arano 1988
4 Cavalli-Sforza and Cavalli-Sforza, 1995 : 158
5 Lie 2004b : chap. 3
6 Gellner 1983 : x
7 Lie 2001 : chap. 4
8 cf. Kim D. 1990
9 Kim Yondal 2003b : 87~89
10 Pak Kyongsik 1965; Zanichi Kankoku 1970 등
11 Kin Kakuei 2004 : 34
12 cf. Ko 1986 : 22~23
13 Osaka-fu 1982 : 44~47 69
14 Hyōgo-ken 1982 : 36, 33
15 Osaka-fu 1982 : 69; Hyōgo-ken 1982 : 126
16 Nishinarita 1997 : 74~75

17 Kim Chanjung 1979 : 12~14
18 Totsuka 1977 : 191; Kim Chanjung 1980 :
   98~100
19 Ishiaka 1993 : 193; cf. Iwamura 1972 :
   35~36
20 Sasaki 1986 : 211~212; Nishinarita 1997 :
   67~69
21 Higuchi 1978 : 550
22 Unno 1993 : 120~121
23 Kim Yondal 2003a : 59
24 Higuchi 1979 : 44~46
25 Yoneyama 1999 : 152
26 cf. Duus 1995 : 404
27 cf. Ryang 2003 : 738
28 Yamagishi 2002 : 112~114
29 O 1971 : 71~75
30 예를 들어 Yū 2007a : 418~421
31 Lee H. 1975 : 32~33
32 Ishizaka 1993 : 209~213
33 Pak Kyongsik 1979; Ko 1985
34 Mitchell 1967 : 32~38, 92~99
35 Morris-Suzuki 1998 : 105
36 Pak Kyongsik 1973 2 : chap. 5
37 cf. Kim Chanjung and Ban 1997 : 43~45
38 Higuchi 1995 : 55
39 Nishinarita 1997 : 47~48
40 Tonomura 2004 : 76
41 Kim Yondal 2003a : 35~37
42 Chong Jaejung 2006 : 6
43 Chan Jonsu 1989 : 38
44 cf. Osaka-shi 1975 : 352
45 Weiner 1994 : 195~203
46 Tsubouchi 1998 : 55, 161
47 cf. Kim Munson 1991 : 117~118
48 Jon 1984 : 6
49 Hōmu Kenshūjo 1975 : 7~10
50 Kimura 1997 : 118~119
51 Nishinarita 1997 : 52~58
52 Pak Cheil 1957 : 41
53 Tonomura 2004 : 96
54 Osaka-fu 1982 : 77; Hyōgo-ken 1982 : 141
55 Tonomura 2004 : 153
56 Tonomura 2004 : 148-159, 168~171
57 Tonomura 2004 : 176~179
58 Nan 2006 : 7~9

59 Tonomura 2004 : 168~171

60 cf. Sugihara 1998 : 96~98

61 Sugihara 1998 : 167~169

62 Chan 1966 : 32, 86

63 Chan 1966 : 32; Nomura 1996 : 25

64 Lee Chongja 1994 : 39~40

65 Chan 1966 : 86~88

66 Kim Munson 1991 : 15

67 Chan 1966 : 21

68 Pak Kyongsik 1973 2 : 61~65; Miyata 1985 : 175~176

69 Nomura 1982 : 9

70 Kayama 1978 : 358

71 Oguma 1998 : 428~434

72 Matsuda 1995

73 Miyata 1992 : 90

74 Kayama 1978 : 357, 361; cf. Kim Sokpom 1993 : 48

75 Kawamura 1999 : 102~106; 2000 : 11~12

76 Noguchi Minoru 2001 : 1

77 Yoon 1994 : 161; Kawata 2005 : 172~173

78 Kim Sokpom 2005a : 390

79 Kim Hiro 1968 : 13

80 Kim Sokpom and Kim 2001 : 17

81 Kim Sijong 2004 : 5

82 Yū 2004 : 613

83 Chaudhuri 1989

84 예를 들면 Scholem 1980 : 26~27

85 Kim Sokpom 1993 : 13; Yoon 1994 : 232~233

86 Wagner 1951 : 43

87 Tonomura 2004 : 322~326

88 Watanabe 2003 : 8, 209

89 Tonomura 2004 : 320~321

90 Kim Saryan 2006

91 cf. Pak Kyongsik 1983c

92 Yasumoto 2003 : 91, 214, 200

93 Sugiura 2003 : 305

94 Lie 2001 : 130~136

95 Lie 2001 : chap. 3

96 Handō 2006 : 30~31

97 Morris-Suzuki 1998 : 190

98 cf. Riesman and Riesman 1976 : 6, 31

99 Oguma 2002 : 553~554

100 자이니치 지식인인 강상중은 이 영화는 기억하지만 자이니치 인물은 기억하지

못한다고 한다(Kang 2008 : 100)

101 cf. Takayanagi 1999-2000 : 48~54

102 cf. Yan 1995 : 127~143

103 Kaikō 1959 : 43

104 Kaikō 1959 : 45

105 Kaikō 1959 : 21

106 Yan Sogiru 2001 : 214

107 Kamishima 1982 : xvii

108 Pak Kyongsik 1992 : 81

109 Terazawa 1990 : 64~65

110 McNeill 1986 : 18

111 Kim Sijong 2005 : 11

112 Lee Yangji 1981 : 157~158

113 cf. Morris 2007 : 137~140

114 cf. Kroeger 2003 : 5, 216

115 cf. Goffman 1974 : 87~91

116 1962 : 683

117 Chauncey 1994 : 273~276

118 Pak I. 2005a : 24~25

119 cf. Fukuoka and Tsujiyama 1991b : 85

120 Yū 2001 : 168

121 Fukuoka 1993 : 29~31

122 Gen 2003b : 134

123 Hwang Mingi's 1993 : 32

124 Kang H. 2001 : 98~115; Pak I. 2005a : 14~35

125 Kim I. 1978 : 147, 162

126 cf. Kawamura 2003 : 80

127 Yamamoto 1995 : 269

128 Pak I. 1999 : 139

129 Sagisawa 2005 : 142

130 cf. Takai 1991 : 23, 189~190

131 Yamano Sharin 2005

132 Yan Sogiru 1987 : 39

133 1980년대 중반 실시한 조사를 보면 절반 이상이 1945년 이후에야 일본에 건너왔다(Kanagawa-kennai 1986 : 14)

134 cf. Uchiyama 1982 : 18

135 Bestor 2004 : 233~235

136 O 1999 : 66~68

137 cf. Bestor 1989 : 208~214

138 Yamamoto 1995 : 130

139 Yamamoto 1995 : 218~220 · 282

140 Lenin 1988

141 Fitzpatrick 1999

142 Lie 2004a
143 Hirschman 1970
144 Lie 1998 : 74
145 Oda 1978 : 245
146 Yoon 1990 : 100~101; Jon 2005 : 213~215
147 Yoon 1990 : 95
148 Pak Kyongsik 1973, 1979

제2장

1 Pak Cheil 1957 : 137
2 Mitchell 1967 : 158
3 Seidel 1986 : lx
4 cf. Hirabayashi 1978 : 3~5
5 Kim Yondal 2003b : 188
6 cf. Kim T'ae-gi 1997 : 162~163
7 Wagner 1951 : 1~2
8 Wagner 1951 : 41~42, 62~63
9 Hōmu Kenshūjo 1975 : 70~72
10 Jon 1984 : 131
11 Che Sogi 2004 : 42
12 Kim Sokpom and Kim 2001 : 40
13 Pak Cheil 1957 : 127~129
14 Pak Kyongsik 1981 : 11, 79~81
15 Kim Hyonpyo 1978 : 184~186
16 Pak Cheil 1957 : 132~133
17 Zainichi Chōsen 1978 : 285
18 Yang 1994 : 178~180
19 Mitchell 1967 : 104
20 Zainichi Chōsen 1978 : 289~290
21 Pak Kyongsik 1992 : 612
22 Chon 1994 : 80
23 Pak Cheil 1957 : 35
24 Iinuma 1983 : 24~25
25 cf. Han 2002 : 103
26 Zainichi Chōsenjin 1964 : 40
27 Utsumi 1982 : ii
28 Hōmu Kenshūjo 1975 : 116~123·147
29 Zainichi Chōsenjin 1978 : 10~12
30 Wagner 1951 : 41~42
31 Kim T'ae-gi 1997 : 743~752
32 Wagner 1951 : 43
33 Kim T'ae-gi 1997 : 576~580
34 Ōnuma 1993 : chap.3
35 (Kashiwazaki 2000 : 21

36 Mitchell 1967 : 112~113
37 Kim T'ae-gi 1997 : 739~740
38 Zainichi Chōsenjin 1964 : 83~84
39 Hwang 1993 : 80
40 O 1992 : 43-50
41 Zainichi Chōsenjin dantai 1975 : 37
42 Mitchell 1967 : 104~6
43 Mitchell 1967 : 108~115
44 Ri 1971 : 4~5
45 Ri 1971 : 102~3
46 Tei 1982 : 62~63, 74~75
47 Mitchell 1967 : 125~126
48 Kim Chanjung 2004a : 145
49 Kim Chanjung 2007 : 20~22
50 Kim T'ae-gi 1997 : 762~765
51 Ri 1971 : 5~29
52 Kim Teyon 1999 : 73
53 Pak Kyongsik 1979 : 56
54 Yang 1994 : 66
55 Ri 1971 : 29~36
56 Kim Chanjung 2007 : 209~210
57 Nishimura 2004 : 122; Wakita 2004 : 271~272
58 Mitchell 1967 : 120~121
59 Han 1993 : 610
60 Han 1993 : 525
61 cf. Ko 1985 : 306
62 Pak Kyongsik 1983a, 1983b 등
63 Kim Sokpom and Kim 2001 : 151~152
64 Han 1986 : 13
65 Pak Cheil 1957 : 166
66 Ri 1956 : 123
67 Zainichi Chōsenjin 1996 : 15~18
68 Zainichi Hokusenkei 1967 : 1~5
69 Kim Chanjung 2004a : 5; Ko 1985 : 401~2 참조
70 cf. Yan 1987 : 59
71 예를 들면 Rōdōsha 1959
72 cf. Yan 2006 : 25
73 cf. Kim Sokpom 2005b : 35
74 Chan 1991 : 3~4
75 cf. Kim Chanjung 2004b : 4
76 Honda 1992 : 108~9
77 Yan Sogiru 1995 : 67, 74
78 Han 2002 : 76~80

79 Milosz 1981 : 30～35
80 Gornick 1977 : 13
81 Zainichi Chōsenjin 1996 : 19
82 Kim Chonghoe 1957 : 44
83 Pak Cheil 1957 : 154
84 Pak Cheil 1957 : 154
85 Ri 1956 : 23～24
86 예를 들면 Ko 1985 : 106
87 Pak Cheil 1957 : 155
88 Han 2002 : 43
89 Mitchell 1967 : 138
90 cf. Takasaki 2005 : 26～28; Morris-Suzuki 2007 : 178～179
91 Kim Chanjung 2007 : 234～236
92 Lee Changsoo 1981 : 101～2
93 cf. Shin 2003 : 15; Satō 2005 : 93～94
94 Hagiwara 1998 : 361
95 Hwang Mingi 1993 : 61
96 Fujishima Udai 1960 : 8
97 Iwata 2001 : 143
98 Jon 2005 : 216～217; cf. Fujishima 1960 : 356～357
99 Terao 1961 : 15
100 Terao 1965 : 71
101 Iwamoto 1960 : 19
102 Hagiwara 1998 : 309～312
103 Han 2002 : 59～60
104 Yan Sogiru 1995 : 148
105 Kim Chanjung 2004a : 160
106 Morris-Suzuki 2007 : 12
107 예를 들면 Un 1978 : 197; Han 1986 : 213～217
108 Sasaki 2004 : 156～157
109 예를 들면 Chan 1989 : 220 참조
110 Kim Sangwon 2004 : 64～67
111 cf. Ri 1971 : 58～60
112 Seki 1962 : 85～87, 134
113 Hagiwara 1998 : 159～161; Lee Y. 1999 : 106～7
114 예를 들어 Kim W. 1984; Chan 1991 참조
115 Shin 2003 : 28
116 Pak Kyongsik 1981 : 5
117 Yoon 1987 : 250
118 Yamada Terumi 1986 : 14, 19
119 cf. Pak Chonmyon 1995 : 319
120 Kim Chanjung 2004b : 191

121 Ko 1998 : 58
122 1990 : 6
123 Kim Sokpom 1981, 2004도 참조
124 Aciman 2000 : 51
125 Nan 2006 : i
126 Kim Sokpom 1990 : 21
127 Kim Sokpom 1990 : 90
128 Kim Sokpom 1990 : 50
129 Kim Sokpom 1990 : 37
130 Kim Sokpom 1990 : 138
131 Kim Sokpom 1990 : 113
132 Nakamura 2001 : 29～30
133 Kim Sokpom 2004 : 202
134 Nixon 1992 : 174
135 Takeda 1983 : 118～119 참조
136 Kim Sokpom 2004 : 196
137 Kim Sokpom 1990 : 133
138 Kim Sokpom 1996 : 184～186
139 Lee Yangji 1981 : 151～152
140 Field 1996
141 cf. Ryu 2007 : 328
142 Lee Yangji 1993 : 440
143 Lee 1981 : 157
144 Lee Yangji 1993 : 410
145 Lee Yangji 1993 : 413
146 1975년 이회성 소설『추방과 자유』에 나오는 주인공도 이러한 암기 반복에 의존하는 방식 때문에 한국어를 완전히 정복하지 못했다(Lee H. 1975 : 21)
147 예를 들면 Kan 1998 : 190 참조
148 Lee Yangji 1993 : 426
149 Sekikawa 1984a : 230, 267
150 Lee Yangji 1993 : 436
151 Lee Yangji 1993 : 436
152 Lee Yangji 1985 : 192
153 예를 들면 Lee Yangji 1985 : 57, 178
154 Lee Yangji 1993 : 437
155 Lee Yangji 1993 : 437
156 Lee Yangji 1985 : 12
157 Lee Yangji 1985 : 57, 155
158 Lee Yangji 1985 : 3, 198
159 Lee Yangji 1993 : 429
160 Lee Yangji 1993 : 430
161 Arendt 1978 : 66
162 Lee H. 1996 : 6

163 Lee H. 1996 : 186
164 cf. Ryang 1997 : chap.2
165 Lee H. 1996 : 208
166 Lee H. 1996 : 210
167 Lee H. 1996 : 210
168 Lee H. 1996 : 59
169 Lee H. 1983 참조
170 Lee H. 1996 : 213
171 Wales and Kim 1941
172 Lee H. 1996 : 114
173 cf. Lee and Mizuno 1991
174 Lee H. 1996 : 210
175 cf. Walzer 1985 : 3~7
176 Heidegger 2006 : 175~180
177 Tabori 1972 : 27
178 Kim Sokpom 2001 : 29
179 Berger 1984 : 67
180 Lie 2004b
181 Nixon 1992 : 43
182 Williams 1994 : 99
183 Ramazani 2001 : 10
184 Broadsky1988
185 Marrus 1985 : 4
186 Yamamoto 1995 : 287; cf. Sekikawa 1984a : 206
187 Chong 2006 : 167~168
188 cf. Kim Teyon 1999 : 100~103
189 Kim Chanjung 2007 : 54~55
190 Kim Chanjung 2007 : 71
191 Kim Hyandoja 1988 : 64
192 Kanemura 2004 : 129
193 Yū 2002 : 43
194 Yū 2001 : 171
195 Gen 2003a : 98
196 Morita and Sagawa 2005 : 176
197 Isogai 1979 : 55~56
198 Kim D. 1998 : 47; cf. Kawamura 1999 : 115~116
199 Yan 2001 : 64
200 Lee H. 2002 : 240
201 Yamamura 1975 : 19
202 Lee H. 1998
203 Kim Chonmi 1998 : 56
204 Kyō 2000 : 5~8
205 Adorno 1997 : 43
206 Hugh of St. Victor 1961 : 101

제3장

1 Oka 1993 : 84
2 Oka 1993 : 93
3 Oka 1993 : 138
4 Oka 1993 : 152
5 Oka 1993 : 200
6 Nihon Shakaitō 1970 : 3~5; Un 1978 : 39~40
7 Chong 2006 : 57~58
8 Han1980 : 24~25
9 Choe 1978 : 228
10 cf. Ri 1995; Han 2002
11 Silone 1949 : 113
12 Gaimushō 1969 : 52
13 Miyatsuka 1993 : 112~113
14 Chan 1995 : 118~119
15 Lee Y. 1999 : 90
16 cf. Tamaki 1995 : 42~43
17 Ryang 1997 : 43~49
18 Sekikawa 1992 : 3
19 cf. Ri 2003 : 150; Kim Chanjung 2004b : 21
20 Yamamoto 1995 : 251
21 Suh 1988 : 236
22 Suh 1981 : 12
23 Suh 1988 : 110
24 Suh 1981 : 19
25 Chong 2006 : 49
26 Chong 2006 : 72~74
27 Chong J 2006 : 192
28 Kim Sokpom 2001 : 16~25
29 Kim Chansen 1982 : 84
30 Suh 1988 : 112
31 Suh 1994 : 149
32 Pak Cheil 1957 : 142
33 Naitō 1989 : 288
34 Kanagawakennai 1986 : 50~53
35 Kanagawa-kennai 1986 : 75~77
36 Miyatsuka 1999 : 164~165
37 Nomura 1996 : 44
38 Gu 2007
39 Nomura 1996 : 93
40 Nomura 1996 : 99

41 Sung 1990 : 193
42 그해에 어느 민간 보육소가 공립 보육소로
   전환되었는데, 한 중국 국적 보육 교사가
   해고에 항의하면서 결국 그 시설에서 계속
   일하게 되었다(Nakahara 1993 : 15)
43 Nakahara 1993 : 16~17
44 Nakao 1997 : 59
45 Nakahara 1993 : 33
46 Kanagawa-ken 1984 : 101~2; Pak I. 2005a :
   176~181
47 Kim Chanjung 1983 : 54~56
48 Yoshioka 1980a : 93-95, 1980b : 226~229
49 Yoshioka 1978 : 38, 45
50 Yoshioka 1981 : 139~140
51 Miyata 1977 : 12~13
52 Miyata 1977 : 59
53 Nakao 1997 : 88
54 Ozawa 1973 : 112~116
55 Iinuma 1983 : 91
56 Zainichi Chōsenjin 1963 : 6~16; Miyata
   1977 : 75~77
57 Miyata 1977 : 72~74
58 Nakao 1997 : 74~75
59 Nakao 1997 : 73
60 cf. Ueda 1995 : 69
61 Hicks 1998 : 4
62 Izumi 1966 : 242, 258~260
63 Pak Cheil 1957 : 131~137
64 Hong and Han 1979 : 97
65 Kim Chanjung 2004a : 173~176
66 Yan 1995 : 23
67 Tonomura 2004 : 410
68 Kim Kyonghae 1982 : 7
69 Yang 1982 : 42~43
70 Pak Sangdok 1982 : 257~260
71 Kim Hanil 2005 : 5
72 Kim Hanil 2005 : 29~30, 111~114
73 Kyoto Daigaku 1990 : 28
74 Hong 1982 : 69
75 Hong 1982 : 71; cf. Kyoto Daigaku 1990 :
   35
76 Kanagawa-kennai 1986 : 124~125
77 cf. Suh 1998 : 14~15
78 Iwai 1989
79 Hong and Nakajima 1980 : 109
80 Kanagawakennai 1986 : 188

81 Kanagawa-kennai 1986 : 176~177
82 Kim I. 1978 : 9~11
83 Hester 2000 : 194
84 cf. Kure 2007 : 46
85 2005 : 117
86 Lee Chong Hwa 1998 : n.p
87 Sagisawa 2004 : 62
88 Hong and Nakajima 1980 : 122
89 예를 들면 Zainichi Kankoku 1970 :
   377~380 참조
90 Marshall 1992 : 8
91 Kim D. 1981 : 20~21; Lee Chongja 1994 :
   39
92 Kim 1977 : 44~45
93 Fujiwara 2002 : 60
94 cf. Kim Chanjung 1983 : 31
95 Kim Chanjung 1983 : 16~20
96 Ko 1986 : 85-87, 2004 : 1, 12
97 Yū 1999 : 65
98 Son 2007 : 47
99 Son 2007 : 65
100 Morita and Sagawa 2005 : 316
101 Takeda 1983 : 14~16
102 cf. Gen 2000b : 16~18; Kin 2006a :
   256~257
103 Yan 1995 : 10
104 J. Kim 2005 : 164
105 Kim Saryan 1973 : 18; Chan 1966 : 10~12
106 cf. Yū 1998; Gu 2002; Gen 2007
107 Kurokawa 2006 : 55
108 Sagisawa 1997 : 31
109 Kaneshiro 2000 : 179
110 Kaneshiro 2007 : 28
111 cf. Wender 2005 : 200~201
112 O 1971 : 195
113 cf. Takeda 1983 : 69
114 Lie 2001 : 144~148
115 Kashiwazaki 2000 : 27
116 Kim Yondal 1990 : 29~34; Asakawa 2003 :
   58
117 Hong and Han 1979 : 125
118 Iio 1993 : 11
119 Kim Kyongdok 2005 : 86
120 Yoon 1987 : 195
121 cf. Kim Sokpom 2001 : 32, 156
122 cf. Lie 1991

123 Tsubouchi 1998 : 161
124 Lee H. 2005a : 36
125 Morita and Sagawa 2005 : 131
126 cf. Pak I. 1999 : 85
127 Won 1986 : 17
128 Kim Kyonbu 1998 : 178
129 Kim Dalsu 2006 : 259
130 Maekawa 1981 : 270
131 Maekawa 1981 : 270
132 Yoon 1992 : 89
133 Hyon 2007 : 81
134 Ko 1998 : 61
135 Lee Seijaku 1997 : 36
136 Kim Masumi 2004 : 115
137 Hong and Han 1979 : 125
138 Kang and Kim 1989 : 156~157
139 Morita and Sagawa 2005 : 357
140 Aoki 2005 : 122
141 Takayanagi 1999~2000 : 144
142 Fukazawa 2006 : 56
143 Sagisawa 1994 : 44
144 Sagisawa 1994 : 45
145 Yamamura 1975 : 121~123
146 Oka 1993 : 193
147 Pak Cheil 1957 : 136~137
148 Lee H. 1975 : 34, 35
149 Lee H. 1975 : 115
150 Lee H. 1975 : 262
151 Isogai 1979 : 209~110
152 Kawamura 2005 : 46~47
153 Yamasaki 2003 : 95~96
154 Kin 2004 : 34
155 Kin 2004 : 34
156 Kin 2004 : 34
157 Kim Hiro 1968 : 6~7, 1989 : 15~19
158 Abe 2002 : 18
159 1989 : 101
160 Kawata 2005 : 4
161 Suzuki 2007 : 181
162 Kin 2006a : 289
163 Kin 2006a : 290
164 Kin 2006a : 290
165 Kim Hiro Bengodan 1972 : 15, 289~301
166 Ko 2000 : 81~82 등
167 Abe 2002 : 117~119

168 Fujishima 1960 : 32
169 Nozaki 1994 : 189~190
170 Suzuki 2007 : 58~59, 76
171 cf. Nozaki 1994 : 79~80
172 Pak Sunam 1979 : 39
173 Pak Sunam 1979 : 105
174 Yamamura 1975 : 242~243
175 Lee Sun Ae 2000 : 45
176 Suh 1994 : 56
177 Celan 1983 : 186
178 Kin 1971 : 38~39
179 Lee H. 1971 : 36~38
180 cf. Takenoshita 1996 : 33
181 Satō 1977 : 50
182 Suh 1998 : 181
183 Pak Sunam 1970 : 47
184 cf. Ko 1998
185 Sakanaka 2005a : 174
186 Iinuma 1984 : 263
187 Kin 2006b : 553
188 Kin 2006a : 292~293
189 Kin 2006a : 292
190 Zai Nihon 1978 : 35~36
191 예를 들면 Zai Nihon 1979 : 18~20
192 cf. Un 1983 : 238~240
193 .Suh 1981 : 10
194 Pak Sunam 1979 : 455

제4장

1 Lie 2004b : chap.6
2 De Vos and Lee 1981 : 365
3 De Vos and Lee 1981 : 358
4 De Vos and Lee 1981 : 367
5 De Vos and Lee 1981 : 375
6 Larkin 1988 : 180
7 Nakahara 1993 : 33
8 Ko 1986
9 Ko n.d. : 10
10 Kim Temyong 2004
11 Hyon 2007
12 Zainichi Chōsenjin 1977 : ii
13 Zainichi Kankoku-Chōsenjin 1981 : 31~32
14 Bayley 1976 : 85~86
15 Akiyama 2007 : 102~4

16 Lee H. 2005b : ii, 562
17 Watanabe 1996
18 Mita 1996
19 예를 들면 Osawa 1996
20 Yamauchi et al. 1991 : 10
21 Lee H. 2005b : i, 12
22 Wagatsuma 1981 : 317~318
23 Harajiri 1998 : 113~116; Pak I. 1999 : 201
24 Pak I. 1999 : 171
25 Honda 1992 : 23, 144
26 Kim Sokpom 1990 : 8
27 Pak Kyongsik 1975 : 195
28 "Zainichi Nisei" 1976
29 "Zainichi Nisei" 1976 : 51
30 "Zainichi Nisei" 1976 : 52
31 Kim Chanjung 1977 : chap.2; Miyata 1977 :
    87~98
32 Yi 1976
33 Yi 1976 : 222
34 1977a : 256
35 cf. Iinuma 1983 : 213~223
36 1977b : 32
37 Kang J. 1979 : 59
38 Kang J. 1980 : 37
39 Yi Sinhi 1981
40 "Watashi" 1980
41 Yan 1987 : 68
42 Cole 2001 : 73
43 Han-san ikka 1985 : 52
44 Ōnuma 1993 : 277
45 Kim Sokpom 1993 : 218
46 Kim I. 1978 : 224-27; Maekawa 1981 : 41
47 Nihon no Gakko n.d. : 3
48 2007 : 162~176
49 Taguchi 1984 : 160
50 Taguchi 1984 : 159
51 Ijichi 1994 : 41, 97
52 Pak S. 1990 : 15
53 Fukuoka and Tsujiyama 1991a : 59
54 Kim Yunjon 2007 : 70~78; Zai Nihon 1978
    : 18~21
55 Kangaerukai 1971 : 1
56 Hoshino 2005 : 247~255
57 Kanai 1997 : 162
58 cf. Takayanagi 2002 : 59; Nakane 2004 :

     266~268
59 Yan 2001 : 70~72
60 Yoon 1992 : 3
61 Yoon 1992 : 4
62 cf. Ko 1998 : 58
63 Yoon 1992 : 5
64 Yoon 1992 : 60
65 Yoon 1992 : 63
66 Yoon 1992 : 71
67 Yoon 1992 : 86
68 Yoon 1992 : 92
69 Yoon 1992 : 72
70 Yoon 1992 : 93
71 Yoon 1992 : 94
72 Yoon 1992 : 65, 77-78
73 Yoon 1992 : 79
74 Yoon 1992 : 87
75 Yoon 1992 : 238
76 1987 : 196
77 cf. Kim Sokpom 2004 : 196
78 cf. Lee B. 2005
79 Yoon 1992 : 240
80 Yoon 1992 : 249
81 Yoon 1992 : 240
82 Yoon 1992 : 268
83 Yoon 1992 : 268
84 cf. Hyon 1983 : 168
85 Kim Sokpom 2001 : 53
86 Kim Sokpom 2001 : 115
87 Lee H. 2005a : 37
88 Yoon 1992 : 14
89 Kim Chanjung 2004a : 3
90 1975 : chap.3
91 예를 들면 Kyō 1987 : 115; Kang S. 2004 : 88
92 cf. Kanai 1997 : 170
93 1981 : 167
94 Shin 2003 : 55~57
95 1968 : 103
96 Takeda 1983 : 228
97 Kyō 1987 : 115
98 Yi Unjik, 1967~1968
99 cf. Kim Sokpom 2001 : 48~52
100 Suh 2002
101 Suh 2002 : 175
102 cf. Yan 1999 : 27~28

103 Yan 2007 : 85
104 Hwang 1993 : 5
105 Hwang 1993 : 145
106 Hwang 1993 : 175
107 Hwang 1993 : 205
108 Hwang 1993 : 198
109 Hwang 1993 : 201
110 cf. Ryang 2002 : 8, 17~18
111 Hwang 1993 : 206
112 Kyō 1987 : 55
113 Kyō1987 : 58
114 Kyō1987 : 67
115 Kyō 1987 : 9
116 Kyō 1987 : 140
117 Kyō 1987 : 115
118 Kyō 1987 : 29
119 Kyō 1987 : 42
120 Kyō 1987 : 209
121 Kyō 1987 : 17
122 Yū 1997 : 18
123 Yū1997 : 45
124 Yū1997 : 61
125 Yū1997 : 36
126 Yū 1997 : 122
127 Yū 1997 : 127
128 Yū 1997 : 136
129 Yū 1997 : 80
130 Yū 1997 : 178
131 Yū 1997 : 218
132 Yū 1997 : 220
133 Yū 1997 : 220
134 Kim Hyandoja 1988 : 3
135 cf. Fukuoka and Tsujiyama 1991b : 5
136 De Vos and Lee 1981 : 375
137 Fukuoka and Tsujiyama 1991a : 45
138 Woolf 1928 : 278
139 Woolf 1928 : 279
140 Kyo 1990, 2000, 2002
141 예를 들면 Yū 2004
142 Kim Kyongdok 2005 : 56
143 Kim Kyongdok 2005 : 60
144 Abe 2002 : 194~195
145 Abe 2002 : 230
146 예를 들면 Yoon 1997
147 예를 들면 Lee S. 1997 : 10

148 Kyo 1987 : 209
149 Chon 2007
150 Kim Dalsu 1981 : 17
151 Shin 2006 : 99
152 Kim Dalsu 1981 : 17
153 Kim Sijong 2004 : 8
154 Gen 2003a : 82
155 Gen 2003a : 90
156 Kim Kyongdok 2005 : 58
157 O 1971 : 22~26
158 Kim So-un 1983 : 43, 50
159 Ryang 1997 : 198
160 Uri Hakkyo 2001 : 108~116, 156~162
161 cf. Harajiri 1989 : 127~129
162 Hardacre 1984 : 61~62, 66~67
163 Harajiri 1989 : 147~157
164 Yang 2004 : 120~124
165 Lee H. 2002 : 384
166 Chung 2001 : 63
167 Shin 2006 : 157
168 예를 들면 Yan 2006 : 119, 138
169 Sagisawa 2005 : 92
170 Gohl 1976 : 122~131
171 Ijichi 2000 : 213~216; cf. Ko 1996 : 38~46
172 cf. So 1993 : 39~41
173 Chong 1997 : 87
174 Chon A. 2005 : 304
175 Ko Yon-i 1998 : 59
176 Sagisawa 2005 : 162
177 Shirai 2007 : 120

제5장

1 Ishida 2007 : 2~3
2 cf. Ishida 2007 : 16~18
3 Lie 1995
4 De Vos and Lee 1981 : 363
5 Kang S. 2004 : 62
6 Kang S. 2004 : 62, 62
7 Kang S. 2004 : 70
8 Kang S. 2004 : 74
9 Kang S. 2004 : 74
10 Kang S. 2004 : 88
11 Kang S. 2004 : 139
12 Kang S. 2005 : 23

13 Kang S. 2005 : 175
14 Kang S. 2004 : 226
15 Tei 2006 : 71
16 Tei 2006 : 153
17 Tei 2001 : 14
18 Tei 2001 : 18
19 Tei 2001 : 22
20 Tei 2001 : 145~147
21 Tei 2001 : 55~57
22 Tei 2006 : 187
23 Tei 2001 : 193
24 Tei 2001 : 5
25 Chi 1997
26 Sakanaka 2005b : 144
27 Asakawa 2006 : 34
28 Yoon 1992
29 Chi 1997 : 18
30 Chi 1997 : 45, 20
31 Chi 1997 : 209
32 Chi 1997 : 214~215
33 예를 들면 Yamano 2005
34 Lie 2004b
35 Gen 2000a : 89
36 Lie 2004b : chap.6
37 cf. Kim D. 1998 : 68~72
38 Sasaki 2006 : 47~51
39 Lee H. 1998 : 309~311
40 Lee H. 1998 : 314
41 1998 : 139~140
42 1999 : 268~269
43 Lee H. 2002 : 331
44 Sasaki 2006 : 79~80
45 Sasaki 2006 : 95
46 Asakawa 2003 : 140
47 Asakawa 2003 : 141
48 Sasaki 2006 : 101
49 Kaneko 1996 : 113
50 Asakawa 2003 : 143
51 Asakawa 2003 : 142
52 Shirai 2007 : 6
53 Shirai 2007 : 85
54 Tei 1995 : 3
55 Tei 1995 : 3
56 Tei 1995 : 6
57 Hyon 1983 : 52~53

58 cf. Mun 2007 : 162~164
59 Hatada 1969 : 78~79
60 Hagiwara 1998 : 57~58
61 Yoon 1990 : 102~3, 1997 : 201~5
62 Sekikawa 1984b
63 Yomota 1984
64 Satō 1971 : 24; cf. Zainichi Chōsenjin 1977 : 2
65 Uchiyama 1982 : 12~13
66 cf. Hatada 1969 : 72
67 Mori 2004 : 42
68 Hirata 2004 : 60
69 Mori 2004 : 43
70 Hirata 2004 : 65~66
71 Terasawa 2002 : 149
72 Chon D. 2005 : 319
73 Ogura 2005 : 56~68
74 Henshubu 1995 : 13
75 cf. Takayanagi 1995 : 56~59
76 Lee Changsoo 1981 : 102; Rōdōsha Ruporutāju Shūdan 1959 참조
77 Sakanaka 2005b : 146~147
78 Sakanaka 2005b : 148
79 Kuroda 1995 : 9
80 Kanagawa-kennai 1986 : 120~123
81 Yamano 2005
82 Yamano 2006 : 231
83 Tsuka Kohei 1990
84 Ri 2007 : 25
85 Chon 1993 : 50~55
86 cf. Iwabuchi 2000 : 60
87 Nakahara 1993 : 65~69
88 Kang C. 1994 : 162, 116
89 Kondo 2001 : 9
90 Araki 1997 : 64
91 Lie 2004b : 132~133 · 166
92 cf. Kang S. 1994 : 39~43
93 Pak Cheil 1957 : 137
94 Zainichi Kōrai Rōdōsha Renmei 1992
95 Pak I. 2005b : 277
96 Fukuoka and Kim 1997 : 27~28
97 Nakahara 1993 : 9
98 Pak I. 2005b : 277
99 Pak I. 2005b : 284
100 Miyatsuka 2006 : 96
101 cf. Shōya and Nakayama 1997 : 81~91

102 Wada 1985 : 7
103 Otsuki 2006 : 60
104 cf. Ino 2006
105 Arai 2006 : 11
106 Arai 2006 : 231
107 Yan 1990 : 147〜153
108 Yan 1990 : 27
109 Tsuka 1990 : 29 · 31
110 Tsuka 1990 : 42 · 65
111 Tsuka 1990 : 62〜63
112 Tsuka 1990 : 83〜85
113 Tsuka 1990 : 130〜131
114 Tsuka 1990 : 181
115 higeyama 2006 : 313
116 1997 : 10
117 Morita and Sagawa 2005 : 358
118 Kyo 2002 : 301
119 Kyo 2002 : 302
120 Lee S. 1997 : 90
121 Kaneshiro 2000 : 25
122 Kaneshiro 2000 : 217
123 Kaneshiro 2000 : 234
124 Saīto, 1994 : 17〜18
125 Kanagawa-kennai 1986 : 14〜15
126 Gen 2005 : 153, 150; cf. Gen 2007 : 59〜60
127 Yang 2007 : 132, 17
128 Pak Hwami 2000 : 29
129 Pe 2000 : 59
130 Shirai 2007 : 28
131 2005a : 185
132 Lie 2004b : 258〜263
133 Harajiri 1998 : 174
134 cf. Kure 2007 : 25〜28
135 Pak Cheil 1957 : 131; Mitchell 1967 :
    159〜160; Ri 1971 : 398〜399; KimI. 1978 :
    183〜186; Fukuoka 1993 : 52
136 Kim Kyongdok 2006 : 15
137 Kim Kyongdok 2006 : 18
138 Kanemura 2004 : 85〜86
139 Kanemura 2004 : 253
140 Kanemura 2004 : 254
141 Yi C. 2006
142 Yi C. 2006 : 36
143 Yi C. 2006 : 37
144 Kim Yong, 2006

145 Kim Yong 2006 : 82-83
146 Yi K. 2006
147 Yi K. 2006 : 120
148 Iwamoto 2000 : 70
149 Iwamoto 2000 : 110
150 Iwamoto 2000 : 216
151 Iwamoto 2000 : 219
152 Iwamoto 2000 : 220
153 Yi Jon'yan 1985 : 55
154 Asakawa 2003 : 170〜172
155 Kyoto Daigaku 1990
156 Yi K. 2000 : 20
157 Yi K. 2000 : 22
158 Kaneshiro 2000 : 23
159 Kim Yondal 2002 : 103
160 cf. Tai 2004 : 366〜367; Sasaki 2006 :
    20〜25
161 Lee B. 2007 : 27
162 Koto Zainichi 1995 : 219〜221; Fukuoka
    and Kim 1997 : 67〜68
163 Kaneshiro 2000 : 91; cf. Gu 2002 : 122
164 Kanemoto 2007 : 148
165 Shin 2006 : 241〜242
166 Kim Kyongdok 2005 : 57
167 cf. Kim Yunjon 2007 : 162〜166
168 Kaneshiro 2001
169 Kim Chongmi 2002 : 52, 57
170 Iinuma 1989; Kon 1993

제6장

1 Kim Chung-myong 2006 : 195
2 Kim Masumi 2004 : 154
3 Kim Masumi 2004 : 114-115
4 Kim Masumi 2004 : 170
5 Kim Masumi 2004 : 172
6 cf. Chon 2008 : 21〜24
7 cf. McCann 1979
8 Lie 2004b
9 Lie 1998 : 177
10 Miyata 1985 : 14〜16
11 cf. Sin 1987
12 Lie 1998 : 176〜178
13 Shin G. 2006
14 cf. Mun 1929

15 Grajdanzev 1944 : 81
16 Nishinarita 1997 : 167~175
17 cf. Torpey 2000
18 Pak Kyongsik 1965; Underwood 2006
19 cf. Lie 2004b : 129
20 Shaw 2000 : 27~30
21 예를 들면 Handlin 1973
22 Noiriel 1988
23 Bade 2003 : 276
24 Cohen 1998; Hoerder 2002
25 예를 들면 Arano 1988
26 cf. Yun 2004; Koh Chung 2007
27 Khazanov 1995
28 Gottwald 1979
29 Cohen 1999
30 Sternhell 1998
31 Berlin 1980 : 350
32 Wada 1989
33 cf. Eckert 1999; Schmid 2002
34 Wada 1992
35 Hyon 2007 : 28
36 Lie 1998 : 60~61
37 Hwang 2007 : 15
38 cf. Ohnuki-Tierney 2002 : 192~3
39 Haley, 1976
40 Gates Jr., 1988
41 Gilroy 1993
42 Reed 1989 : 227
43 Flaubert 1993 : 180
44 Johnson 1993 : 11
45 cf. Akiyama 2006 : 8
46 Yū 1997 : 86
47 Yū 2007b : 721
48 Yamamura 1975 : 14
49 cf. Abelmann and Lie 1995 : 165~170
50 Pak Sunam 1970
51 Abelmann and Lie 1995 : 75~77
52 Lie 2004b : chap.5

감수자 해설

이번에 기획된 존 리John Lie 교수의 명저 6편을 번역하는 것은 그동안 오랫동안 숙원으로 여겨온 사업으로, 이번에 전권 출판이 순차적으로 기획되어 감개무량하기 그지없다. 이것이 가능하게 된 것은 우선 존 리 교수의 결단이 중요했었고, 이런 결단을 용감히 수락하고 출판을 허락하신 소명출판 박성모 대표의 혜량의 결실이다. 물론, 앞으로 차례대로 출판될 6편의 번역을 불철주야 노력하여 완벽에 가깝게 맺어주신 역자 선생님들의 노력이 가장 중요했던 것도 잊지 말아야 할 것이다. 감수자로서의 역할은 좋은 책을 올바른 문장으로 번역하여 독자들에게 쉽게 전달될 수 있도록 하는 길잡이의 노릇일 것이지만, 그에 아울러 번역된 책들에 적확한 해설을 함께 곁들어 줄 수 있어야 제법 그 격에 맞을 것이다.

존 리 교수의 연대기

우선, 존 리 교수의 간단한 연대기적 설명이 필요할 것 같다. 내가 처음 리 교수와 만나게 된 것은 지금도 기억이 선명한 1990년 1월의 일이었다. 그는 1988년에 하버드대학교에서 사회학 박사를 받고, 원하던 아이비리그 대학의 사회학과 교수 자리를 얻지 못해, 결국 1년간의 휴가를 허용한 오레곤대학교University of Oregon의 사회학과 조교수로 부임하여, 1989년 가을학기부터 사회학 강의를 맡고 있었고, 나는 1990년 1월부터 동교 정치학과에서 박사 과정을 시작하고 있었다. 입학 전부터 그의 명성을 익히 들었던 나로서는 입학과 동시에 그의 수업에 등록했고, 과목명은 바로 '관료와 조직'이었다. 그는 1978년에 당시 미 대통령 지미 카터의 전액 장학금을 받고 하버드대학교에 입학하여, 학사학위와 박사학위를 10년에 걸쳐 수료한 한국이 낳은 몇 안 되는 사회과학계의 석학이었다(하버드 사회학과는 석사학위 과정이 없다). 그 10년 동안 그에게 영향을 준 교수들은 David Riesman, Judith Shklar, Michael Walker, Roberto Managerial Unget, Stephen Marlin, Harvey Cox, Michael Shifter, Michael Donnelly, Steve Retsina, Herbert Giants, Robert Paul Wolff, Stanley Tasmania, Daniel Bell, Harrison White, Orlando Patterson 등이었지만(Lie 2014 : 486), 그래도 그가 가장 지적 영감을 많이 받았던 교수는 로베르토 망가 베이라 웅거Roberto Managerial Unget였다. 그러므로 '관료와 조직' 수업에서 최고의 꽃은 당연히 웅거의 1987년 저서 『잘못된 당연성False Necessity』이었다. 웅거와 같이 존 리 교수의 사회과학적 방법론과 인식론의 근저에는 논리적 도덕적 '부정'이 있었다. 당연시되고 타당시되어 온 이론과 제도 그리고 사회과학적 진리에 대해 커다란 물음표를 던짐과 동시에 비판적 그리고 대안적 시각을 강조하는 것이 웅거와 리 교수의 공통된 학문적 자세이다. 또한, 웅거가 브라질의 정치에 활발히 참여하였을 뿐만 아니라, 그의 책에 바탕을 둔 급진적 민주주의의 새로운 제도를 건설하려고 했다면, 리 교수는 평생 자신이 몸담고 있는 고등교육기관 즉 대학의 교육 개혁을 위해 힘써 왔고, 전 세계의 여러 대학에서 대학 개혁과 대학의 새로운 지적 교육 방식의 개선에 대해서 강의와 컨설팅을 해왔다.

존 리 교수는 한국명 이제훈으로 1959년 서울에서 태어났다. 아버지 이관희Harry Lie 박사는 충남 남포가 고향으로 전통 지주 가문의 아들로 이승만 정권 시절에 행정고시를 통과하여, 군사 혁명 이후에는 경제기획원의 발족에 참여하였다. 어머니 제인 리Jane Lie 씨는 우리나라 신소설을 창시한 이해조 씨의 손녀로 전주 이씨 인평대군과의 일족이다. 형제로는 남동생과 여동생이 각각 한 명씩 있다. 리 교수의 가족은 그러나 1963년 당시 김종필 총리의 '자의 반, 타의 반'의 외유때 총리를 수행했어야 했던 아버지와 같이 온 가족이 일본으로 이주하였다. 아버지는 주일 대사관에서 근무하고, 존 리는 일본의 초등학교에 입학하였으나, 한국식 이름을 쓰는 그는 다른 학급생들의 왕따대상이 되어 여러 번 폭력을 당했던 기억이 아직도 생생하다고 했다. 일본에서의 생활은 전반적으로 윤택하고 행복한 것이었지만, 존 리의 인생에 중요한 기억으로 남았던 것은 여름방학 때 가족과 같이 서울에 귀국했던 경험들이다. 1960년대의 한국은 1964년 동경 올림픽을 개최했던 일본과 달리, 경제 성장을 막 시작한 지지리도 가난했던 군부 독재의 어두운 시기였다. 지금 젊은 세대들은 기억 못하는 가난과 암울의 시대를 존 리는 짧게나마 여름 방학 동안 한국에서 경험할 수 있었다. 서울의 외가는 잘 살았기 때문에 크나큰 불편은 없었지만, 충남 남포의 친가에 갈 때는 불편이 이만저만이 아니었다. 물론 한국 말을 못하였기 때문에, 일본말로 외가 할아버지와 소통하면서 한국을 경험하였지만, 어린 존 리에게 한국은 충격적인 곳이었고, 이는 『한 언바운드Han Unbound』라는 책에서도 자세히 설명되고 있다. 리 교수가 혹시라도 아버지 말을 안 들으면, 아버지는 으레 '남포로 보낼 거야'라는 말로 자식에게 공포감을 주었다.

일본에서 초등학교를 졸업한 존 리 교수는 아버지가 하와이로 이민 결정을 내려, 전 가족이 다시 도미하는 소위 '초국가적 디아스포라transnational diaspora'를 경험하게 되었다. 호놀룰루에 정착한 리 교수의 가족은 아버지의 주문대로 엄격한 자녀 교육이 시작되어, 우선적으로 집안에서 일본어의 사용을 금하고, 영어만 사용하기 시작하였다. 이에 반발한 리 교수는 일본에서 가져온 책들을 아버지 몰래 읽으면서, 일본어를 잊지 않으려고 노력했다. 반면, 남동생과 여동생은 일본어를 잊어버렸다. 보통 중학생이 되면 부모 몰래 포르노 잡지를 볼 때이지만, 존 리 교수는 몰래 일본책을 읽는 '아이러니한' 신세였다고 회고했다. 미국에 정착하면서, 아버지는 자신뿐만 아니라 모든 가족들에게 영어 이름을 지었는데, 자신은 1950년대에 미국에 유학하면서 당시 미국 대통령이었던 해리 트루먼 대통령의 해리Harry와 당시 유엔 사무총장이었던 트리베 리Trygve Lie의 리Lie를 따 자신의 영어 이름을 만든 후, 큰아들 이제훈에게는 존 리John Lie라고 명명했다.

영어와 일본어를 바탕으로 학문에 정진한 리 교수는 방대한 독서량을 자랑했다. 리 교수의 어머니도 살아생전 그렇게 책을 많이 읽은 아이들은 본 적이 없다고 했다. 리 교수는 돈이 생기면 무조건 책을 사는 소년이었다. 어린 시절부터 소장했던 책은 그 양이 너무 방대하여, 창고를 따로 빌려 보관할 정도였고, 하버드 시절 존 리 교수의 기숙사나 대학원생 대표로서 사용했던 연구실에는 책이 너무 많아 발을 딛고 들어갈 수도 없을 정도였다. 영어와 일본어로 학문에 정진하면서, 고교 시절에는 독일어, 프랑스어, 스페인어, 이태리어, 라틴어 등에 정진하여, 존 리 교수는 7~8개 이상의 외국어로 원전을 읽는다. 탁월한 언어 능력으로 무장한 리 교수는, 고교 시절에 수학과 과학에도 소홀히 하지 않았을 뿐 아니라, 고전음악에도 심취하여 오페라를 작곡하기도 하였다. 오바마 대통령이 다녔던 고등학교로 유명한 호놀룰루의 푸나호우 학교Punahou School를 졸업한 존 리 교수는 대입 시험에서 하와이 주 전체 수석을 차지하여, 각 주에서 두 명씩 뽑는 대통령 장학생에 선발되었던 것이다.

하버드에 진학해서 학부 시절에는 학제 간 프로그램이었던 사회과학부에서 공부하면서, 동아시아와 사회 이론 그리고 경제사에 심취했었다. 학부 졸업시 성적이 4.0 만점에 3.8 이상을 획득하여 Magna cum laude(2015년의 경우 3.772가 컷라인)를 수상했다. 졸업 후 하버드 대학교 사회학과 박사 과정에 진학하여, 사회 이론과 경제 발전 그리고 정치 경제에 대한 관심을 보이면서 당시 개도국의 비참한 경제 상황, 특히 한국의 경제 발전이 낳은 각종 부조리와 모순에 대해 연구하였으며, 또한 일본에도 수차례 방문하여, 도쿄대학과 게이오대학에서 연구하면서, 재일동포의 차별 문제, 특히 강제 지문 날인과 위안부 문제 등에 대해 연구 논문을 발표하기도 하였다(Lie 1987b, 1997).

박사 과정 시절에 리 교수는 일본 우노학파의 저명한 마르크스주의 경제학자 바바 히로지 도쿄대 교수와 『월간리뷰*Monthly Review*』 지상에서 세 차례에 걸쳐 논쟁을 벌였다(Lie 1987a; Baba 1989; Lie 1989). 1987년에 발표한 논문에서 리 교수는 우노학파가 주장하는 경제 이론에서 사회주의 이데올로기의 배제가 어떠한 엄청난 오류를 야기시켰는가를 바바 교수의 저서 『부유화와 금융자본』을 근간으로 비판하였다. 바바의 저서는 1980년대 황금기를 맞이했던 일본 경제 상황을 놓고, 소위 "집단 부유화"를 전면에 내세워 일본의 경제를 최고의 자본주의로 평가하고, 자본주의하에서 서서히 모든 사람이 부유화되는 지상 천국을 이루어내고 있다고 주장한 것인데, 이에 대해 리 교수는 허무맹랑한 데이터를 가지고 경제 상황을 정확히 분석하지 못한 졸저로 평가한 것이다. 특히, 자본주의가 영구히 가지 못하고 위기를 맞이할 수도 있으며, 이런 예상은 1990년대부터 일본 전역에 불어 닥친 반영구적 경제 공황으로 입증되었다. 이러한 비판적 시각은 당시 군사독재하의 한국에 대해서도 리 교수로 하여금 가차 없이 일격을 가하게 했다. 당시 하버드대학교 사회학 박사 과정에는 임현진 교수(서울대), 이건 교수(서울시립대), 윤정로 교수(KAIST) 등이 공부하고 있었는데, 리 교수는 이 유학생들에게 "재벌 기업들이 당신들에게 주는 장학금으로 노동자들에게 월급을 더 주어야 한다"고 비판하여, 그들의 원망을 산 것은 유명한 일화이다.

리 교수의 박사 논문은 영국과 일본의 경제사를 비교하는 것으로 아담 스미스와 칼 폴라니의 경제사 이론을 정면으로 반박하는 것으로, 시장 경제의 발전이 원조 국가격인 영국이나 일본에서도 직선적으로 진화된 것이 아니라, 여러 형태의 자본 제도가 병행되거나 혼존했다는 것을 역사 자료를 근거로 증명한 것이다(Lie 1988, 1992). 불행히도 이 논문은 소련의 붕괴, 유럽과 일본의 자본주의 붕괴, 그리고 글로벌화 등의 새로운 시대적 상황과 맞물리지 못하여, 세인들의 기억에서 사라지고 말았고, 리 교수 자신도 이 논문의 내용을 더욱 더 발전시키지 않고 사장시켰다. 그러나 최근 동양의 경영 윤리가 계속적으로 문제가 되는 상황에서 동양의 경제 제도를 어떻게 발전시켜야 하느냐는 의문이 학계에서 지배적으로 대두되는 상황에서, 리 교수의 1988년 이론을 재조명해보려는 노력이 다시 고개를 들었다(Lie 2014; Oh 2014, 2016).

앞에서도 언급했지만 리 교수의 첫 직장은 오레곤대학교University of Oregon 사회학과였고, 1989년 가을에 부임하였다. 1988년부터 1989년까지는 서울에 있는 연세대학교에서 강의를 하면서, 이번 시리즈에서 같이 기획된 『한 언바운드』의 집필도 같이 하였다. 동시에 당시 아버지가 부회장으로 있었던 쌍용그룹에서 6개월간 연구원으로 근무하기도 하였다. 일 년간의 한국 생활은 리 교수에게 한국의 경제 발전에 대해 상당히 부정적인 견해를 확고히 하는 계기가 되었다. 오레곤에서의 생활은 강의와 연구의 연속이었고, 정혼한 약혼자 낸시 애이

감수자 해설

블만Nancy Abelmann 교수가 오레곤 인류학과에 채용되지 못하고, 일리노이대학교University of Illinois에 취직하는 바람에 단신 부임할 수밖에 없었고, 이것은 결국 리 교수가 일리노이로 옮겨야 하는 계기가 되었다. 이런 상황에서 자신의 박사 논문을 요약한 글이 사회학의 최고 저널인 『미국 사회학 리뷰American Sociological Review』에 게재되는 쾌거를 얻었고, 3년간의 오레곤 생활을 접고, 1992년 가을 학기부터 일리노이로 전직하면서, 낸시 애이블만과 결혼도 그해 여름에 하였다.

일리노이에서 존 리는 애이블만 교수와 같이 동양학 센터를 이끌면서, 일리노이가 중서부에서 동양학 연구의 중심지로 성장하는 견인차 역할을 하였고, 지금 아시아 인스티튜트Asia Institute 원장으로 활약하는 이만열(미국명 Immanuel Pastreich) 씨도 이때 일리노이 동양학연구소의 조교수로 애이블만에 의해 임용되었었다. 일리노이 재직 시절 리 교수는 자신의 가장 중요한 연구 업적으로서 초기 작품인 『블루 드림즈Blue Dreams』와 『한 언바운드』를 출간했다. 원래 『한 언바운드』가 먼저 탈고된 것이었으나, 초기 원고가 너무나 비판적이고 반미적인 내용이 많다고 하여, 하버드대학교 출판부에서 출판 거부를 당하여, 결국 스탠포드대학교 출판부에서 『블루 드림즈』보다 3년이나 늦게 출판되었다. 『블루 드림즈』는 LA 흑인 폭동과 코리아타운을 다룬 민족지ethnography적 연구서로 애이블만과 공저한 책이다. 이 시기 리 교수는 한신갑 전 서울대 교수도 임용하여, 경제사회학 분야를 강화하였고, 사회학과 내의 정량적 방법론자들을 퇴임시키는 대신 톰슨과 같은 정성적 방법론자들을 다수 임용하였다. 1996년에는 「현대 일본 사회학Sociology of Contemporary Japan」이라는 트렌드 리포트를『당대사회학Current Sociology』지 한 호 전면을 할애받아 게재하였다. 이 특집호에서 리 교수는 일본에 대한 사회학적 이해가 현대 이론Modernization theory이나 마르크스 이론처럼 일본의 특수성을 간과한 오점과, 일본의 특수성 이론Japanese uniquness theory은 일본의 단일 민족성을 믿는 오류와 일본 내의 계층 분화화 갈등을 무시하는 허점을 비판하였다. 또한 이러한 일반 이론과 특수 이론의 오류가 존재하는 한, 일본 사회학의 가능성은 희박하다고 결론지었다(Lie 1996). 일리노이 시절 마지막으로 출판한 책은『다민족 일본Multiethnic Japan』이었다. 그리고 2001년 가을 학기에 미시간대학교University of Michigan로 이직하게 되었다.

위의 세 책에서 알 수 있듯이, 리 교수는 사회학의 인식론적 차원을 개인의 경험과 사회의 문제, 그리고 역사적 현상으로 연장시키는 지적 노력을 실천하는 지식인이다. 한국인으로 태어나, 일본에서 유년 시절을 보냈고, 그리고 미국에서 대학자로 성장한 그는, 한국의 격동적인 정치 경제, 재일동포의 사회사, 그리고 재미동포에 대한 민족지적 연구를 통해, 자신의 경험을 사회과학적 이론으로 재구성한 디아스포라 학자이다.

미시간에서는 3년만 재직하였고, 두 번째 부인 톰슨 교수와 하버드대학교에서 객원 교수의 시간도 보내면서, 모교인 하버드에로의 이직을 시도하였으나, 역시 아이비리그 대학들은 리 교수의 비판적 사회학을 수용할 의도가 없었다. 미시간 시절 그의 최고 역작으로 손꼽히는『현대인족Modern Peoplehood』이 탈고되었고, 2003년 가을 학기에

UC버클리University of California, Berkeley로 부인과 함께 최종 이직하게 되었다. 버클리에서는 한국학 센터장 겸 사회학과 교수로 처음 임용되었으나, 2004년부터 한국인 후예로서는 최초로 버클리의 국제학대학 학장으로 추대되어, 5년간 학장 겸 한국학 센터장으로 활약하면서, 한국학의 발전과 한국 대학들과의 관계를 돈독히 하였다. 2009년 학장에서 사임한 뒤, 한국학 센터도 노라 넬슨Nora Nelson 교수에게 양보한 뒤, 현재는 전 세계의 여러 대학들을 순방하면서, 강의하고 집필하고 있다. 2008년에는 재일 동포를 역사적으로 분석한 『자이니치Zainichi』를 출판하였다. 특히, 2010년부터 '한류' 현상에 대해 관심을 갖고 연구를 시작하여, 2012년부터 4년간 연속 고려대-버클리 한류 워크숍을 개최하였고, 그 연구를 바탕으로 6부작의 마지막 책인『케이팝K-Pop』을 2015년 출간하였다.

『블루 드림즈』, 『한 언바운드』, 『다민족 일본』 - 디아스포라 사회학

이 세 권의 공통점은 위에서 잠시 언급한 대로 디아스포라 사회학을 전개하고 있다는 점이다. 사회학이 '사회학적 상상력'을 추구하는 학문이라면, 인식론적 방법론의 기저에 개인의 전대기-사회의 역사, 개인적 문제-사회적 문제, 그리고 개인적 동정-사회학적 상상력의 세 단계에 걸친 분석적 힘이 필요하다고 하겠다(Mills 1959). 디아스포라라는 개인적 전대기와 어려움을 겪은 리 교수로서 LA 폭동 사태

와, 한국의 경제 발전의 부산물인 노동 착취, 환경 파괴, 그리고 심각한 계층화, 그리고 일본이라는 거대 자본주의 국가 내에서 벌어지는 소수 민족에 대한 차별과 소외에 대한 거시적 문제에 대해 무감각할 수 없었고, 내리 세 권의 첫 시리즈를 써 내었다. 스스로 삼부작trilogy이라고 불렀던 이 세 권의 책은 LA, 한국(서울), 그리고 일본(도쿄)이라는 세 나라의 대형 도시를 배경으로 저술되었다. 그리고 리 교수는 이 세 나라에서 각각 개인적, 사회학적 경험과 상상력을 키워 왔다.

　『블루 드림즈』의 이론적 진보성은 재미 동포를 단일 집단으로 보지 않고, 다민족적multiethnic 그리고 초국가적transnational인 다양한 집단으로 가정한다는 것이다. 이 가정이 사실이라면, 재미 한국인이나 동양인을 말없이 고분고분 백인들이 정한 규범과 법을 잘 따르며 열심히 일하거나 공부하면서, 미국의 꿈을 실현하는 모범적인 이민자들로만 판단하는 미국의 주류 대중매체의 미디어 프레이밍이 얼마나 잘못된 것인지 극명하게 보여주게 된다. 재미 한국인의 다양한 정체성에 더하여,『블루 드림즈』가 설득하려는 또다른 중요한 이론적 진보성은 초국가적 이민 집단이 고국과 연결된 디아스포라적 이민 생활을 영위하고 있다는 점이다. 그러므로 미국의 주류 대중매체가 표현하려는 재미 한국인이나 동양인과는 달리, 로스엔젤레스의 코리아 타운은 미국적이지만 가장 한국적인 이유가 여기에 있는 것이고, 뉴욕이 가장 유럽적인 혹은 런던적인 도시인 이유가 또 여기에 있는 것이다. 미국의 백인들이 영국이나 유럽의 문화권과 단절하지 못하듯이, 코리아타운의 한국인들도 문화적으로 한국과 단절할 수 없는

김수자 해설

것으로, 미국의 주류 이데올로기인 인종의 '녹는 솥melting pot'이 얼마나 허구인지 잘 알 수 있는 것이다. 즉, 백인들이 유럽의 문화를 지속적으로 향유하는 것은 당연하고, 한국의 이민자들이 한국 문화를 지속적으로 소비하는 것은 미국적이 아니라고 하는 논리 자체가 인종 차별적인 이데올로기가 되는 것이다. 그러므로 가장 성공적이라고 주장한 재미 한국인과 가장 저질스럽다고 인지되는 흑인들을 한 곳에 모아 두고, 미국의 꿈을 추구하는 것은 폭동으로 이어질 당연한 수순이었다. 한국인들이 흑인들에 대해 편견을 갖는 것은 오히려 미국의 주류 사회에서는 당연시된 것이고, 다만 이들이 LA 폭동의 희생자가 된 것을 두고 재미 한국인들이 인종 차별주의자들이라고 비평하는 것은 어불성설인 것이다.

『블루 드림즈』에서 보여준 명쾌하고 심도 깊은 한국 교민 사회의 분석은 존 리 교수와 낸시 애이블만 교수의 한국적 경험과 사회학적 상상력이 없었다면, 불가능했을 것이다. 리 교수는 『한 언바운드』에서도 통렬하게 한국의 경제 성장의 문제점과 이유를 분석한다. 겉으로 보기에 한국은 리 교수가 일본으로 건너갔던 1960년대 초나, 여름 방학 동안 방문했던 1960년대 말과 그가 다시 한국을 일 년간 방문했던 1980년대 말과는 하늘과 땅의 차이가 있었고, 그의 눈에도 분명히 한국은 일본에 이어 두 번째로 OECD 국가가 된 발전된 국가로 비추어졌을 것이다. 그러나 역사적 방법론에 바탕을 둔 리 교수의 분석은 기존 연구에서 등한시하였던 여성 노동력의 착취, 월남전이나 서독에서의 남성 노동력의 착취, 그리고 재벌과 국가 간의 유착을 통한 재벌의 노동 착취 등을 심도 있게 분석하고 있다. 그는 역사적 증거물을 하나하나 나열하면서, 한국의 경제 발전은 결국 그 구조적 모순으로 인해, 경제 발전의 산파라고 자만했던 군사 정권이 아래로부터의 혁명에 의해 무너지고, 자연 환경은 공해와 오염으로 파괴되고, 지옥 같은 교육열과 경쟁 사회 속에서 인간들은 고독과 소외, 그리고 구조적 가난으로 찌든 삶을 영위할 수밖에 없는 아무도 모방하고 싶지 않은 국가로 발전했다고 주장한다. 물론 그의 책이 1997년 환란 이후 지속적으로 발전한 한국의 경제력에 대한 예견은 없었다고는 하나, 지속적인 발전에도 불구하고, OECD 국가 중 자살률이 제일 높고, 노동 시간이 두 번째로 길며, 66세 이상 노인 인구의 가난률이 제일 높은 나라인 것은 리 교수의 예상대로다.

『다민족 일본』은 디아스포라 사회학과, 다음 절에서 논할 디아스포라 문화학의 경계선에 놓여 있는 책이다. 리 교수는 어릴 때부터 자란 일본에서 일본 국민은 단일 민족이라는 교육을 받고 자랐다. 자신을 비롯해 수많은 재일 동포가 살고 있었던 일본이 단일 민족이라는 허구를 통해 초등학생들마저 세뇌시키는 현실에 넌더리가 났던 것인데, 이번에는 하버드대학교 교수들이 일본학 수업에 일본은 단일 민족이라고 또 허구를 전파하고 있었던 것이다. 특히 하버드 에즈라 보겔 교수의 수업 시간 중에는 집중적으로 보겔 교수의 일본 사회론을 비판하였고, 일본은 단일 민족이지 않을 뿐더러, 세계 최고도 아니라고 보겔 교수의 오류를 바로잡으려고 노력하였다. 하버드에서 박사를 받고 리 교수의 목표 중의 하나는 일본이 단일 민족 국가

김수자 해설

가 아닌 다민족 국가라는 사실을 처음으로 전 세계에 밝히는 책을 쓰는 것이었고, 하버드 졸업 후 13년 만인 2001년에 드디어 출판이 되었다. 초기 계획과는 달리, 리 교수는 이 책을 쓸 때 이미 일본에는 여러 나라의 노동자들이 와서 공장에 취직하고 있는 상황이었고, 심지어 같은 일본 민족이면서도 브라질이나 남미에 이민 간 일본인의 후예라는 딱지 때문에 차별받고 있던 일본계 브라질인들도 많이 살고 있었다. 또한, 중국이나 한국에서 건너간 새로운 이민자들도 다수 존재하고 있었다. 이러한 새로운 변화를 다루면서, 또한 자신과 같이 과거에 일본으로 건너온 이민자들에 대해서도 역사적으로 분석해 보는 새로운 시도를 하였다.

새로 이민 온 외국인 노동자나 일본계 브라질인들을 통해서 '단일 민족론'이 외국인들뿐만 아니라 심지어는 자신들의 민족도 차별하는 특이한 상황을 설명하였고, 카레와 같이 자신들이 좋아하는 인도 음식이 있으면서도 불구하고, 카레를 일본 음식으로 착각하고 오히려 인도의 문화나 인도인들을 차별하는 자가당착을 잘 지적하고 있다. 카레와 같이 일본의 다민족성을 음식과 여러 문화적 유산으로부터 풀어보는 새로운 시도를 통해 미국이나 유럽의 일본 전문가들이 모르는 새로운 일본에 대한 사실들을 열거하면서, 일본의 단일 민족성의 허구를 타파했던 것이 이 책의 획기적인 특색이며, 디아스포라 문화학에 처음으로 접근하는 리 교수의 학문적 변화라고 할 것이다.

『현대인족』, 『자이니치』, 『케이팝』 ― 디아스포라 문화학

리 교수의 첫 3부작은 자신이 속했던 집단, 즉 미국, 한국, 일본에 대한 연구였다면, 『현대인족』은 그런 민족 혹은 현대 국가 집단이 '인족Peoplehood'이라는 개념을 어떻게 현대 국가와 결합시켜서 제도화시켰는가를 이론적으로 그리고 역사적으로 분석한 디아스포라 문화학의 첫 시도였다. 인류를 동질적 혹은 단일 민족적 집단으로 보지 않고, 이종족이 서로 함께 살았던 역사적 사실을 통해, 현대인족이 강조하는 민족 정통성, 민족 정체성, 민족 언어, 그리고 민족 문화가 얼마나 허구적인 사회 개념인가를 호탕하게 보여주는 이 책은, 현대인족이라는 허구적 문화 공동체를 통해 우리 인류의 역사를 왜곡하는 일련의 현대 국가의 정책과 행동에 이론적 경고문을 보낸다. 즉, 한국민족이라는 현대의 허구적 개념을 가지고, 한반도에 살고 있는 사람들이 5천 년간 단일 민족이었고, 같은 언어를 썼고, 같은 문화를 영유해 왔다고 주장하는 것과 마찬가지로, 가령 신라나 고려 시대가 마치 지금의 한민족이 생각하는 단일 민족의 국가였다고 주장하는 오류에 대해 학문적 비판을 가차없이 가하는 것이다. 다른 민족과 마찬가지로, 한국도 여러 민족의 지리적 역사적 이동 즉, 디아스포라로 이루어진 현대인족의 국가 공동체임을 잊어서는 안 된다는 것이다.

『현대인족』의 탄생은 그러나 전쟁, 학살 등과 같은 인류의 험난한 역사적 비극을 탑재하고 있었다. 한 나라의 현대인족이 형성되는 과정에는 국민이라는 자격증을 받기 위한 여러 가지 표준화된 테스트들이 있었고, 이 테스트는 현대 국가의 인종주의와 깊이 관여되어 있었다. 이런 인종주의적 현대인족은 테스트에 떨어진 사람들을 가차 없이 국가의 경계 밖으로 밀어내든가, 인종 말살 정책을 펴든가, 아니면 잔인하게 학살하였다. 독일의 나치스에 의한 유태인 학살, 터키 군에 의한 아르메니아인 학살, 그리고 최근에는 유고슬라비아에서의 인종 청소, 루안다의 부족 학살 등이 현대 인류사의 끝없는 현대 인족주의에 의한 인종 학살의 예이다. 그렇다고 이런 인종 학살의 희생자들이 모여 반인종적 투쟁을 조직하고 자신들의 정체성에 대해서도 논의하는 과정이 인종주의를 피할 수도 없다. 새롭게 생성되는 또다른 소수자들의 인족과 그들의 소수자 정체성도 사실 별반 큰 차이 없이 주류 인족의 인종주의적인 개념으로 발전하고 마는 사실을 리 교수가 간과하지 않기 때문이다. 이런 가해자와 피해자들 간의 정체성 논리와 인종주의-반인종주의의 싸움에서도 학살을 계속되고 있다. 그렇다면 우리 인류에게 이런 국가의 학살을 정지시킬 지적 감정적 힘은 없는 것일까? 이런 물음에 대해 리 교수는 적어도 유럽에서 시작된 계몽주의와 이성주의 그리고 소리는 적지만 아직도 그 파음이 강하게 떨리고 있는 휴머니즘에 희망을 가지고 공부하고, 가르치고, 실행에 옮겨 보자고 결론짓는다.

『현대인족』이 제시한 역사적 문화학적 방법론과 이론적 시사성이 우리에게 도움이 된다면, 한국 민족이 처했던 현대사의 학살 현장의 역사적 증좌로 남아 있는 재일 조선인 · 한국인(자이니치)이라는 소수자들의 인족을 이해하는 데 바로 적용해 볼 필요가 있을 것이다. 즉,

『현대인족』을 읽은 독자들은 자이니치라는 일본에 사는 소수인족을 더 이상 한국의 민족주의나 한국의 현대적 국가 인족적 시점으로 파악해서는 안 되며, 대신에 그들의 인종적, 반인종적, 민족적, 반민족적 제 현상에 대해 그들의 관점에서 올바로 파악해 볼 필요가 있음을 직시해야 할 것이다. 『자이니치』라는 책에서 리 교수는 이들 소수 인족 집단이 더 이상 단일 민족적 한국인족으로 오해되는 오류를 범해서는 안 되며, 한국인들이 자이니치를 그렇게 이해하려고 하면 할수록, 그들의 비극은 더 악화된다는 주장을 편다. 즉 다른 모든 현대인족들과 같이, 자이니치들도 스스로 조선이 싫어서 일본으로 향했다는 사실을 한국의 역사가들이나 민족학자들은 이해하여야 한다. 특히 강제 동원령이 내려지기 전까지 과연 얼마나 많은 조선인들이 일본으로 이주할 수 있었을까? 21세기 현재에도 한국인이 미국 영주권을 따려면, 높은 학력과 재력이 있어야 함은 당연하듯이, 1910년대부터 1930년대까지 일본에 도항해서 정착하려면, 조선에서도 상당한 재력의 소유자가 아니면 불가능했었다. 또한 그들은 상당수가 일본을 동경해서, 혹은 일본에서 출세하려고 도항한 것은 당연지사이다.

　문제는 이들 상층 재일 조선인들이 1940년대에 대규모로 강제 연행되어 온 노동자들과 합쳐진 것은 물론이요, 이들과 같이 난리통에 일본인들로부터 학살을 당하고, 제도적으로 그리고 집단적으로 차별을 받고 살아왔다는 것이다. 그러므로 이들의 민족주의적 디아스포라nationalistic diaspora는 이러한 학살과 차별에 의해서 생성된 피해자의 인종주의, 민족주의인 것으로 『현대인족』에서 다루었던 일반적 역사 현상과 일맥상통하는 지역적 예가 된다. 기본적으로 다양한 사회 경제 그리고 정치적 배경을 갖고 있던 자이니치들은 해방 후, 일본에 남느냐 귀국하느냐의 문제도 이런 자신들의 배경의 다양성과 상당한 관련이 있다. 『자이니치』에서 리 교수는 디아스포라 문화학의 방법론을 이용하여, 주요 재일 작가들의 수필이나 소설 등을 분석하여 그들의 디아스포라적 문화사를 재구성한다. 일본에 남아야 했던 이유 자체도 그들의 작품 속에 잘 드러나 있다. 가령, 해방된 한국에 돌아갔지만 말도 안 통하고, 직장도 없어 다시 일본으로 돌아간 경우도 있으며, 해방 전 일본에서 성취한 지위가 아쉬워 일본에 그냥 눌러앉은 경우도 있다. 그러나 『자이니치』에서 핵심적으로 다루어지고 있는 주요 재일 조선인 작가들은 소위 '유배'라는 멍에를 쓰고 사는 민족적 디아포라 그룹으로서, 고향인 한반도에 가고는 싶으나 가지 못하는 유배자의 신세이다. 우선, 북한에 돌아가지 못하는 현실은 1980년 이후 더 이상 북한에 대한 허상적 유토피아관이 통하지도 않았을 뿐만 아니라, 북송 사업 자체가 중단된 상황에서 거론할 필요도 없고, 그보다 1980년 이후 군사 정권하에서의 남한에도 돌아갈 수 없는, 현실도 가로막고 있어, 고국에 돌아가는 것 자체가 어려운 상황을 일컫는다. 이것은 북한도 남한도 돌아갈 수 없는 미국이나 유럽의 소수 한국인 이민자들의 운명과 같은 것이다(한국에서는 1960년부터 연재된 최인훈의 『광장』에서 처음 보고된 남한도 북한도 돌아갈 수 없고, 제3국에서 살려고 하다가 자살하는 주인공 이명준의 삶으로 알려져 있는 민족적 디아스포라의 운명을 말한다). 결국 자이니치들이 1990년대 이후 민주화된 한국에 방문을 하더라도, 결국 한국은 극복할 수 없는 외국에 지나지 않는다. 그러나 중요한 차이점은 이들의 다양성 때문에 임진왜란 때 건너온 조선인들과는 달리, 현대인족으로 사는 자이니치들은 완전한 주류 사회에의 동화는 힘들다. 더 많은 수의 재일 동포들이 한국에 와서 한국어를 배우고, 미국에 가서 한국 유학생들과 사귀고, 그리고 아무리 귀화하고 일본 이름을 쓴다고 해도, 한국 커뮤니티에 계속적으로 참가하면서 살 수밖에 없는 현대적 혹은 초국가적 세계 체제가 그들을 지배하고 있기 때문이다. 현대인족으로서의 자이니치는 그러므로 현대 동아시아사가 낳은 영원한 유배자들이거나 다국적 혹은 초국가적 디아스포라 그룹으로 이해되어야 한다. 이런 점에서 『자이니치』는 새로운 인식론적 해석이다.

『케이팝』은 앞에서도 잠시 언급했지만, 존 리 교수와 본 감수자가 4회에 걸쳐 준비했던 고려대-버클리 한류 워크숍의 결과이다. 리 교수는 드라마나 한국문학의 한류화 혹은 글로벌화 과정과 가능성에 대한 논문도 썼지만, 실질적으로 케이팝K-Pop이 한류의 유일한 글로벌 성공 장르로 인식하고 있다. 정치 경제와 인류의 정체성 문제에서 한국의 문화에 새롭게 도전장을 낸 리 교수는 디아스포라 문화학의 마지막 3부작으로 한국의 디아스포라 문화 현상으로서의 케이팝을 선택한 것이다. 그 이유는 간단하다. 『한 언바운드』를 집필할 당시에 그 누가 한국의 대중가요가 전 세계를 뒤흔들 것으로 상상이나 했을까? 리 교수는 이 책을 쓰게 된 이유를 프랑스 파리에서 목격한 케이팝 공연에 가서 유럽의 백인 소녀들이 한국의 대중가요에 푹 빠져 열광하는 모습을 보고서야 케이팝의 진가를 뼈저리게 느낄 수 있었고, 그 누가 한류나 케이팝을 폄하하려 해도 반박할 자신이 있다고 했다. 한류의 가공할 만한 힘은 국내외의 반·혐한류를 외치는 파렴치한 들이 제 아무리 하늘을 그들의 손바닥으로 가리려고 해도 안 되는 것 과 같다. 즉, 삼성전자는 못사는 개도국의 조그마한 기업에 불과하다 고 외치는 북한의 정치가들의 망언과 차이가 없는 것이다. 그러므로 케이팝은 리 교수로 하여금 한국에 대해 자신이 과거에 가졌던 이론 이나 설명을 보충해야 할 뿐만 아니라, 한 권의 책으로 마무리해야 할 크나큰 학문적 과제였던 것이다.

기존의 케이팝 개설서나 언론인들이 쓴 비전문적인 오류 투성이 의 책들과는 달리, 『케이팝』은 '대한민국 대중음악과 문화 기억상실 증과 경제 혁신'이라는 부제에서 보듯이, 음악학이나, 문화학이 아닌 문화사회학 혹은 문화경제학적 차원에서 쓰여진 것이다. 리 교수는 한국인들이 급격한 경제 발전과 현대화 때문에 자신의 전통문화를 '잊어버리고 살고 있는 것조차' 망각하고 산다고 규정 짓는다. 이것 은 중요한 문화사회학적 발견이다. 즉, 과거 한국인들이 서양이나 일 본의 문화를 어설프게 혹은 촌스럽게 모방하던 단계가 지나, 어느덧 그들이 서양인들이나 일본인들처럼 서구의 발전된 문화를 자신의 문화인 것처럼 전혀 거리낌 없이 재창조해 내고 있다는 새로운 발견 이기 때문이다. 이런 현상은 그러므로 한국인들이 이제 서양이나 일 본의 문화 창조자들과 다름 없이 서양이나 일본인들도 소비할 수 있 는 수준의 그들의 문화를 창조 혹은 재창조할 수 있다는 뜻이 되며,

한류나 케이팝의 성공이 절대 우연이나 기적이 아니라는 말이 된다. 또한 이것은 한류가 곧 사라질 것이라는 엉터리 문화비평가들의 헛된 기우가 정말로 기우에 불과하다는 것과 같다. 다시 말해 한강의 기적은 기적일 뿐이며, 곧 경제 발전은 끝나고 한국이 다시 가난하게 될 것이라는 생뚱맞은 억설과도 같다.

우리의 대중음악의 역사를 더듬으면서, 리 교수는 대중음악의 장르적, 예술적, 유흥적, 그리고 기술적 혁신innovation에 주목한다. 특히 여기서 리 교수의 관심을 끄는 것은 해외의 혁신을 여과 없이 받아들일 수 있었던 한국의 문화적 기억 상실을 중요한 사회적·조직적 조건으로 손꼽는다. 서태지의 춤과 음악적 혁신은 주류 유행가 시장에 구애받지 않던 그의 언더적 활동 영역이 서양의 랩 음악 혁신을 여과 없이 받아들일 수 있었던 것으로 분석한다. 특히 SM엔터테인먼트의 이수만 회장의 미국에서의 경험이 서양에서 개발된 뮤직비디오를 한국적으로 변환시키면서 드디어 전 세계를 정복하는 뮤직비디오로 승화시키는 과정도 놀랄 정도의 자세함과 실증적 자료를 가지고 분석한다(이 부분은 Lie and Oh 2014도 참조). 이러한 분석은 흔히 문화 혼종론이나 글로벌 문화론에서 다루는 편협한 한류의 이해와는 확연히 다른 차원에서의 설명이다.

김수자 해설

결어

이제 한국의 독자들이 존 리 교수의 책을 한 권 한 권씩 정독해 가면서, 우리가 젊었을 때 그의 학생으로서 느꼈던 전율과 흥분을 되새겨 볼 차례이다. 그가 평생을 거쳐 연구한 미국, 한국, 일본, 그리고 이 세계는 아직도 건재하고 있다. 리 교수가 현대인족은 인종 학살을 필요로 하는 세계를 만들었다고 하였던 것처럼, 최근 전 세계는 IS라는 새로운 힘을 가진 적(마치 영화 <스타 워즈>의 다스 베이더처럼)과 전면전을 치루고 있고, 미국을 위주로 하는 백인인족의 국가들은 이들을 지구에서 아니면 적어도 중동에서 몰아내려고 하고 있다. 한국은 아직도 민족 국가를 이루지 못한 채 동족 간에 이념과 체제를 담보로 전쟁과 같은 상황을 이어가고 있고, 일본은 제2차 세계대전 당시 인종 학살을 기도했던 중국이나 한국에 대해 완전한 사과나 용서를 구하지 않은 상태에서, 다시 재군비를 꾀하고 있다. 이제 이런 상황을 경험하면서 공부하는 새로운 젊은 세대들이 세계와, 미국, 한국, 그리고 일본에 대해서 자신들의 경험을 바탕으로 사회과학적인 스토리텔링을 준비해야 할 때가 왔다. 세계와, 미국, 한국, 그리고 일본을 동시에 강타하고 있는 한류 즉 한국의 대중문화도 아직 건재하고 그 영향력을 더 키우고 있으니, 당연히 앞으로 새로운 젊은 세대가 직접 경험하면서 느낀 한류에 대해서도 새로운 이론을 정립해야 할 필요가 있을 것이다.

세계와 자신이 태어난 나라, 자신이 이동하면서 살아 본 나라들에 대해 글을 쓰는 작업이 존 리 교수가 꿈꾸던 디아스포라 문화학이며, 새로운 사회학적 인식론과 방법론이 아닐까 생각하면서, 언젠가 국내의 사회학과에서 존 리 교수의 책들이 강의될 수 있는 꿈을 꾸어본다.

2019년 1월 오사카

오인규

참고문헌

馬場宏二, 「富裕化と金融資本」, 東京 : ミネルヴァ書房, 1986.

C. Wright Mills, *The Sociological Imagination*, New York : Oxford University Press, 1959.

Hiroji Baba, "Revolution and Counterrevolution in Marxian Economics", *Monthly Review* 41(2), 1989.

Ingyu Oh, "Comparing State Economic Ideologies and Business Ethics in East Asia", *Korea Observer* 45(3), 2014.

Ingyu Oh and Youngran Koh, "The State as a Regulator of Business Ethics in Edo Japan : the Tokugawa Authority Structure and Private Interests", *Asia Pacific Business Review* DOI : 10.1080/13602381.2015.1129774, 2016.

John Lie, "Reactionary Marxism : The End of Ideology in Japan?" *Monthly Review* 38(11), 1987a.

_____, "The Discriminated Fingers : The Korean Minority in Japan", *Monthly Review* 38(8), 1987b.

_____, *Visualizing the Invisible Hand : From Market to Mode of Exchange*, Ph.D. Dissertation, Dept. of Sociology, Harvard University, 1988.

_____, "The Uno Schol : The Highest Stage of Marxism?" *Monthly Review* 41(2), 1989.

_____, "The Concept of Mode of Exchange", *American Sociological Review* 57(4), 1992.

_____, "Sociology of Contemporary Japan", *Current Sociology* 44(1), 1996.

_____, "The State as Pimp : Prostitution and the Patriarchal State in Japan in the 1940s", *The Sociological Quarterly* 38(2), 1997.

_____, "The Concept of Mode of Exchange : An Auto-Critique", *Korea Observer* 45(3), 2014.

John Lie and Ingyu Oh, "SMEntertainment and Soo Man Lee" In Fu Lai Tony Yu and Ho don Yan eds., *Handbook in East AsianEntrepreneurship*, London : Routledge, 2014.

Roberto Mangabeira Unger, *False Necessity : Anti-Necessitarian Social Theory in the Service of Radical Democracy*, Cambridge : Cambridge University Press, 1987.

역자 후기

김혜진

『자이니치*Zainichi*』는 일제강점기 이후 일본에 살지만 한민족을 조상으로 둔 인구 집단이 형성되고 변화한 양상을 보여주고 분석한다. 『다민족 일본*Multiethnic Japan*』에서도 보았듯, 한국에서도 낯설지 않은 '단일 민족 사상'은 다른 민족이 존재한다는 생각 자체를 제도로 지웠다. 『자이니치』는 그런 사회에서 자기 자리를 인정받으려고 분투한 개인 서사나 문화, 사회 현상을 하나씩 보여주고 연결하면서 자이니치 이데올로기와 그 한계, 코리아계 일본인 정체성의 가능성 등을 고찰한다. 책은 일제강점기 이후 2000년대 초반까지 다루며, 소설과 수필, 전기 등 문학, 영화, TV 드라마 등 각종 대중문화를 인용하는 방식으로 연대별 사회·자이니치 현실을 재구성한다. 그래서인지 오랜 세월 발생하고 발전한 복잡한 현상을 보는 사회학 연구인데도 따라가기 불가능할 정도로 어렵지는 않다.

다민족 일본을 다룬 글,『다민족 일본』은 엄연한 '일본' 현실을 영어로 설명하고 분석한 내용이기에 한국어로 옮기는 작업을 할 때 중역重譯에 따른 어색함이 생길 위험이 있었다. 따라서 최대한 참고자료 일본어 원문이나 우리가 흔히 쓰는 표현들을 확인하고 작업했는데, 한 번 그러한 작업을 했기에 민족 하나에 초점을 맞춘 『자이니치』가 더 힘들지는 않으리라 예상했다. 최소한 한국 사람 이야기일 테니까.

그러나 막상 작업을 시작하고 하루도 지나지 않아 '한국 사람'은 한국 사람이 아니게 됐다. 'Korean'이라는 단어는 조선인이었고, 한국(남한)인이었고, 조선(북한)인이었으며, 코리안이었다. 일본어 표기가 따라붙어 있지 않는 한, 이 단어를 완전히 확신하며 번역하기란 불가능해졌다. 결국 번역에서는 시대나 맥락상 보이는 남북한 지향성에 의존했고, 그러한 배경이나 명확한 일어 원문이 없을 때는 본인이 선택한 국적에 따라 달리 불러야 한다는 의미에서 '한국·조선인'이라는 다소 어색해 보이는 표현을 썼다. '한민족'이라는 단어를 쓰지 않은 것은 아니나, 이 단어에는 대체로 '북한인'을 끼워 생각하지 않는지도 모른다는 의심도 있었고, 어쩐지 정부에서 애국심을 고취할 때 쓰이는 단어 같아서 최대한 피했다. 같은 의미에서 교포도, 동포도 되도록 사용하지 않았다.

언급했다시피 중역에 따른 오역이 생기지 않도록 일본어 원문은 최대한 검색해서 참조했다(구글 도서 검색에 있는 미리 보기 기능 덕이었다). 일본어를 한국어로 표현할 때는 대개 일반 관행을 따랐지만, 'emperor'라는 단어는 '천황'으로 번역했다. 처음에는 무의식적 자기 검열이 작동

해서인지 '일왕'이라는 번역을 선택했다. 저자라면 개인 신념에 따라 선택하면 되겠으나, 이 책에서 천황을 일왕으로 낮추는 선택은 역자가 할 몫도 아니고, '천황제'라고 하면서 일왕이라 쓰는 이상한 모순이 생겨 다시 천황으로 표기했다. 또 영어 원문에서 일본어를 음역하고 이탤릭체로 표기한 사례가 많은데, 이는 한국어에 일본어 원문을 함께 적는 방식으로 표현했다.

역자 후기가 길어진다는 사실 자체가 변명이 많다는 뜻인지도 모른다. 독자에게도, 저자에게도, 무엇보다 이 책에 등장하거나 배경으로 숨어 있는 수많은 사람에게도 미안하지 않을 번역을 하고 싶었는데, 교정지를 아무리 노려봐도 해냈다는 기분은 들지 않아 핑계를 찾는지도 모른다. 번역은 늘 지는 싸움이다. 안다. 과정이 즐거우면 된다. 안다. 하지만 늘 지는 편에 있으면 푸념을 늘어놓고 싶을 때도 있다. 번역하는 사람은 번역하는 동안 줄곧 미흡함을 반성하면서 살아야 하니까. 그저 부족한 번역에도 책이 내는 목소리는 독자에게 왜곡 없이 가 닿기를 바랄 뿐이다.

찾아보기